本研究承国家社会科学基金项目“网络社会行为及其管理”和兰州大学985工程项目“网络社会学:网络时代社会学的重建”资助,特致谢忱!

谨以此书献给我的父亲和母亲!

网络空间的社会行为

——青少年网络行为研究

黄少华　著

人　民　出　版　社

责任编辑:陈寒节
责任校对:湖　傕

图书在版编目(CIP)数据

网络空间的社会行为——青少年网络行为研究/黄少华 著
—北京:人民出版社,2008.7
ISBN 978-7-01-006242-6

Ⅰ.网... Ⅱ.黄... Ⅲ.计算机网络-影响-青少年-社会行为-研究 Ⅳ.C912.68

中国版本图书馆 CIP 数据核字(2007)第 084731 号

网络空间的社会行为——青少年网络行为研究

WANGLUO KONGJIAN DE SHEHUI XINGWEI
——QINGSHAONIAN WANGLUO XINGWEI YANJIU

黄少华 著

人民出版社 出版发行
(100706　北京朝阳门内大街 166 号)

北京集惠印刷有限责任公司印刷　新华书店经销

2008 年 7 月第 1 版　2008 年 7 月北京第 1 次印刷
开本:710 毫米×1000 毫米　1/16　印张:27
字数:379 千字　印数:1—3000 册

ISBN 978-7-01-006242-6　定价:50.00 元

邮购地址:100706　北京朝阳门内大街 166 号
人民东方图书销售中心　电话:(010)65250042　65289539

目 录

序

翟本瑞*

网络是复合媒体，将所有媒体的优点与表现方式整合在同一平台中，具有强大的威力，也吸引着大家的使用。虽然目前仍有许多人因为受经济因素或者年龄等其他因素的限制，无法甚至抗拒使用电脑与网络，因此还不能说网络已对社会发生了全面的影响，但是，互联网在今天的确已经成为不少人生活中不可或缺的一环，对日常生活中凡夫俗子的许多生活习惯，已造成相当程度的转变。透过网络人们可以接收新闻、打电话、看电影、收发信件、交友、购物、下载音乐、撰写日记、表达意见、分享心情。所有传播媒介都整合在网络界面之中，网络也同时具备所有媒体的优点与特性。正因为如此，网络的威力与影响也超乎一般想象，它把人类的时间与空间都压缩到最小，颠覆了传统时空价值，也重新塑造了新的网络空间的人际交往模式。

更重要的是，网络革命的速度太快，快到远远超过人类社会与个体心灵所能承受的限度。用后现代主义的话语来说，网络就像个巨大的黑洞，因着“内爆”将所有价值都吸收到其内部而无所遁逃。过去，三十年一个世代，世代与世代间存在着代沟，然而，在网络时代，网络文化变化之快，远超过我们的想象，世代区分，已经压缩到两年到三年之间。网络革命可说是人类有史以来最巨大的革命，就在我们眼前，诸多转换从量变到质

* 台湾南华大学社会科学院院长兼社会学研究所所长，《资讯社会研究》主编。

变，在我们意识到之前就已经完成了。网络世界缩短了现实中的时空距离，但却同时切割出代与代之间的鸿沟。年长者愈来愈不知道青少年在网络世界中的所做所为，尤其对于中文输入法有隔阂的长者，其间差距会愈来愈大。

大体而言，网络使用族群目前仍然以大学生及青少年为主，他们在学习最重要的阶段接触到网络世界，自在而没有压力地学习，更因为勇于尝试而优游于网际空间的不同场域，享受网络世界的自在与方便，进而形成了不同于他们父母辈的价值认同，也建构出属于他们的网络次文化。

对青少年而言，电脑根本不需要教，看别人使用再加上自己摸索就知道怎么用了，这与传统学习模式有相当显著的差别，许多人都是无师自通。以家中小犬为例，小时候看到姊姊用电脑打字，自己也要用，有天学校老师要他们写作文，为了展现和别人不一样，他坚持要用电脑来“打”作文。虽然对键盘与输入法很不熟悉但却甘之若饴，一个字一个字慢慢地敲。老师规定作文至少要写一百个字，所以他就边打字边检查字数，写到102个字加个句点说什么都不再写了。我们认为作文的重点在内容与修辞，但对网络世代而言，能以电脑交差，这只是好玩的游戏，达到100字就是目的，其他事项反而不甚重要。青少年是以游戏的心情参与网络生活，要求他们全盘接受成年人的社会价值未免也太沉重了，不同世代间对事物的看法与价值观，甚至模式，都有相当大的差距。在线聊天、玩连线游戏、撰写网志、分享图文影音档，这些在许多成人眼中微不足道的东西，对孩子们却是甘之若饴，他们在网际空间建构出属于自己的风格以及全新的人际关系。社会学传统中，库利认为人在与他人互动过程中，透过有意义的他人，如同一面镜子，反向地建构出“自我”。于是，“镜中自我”成为孩童成长阶段人格形塑过程中最重要的构成项。同样，现代世界中，青少年是在真实与虚拟、在线与离线等关系中，建构出自我的认同，网络世界已经成为青少年人格形塑重要的构成要素，不容我们轻忽。

在网络世界中，不同性别、年龄、社会经济背景的使用者有着不同的行为模式。以台湾青少年为例，国中阶段的男生大部分喜欢玩连线游戏，女生则喜欢上聊天室、MSN 以及写网志，在这些活动中，与同侪朋友沟通的目的则是一致的。网络世界深深影响青少年的现实生活，不分资优生与一般生的，也不分乖巧与叛逆，每个年轻人的需求，都可以在网络世界得到抒解，也可以在虚拟国度中找到"志同道合"的朋友，满足各类需求。然而，也因为如此，网络世界如丛林般很容易让青少年迷失，诸如网络沉迷、网络犯罪等负面影响，亦会随之出现。

斯坦福大学最近针对美国网络用户的一项研究显示，网络上瘾比例有日益增加的趋势。在 2513 名受访者中，约有 14% 表示他们很难离线，有 8% 表示他们上网主要是为了逃离真实世界，这些人往往对家人隐藏他们的网络使用行为，网络使用脱离核心使用范围的比例日益增加，有 6% 的受访者表示，网络沉迷已经改变了他们在真实世界的人际关系。互联网风暴正席卷各地，必然会造成更大的社会性影响。年轻人睡在网吧、沉迷于在线聊天或在线游戏的比例日益增加，网络上瘾的现象已经开始漫延成为严重的社会问题。为了缓解这些网络社会问题，许多国家甚至已经设置网络沉迷专门的门诊。诸多新出现的文化现象，已经逐渐改变传统的社会关系，值得我们正视。

少华兄多年来研究网络社会，除曾经出版《互联网与社会学》(兰州，2001)、《重塑自我的游戏：网络空间的人际交往》(兰州，2002；台湾嘉义，2002)等书以及多篇专业论文外，亦积极指导硕士生进行相关研究。本人有幸与他合作出版《网络社会学：学科定位与议题》(北京，2006)一书，深知他在推动大陆网络研究上的用心。青少年在网络空间的社会行为，影响着未来社会的发展方向，只有通过深入的实证研究，才能让我们更清楚地认识到相关的现况与趋势。如今少华兄的大作《网络空间的社会行为：青少年网络行为研究》即将付梓，我很乐意写下些许想法以与广大读者分享，相信本书对于人们了解当前青少年网络使用行为以及在网络空间的诸多社会行为，都会有深刻而实质的帮助。

第一章

研究背景、架构与方法

互联网的崛起，是20世纪下半叶一个重要的社会、政治、经济与文化事件，而且是一个全球性的事件。在今天，网络正越来越深刻而密切地融入到人们的日常生活之中，迅速改变着社会生活中的许多事情，而其中最为重要的改变是：网络正在将所有东西联结起来，并且让这些联结在一起的东西相互发生关系。我们正在步入一个激动人心的网络时代：网络形塑了一个全新的数字化、信息化、网络化社会生活空间，并由此迅捷地改变着人们的行为方式、思考方式、社会认同以及社区形态，从而引发社会结构的重大转型。[①] 卡斯特(Manuel Castells)认为，互联网的崛起，形塑了一种与工业时代以能源为基础的技术范式迥然不同的信息技术范式，这一新的技术范式的核心特征，在于信息取代能源成为行动的“关键因素”，成为重新塑造社会结构，对社会进行再结构化的基本力量。“作为一种历史趋势，信息时代的支配性功能与过程日益以网络组织起来。网络建构了我们社会的新社会形态，而网络化逻辑的扩散实质地改变了生产、经验、权力与文化过程中的操作和结果。虽然社会组织的网络形式已经存在于其他时空中，新信息技术范式却为其渗透扩张遍及整个社会结构提供了物质基础。……我们可以称这个社会为网络社会(the network

---

① 赖晓黎：《网路的礼物文化》，《资讯社会研究》(台湾)第6期，2004年；黄少华、翟本瑞：《网络社会学：学科定位与议题》，北京：中国社会科学出版社2006年版。

society)。"①正如比尔·盖茨所说,互联网对于人类的社会生活有着实质性的影响,它将成为人们日常生活中不可或缺的新沟通渠道与生活空间。他强调,我们正在经历一个重要的历史时刻,在不远的将来,互联网将完全融入人们的日常生活环境,并变得几乎无影无踪,成为人们生活与交往的无形背景。② 这一由互联网崛起而形塑的网络生活空间,作为当今时代人类社会生活和社会行为的一个全新场域,大大拓展了人类的生活和行为空间,从而构成了社会学研究的一个全新领域。

第一节　研究背景与意义

在人类历史上,每一次关键性的技术突破,尤其是信息技术的突破与普及,常常会深刻地影响甚至改变一个社会和时代的面貌和形态,或迟或早地引发社会结构的转型与重构。③ 印刷术、蒸汽机、电报、电话、电视的出现,都曾经对人类的社会生活和社会行为造成过革命性的影响。而互联网的崛起,更是充分体现了新技术的这种突破性意义。如果说人类社会在今天正经历着一场革命性的结构转型,那么在相当程度上可以说,互联网的崛起,正是触发这场变革的关键性变量,这场革命是奠基在网络技术的充分发展及其充分社会化之上的。或者说,今天的社会革命首先是一场网络技术革命。

一、研究背景

互联网的普及速度,几乎与电子芯片的发展速度一样,遵循着摩尔定律。虽然互联网开始从军事和学术领域扩展和普及到日常社会生活领

① M. 卡斯特:《网络社会的崛起》,夏铸九等译,北京:社会科学文献出版社 2003 年版,第 569 页。

② B. 盖茨:《未来之路》,辜正坤等译,北京:北京大学出版社 1996 年版。

③ D. L. Altheide, *An ecology of communication*. New York: Aldine de Gruyter, 1995.

域，迄今还只有短短二十年的时间，但上网冲浪、浏览网页、收发电子邮件、在线聊天、在线娱乐、在线发布、网上讨论、网上传播、网络游戏、网络购物等网络活动，早已不再是少数人的专利，而是已融入到了普通网民的日常生活之中，成为网络一族每天日常生活的基本内容。南方贝尔网络服务公司（SBC Internet Services）针对美国成年人网络使用的调查显示，在今天，网络已经成为美国人日常生活的重要部分，成为日常生活的必需品。公司副总裁 B. J. Mamuzic 表示，我们正目睹着网络由一种新奇产品到日常生活必需品的演化。①卡斯特强调，"互联网展现了有史以来最快速的沟通媒介穿透率：在美国，收音机广播花了 30 年才涵盖 6000 万人；电视在 15 年内达到了这种传散水准；全球信息网发展之后，互联网只花了 3 年就达到了。"②美国的公立学校，在 2000 年时，就已有 95% 联上了互联网。中国的互联网用户数，据中国互联网络信息中心（CNNIC）的调查，已从 1997 年 10 月的 62 万，快速增长到 2005 年 12 月的 11100 万，在 8 年时间内增长了 179 倍。而据 Internet World Stats 在 2006 年初公布的全球互联网用户数据，截至 2005 年 12 月，全球互联网用户已突破 10 亿，达到了 1,018,057,389 人。表 1.1 是互联网用户数排名全球前 20 位的国家和地区的网络发展状况（其用户占世界总用户数的 79.6%）。世界其余国家和地区的网络使用和普及程度虽然远低于这些国家和地区（其用户占世界总用户数的 20.4%），但也都在急起直追。

针对互联网扩散与网络使用人数扩展的社会意义，梅特卡夫（Robert Metcalfe）曾经提出一个定律，以使用者的二次方，作为网络的价值与效用。按照这一定律，当使用网络并在网络空间彼此互动的人数快速增加时，网络的效用就会急速地爆发和扩展开来。这种爆发与扩展，会造成各种不同的社会与价值界限崩溃，引发社会、信息与符号系统的内爆（implosion），将所有意义与价值关联都重组成拟像之流（flux of simulacra），构成象征系统的

① 王卫东：《关于互联网方法和行为的研究》，中国人民大学社会学系博士论文，2003 年。

② M. 卡斯特：《网络社会的崛起》，夏铸九等译，北京：社会科学文献出版社 2003 年版，第 437 页。

表 1.1 互联网用户排名世界前 20 位的国家和地区

排名	国家或地区	互联网用户	人口（2005 年数据）	互联网普及率	数据来源	占世界用户百分比
1	美国	203,824,428	299,093,237	68.1%	Nielsen//NR 2005.12	20.0%
2	中国	111,000,000	1,306,724,067	8.5%	CNNIC 2005.12	10.9%
3	日本	86,300,000	128,389,000	67.2%	eTForecasts 2005.12	8.5%
4	印度	50,600,000	1,112,225,812	4.5%	C. I. Almanac 2005.03	5.0%
5	德国	48,722,055	82,515,988	59.0%	C. I. Almanac 2005.03	4.8%
6	英国	37,800,000	60,139,274	62.9%	ITU 2005.10	3.7%
7	韩国	33,900,000	50,633,265	67.0%	eTForecast 2005.12	3.3%
8	意大利	28,870,000	59,115,261	48.8%	ITU 2005.09	2.8%
9	法国	26,214,174	61,004,840	43.0%	Nielsen//NR 2005.12	2.6%
10	巴西	25,900,000	184,284,898	14.1%	eTForcasts 2005.12	2.5%
11	俄罗斯	23,700,000	143,682,757	16.5%	eTForcasts 2005.12	2.3%
12	加拿大	21,900,000	32,251,238	67.9%	eTForcasts 2005.12	2.2%
13	印尼	18,000,000	221,900,701	8.1%	eTForcasts 2005.12	1.8%
14	西班牙	17,142,198	44,351,186	38.7%	Nielsen//NR 2005.12	1.7%
15	墨西哥	16,995,400	105,149,952	16.2%	AMIPCI 2005.11	1.7%
16	澳大利亚	14,189,544	20,750,052	68.4%	Nielsen//NR 2005.12	1.4%
17	台湾	13,800,000	22,896,488	60.3%	C. I. Almanac 2005.03	1.4%
18	荷兰	10,806,328	16,386,216	65.9%	Nielsen//NR 2004.06	1.1%
19	波兰	10,600,000	38,115,814	27.8%	C-I-A 2005.03	1.0%
20	土耳其	10,220,000	74,709,412	13.7%	ITU 2005.09	1.0%
前 20 国合计		810,484,127	4,064,319,458	19.9%	IWS- 2005.12	79.6%
其他国家和地区合计		207,573,262	2,435,377,602	8.5%	IWS- 2005.12	20.4%
全世界合计		1,018,057,389	6,499,697,060	15.7%	IWS- 2005.12	100.0%

注：1. 互联网用户数据统计截至到 2005 年 12 月 31 日

2. 总人口数据 来源于 world-gazetteer 网站

3. 用户数据来源于 Nielsen//NetRatings 及 ITU 等可靠组织公布的研究数据

资料来源：Internet World Stats(2006)，http:// www.internetworldstats.com/top20.htm

超级链接网络，从而取代传统的社会文化价值。

当代许多学术性或一般性的评论都倾向于认为，网络将在21世纪导致广泛的社会、文化、经济和政治变化，而且其对社会结构的革命性影响，将比17世纪的工业技术革命远为深刻，也更加长久。由于我国目前正处于快速的社会转型时期，因此互联网对于我国来说更是具有特殊的意义。首先，在国家层面，经过近20余年的社会、经济快速发展，目前我国的社会、经济、文化发展正处于一个关键时期，社会、经济、文化等各个层面都面临着新的机遇和挑战。以互联网为代表的新信息技术，为我国发挥后发优势，在较短的时间内缩小与发达国家之间的差距，实现社会、经济、文化的跨越式发展提供了新的途径和可能。2000年，中共十五届五中全会根据我国国情，首次提出了"以信息化带动工业化，发挥后发优势，实现社会生产力的跨越式发展"的战略决策。十六大又进一步确立了"坚持以信息化带动工业化，以工业化促进信息化，走出一条科技含量高、经济效益好、资源消耗低、环境污染少、人力资源优势得到充分发挥的新型工业化路子"①的战略构想，明确将推动信息化建设放在社会经济发展的首要位置，将信息技术与现代工业的结合，视为21世纪我国经济和社会发展的主要动力。可以预期，互联网将越来越成为我国21世纪经济与社会发展的催化剂。

其次，在个体层面，互联网亦为人们的社会生活提供了全新的可能。仅仅经过短短十余年的普及化过程，在人们记忆中还十分前卫的上网冲浪、浏览网页、进聊天室聊天、收发电子邮件、在BBS发帖、博客（网志）、网络游戏、电子商务等网络行为，今天对于我国的许多网络使用者来说，已变得十分稀松平常。可以预见，随着社会对互联网的依赖程度越来越高，互联网将成为21世纪人们日常社会生活的核心。在21世纪，人们的信息传播方式、沟通方式，以及生活方式，都会因互联网的进一步普及而不断改变与重塑。而其中最为关键和核心的一点，就是网络虚拟空间的

① 江泽民：《全面建设小康社会开创中国特色社会主义事业新局面》，北京：人民出版社2002年版，第21页。

凸显，对人们的生存方式与行为方式造成的冲击与影响。而且更为重要的是，互联网不仅在重新形塑我们的生活方式和行为方式，互联网甚至还让我们获得了一种新的社会身份，“网民”在今天正在成为越来越多的人的新社会身份。甚至有社会学家强调，是否使用互联网，在今天已经成为一个超越韦伯分析社会结构三维度，即权力、地位和声望的新维度，在使用互联网的社会中，网民已经成为分析社会结构时必须考虑的一个基本维度。[①] 在借助互联网建构的虚拟社区（virtual communities）或虚拟社会（virtual society）中，人们已经通过确立各种虚拟身份，建立起了各种与现实社会中的关系不同的虚拟关系，形成一个像现实社会一样真实的互动和生活空间。不过，在网络空间，每一个网络使用者，通常都以 ID 账号或匿名（化名）出现，个人可以隐匿部分甚至全部在真实世界中的身份。与现实生活中的社会行为不同，在网络空间，个体的行为具有很大的弹性和自由度。不仅社会身份，甚至那些在现实中无法改变的天赋角色，如性别、外貌等，都可以在网络世界中轻易改变。网络行为的这种匿名特征，使人们可以一方面始终处在隐秘的私人空间之中，而另一方面，却在网络公共空间塑造有别于其在真实世界中的身份认同，扮演各种角色与身份，并在网络空间这一公共场域与他人进行各种即时或延时的互动。这时，网民实际上生活在一个与真实世界不同的虚拟世界之中，但这种虚拟社会生活，会对网民产生真实的社会影响，甚至改变其在现实世界中的物质生活。

然而，互联网对人们日常社会生活的影响，对于不同年龄阶段的使用者是不同的，而且不同年龄阶段使用者的网络行为模式也有所不同。其中青少年不仅是网络使用的主要族群，而且也是受网络影响最为深远的族群。中国互联网络信息中心 1997 年以来的历次调查数据显示，年龄在 24 岁以下的青少年网民（前 4 次的调查数据是 25 岁以下），始终是我国网络使用族群的主体（见表 1.2）。其中 2006 年 1 月发布的“第 17 次中国互联网络

---

① 邱泽奇：《数码区隔与中国社会》，《网络传播与社会发展》，北京：北京广播学院出版社 2001 年版。

表1.2 我国网民人数及青少年网民所占比例

日期	网民人数(万)	青少年网民比例(%)
1997.10	62	41.9(25岁以下)
1998.06	117.5	51.8(25岁以下)
1998.12	210	51.4(25岁以下)
1999.06	400	50.4(25岁以下)
1999.12	890	45.2(24岁以下)
2000.06	1690	48.42(24岁以下)
2000.12	2250	56.11(24岁以下)
2001.06	2650	51.9(24岁以下)
2001.12	3370	51.5(24岁以下)
2002.06	4580	53.5(24岁以下)
2002.12	5910	54.9(24岁以下)
2003.06	6800	56.2(24岁以下)
2003.12	7950	52.9(24岁以下)
2004.06	8700	54.1(24岁以下)
2004.12	9400	51.7(24岁以下)
2005.06	10300	53.5(24岁以下)
2005.12	11100	51.7(24岁以下)

资料来源:中国互联网络信息中心(CNNIC),http://www.cnnic.cn/index.htm

发展状况统计报告"显示,截至2005年12月,我国上网用户总数已达11100万。以年龄划分,网民群体中18岁以下的占16.6%,18~24岁占35.1%,25~30岁占19.3%,31~35岁占11.6%,36~40岁占7.1%,41~50岁占6.8%,51~60岁占2.7%,60岁以上占0.8%。换言之,年龄在24岁以下的青少年网民占所有网民的51.7%,是网络使用族群的主体。而且尤其值得重视的是,网络对于人类社会生活与社会行为的影响,在青少年身上体现得最为集中。按照泰普斯科特(Don Tapscott)的说法,1977年以后出生的青少年,已经随着互联网的崛起而成为有史以来第一批在数字化环境中成长的世代,他们的生活和行为方式,明显体现了网络化、数字化的生存逻辑。① 作为一个群体，青少年正越来越将自己的生存方式与网络融合到了一起，无论是聊天室、BBS、电子邮件，还是QQ、MSN、Netmeeting或网络游戏，都从不同的面向体现了今天青少年全新的生存方式与行为逻辑。② 随着在青少年社会生活中的重要性的不断凸显，网络已在相当程度上扮演了青少年社会化的角色。因此，深入了解网络空间对青少年的社会行为有什么样的影响，青少年是如何认识网络空间的，这种认识又是如何影响其在网络空间中的行为的，已经是今天不可回避的重要社会议题，而且其重要性随着青少年网民群体的迅速壮大而与日俱增。而且事实上，随着我们进入到所谓的网络时代以来，青少年作为人类和社会未来的象征，已经越来越成为各国网络社会研究、讨论的主要对象，而青少年网络行为，也正越来越成为社会科学研究的重要议题。

二、研究意义

在今天，随着互联网的崛起，网络生活已经构成为一种全新的社会现象与社会过程，网络行为也正在成为一种全新的社会行为方式。③ 由于网络空间具有一种全新的社会特性，因而在网络空间中展开的社会行为，亦相应地呈现出若干全新的社会特性，需要社会科学对其作出新的解释。而这种新的行为特征，在青少年身上体现得尤为明显。按照泰普斯科特的说法，随着互联网的出现，已经诞生了一种新型的"连线"居民，他称之为网络世代(Net Generation)。网络世代的特色是：他们将是人类社会有史以来第一次在比特(bit)世界中成长的世代，会以一种与其父辈截然不同的方式积极地学习、游戏、沟通、工作和创造社群，甚至逐渐发展出一种全新的具有网络时代特色的生活模式与意识形态。因此，研究青少年的网络行为，对于了解和

① D.泰普斯科特：《数字化成长：网络世代的崛起》，陈晓开等译，长春：东北财经大学出版社1999年版。

② 黄少华、陈文江：《重塑自我的游戏：网络空间的人际交往》，兰州：兰州大学出版社2002年版。

③ 冯鹏志：《网络行动的规定与特征：网络社会学的分析起点》，《学术界》2001年第2期。

把握网络空间这一全新的社会变量的出现和介入，对人们的社会行为及其日常生活所可能造成的影响，就显得尤为重要和关键。

首先，研究青少年的网络行为，有助于厘清网络空间社会行为的行为逻辑与行为特征。如果说，随着互联网的崛起，人们的社会行为，尤其是在网络空间的社会行为，正在发生着一次革命性的变革，那么在相当程度上可以说，网络行为已呈现出来的与现实社会行为不同的行为逻辑与行为特征，是与网络空间的技术与社会特性密切相关的。从技术特性来看，网络具有去中心、互动性（民主、草根与多元）、匿名（边缘与多重认同）、快速复制与传递（虚拟与去空间）、多元与去边界、多媒介整合或者说融合等特征。① 这些技术特性，对青少年网络行为来说，意味着多元的可能性：网络空间的虚拟性、匿名性和身体不在场特征，使青少年在网络空间的社会行为，能够轻松摆脱现实社会身份的制约，因而极具弹性和创意，但这种无顾忌的网络行为，也会引发大量充满敌意或恣意行为的产生，如网络怒火、言语冲突、游戏暴力等；网络既隔离又连接的特性，消弭和超越了现实社会生活中对社会行为的各种社会限制与社会界限，使青少年能够以前所未有的自由度，在网络空间从事各种各样的社会行为；网络空间的二元交织特性，使青少年处身于私密的个人空间，就能参与各种从前必须要进入公共社会空间、只有成人才能参与的社会活动，从而大大缩小了青少年与成人之间的社会差异，导致两者之间的社会界限日益模糊，青少年与成人的行为也变得越来越相似；网络空间的去中心和扁平化结构，让青少年方便地挑战工业社会的科层制式社会结构，社会差异对行为的制约被不断地消解；网络空间多界面并存的特点，使青少年可以轻而易举地在不同的生存界面之间跳跃，十分方便地游走于现实与虚拟之间；网络空间快速复制与传递的特征，导致了社会时空大大压缩，人们的行为场域呈现出流动空间（space of flows）与无时间之时间（timeless time）交织的状

① 郑陆霖、林鹤玲：《社运在网际网路上的展现：台湾社会运动网站的联网分析》，《台湾社会学》第 2 期，2001 年；M. 卡斯特：《网络社会的崛起》，夏铸九等译，北京：社会科学文献出版社 2003 年版。

态，从而“混淆了活动场域的制度性分离，模糊了行为的符码”。[①] 所有这些，都必将对青少年的日常社会生活，甚至人类社会的社会结构造成巨大影响和冲击。因此，从理论和实证两个层面分析青少年网民在网络空间的行为模式、行为特征及其社会后果，对于社会学来说，是一项十分重要和有价值的研究课题。对青少年网络行为的研究，不仅有助于厘清网络行为的行为逻辑与行为特征，而且有助于把握互联网对网民的社会生活的影响，有助于把握未来社会的基本趋向。

其次，研究青少年在网络空间的社会行为之所以必要，是因为网络行为是建构网络虚拟社会生活的基础，蕴含着虚拟社会生活的基本关系和基本结构。或者说，网络行为作为网络社会生活得以建构的初始要素，同时也蕴含着网络社会生活中一切最复杂、最深刻的关系和结构。一方面，网络行为引发的网络人际互动，构成了基本的网络社会关系，并在此基础上构成了网络群体、网络组织、网络社区乃至整个网络社会；另一方面，网络行为由于自身的矛盾运动而不断展开和发展的历程，同时也是作为社会行动系统的网络社会的形成过程。[②] 如果说网络社会在今天已经开始呈现出一种与现代工业社会有着结构性差异的新社会面貌，那么，这种新社会面貌所凸显的结构性特征，在相当程度上是建基于网络行为的匿名性、互动性、虚拟与现实交织、去中心、平面化等一系列全新特性之上的。因此，对网络行为的研究，是理解网络社会结构转型与结构特征的关键与核心。或者说，对网络行为的研究，是进一步分析和研究网络社会关系、网络群体、网络组织、网络社区乃至一切网络社会现象和网络社会过程的

① S. 特克：《虚拟化身：网路空间的身份认同》，谭天等译，台北：远流出版事业股份有限公司1998年版；黄厚铭：《虚拟社区中的身份认同与信任》，台湾大学社会学研究所博士论文，2001年；J. 梅罗维茨：《消失的地域：电子媒介对社会行为的影响》，肖志军译，北京：清华大学出版社2002年版；M. 卡斯特：《网络社会的崛起》，夏铸九等译，北京：社会科学文献出版社2003年版；黄少华、翟本瑞：《网络社会学：学科定位与议题》，北京：中国社会科学出版社2006年版；H. Rheingold, *The Virtual Community: Homesteading on the Electronic Frontier*. New York: Addison-Wesley, 1994.

② 冯鹏志：《网络行动的规定与特征：网络社会学的分析起点》，《学术界》2001年第2期。

基础。[1] 这意味着,针对网络空间社会行为的独特社会特性,建构一个有深厚理论思考和实证研究作支撑的概念分析架构,以解释网络空间的社会行为及其与网络社会结构的相互形塑,是目前网络社会学研究所面临的主要挑战,也是网络社会学研究所需要突破的重心所在。[2] 网络社会学的核心议题,正是网民如何在网络空间所提供的机会与约束下展开网络社会行为,而这种网络行为,又如何反过来改变和塑造着网络社会结构。对这一议题的深入探讨,对于我们理解甚至在一定程度上跨越结构视角与行为视角的分歧对立这一社会学长期面临的理论困境,推进社会学的理论发展,[3]也会有一定的价值与意义。

再次,青少年网络行为之所以值得我们关注,还因为在今天,网络已成为越来越多青少年的越来越重要的行为场域与生活空间。受网络空间

---

① 卡斯特认为,今天社会学的一个重要任务,是审慎地审视网络技术与社会力量共同影响下的新社会结构浮现,这种新社会结构的形式是网络。由网络所组织的社会实践,建构了当今社会的社会结构与社会形态,网络是新社会形态中支配与变迁的关键性根源(M. 卡斯特:《网络社会的崛起》,夏铸九等译,北京:社会科学文献出版社 2003 年版;M. Castells, Toward a Sociology of the Network Society. *Contemporary Sociology*. 29(5), 2000)。他强调,网络技术为社会组织以网络形式渗透扩张至整个社会结构提供了物质基础,"作为一种历史趋势,信息时代的支配性功能与过程日益以网络组织起来。网络建构了我们社会的新社会形态,而网络化逻辑的扩散实质地改变了生产、经验、权力与文化过程中的操作与结果。""信息技术革命与资本主义的重新构建,已经诱发了社会的新形式——网络社会。其特点是:战略决策性经济活动全球化;组织形式的网络化;工作的弹性与不稳定性以及劳动的个人化;普遍的、相互关连的与多样化的媒体系统建构起来的真实虚拟文化(culture of real virtuality);还有生活的物质基础——空间与时间,因为流动空间与永恒时间的特性而发生变化,成为支配性活动与控制精英的表现。这个新的社会组织形式,以其普遍的全球性扩散至整个世界,一如 20 世纪工业资本主义及其孪生敌人——工业国家主义,摇撼制度,转化文化,创造财富和引发贫穷,刺激贪婪、创新以及希望,同时又加诸苦难与灌输绝望。不管是否美丽,但这确实是一个新世界。"但是卡斯特强调,"这并非认为技术决定了社会,而是技术、社会、经济、文化与政治之间的相互作用,重新塑造了我们的生活场景。"(M. 卡斯特:《网络社会的崛起》,夏铸九等译,北京:社会科学文献出版社 2003 年版,第 569、1 页;《认同的力量》,夏铸九等译,北京:社会科学文献出版社 2003 年版,第 2 页)我们认为,要理解这种网络技术与社会经济、文化与政治之间的相互作用,网络社会行为是一个很好的理论切入点。

② 黄少华、翟本瑞:《网络社会学:学科定位与议题》,北京:中国社会科学出版社 2006 年版,第 18 ~ 19 页。

③ A. 吉登斯:《社会学》,赵旭东等译,北京:北京大学出版社 2003 年版;M. Castells, Toward a Sociology of the Network Society. *Contemporary Sociology*. 29(5), 2000.

二元交织特性的影响，青少年的行为方式与生活经验，正在呈现出一种越来越明显的虚拟与真实相互渗透、相互交织的重要特征。这种虚实交织的行为方式与生活经验，极有可能导致社会界限的突破及虚实世界的交织。鲍德里亚(Jean Baudrillard)认为，我们今天已处在一个拟像时代，电脑、信息处理、媒体以及按照拟像符码而形成的社会组织，已经取代了现代社会中生产的地位，成为社会组织的基本原则。与现代社会是一个工业生产社会不同，后现代的拟像社会是一个由模型、符码和控制论所支配的信息与符号社会。符号本身拥有了自己的生命，并建构出一种由模型、符码及符号组成的新社会秩序。在这种拟像社会中，模型与符号构造着经验结构，并销蚀了拟像与真实之间的差别。拟像与真实之间的界限已经内爆，而且拟像变得比现实还要真实，它不再指称自身之外的任何现实，虚实世界之间的界限也因此变得含混、模糊甚至消融。正如贝克(Ulrich Beck)所说，在今天，人类已生活和行动在一个人造的、建构而成的、超越了现代社会二元区分的世界中，后现代世界是一个超越二分框架的"混合世界"。[①] 这种超越虚拟与真实、身体与心灵、全球与地方、公共空间与私人空间等二元区分逻辑的后现代混合景观，正是网络世界与网络行为的鲜明特征。例如，网吧作为目前重要的上网场所，对青少年来说已经远不只是一个物理地点，而是一个能快速通向虚拟世界的通道。换言之，对于许多青少年来说，网吧的意义，恰恰不在于其作为一个可供上网的物理场所，而是作为一个虚实交织的社会行为地点而被凸显。对于许多沉迷网吧的青少年来说，网吧指向的，是一个颠覆、解放的世界，是一个能让他们逃避现实世界，重新塑造自我的空间场所。真实和虚拟在其中相互渗透、相互指涉、相互交织，想象、真实与虚构相互聚合成为一个虚实交织的世界，个人由此实现了许多想象的功能。与此同时，网吧还导致了原本属于个人的网络使用行为，具有了社会意义的面向，其中最为重要的面向，是为青少年次文化认同形塑提供了一个重要的渠道，让青少年能

---

① U. 贝克：《世界风险社会》，吴英姿等译，南京：南京大学出版社2004年版，第187页。

在网吧这一虚实交织的环境中交换资源、实现互动，并由此形塑同辈群体间的社会认同。

最后，研究和了解青少年的网络行为，有助于为青少年网络素养教育与网络行为社会控制政策建议的构建奠定理论基础。互联网在重塑人类社会结构的同时，也引发了一系列新的社会问题，这些问题既包括网络空间的结构性问题，也包括网络空间的行为问题；既包括网络空间本身的社会问题，也包括网络对现实社会所造成的冲击。正如特克（Sherry Turkle）所说："进入虚拟世界的新作为，引起有关社会与我们本身的若干基本性问题。……科技使我们做为人的形貌改变了，它改变我们的关系，改变我们的自我意识。……这种新生活方式引发的问题不仅艰难而且令人痛苦，因为它们触及我们最复杂而且最难解的社会问题的核心：社区、认同、治理、平等与价值等问题。在这里没有简单的好消息，也没有简单的坏消息。"①而青少年在网络空间的社会行为所具有的匿名、身体不在场以及虚拟性等特点，正是构成网络社会风险的一个重要原因。在网络空间，由于身体不在场，从而导致人们在现实社会生活中的许多社会面貌不在场，这种行为主体社会面貌的虚位，对网络社会的影响是深远的。仅就对网络人际交往的影响而言，就有可能导致诸如身份识别困难、人际信任危机、因交往对象不确定或多变而导致交往无法深入、多界面生存造成的压力与角色认同困难、交往伦理相对化、现实人际交往淡化等多重社会后果。② 而网络的这些负面社会后果，对青少年的影响表现得更为突出，因为青少年尚处于身心发育的成长阶段，更容易受到网络场域特性的影响。因此，青少年更需要在身心发育和社会发展方面得到全社会的照顾、帮助和关心。不仅如此，更为重要的是，我国能否跟上信息化时代步伐，融入网络社会，跻身于世界信息强国，实现跨越式发展，与青少年一代的网络

① S. 特克：《虚拟化身：网路空间的身份认同》，谭天等译，台北：远流出版事业 1998 年版，第 328 页。

② 黄少华、陈文江：《重塑自我的游戏：网络空间的人际交往》，兰州：兰州大学出版社 2002 年版，第 259～269 页。

素养直接相关。① 正如胡锦涛在视察北京市和平街道青年文明社区时所说:"现在,互联网迅速发展,逐步进入社会生活的方方面面,愈来愈多的青少年和互联网交上了朋友,这是一件可喜的事情。但同时也加重了我们的责任。这就要求我们,一方面要加强建设,努力使互联网成为青少年获取知识和信息的一个新窗口;另一方面要加强管理,趋利避害,积极防范互联网给青少年带来的负面影响。"②因此,加强对青少年网络行为及其社会影响的研究,不仅能为网络管理部门和教育工作者对青少年网络行为的社会控制提供政策依据和政策建议,从而制定有效、切实可行的社会政策与行为规范,预防青少年网络沉溺、网络犯罪、网络色情、网络语言暴力等网络行为问题的滋生,而且对于促进青少年网络素养教育的发展,从而提升青少年的网络素养,推动我国的信息化水平,都有着重要的现实社会意义。

第二节 网络行为研究现状

国内外学界对互联网的社会科学研究,涉及社会学、传播学、心理学、人类学、民族学、政治学、经济学、管理学、文化研究等诸多学科。由于这些学科大都是在回应现代性社会转型过程中形成和发展起来的,是对现代性进行理性反思的知识形态,因此其理论视角、研究主题、问题意识和概念架构虽有所不同,但也多有交叉和重叠;加上互联网在技术上囊括了以往所有媒介的特点,或者说,互联网概念的关键在于,它不是为某一种需求设计的,而是一种可以接受任何新的需求的总的基础结构,③因此,

① 刘罗玉:《网络文化对我国青少年的影响》,http://www.cddc.net/shownews.asp? newsid=6857,2004 年。

② 武卫政、韩振军:《胡锦涛在视察北京市和平街道青年文明社区时强调努力营造有利于青少年成长和发展的良好环境》,http://www.cyol.net/cyd/zqb/20000504/GB/9852^Q113.htm,2000 年。

③ B. Leiner et al., *A Brief History of Internet*. http://www.isoc.org/internet/history/leiner#leiner,1998;E. Hargittai, Radio's lessons for the Internet. *Communications of the ACM*. 1,2000.

不同的社会科学学科目前对网络社会与网络文化的研究，虽然在研究路向和侧重点上有所不同，但更多体现出来的特点是各学科相互交叉重叠甚至整合。而对网络空间的社会行为的探讨，在各门社会科学有关网络社会与网络文化诸议题的研究中，更是重点和热点之一。

一、网络社会与网络行为研究的主要理论取向

互联网络在其刚出现时，多被视为一种沟通和传播工具，因此，对互联网的社会科学研究，最初主要集中在传播学领域，研究焦点则集中在互联网可以帮助人们做什么事情，利用互联网进行的沟通和传播，又会对人们的日常生活造成什么影响和后果。当时占主导地位的研究模式，主要是线索稀释或者说去线索取向，其基本假设是：网络传播稀释了面对面互动中的许多线索，会影响和改变人们的行为和沟通模式。例如，网络的匿名特征，会导致拘泥行为、恣意行为、放浪行为的产生。在研究方法上，这一时期的研究多采用经验研究，对网络的媒介特质及其对人们日常行为和生活、学习、工作的影响进行因果解释。在理论架构上，多采用媒介效果研究，主要理论解释模式包括社会临场理论、信息丰富理论和社会脉络理论。①

进入20世纪90年代中期以后，随着互联网的迅速普及和网民人群的快速增长，互联网对人们的社会生活也呈现出越来越广泛、多样和深刻的影响。与此相应，有关互联网的社会科学研究，也迅速从传播学领域扩展到了社会学、社会心理学、心理学、人类学、民族学、政治学、经济学、管理学、文化研究等领域，研究议题也从网络媒介使用方式、人际传播、媒介效果扩展到了网络社会行为、虚拟社区、网络空间身份认同、网络语言、数字鸿沟、网络沉溺、网络文化、网络组织、网络社会结构、网络社会分层、网

---

① 吴筱玫：《网路传播概论》，台北：智胜文化事业有限公司2003年版；R. E. Rice & G. Love, Electronic emotion: Socioemotional content in a computer-mediated communication network. *Communication Research*. 14(1), 1987; J. Serpentelli, *Conversational Structure and Personality Correlates of Electronic Communication*. http://sunsite. unc. edu/pub/academic/communications/papers/Conversational-Structure Serpentelli, 1993.

络经济、网络民主、网络社会运动等极其广泛的领域。① 然而，由于互联网在目前仍是一种处于迅速变化过程中的技术，其社会影响并未充分展现，而

---

① N. 尼葛洛庞帝:《数字化生存》，胡泳等译，海口:海南出版社 1996 年版；M. 史洛卡:《虚拟入侵:网际空间与科技对现实之冲击》，张义东译，台北:远流出版事业 1998 年版；S. 特克:《虚拟化身:网路空间的身份认同》，谭天等译，台北:远流出版事业 1998 年版；D. 泰普斯科特:《数字化成长:网络世代的崛起》，陈晓开等译，长春:东北财经大学出版社 1999 年版；W. J. 米切尔:《比特之城:空间、场所、信息高速公路》，范海燕等译，北京:三联书店 1999 年版；M. 波斯特:《信息方式:后结构主义与社会语境》，范静哗译，北京:商务印书馆 2000 年版；李英明:《网路社会学》，台北:扬智文化事业股份有限公司 2000 年版；华莱士:《互联网心理学》，谢影等译，北京:中国轻工业出版社 2001 年版；郑陆霖、林鹤玲:《社运在网际网路上的展现:台湾社会运动网站的联网分析》，《台湾社会学》第 2 期，2001 年；吴齐殷、蔡博方、李文杰:《网民研究:特征与网路社会行为》，http://140.109.196.10/pages/seminar/infotec4/5 ~2. doc，2002 年；金兼斌:《我国城市家庭的上网意向研究》，杭州:浙江大学出版社 2002 年版；黄育馥、刘霓:《e 时代的女性:中外比较研究》，北京:社会科学文献出版社 2002 年版；黄少华、陈文江:《重塑自我的游戏:网络空间的人际交往》，兰州:兰州大学出版社 2002 年版；翟本瑞:《连线文化》，台湾:南华大学社会学研究所，2002 年；童星等:《网络与社会交往》，贵阳:贵州人民出版社 2002 年版；文军等:《网络阴影:网络问题与对策》，贵阳:贵州人民出版社 2002 年版；M. 卡斯特:《网络社会的崛起》，夏铸九等译，北京:社会科学文献出版社 2003 年版，《认同的力量》，夏铸九等译，北京:社会科学文献出版社 2003 年版，《千年终结》，夏铸九等译，北京:社会科学文献出版社 2003 年版；杨伯溆:《因特网与社会:论网络对当代西方社会及国际传播的影响》，武汉:华中科技大学出版社 2003 年版；王卫东:《关于互联网方法和行为的研究》，中国人民大学社会学系博士论文，2003 年；曹荣湘编:《解读数字鸿沟:技术殖民与社会分化》，上海:上海三联书店 2003 年版；冈特利特:《网络研究:数字化时代媒介研究的重新定向》，彭兰等译，北京:新华出版社 2004 年版；郭茂灿:《虚拟社区中的规则及其服从:以天涯社区为例》，《社会学研究》2004 年第 2 期；孟威:《网络互动:意义诠释与规则探讨》，北京:经济管理出版社 2004 年版；林南:《社会资本:关于社会结构与行动的理论》，上海:上海人民出版社 2005 年版；何明升:《叩开网络化生存之门》，北京:中国社会科学出版社 2005 年版；J. Slevin:《网际网路与社会》，王乐成等译，台北:弘智文化事业有限公司 2002 年版；H. Rheingold, *The Virtual Community: Homesteading on the Electronic Frontier*. New York: Addison-Wesley, 1994; M. Benedikt, *Cyberspace: First Steps*. Cambridge MA: The MIT Press, 1994; S. G. Jones ed., *Cybersociety: Computer-mediated communication and community*. London: Sage, 1995; *Virtual culture: Identity and communication in cybersociety*. London: Sage, 1997; *Cybersociety 2.0: Revisiting computer-mediated communication and community*. London: Sage, 1998; B. Wellman & M. Gulia, Virtual communities as communities: Net surfers don't ride alone. Marc A. Smith and Peter Kollock, eds., *Communities in Cyberspace*, London: Routledge, 1999; J. Camp & Y. T. Chien, The Internet as public space: Concepts, issues and implications in public policy. *Computers and Society*, 9, 2000; N. H. Nie & L. Erbring, *Internet and Society*. CA: Stanford University Press, 2000; P. DiMaggio & E. Hargittai, et al., Social Implications of The Internet. *Annual Review of Sociology*. 27, 2001; B. Wellman & C. Haythornthwaite. eds., *The Internet in Everyday Life*. Oxford: Blackwell Publishers Ltd, 2002.

且人们的网络使用行为模式也仍处于快速变化之中，因此，面对因互联网崛起而形塑的种种新社会行为与社会现象，社会科学迄今为止所做的思考，在总体上还没有摆脱零碎、片断的局限，尚未形成系统整体的研究，概念化思考也远不充分。主要表现在，面对网络社会的迅速崛起和普及，社会科学对网络社会与网络行为的研究，还未能确立为大多数学者认同的研究定位和议题，甚至未能形成能被大家认同的问题意识和分析概念。①

如果从研究方法的角度来看，目前包括社会学在内的全球社会科学对于网络社会与网络行为的研究，占主导地位的研究取向和研究策略，大致可以分为两种类型，即理论取向的研究与实证取向的研究。理论取向的研究又包括两种基本视角，一种是将已有的各种社会科学理论和方法，甚至具体的研究问题运用到对互联网的研究之中，其主要目的是对已有理论进行验证、补充或修改。② 这种研究取向的优点是有利于学科的积累，并且对已有的社会科学理论作出新的检验与修正，但其不足之处是面对互联网这种新的研究对象，无法实现研究范式的突破和创新。另一种研究取向是强调互联网的新特性，因此在研究中力图突破已有学科思维模式和问题意识，提出新的概念、问题和假设，用以分析和概括互联网这种新的研究对象。③ 这种研究取向的优点是能够较好地面对网络空间及

---

① D. 西尔弗：《回顾与前瞻：1990 年至 2000 年间的网络文化研究》，《网络研究：数字化时代媒介研究的重新定向》，彭兰等译，北京：新华出版社 2004 年版；郭茂灿：《国内互联网研究述评》，《中国社会学年鉴（1999—2002）》，北京：社会科学文献出版社 2004 年版；何明升：《叩开网络化生存之门》，北京：中国社会科学出版社 2005 年版；黄少华、翟本瑞：《网络社会学：学科定位与议题》，北京：中国社会科学出版社 2006 年版；P. DiMaggio & E. Hargittai et al., Social Implications of The Internet. *Annual Review of Sociology*. 27, 2001.

② 郭茂灿：《国内互联网研究述评》，《中国社会学年鉴（1999—2002）》，北京：社会科学文献出版社 2004 年版；F. Webster, *Theories of the Information Society*. New York: Routledge, 1995; J. Camp & Y. T. Chien, The Internet as public space: Concepts, issues and implications in public policy. *Computers and Society*, 9, 2000.

③ 金兼斌：《我国城市家庭的上网意向研究》，杭州：浙江大学出版社 2002 年版；郭茂灿：《国内互联网研究述评》，《中国社会学年鉴（1999-2002）》，北京：社会科学文献出版社 2004 年版；黄少华、翟本瑞：《网络社会学：学科定位与议题》，北京：中国社会科学出版社 2006 年版；C. Soukup, Building a theory of multimedia CMC. *New Media and Society*, 2(4), 2000.

网络行为的新特征，发掘新的问题、假设与概念，但其不足之处是因为相当一部分研究过分强调网络空间与网络行为的虚拟性，所以网络空间、现实生活空间与网络行为之间的复杂关系，被或多或少地简单化了，且实证研究不足。

这两种网络社会与网络行为研究的理论视角，按照韦伯斯特(F. Webster)的说法，可以概括为"延伸说"及"崭新说"两大取向。前者认为信息化、网络化所呈现出来的社会特征，只不过是现代工业社会关系的延伸，后者则认为"信息社会"是一个全新的概念，信息社会浮现出了与以前曾经存在的所有社会不同的形态与特征。但韦伯斯特强调，即使是这两种研究取向内部，也存在着诸多分歧。例如，认为信息社会已经与现代工业社会有所不同的学者，其理论取向至少也可以区分为四种基本类型：(1)后工业主义，如贝尔(Daniel Bell)；(2)后现代主义，如鲍德里亚、波斯特(Mark Poster)；(3)弹性专门化，如皮奥里(M. Piore)、沙贝尔(C. Sabel)；(4)发展的信息模式，如卡斯特。①

迪马吉奥(Paul DiMaggio)等人则系统地梳理了国外网络社会学研究的主要理论趋向和理论议题。他们认为，西方社会学界对网络社会的研究，目前已经形成了以下几个理论传统：涂尔干—功能主义传统认为互联网增强了社会的有机团结，因此他们着重关注互联网对社区和社会资本(social capital)的影响；马克思主义传统则更关注互联网造成的文化霸权以及相应的精英统治；韦伯主义传统则从"理性化"视角，强调互联网减少了时空限制，并由此生成了能"区隔"身份地位的新文化；贝尔和卡斯特则认为世界正在进入"后工业社会"或者说"信息时代"，在信息时代，数字信息技术为社会结构的"网络形式"的普遍扩张提供了物质基础；哈贝马斯等人则强调考察互联网对政治实践的作用，而批判理论强调互联网对艺术和娱乐媒体的影响。迪马吉奥认为，这些理论视角在今天已经

---

① F. Webster, *Theories of the Information Society*. New York: Routledge, 1995.

构成了网络研究的主要理论背景和理论基础。① 而就研究议题而言,西方社会学界在这些不同理论传统下对网络社会的研究,主要集中在以下五个方面:(1)互联网将会减少社会的不平等,还是会加剧社会的不平等;(2)互联网提高了个人的生活质量,增加了人们的社会资本,还是相反,因为人们进入到一个虚拟的世界,引发了社会混乱并侵蚀着人们的社会资本;(3)互联网是一个新的公共领域,还是一个全球电子战场;(4)网络导致了社会组织结构的扁平化,从而取代了现代社会的科层制结构,还是以一种前所未有的监视手段增加了正式组织的控制力;(5)网络技术增加和扩张了文化参与及文化丰富性,还是使文化变得更加单一。②

国内学界对网络社会学的学科定位与理论取向,按照郭茂灿的概括,

---

① P. DiMaggio & E. Hargittai, et al., Social Implications of The Internet. *Annual Review of Sociology*. 27,2001.

② N. 尼葛洛庞帝:《数字化生存》,胡泳等译,海口:海南出版社1996年版;D. 泰普斯科特:《数字化成长:网络世代的崛起》,陈晓开等译,长春:东北财经大学出版社1999年版;M. 波斯特:《信息方式:后结构主义与社会语境》,范静哗译,北京:商务印书馆2000年版;G. 鲍曼:《全球化:人类的后果》,郭国良等译,北京:商务印书馆2001年版;M. 卡斯特:《网络社会的崛起》,夏铸九等译,北京:社会科学文献出版社2003年版;林南:《社会资本:关于社会结构与行动的理论》,上海:上海人民出版社2005年版;W. R. Neuman, *The Future of the Mass Audience.* New York: Cambridge University Press,1991;R. H. Anderson & T. K. Bikson et al., *Universal Access to E-Mail Feasability and societal Implications.* CA:RAND, 1995;G. Browning, *Electronic Democracy: Using the Internet to Influence American Politics.* Wilton CT:Pemberton,1996;J. R. Beniger, Who shall control cyberspace? L. Srate., R. Jacobson & S. B. Gibson, eds. *Communication and Cyberspace: Social Interaction in an Electronic Environment Cresskill.* NJ: Hampton,1996;J. P. Barlow, *A Declaration of the Independence of Cyberspace.* http://www. eff. org / ~ barlow/Declaration-Final. html,1996;R. Kraut et al., Internet paradox: A Social technology that reduces Social involvement and psychological well-being? *American Psychologist*,53(9),1998;K. A. Hill & J. E. Hughes, *Cyberpolitics: citizen Activism in the Age of the Internet.* MD: Rowman & Littlefield,1998;S. Zuboff, *In the Age of the Smart Machine: The Future of work and Power.* New York:Basic,1998;L. Lessig, *Code and Other Laws of Cyberspace.* New York: Basic,1999;B. M. Owen, *The Internet Challenge to Television.* Cambridge: Harvard University Press, 1999;N. H. Nie & L. Erbring, *Internet and Society.* CA: Stanford University Press,2000;P. DiMaggio & E. Hargittai et al., *From the "Digital Divide" to digital inequality: studying Internet use as penetration increases.* Work. Pap, Ctr. for Arts Cult. Policy Stud, Princeton Univ.,2001;B. Wellman, *Physical place and cyberplace: Changing portals and the rise of networked individualism.* Int. J. Urban Regional Res. Forthcoming,2001.

主要有以下三种观点:(1)认为网络社会学是社会学研究的新课题,是社会学的一个分支学科。例如戚攻将网络社会学定义为:"研究网络社会对现实社会重塑和再造的条件和网络社会本身运行机理,以及人在两种互动过程中的关系和作用过程的综合性社会科学";童星和罗军认为网络社会学是"研究网络中各种关系互动规律和网络社会自身运作规律,研究网络社会和日常社会互相影响和互相作用的一门综合性社会科学";邓伟志等则强调网络社会学是"研究在特定的网络社会生存方式下的团体和个人以及家庭、社区、政府、企业等机构、组织的社会生活的发展、变化规律的科学"。(2)林闽钢认为,网络时代的社会学包括两个方面的主要内容:一是关于网上世界这个新社会空间的社会学,称为缺场社会学或网上社会学;二是关于当下真实社会这个社会空间的社会学,称为在场社会学或当下社会学。这一说法虽然也将网络社会和现实社会区分开来,但是却赋予了网络社会学至少同传统社会学相等的地位。翟本瑞则进一步指出,对互联网的社会学研究,将把传统社会学所有曾经讨论过的主题和领域,都重新讨论一次,使之成为网络社会学的一章。(3)黄少华则提出,网络社会学不仅仅只是社会学的一个分支学科,更重要的是作为一种极有可能将社会学研究带入一个全新领域的"知识形态"。针对网络空间所建构出的一套概念和命题系统,应该有别于经典社会学的问题意识与理论范式,从而可能意味一种崭新的研究范式的确立。这一论述的独特性在于,它并不将网络社会学局限于社会学的一个分支学科,并且更加强调网络社会学对传统社会学的影响。① 而翟本瑞也曾经将国内外学界对于网络社会学的研究取向,归纳为四种:(1)用网络来探讨各种社会现象,将网络此一媒介拿来作为认识存在真实世界中的社会现象之参考。(2)探究网络空间中的各种虚拟现象,凡是在真实生活中存在的事物,都可以在虚拟世界找到其对应项,故可以进一步分析虚拟现象的类型与运

① 郭茂灿:《国内互联网研究述评》,《中国社会学年鉴(1999-2002)》,北京:社会科学文献出版社2004年版。

作方式。(3)探讨真实生活与虚拟世界间的差异,进而检讨真实生活对虚拟世界的影响,以及虚拟入侵后现实世界的改变。(4)从科技未来的角度,探讨互联网终将有一天具有思考、情绪等能力,而人机界面的分野逐渐消失,人类文化有一天可能会消融于互联网之中。①

二、网络行为研究的主要议题

目前,社会科学对网络行为的研究,主要集中在以下议题:

1. 作为行为场域的网络空间的社会特性

网络空间指的是由组成互联网的全球电脑网络形成的互动空间,包括即时通讯(如ICQ、QQ、MSN)、BBS、聊天室、电子邮件、新闻组、讨论列表、MUDs、万维网等可以展开实时或延时社会行为的场域。网络空间的形塑,为那些身处不同地理空间的人们,提供了一个便利交流的平台。通过使用像电子邮件、聊天室、BBS和QQ、MSN等互动媒介,人们公开或私下讨论大量有关游戏、娱乐、交往、学习甚至工作的话题。而且更为重要的是,网络不仅仅是一个信息交流媒介,而且也是一个社会互动媒介,在网络空间,人们可以持续地展开一对一、一对多以及多对多的社会互动。② 或者说,在今天,网络空间已不再只是传递信息的媒介,而且是一个实时、多媒体、双向互动的社会行为与社会生活场域,人们能够在其中进行社会互动,而不只是交流信息。这意味着,网络不是外在于我们的媒介,而是把我们吸纳进去的空间。这正是网络空间所具有的最重要的社会意义。而且作为一个全新的社会行为场域,网络空间是由共识或共同兴趣形塑的想象的社会互动场域,在网络空间,"距离"、"身体"、"内外"等概念被赋予了全新的含义。例如,网络空间改变了现实社会行为中物理场所的重要性,使得物理地方与社会地方相脱勾,物理地方不再是构成社会地方的前提。由此,网络形塑了

① 翟本瑞:《网路文化》,台北:扬智文化事业2001年版。

② 华莱士:《互联网心理学》,谢影等译,北京:中国轻工业出版社2001年版;A. 吉登斯:《社会学》,赵旭东等译,北京:北京大学出版社2003年版;A. Smith & P. Kollock. eds., *Communities in Cyberspace*. London:Routledge, 1999。

一个全新的行为场境，并因此而导致了各种全新社会行为的产生。① 对这一随互联网崛起而形塑和开辟的全新社会行为场域的技术与社会特性，不同学科的学者已展开了各种各样的理论思考与实证研究。例如卡斯特提出流动空间与无时间之时间的概念，以与地方空间与钟表时间相对照，借此阐明网络技术为社会时间—空间的转型奠定了基础。卡斯特认为，因网络技术出现而形塑的网络空间，是环绕着流动而建构起来的，因此可以称之为流动空间，与它相对的是具有历史根源，且人们共同经验的空间组织，即地方空间（space of places）。流动空间的出现，表现出与以地方空间为基础的社会文化之间的脱落（disarticulation）。在卡斯特看来，流动空间由三个层次的物质支持构成：第一层次由电子脉冲回路所构成，它促成了一种无场所的非地域化社会，在流动空间中，没有任何地方是自在自存的，因为位置是由流动交换界定的；第二层次是由节点和枢纽所构成的网络，它连接了具有特定社会、文化、物质、功能、特征的具体场所，节点的区位将地域性与整个网络连接起来，以整合进一个以信息流动为基础的全球性网络之中；第三层次指由占所主导地位的管理精英所发动、构想、决定和执行的空间组织，它促成了一种非对称、不均衡的组织化社会。② 吉登斯（Anthony Giddens）则强调，理解互联网对日常社会生活影响的关键，是分析互联网对社会时间—空间伸延和分离的影响。互联网模糊了全球性与地方性之间的界限，为社会沟通和互动提供了新的途径，从而导致空间与地理场所相分离。由于通讯、电话、互联网等科技和社会组织方式的推动，人类的生活方式发生了巨大的变迁，在场的东西的作用正越来越被在时—空意义上缺场的东西所取代。换言之，时间与空

① N. 尼葛洛庞帝：《数字化生存》，胡泳等译，海口：海南出版社 1996 年版；黄厚铭：《虚拟社区中的身份认同与信任》，台湾大学社会学研究所博士论文，2001 年；J. 梅罗维茨：《消失的地域：电子媒介对社会行为的影响》，肖志军译，北京：清华大学出版社 2002 年版；黄少华、陈文江：《重塑自我的游戏：网络空间的人际交往》，兰州：兰州大学出版社 2002 年版；J. B. 汤普森：《意识形态与现代文化》，高铦等译，南京：译林出版社 2005 年版；M. Benedikt，*Cyberspace*：*First Steps*. Cambridge MA：The MIT Press，1994.

② M. 卡斯特：《网络社会的崛起》，夏铸九等译，北京：社会科学文献出版社 2003 年版。

间的无限伸延，导致社会生活被不断重组，使人们越来越多的日常活动和工作可以在网上完成。① 不过，与吉登斯强调互联网的时—空伸延面向不同，像鲍曼和哈维这些学者在概括互联网的社会影响时，更强调的是时—空压缩（time-space compression）面向，鲍曼甚至强调，“‘时—空压缩’这一术语概括了目前正在进行的人类状况参数的多层面改变”。② 而黄厚铭等学者则深入探讨了互联网既隔离又连结的媒介特性，及其对公私领域划分的复杂影响，认为网络在导致公私领域交错、重组的过程中，恢复和重构了部分私密空间的表现。黄少华则全面分析了网络空间真实与虚拟、身体与心灵、全球与地方、个人空间与公共空间、前台行为与后台行为等一系列二元交织的空间特性。③

在对网络空间的空间特质进行理论分析和概括的同时，更多的社会科学研究对网络空间的技术和社会特性进行了具体的梳理，不仅揭示了网络空间的去中心、互动性（民主、草根与多元）、匿名（边缘与多重认同）、快速复制与传递（虚拟与去空间）、冷媒介、虚拟多重空间、内爆、有限感官体验、时—空伸延与压缩等基本特征，④而且对各种具体网络空间如虚拟社区、BBS、聊天室、网吧等的场域特性，进行了梳理和分析。例如，关于BBS的空间特性，有人将其归纳为文字界面、即时性、累积性、匿名性、去情境化和丰富性，并且强调这些新的空间特性，会导致有创意、无

---

① A. 吉登斯：《现代性与自我认同：现代晚期的自我与社会》，赵旭东等译，北京：三联书店1998年版；《社会学》，赵旭东等译，北京：北京大学出版社2003年版。

② G. 鲍曼：《全球化：人类的后果》，郭国良等译，北京：商务印书馆2001年版，第1页；D. Harvey, *The Condition of Postmodernity: An Enquiry into the Origins of Cultural Change*. Oxford: Blackwell Publishers Ltd, 1990.

③ 黄厚铭：《虚拟社区中的身份认同与信任》，台湾大学社会学研究所博士论文，2001年；黄少华、翟本瑞：《网络社会学：学科定位与议题》，北京：中国社会科学出版社2006年版。

④ 郑陆霖、林鹤玲：《社运在网际网路上的展现：台湾社会运动网站的联网分析》，《台湾社会学》第2期，2001年；王卫东：《关于互联网方法和行为的研究》，中国人民大学社会学系博士论文，2003年；蔡珮：《复合媒介的成瘾现象探讨》，《资讯社会研究》第8期，2005年。

顾忌、言语攻击行为的产生。① 又如,有学者认为,MUD 是一个由玩家打造而成的想象世界,结合了人际交往的两大功能:互动性与自我再现,②具有多元沟通(玩家可以即时地与一人或多人互动)、角色扮演(玩家可以扮演自己想要成为的角色,甚至同时扮演多个角色、多种性别、多种人格)、抑制解除(匿名造就的安全感,使玩家产生不需负担行动后果的感觉,真实生活里不敢做的或是不能做的,在 MUD 中都可以尝试,如果不想承担责任或义务,可以选择逃避)、丰富隐喻(MUD 是一个文字塑造的场景,具有丰富的隐喻,这种由文字构筑的虚拟世界面貌,只有玩家才能体会)、想象空间(MUD 的文字界面,需要玩家借助自己的想象填补文字情境中所缺乏的社会指标,玩家依赖想象进行交流互动,拥有很大的心理空间)、虚拟社会(MUD 是一个与现实社会不尽相同的社会情境)等特点。③再如,有学者将对网络空间特性的分析,进一步扩展到了网吧空间,认为网吧作为一个网络世界与现实世界彼此互动的特殊场所,现实生活与虚拟生活在其中常常彼此渗透并相互指涉。换言之,网吧是一个真实与虚拟同时存在并相互交织的双重空间,在这样的双重空间中,幻想、真实与虚拟之间界限模糊甚至相互交织,使用者也借此展开多元的社会生活,并获得特殊的行为感受。正因为如此,网吧往往对青少年有着特别的吸引力。作为目前青少年重要的上网场所,网吧已经远不只是一个物理地点,而是一个能快速通向虚拟世界的社会行为场域。对于许多沉迷网吧的青少年来说,网吧指向的,是一个颠覆、解放的世界,是一个能让他们逃避现

① 周倩、方紫微、方凤琪:《高中师生对 BBS 的认知与态度研究》,http://www.ckitc.edu.tw/~net/tanet2003/pdf/G3/9843.pdf,2003 年;S. Kiesler & L. Sproull, Group decision making and communication technology. *Organizational Behavior and Human Decision Processes*, 52, 1992;B. Danet, Text as mask: Gender, play, and performance on the Internet, S. G. Jones ed., *Cybersociety 2.0: Revisiting computer-mediated communication and community*. London: Sage, 1998.

② 吴筱玫:《解析 MUD 之空间与时间文化》,《新闻学研究》第 76 期,2003 年。

③ S. 特克:《虚拟化身:网路空间的身份认同》,谭天等译,台北:远流出版事业 1998 年版;吴筱玫:《解析 MUD 之空间与时间文化》,《新闻学研究》第 76 期,2003 年;M. Benedikt, *Cyberspace: First Steps*. Cambridge MA: The MIT Press, 1994;E. Reid, *Electropolis: Communication and Community on Internet Relay Chat Honours Dissertation*. University of Melbourne, 1991.

实世界,重新塑造自我的空间场所。真实和虚拟在其中相互渗透、相互指涉、相互交织,想象、真实与虚构相互聚合成为一个虚实交织的世界。同时,网吧还导致了原本属于个人的网络使用行为,具有了社会意义的面向,其中最为重要的面向,是为青少年次文化认同与形塑提供了一个重要的渠道,让青少年能在网吧这一虚实交织的环境中交换资源、实现互动,并由此形塑同辈群体间的社会认同。①

2. 网络行为研究

迄今为止,社会科学对网络行为的研究,大致从两个方面展开。一是对网民的网络使用行为,包括网络使用方式、时间、频率、地点等进行实证调查与定量研究;二是对网民在网络空间的行为模式、行为类型与行为逻辑进行实证调查与理论分析。

(1)网民的网络使用行为

对于网民的网络使用行为,国内外已经进行了大量的实证调查,这些调查一般都将重点放在网民的网络使用习惯、倾向、网龄、上网频率、上网时间、上网动机等问题上。例如"美国在线"与 Roper Starch 调查公司合作从 1998 年起通过电话调查对美国网络用户的追踪调查,就将重点放在了解人们的网络使用行为以及网络使用对日常生活的影响上。在 1999 年,他们还专门针对 9~17 岁青少年的网络使用行为进行调查。结果发现,青少年的上网频率,会随着年龄的增长而增加,9~11 岁的孩子每周上网的时间为 2.8 天,而 15~17 岁的孩子则为 4.5 天;交流是青少年最喜欢的网上活动,有 59% 的人通过网络给朋友写信,52% 的人使用即时聊天;而在 9~11 岁的孩子中,网络游戏最受欢迎;有 63% 的人更愿意上网而不是看电视,有 55% 的人更愿意通过网络而不是电话交谈,76% 的

① 简欣瑜:《网路咖啡厅的虚拟世界探讨》,台湾中原大学室内设计研究所硕士论文,2004 年;纪慧怡:《真实与虚拟空间的对话:网咖族的内在经验意义探讨》,台湾世新大学传播研究所硕士论文,2004 年;流心:《自我的他性:当代中国的自我谱系》,常姝译,上海:上海人民出版社 2005 年版;黄少华、翟本瑞:《网络社会学:学科定位与议题》,北京:中国社会科学出版社 2006 年版。

人通过网络下载音乐，70%的人通过网络与朋友举行视频会议，还有63%的人在网上看卡通或录像。对于网络的作用，有44%的青少年说网络增加了他们对事物的兴趣，39%的人说网络增进了朋友间的友谊，39%的人说网络提高了写作和语言水平，33%的人说网络帮助他们在学校表现得更好。① 由美国加州大学洛杉矶分校（UCLA）发起并于2000年启动的世界互联网项目（World Internet Project），则尝试通过对不同国家和地区网民的网络使用状况进行问卷调查，对互联网的社会影响进行评估。目前已有美国、英国、法国、德国、意大利、瑞典、中国大陆、台湾、香港、澳门、新加坡、日本和韩国等20多个国家和地区参与了该项目。从2000年开始，UCLA已经连续6年发布了美国互联网调查报告，并从2004年开始发布各国比较研究的数据。在国内，中国互联网络信息中心从1997年开始，每年发表2次统计报告，迄今已发表17次统计报告。报告对我国互联网的宏观状况（包括网民人数、上网电脑数、域名数、网站数、国际出口带宽等）、网民的行为意识（包括网民性别、年龄、文化程度、职业、个人收入、上网地点、上网时间、经常使用的网络服务/功能、对互联网的满意度、使用即时通讯、网络购物、网络游戏等）进行定期报告（CNNIC，1997～2006）。除此以外，中国社会科学院社会发展研究中心进行的作为“世界互联网项目”组成部分的“中国互联网项目”，对中国城市网民的互联网使用状况及影响进行了连续多年的调查，并通过与国际调查数据的比较，了解中国网民的人口分布和网络使用状况。② 鉴于在中国互联网用户中，青少年占有相当大的比例，因此该项目还专门针对青少年网民的特征，青少年网民的网络使用行为，以及网络使用对其学习、休闲、人际互动的影响等进行了调查。其中的《2003年北京、上海、广州、成都、长沙、西宁、呼和浩特青少年互联网采用、使用及其影响的调查报告》显示：七城

---

① 彭兰：《数字化用户画像》，http://cjr. zjol. com. cn/gb/node2/node26108/node30205/node195058/userobject15ai 2180687. html，2000年。

② 郭良、卜卫：《中国12城市互联网使用状况及影响调查报告》，北京：中国社会科学院社会发展研究中心，2003年。

市青少年的平均上网比例为63.3%，其中在家上网的青少年比例最高，为78.6%，其次是亲戚朋友家，为67.2%，以下依次为学校、父母或他人办公室以及网吧等公共休闲设施。42.3%的青少年用户认为，使用互联网对学习"几乎没有影响"，认为有"好影响"和"不好的影响"的几乎各占一半。青少年使用互联网的主要目的依次为，满足交流的需要65%，满足学校学习功课的需要50%，满足有人做伴的需要45%，满足摆脱孤独的需要41%，满足娱乐的需要40%。[①] 值得强调的是，目前已有越来越多的调查开始结合网络进行，甚至完全借助于网络展开，例如中国互联网络信息中心对我国网民网络使用行为的调查，采用了电脑网上自动搜寻、网络连线、电话抽样、相关单位上报数据等调查方法。而 Graphics, Visualization, and Usability Center (GVU) 关于信息消费行为的调查，[②]则完全是运用网络调查完成的。

除了对网络使用行为和使用目的进行一般性调查研究之外，人们还对某些特殊群体、边缘群体、弱势人群、少数族群的网络使用行为和使用状况进行了实证调查。[③]

(2) 网络行为的实质、特征、类型与影响因素

迄今为止，学界对网络社会行为实质与特征的分析，主要侧重于理论上的梳理与分析。在研究视角上，基本上延续了社会学的两种传统视角，或者将解释的焦点放在个人行为对社会结构的建构上，或者将解释的焦点放在社会结构对个人行为的制约上。不过这两种视角有一个共同的出发点，就是强调网络行为与人们在日常社会生活中的行为之间的区别，并

---

① 卜卫、刘晓红：《2003年北京、上海、广州、成都、长沙、西宁、呼和浩特青少年互联网采用、使用及其影响的调查报告》，北京：中国社会科学院新闻与传播研究所，2003年。

② J. E. Pitkow & C. M. Kehoe, *Federal Trade Commission Public Workshop on Consumer Information Privacy*. http://www-static.cc.gatech.edu/gvu/user_surveys/papers/1997-05-ftc-privacy-supplement.pdf, 1997.

③ 黄育馥、刘霓：《e时代的女性：中外比较研究》，北京：社会科学文献出版社2002年版；D.冈特利特：《网络研究：数字化时代媒介研究的重新定向》，彭兰等译，北京：新华出版社2004年版；L. Haddon, Social exclusion and information and communication technologies. *New Mesia & Society*, 2(4), 2000.

且从这种区别入手分析网络行为的实质和特征。① 例如冯鹏志基于帕森斯的行为理论，认为网络行为与一般的社会行为之间在“规范取向”、“条件”、“手段”三要素上都存在着明显的差别，具体体现在网络行为的“非功能的制度化和强制性”、“超越地域性和不可通约性”，以及“在表现形式上具有可塑性”。② 而魏晨则通过对网络角色的分析，认为网络角色隐匿了人们在现实世界中的符号共享意义系统，由此导致在网络空间社会规则和社会结构的隐匿，从而使得社会结构对于个人行为的制约在网络空间被彻底消解，网络行为因此成为一种不受现实社会规则和结构制约的虚拟行为，人们在行为中更重视的是虚拟自我(virtual self)的情感宣泄，这种行为呈现出明显的“价值合理性”意义。③

对于网络行为的特征，学界也进行了具体的描述与分析。屠忠俊、吴廷俊认为，网络行为具有个性化(体现在行为选择多样化、行为制约减弱、行为评价个性化三个方面)、自由性、虚拟性、快速性、匿名性、技术依赖性等特征。④ 冯鹏志在对网络行为结构进行分析的基础上，认为网络行为具有虚拟性、角色交互性(行动者可以扮演多个角色)、超时空性和符号互动性等特征。⑤ 李一通过与现实行为的比较，将网络行为特征概括为生成的技术性、形态的隐匿性、方式的间接性、场域的流变性、内容的多样性和本质的社会性六个方面。⑥、黄少华基于对网络空间全球与地方、虚拟与真实、私人空间与公共空间、前台与后台二元交织的场域特性，以及网民在这二元交织的网络空间生存状态的分析，认为网络行为呈现出身体不在场、戏剧化、审美化、去中心化、拟像化、狂欢化、平面化、碎片化等后现代特性。⑦

① 李一:《网络行为失范及其社会控制》，南京大学社会学系博士论文，2005年。
② 冯鹏志:《网络行动的规定与特征:网络社会学的分析起点》，《学术界》2001年第2期。
③ 魏晨:《论网络社区的社会角色和行动》，《徐州师范大学学报》2001年第2期。
④ 屠忠俊、吴廷俊:《网络新闻传播导论》，武汉:华中科技大学出版社2002年版。
⑤ 冯鹏志:《网络行动的规定与特征:网络社会学的分析起点》，《学术界》2001年第2期。
⑥ 李一:《网络行为失范及其社会控制》，南京大学社会学系博士论文，2005年。
⑦ 黄少华:《知识、文化与人性》，兰州:兰州大学出版社2002年版。

不过，学界更多的关注和研究，主要集中在对各种网络行为类型的理论梳理和实证分析上。由于网络空间的匿名和身体不在场特征，导致了网络空间行为模式的诸多改变。对此，国内外学界都给予了充分的关注，并且对各种形式的网络社会行为，如网络交往行为①、网络游戏行为②、网络浏览行为③、网络

① 黄厚铭：《虚拟社区中的身份认同与信任》，台湾大学社会学研究所博士论文，2001 年；黄少华、陈文江：《重塑自我的游戏：网络空间的人际交往》，兰州：兰州大学出版社 2002 年版；刘中起、风笑天：《青少年基于 OICQ 网际互动的基本结构研究：对武汉、黄石、鄂州、赤壁四市的调查》，《社会》2003 年第 10 期；孟威：《网络互动：意义诠释与规则探讨》，北京：经济管理出版社 2004 年版；J. B. Walther, Computer-mediated communication: impersonal, interpersonal and hyperpersonal interaction, *Communication Research*, 1, 1996; R. Kraut et al., Internet paladox: A Social technology that reduces Social involvement and psychological well-being? *American Psychologist*, 53(9), 1998; A. Smith & P. Kollock. eds., *Communities in Cyberspace*. London: Routledge, 1999; S. Kiesler et al., Internet Evolution and Social Impact. *It & Society*, 1(1), 2002; J. E. Katz & R. Rice, Syntopia: Access, civic involcement and social interaction on the Net. B. Wellman & C. Haythornthwaite. eds., *The Internet in Everyday Life*. Oxford: Blackwell Publishers Ltd, 2002; W. Chen, J. Boase & B. Wellman, The Global Villagers: Comparing Internet Users and Uses Around The World. B. Wellman & C. Haythornthwaite. eds., *The Internet in Everyday Life*. Oxford: Blackwell Publishers Ltd, 2002.

② S. 特克：《虚拟化身：网路空间的身份认同》，谭天等译，台北：远流出版事业 1998 年版；陈怡安：《线上游戏的魅力：以重度玩家为例》，台湾：南华大学社会学研究所，2003 年；许晋龙：《在线游戏使用者行为研究》，台湾科技大学信息管理系博士论文，2003 年；郑朝诚：《在线游戏玩家的游戏行动与意义》，台湾世新大学传播研究所硕士论文，2003 年；吴声毅、林凤钗：《Yes or No? 线上游戏经验之相关议题研究》，《资讯社会研究》第 7 期，2004 年；张玄桥：《角色扮演在线游戏玩家型态之研究》，台湾中国文化大学信息传播研究所硕士论文，2004 年；林鹤玲、郑芳芳：《在线游戏合作行为与社会组织：以青少年玩家之血盟参与为例》，http://tsa. sinica. edu. tw/Imform/file1/2004meeting/paper/C4-1. pdf, 2004 年；T. Manninen, *Interaction Forms and Communicative Actions in Multiplayer Games*, http://www. gamestudies. org/0301/ manninen/, 2001; J. Fromme, *Computer Games as a Part of Children's Culture*, http://www. gamestudies. org/0301/fromme/, 2001.

③ 张德仪：《WWW 使用者之浏览行为与心理探究》，台湾中正大学企业管理系硕士论文，2000 年；林珊如：《图书馆使用者浏览行为之研究：浏览结果及影响因素之分析》，《图书资讯学刊》第 15 期，2000 年，《大学教师网路阅读行为之初探》，《图书资讯学刊》第 1 期，2003 年；赵光正：《网际网路浏览行为之研究》，台湾政治大学资讯管理学系硕士论文，2001 年；翟本瑞：《网路文化》，台北：扬智文化事业 2001 年版；巢乃鹏：《网络受众心理行为研究：一种信息查寻的研究》，北京：新华出版社 2002 年版；张郁蔚：《网路超文本阅读之探讨》，《图书资讯学刊》第 4 期，2004 年；陈祥、蔡裕仁：《资讯寻求行为与阅读情境差异性之探索》，《资讯社会研究》第 8 期，2005 年；L. D. Catledge & J. E. Pitkow, *Characterizing Browsing Strategies in the World-Wide Web*. http://www. igd. fhg. de/archive/1995_www95/papers/80/userpatterns/UserPatterns. Paper4. formatted. html, 1995; R. Navarro-Prieto, M. Scaife & Y. Rogers, *Cognitive Strategies in Web Searching*. Presented at the 5th Conference of Human Factors & the Web. http://zing. ncsl. nist. gov/hfweb/proceedings/navarro-prieto/index. html, 1999; W. C. Choo et al., *Information Seeking on the Web: An Integrated Model of Browsing and Searching*. http://www. firstmonday. dk/ issues/issue5_2/choo/, 2000.

书写行为①、虚拟社区行为②、BBS 行为③、网络集体行动④、博客行为⑤、网络沉溺行为⑥、角色扮演行为⑦、网恋与虚拟性爱⑧等，展开了不同程度的研究。不少学者基于这种对网络行为的具体分析，进一步对网络行为进行了类型概括。例如霍华德(Philip E. N. Howard)等人通过对 18 岁以上的美国成年人网络行为的调查，将网络行为区分为四种基本类型：以兴趣和娱乐为主要取向的网络行为，如网络游戏、浏览网页等；以获取信息

---

① 王家茗：《网路书写动机与意义之探讨：以明日报个人新闻台为例》，台湾世新大学传播研究所硕士论文，2001 年；黄少华、翟本瑞：《网络社会学：学科定位与议题》，北京：中国社会科学出版社 2006 年版。

② 郭茂灿：《虚拟社区中的规则及其服从：以天涯社区为例》，《社会学研究》2004 年第 2 期；王甘：《摇篮论坛：网上母亲社区》，《转型社会中的中国妇女》，北京：中国社会科学出版社 2004 年版；刘华芹：《天涯虚拟社区：互联网上基于文本的社会互动研究》，北京：民族出版社 2005 年版；H. Rheingold, *The Virtual Community: Homesteading on the Electronic Frontier*. New York: Addison-Wesley, 1994; B. Wellman & M. Gulia, Virtual communities as communities: Net surfers don't ride alone. M. A. Smith and P. Kollock, eds., *Communities in Cyberspace*, London: Routledge, 1999; A. Smith & P. Kollock. eds., *Communities in Cyberspace*. London: Routledge, 1999.

③ 崔嵬：《在虚拟与现实之间：一塌糊涂 BBS 虚拟社区研究》，北京大学社会学系硕士论文，2001 年；龚洪训：《"虚拟世界"的真实表述：以北京大学一塌糊涂 BBS 为例》，北京大学社会学系硕士论文，2001 年；白淑英：《基于 BBS 的网络交往特征》，《数字化与人文精神》，上海：上海三联书店 2003 年版。

④ 郑陆霖、林鹤玲：《社运在网际网路上的展现：台湾社会运动网站的联网分析》，《台湾社会学》第 2 期，2001 年；林鹤玲、郑陆霖：《台湾社会运动网路经验初探：一个探索性的分析》，《网路与社会》，台湾清华大学出版社 2004 年版；翟本瑞：《连线社会：真实世界中的虚拟连结》，《网路与社会》，台湾清华大学出版社 2004 年版。

⑤ 邱承君：《网志、网志活动与网志世界》，《资讯社会研究》第 10 期，2006 年；C. R. Miller & D. Shepherd, *Blogging as Social Action: A Genre Analysis of the Weblog*. http://blog.lib.umn.edu/blogosphere/blogging_as_social_action_a_genre_analysis_of_the_weblog.html, 2004.

⑥ 周荣、周倩：《网路上瘾现象、网路使用行为与传播快感经验之相关性初探》，《中华传播学会 1997 年学刊》，1997 年；文军等：《网络阴影：网络问题与对策》，贵阳：贵州人民出版社 2002 年版；K. S. Young, Internet addiction: A New Clinical Phenomenon and Its Consequences. *American Behavioral Scientist*, 48(4), 2004; J. M. Morahan-Martin & P. Schumacher, Incidence and correlates of pathological Internet use among college students. *Computers in Human Behavior*, 16(1), 2000.

⑦ S. 特克：《虚拟化身：网路空间的身份认同》，谭天等译，台北：远流出版事业 1998 年版；魏晨：《论网络社区的社会角色和行动》，《徐州师范大学学报》2001 年第 2 期；黄少华、陈文江：《重塑自我的游戏：网络空间的人际交往》，兰州：兰州大学出版社 2002 年版。

⑧ C. 欧德萨：《虚拟性爱》，张玉芬译，台北：新新闻文化事业股份有限公司 1998 年版；陈佳靖：《网路情色的符号地景》，《资讯社会研究》第 3 期，2002 年；胡敏琪：《从网路援交现象省思主体消失与主体建构提论》，《资讯社会研究》第 5 期，2003 年；曾坚朋：《虚拟环境：对"网恋"现象的伦理分析》，《社会学》2003 年第 2 期。

为主要取向的网络行为，如阅读新闻、获取金融信息等；与日常生活相关的网络行为，如从事工作或学习；在线交易，如买卖股票、订票等。[①] 而陈(Wenhong Chen)等人将网络行为区分为工具性使用(如获取信息、服务等)和娱乐性使用(如网上冲浪、网络游戏等)两种类型。他们发现，网络的工具性使用与娱乐性使用并不冲突，相反，两者能互相帮助和促进。[②] 屠忠俊、吴廷俊则对网络传播中的网民行为进行了分析，认为网民行为的基本模式是"参与—对话"模式，具体包括以下几种方式："参与—讨论"方式，例如BBS公告行为；"参与—诉说"方式，例如网上聊天行为；"参与—发布"方式，例如新闻组发布行为；"参与—建设"方式，例如个人主页、个人网站的营造行为。而网民的具体行为方式，可分区为"上网行为"与"网上行为"，其中网民的网上行为包括娱乐消遣、通信联络、张贴言论、互相交流和主动交流五种基本方式。[③] 朱美慧基于文献分析，梳理了学界有关网络行为的各种界定，将网络行为类型概括为工具性网络行为、积极性社交网络行为、自我肯定网络行为、信息性网络行为、玩乐性网络行为、逃避性社交网络行为和虚拟情感网络行为等，并在此基础上进一步将网络行为归纳为利用网络进行人际互动的虚拟社交行为、利用网络获取信息和知识的网络信息行为、利用网络从事休闲娱乐的网络休闲娱乐行为，以及利用网络找寻一夜情或虚拟爱情的虚拟情感行为四种基本类型。[④] 王卫东则根据行为取向，将网民的网络行为区分为工具性取向的网络行为(目的是通过理性方式获取一定的资源，如信息、社会地位等)和情感性取向的网络行为(目的是满足情感上的某种需要或获取愉悦感)两种基本类型。[⑤] 童星等从网络交往过

---

① P. E. Howard, L. Rainie & S. Jones, Days and nights on the Internet: The impact of a diffusing technology. *American Behavioral Scientist*, 45(3), 2001.

② W. Chen, J. Boase & B. Wellman, The Global Villagers: Comparing Internet Users and Uses Around The World. B. Wellman & C. Haythornthwaite. eds., *The Internet in Everyday Life*. Oxford: Blackwell Publishers Ltd, 2002.

③ 屠忠俊、吴廷俊：《网络新闻传播导论》，武汉：华中科技大学出版社2002年版。

④ 朱美慧：《我国大专学生个人特性、网路使用行为与网路成瘾关系之研究》，台湾大叶大学资讯管理研究所硕士论文，2000年。

⑤ 王卫东：《关于互联网方法和行为的研究》，中国人民大学社会学系博士论文，2003年。

程的角度,将网络行为区分为保守型行为、理性型行为、开放性行为和游戏型行为四类。[①] 郭玉锦、王欢认为网络行为包括通邮行为、聊天行为、交友行为、游戏行为、获取信息行为、求助行为和利他行为、交易行为等。[②] 周林从心理学的角度,将网络行为区分为交互式行为与非交互式行为两类,前者是指网络使用者为增加或促进社会交往而使用网络功能,如聊天室、在线游戏等,后者则是指网络使用者将网络作为完成某种任务或搜集信息的工具,如信息查询、资料收集、浏览网页等。[③] 李一则根据多种分类标准,对网络行为进行了分类。他认为,根据网络行为主体身份特征和角色定位的不同,可以把网络行为划分为"机构导向"和"个人导向"两种类型;根据网络行为是否合乎既有社会规范的要求,可以把网络行为划分为"合规的"与"失范的"两种类型;根据网络行为是否具有危害性后果,可以把网络行为区分为"有害"与"无害"两种类型;根据网络行为目的及内容,可以把网络行为区分为信息类行为、交往类行为、休闲类行为、服务类行为和管理类行为等不同类型。[④] 比较而言,国外学者在这一议题上的研究,主要侧重于实证分析,而国内学者则更注重于理论梳理。

关于网络行为的影响因素,是一个尤其受到学界关注的问题。在这一问题上,虽然已有的研究呈现出多种多样的概念和逻辑,但这些概念和逻辑背后涉及的主要变量,仍是性别、年龄、教育程度、收入、职业等个人和社会资源,以及社会规则和制度等社会结构因素。[⑤] 其中一种理论视

① 童星等:《网络与社会交往》,贵阳:贵州人民出版社 2002 年版。

② 郭玉锦、王欢:《网络社会学》,北京:中国人民大学出版社 2005 年版。

③ 周林:《大学生网络行为偏好研究》,上海师范大学教育科学学院硕士论文,2005 年。

④ 李一:《网络行为失范及其社会控制》,南京大学社会学系博士论文,2005 年。

⑤ 朱美慧:《我国大专学生个人特性、网路使用行为与网路成瘾关系之研究》,台湾大叶大学资讯管理研究所硕士论文,2000 年;龚洪训:《"虚拟世界"的真实表述:以北京大学一塌糊涂 BBS 为例》,北京大学社会学系硕士论文,2001 年;郭良、卜卫:《中国 12 城市互联网使用状况及影响调查报告》,北京:中国社会科学院社会发展研究中心,2003 年;郭茂灿:《国内互联网研究述评》,《中国社会学年鉴(1999—2002)》,北京:社会科学文献出版社 2004 年版;P. B. Lindstrom, The Internet: Nielsen's longitudinal research on behavioral changes in use of this counterintuitive medium. *Journal of Media Economics*, 10(2), 1997; B. Wellman & C. Haythornthwaite. eds., *The Internet in Everyday Life*. Oxford: Blackwell Publishers Ltd, 2002.

角,是强调上述这些结构性社会因素对网络行为的影响和制约作用。例如针对虚拟社区中的网络行为,郭茂灿认为,个人在现实生活中形成的道德观、同侪的评价及对规则的尊重,是制约人们的虚拟社区行为的主要因素;崔嵬认为,虚拟社区中的私人交往行为虽然具有相当的选择性,但选择性本身构成了对选择自由的制约;易徽则认为,人们在虚拟社区中的行为,受着文化因素的影响和限制。又如,白淑英通过对 BBS 互动结构的分析,认为 BBS 中的网络交往行为仍然受日常惯例等因素的制约;龚洪训通过对 BBS 中 ID 的分析,认为人们在 BBS 中的行为受着相应规则的约束。① 而另一种理论视角,则强调网络空间的结构性特征,消解了现实社会分层和社会制度等社会结构因素对网络行为的制约作用。例如魏晨等人认为,互联网的匿名特征,导致了人们在现实世界中的符号共享意义系统隐匿,由此导致在网络空间社会规则和社会结构的消解,传统旧的社会差异与分层被打破,人们的行为可以不受年龄、性别、职业、收入等现实因素的约束和限制;而尼葛洛庞帝也强调,传统社会分析中的性别、年龄、收入等人口统计学单位,对分析和把握网络时代的个人已经失去了作用,因为个人不再是人口统计学意义上的一个“子集(subset)”。总之,社会规则和社会资源对于个人行为的制约,在网络空间被彻底消解了,网络行为是一种不受现实社会规则和资源制约的虚拟行为。尤其是在网络互动中,社会标准变得相对不重要,从而使沟通和互动行为变得冷淡而自由,沟通行为缺乏社会回馈与社会互动规范,并且从关注他人转向关注信息本身。② 除了这些侧重分析社会结构因素与网络行为的关系的理论视

---

① 崔嵬:《在虚拟与现实之间:一塌糊涂 BBS 虚拟社区研究》,北京大学社会学系硕士论文,2001 年;龚洪训:《“虚拟世界”的真实表述:以北京大学一塌糊涂 BBS 为例》,北京大学社会学系硕士论文,2001 年;白淑英:《基于 BBS 的网络交往特征》,《数字化与人文精神》,上海:上海三联书店 2003 年版;郭茂灿:《虚拟社区中的规则及其服从:以天涯社区为例》,《社会学研究》2004 年第 2 期。

② N.尼葛洛庞帝:《数字化生存》,胡泳等译,海口:海南出版社 1996 年版;魏晨:《论网络社区的社会角色和行动》,《徐州师范大学学报》2001 年第 2 期;G.瓦伦丁、S.L.霍尔韦:《网络少年:青少年的网络和非网络世界》,《解读数字鸿沟:技术殖民与社会分化》,曹荣湘等译,上海:上海三联书店 2003 年版。

角,也有学者强调分析和梳理网络认知和网络价值观念与网络行为之间关联的重要性。例如黄少华等人通过对网络交往和网络游戏行为的分析,认为网络互动和网络游戏之所以能为青少年提供一个新的自我认同重塑空间,是因为在网络互动和网络游戏空间中,现实生活中的价值观在相当程度上被搁置一旁,青少年关心的只是一种"悬搁了价值判断"的叙事技巧。比方说,在现实生活的价值观中,武力并不能代表一切,但在网络游戏中,角色的等级和功力成为了人们能否继续生存,能否成为重要人物的关键。因此,青少年的网络价值观,他们对于网络空间的认知和态度,是影响其网络行为不可忽略的重要因素。①

除此以外,学界对网民的网络行为动机、网络行为的社会差异等问题,也进行了不同程度的实证研究或理论分析。例如蔡芬媛通过对台湾MUD使用者的研究,指出其主要行为动机包括自我肯定、匿名陪伴、社会学习及逃避归属四项;而董家豪则通过分析网络游戏行为,将网络行为动机区分为休闲娱乐/好奇、人际沟通、自我肯定、匿名陪伴和逃避归属五项;韩佩凌通过对台湾高中学生的调查,发现青少年的主要上网动机包括搜寻资料、获得最新的消息、打发时间、结交新朋友和替代传统联系方式等。② 在网络行为的社会差异方面,学者对网络行为的性别、教育程度、职业、年龄差异,以及不同网络使用群体之间的行为差异,进行了较多的实证分析。例如杨(K. S. Young)对网络沉溺群体与非沉溺群体的网络使用行为和依赖程度差异进行的实证分析和理论梳理;陈金英对台湾大学生网络使用行为的性别、专业背景、年级和学校差异进行的实证分析;刘幼琍等人对网络宽带使用者和拨号上网者的网络使用行为与使用经验

---

① 黄少华、陈文江:《重塑自我的游戏:网络空间的人际交往》,兰州:兰州大学出版社2002年版;李曜安:《儿童与青少年的媒体使用经验:在网路出现之后》,台湾清华大学社会学研究所硕士论文,2004年。

② 蔡芬媛:《网路虚拟和区域形成:MUD之初探性研究》,台湾交通大学传播研究所硕士论文,1996年;韩佩凌:《台湾中学生网路使用者特性、网路使用行为、心理特性对网路沉迷现象之影响》,台湾师范大学教育心理与辅导研究所硕士论文,2000年;董家豪:《网路使用者参与网路游戏行为之研究》,台湾南华大学信息管理研究所硕士论文,2001年。

差异，从网络使用频率、使用时数、使用时段、使用目的、经常浏览的网站、使用满意度等指标进行的比较分析；卜卫等对城市青少年上网地点、网络使用年限、使用频率、使用时间、使用功能、经常浏览的网站等的城市差异进行的实证调查；黄育馥、刘霓对青少年网络游戏行为两性差异，以及女性网络游戏行为中外差异的比较分析等。①

3. 互联网使用的行为后果

互联网在全球范围内的迅速发展，给社会科学提出了大量亟待解决的重要问题。随着互联网的不断普及，人们的日常生活形态、行为方式和价值观念都在发生着明显的改变，由其所造成的社会后果和社会问题也正在不断凸显，以致许多学者强调，互联网在今天已经成为社会生活的一种隐喻与象征，它对人们的日常生活和现实行为发生着越来越明显的影响，正在逐渐形塑一个以内在期望、需求与恐惧为内涵的虚拟社会。② 对互联网迅速普及和广泛使用所造成的行为后果，尤其是其负面后果的分析，在今天也已经成为社会科学的热门研究话题。

（1）网络互动与社会关系网络

互联网对社会生活的一个重要影响，就是模糊了全球性与地方性的界限，从而为人们的沟通和互动提供了新途径。迄今为止，社会科学针对互联网对社会互动和社会关系的影响，做了大量的实证研究与理论分析。归纳起来，主要有两种观点：一种认为网络世界以新的电子关系的形式提高或补充了现实生活中面对面的互动，扩展和丰富了人们的社会网络；另一种观点则认为，互联网只是增加了人们之间的间接互动，这反而增强了

① 黄育馥、刘霓：《e时代的女性：中外比较研究》，北京：社会科学文献出版社2002年版；刘幼琍等：《台湾个人宽窄频网路使用行为之研究》，《资讯社会研究》第5期，2003年；卜卫、刘晓红：《2003年北京、上海、广州、成都、长沙、西宁、呼和浩特青少年互联网采用、使用及其影响的调查报告》，北京：中国社会科学院新闻与传播研究所，2003年；陈金英：《网路使用习性、网路交友期望与社交焦虑之分析》，《资讯社会研究》第7期，2004年；K. S. Young, Internet addiction: Evaluation and treatment. Student BMJ, 7, 1999.

② 陈金英：《网路使用习性、网路交友期望与社交焦虑之分析》，《资讯社会研究》第7期，2004年；J. B. Walther, Computer- mediated communication: impersonal, interpersonal and hyperpersonal interaction, *Communication Research*, 23(1), 1996.

人们的自我隔绝，增强了社会的隔离与原子化，把社会变成了一个不完整的，没有人情味的世界。① Kraut 等人通过对美国匹茨堡地区家庭网络使用的研究，发现使用网络越多的人，通常其社会网络规模越小，与家人和朋友的沟通也较少，而且容易感受孤独、压力等消极情绪。② 斯坦福大学 SIQSS（The Stanford Institute for the Quantitative Study of Society）“网络与社会”课题组通过对 2689 个美国家庭的 4113 名成人的研究，认为互联网是一种导致社会疏离的技术，网民会因为沉溺于上网而减少与他人的接触与沟通。但加州大学洛杉机分校的互联网研究项目的调查却显示，大部分人在家里上网后，与家人呆在一起的时间并没有减少反而增加了。③ 卡兹等人的 Syntopia 计划也证明了互联网扩展了人们的社群、信息和友谊网络，增加了在线甚至离线的互动，是一个增加社会资本的重要资源。④ 同时，有学者强调，由于互联网屏蔽了所有的身份识别标志，因此对于女性或其他弱势群体特别有利，会激发这类人群的社会互动。⑤

（2）网络暴力

由互联网引发的网络暴力问题，是广受学界关注的热点问题。所谓网络暴力，是指那些对个体或群体的健康和安全产生持续伤害的在线行为，这种伤害包括肉体、心理和感情等层面。具体而言，学界将网络暴力行为区分为四种类型：由网络造成的现实伤害、网络攻击、在线困扰和网络色情。⑥ 有人认为，网络空间是一个匿名、可以自由发表言论且信息快

---

① A. 吉登斯：《社会学》，赵旭东等译，北京：北京大学出版社 2003 年版。

② R. Kraut et al., Internet paradox: A Social technology that reduces Social involvement and psychological well-being? *American Psychologist*, 53(9), 1998.

③ UCLA Center for Communication Policy, *The UCLA Internet report* 2001: *Surveying the digital future*. http://ccp.ucla.edu/pages/internet-report, 2001.

④ J. E. Katz & R. Rice, Syntopia: Access, civic involcement and social interaction on the Net. B. Wellman & C. Haythornthwaite. eds., *The Internet in Everyday Life*. Oxford: Blackwell Publishers Ltd, 2002.

⑤ 杨伯溆：《因特网与社会：论网络对当代西方社会及国际传播的影响》，武汉：华中科技大学出版社 2003 年版；E. Pascoe, Can a sense of community flourish in cyberspace? *Guardian*, 11, 2000.

⑥ S. C. Herring, The rhetorical dynamics of gender harassment on-line. *The Information Society*, 15(3), 1999.

速流通的虚拟世界，由于不知道彼此的真实身份，故不必害怕他人对自己的评价，亦毋须担心自己的表现，因此在网络空间经常会发生言语冲突与怒火(flaming)。比起面对面的沟通，在网络空间有较多的言语侵犯、不避讳的言语论述与不适当的吵架行为。同时，由于网络空间的对话常常是不假思索的即时响应，并且是一种无法抹掉的文字书写，由此网络容易让人走向极端，为了极力捍卫自己说过的话而变得固执己见，由此造成网络沟通中常常出现语言攻击行为。同时，由于网络空间缺乏作为社会控制基础的非口语线索，也使得肆无忌惮的行为更容易发生。① 而青少年在网络游戏中的暴力行为及其可能引发的后果，尤其受人关注。有不少学者强调，青少年较多地接触暴力游戏后，他们的行为和话语会变得比较激烈、具有攻击性，并且会变得不愿意帮助他人；经常接触暴力游戏，会让青少年对暴力变得麻木，还会强化攻击信念，增强控制感，从而增加攻击行为发生的可能性。②

(3)网络沉溺

虽然互联网在全球范围内极大地扩展了人们的交往空间，提升了人们的信息、娱乐资源获取能力，但由于网络的高度可接近性、使用上的方便快捷和内容上的丰富性，从而潜在地存在着过度使用的可能性。伴随着互联网的日益普及，网络沉溺尤其是青少年的网络沉溺现象，已成为一

---

① R. E. Rice & G. Love, Electronic emotion: Socioemotional content in a computer-mediated communication network. *Communication Research*, 14(1), 1987; M. R. Parks & K. Floyd, Making friends in Cyberspace. *Journal of Computer- Mediated Communication*, 1(4), 1996; B. Kolko & E. Reid, Dissolution and fragmentation: Problems in on-line communities. S. G. Jones, ed., *Cybersociety 2.0: Revisiting computer-mediated communication and community*. London: Sage, 1998; A. Joinson, Causes and implications of disinhibited behavior on the internet. J. Gackenbach, ed., *Psychology and the Internet intrapersonal, interpersonal, and transpersonal implications*. San Diego: Academic Press, 1998; M. Aiken & B. Waller, Flaming among first-time group support system users. *Information & Management*, 37, 2000.

② 金荣泰:《国中生电子游戏经验与攻击行为、攻击信念之关系研究》，台湾中正大学犯罪防治研究所硕士论文，2001 年；陈怡安:《线上游戏的魅力:以重度玩家为例》，台湾:南华大学社会学研究所，2003 年。

个严重困扰人们的社会问题。对此,国内外学者分别从心理学、病理学、教育学、社会学等视角,做了大量的理论探讨和实证研究。综合来看,讨论主要集中在网络沉溺的概念和判定标准、青少年网络沉溺的原因以及矫正对策三个问题上。"网络沉溺"(IAD)最早是由美国纽约精神病医生依凡·金伯格(Ivan Goldberg)提出的,但实证性的研究则主要从匹兹堡大学心理学家金伯利·S·杨(Kimberly S. Young)开始,她将网络沉溺区分为五种基本类型,即色情网络沉溺(包括网上的色情音乐、图片和影像等)、网络交往沉溺(包括用 MUD、聊天室等在网上进行人际交流与沟通)、网络强迫行为(包括强迫性地参加网上赌博、网上拍卖或网上交易)、强迫信息收集(包括强迫性地从网上收集无用的、无关的或者不迫切需要的信息)、电脑沉溺(包括不可抑制地长时间玩网络游戏)。她还提出了判断网络沉溺的八项指标,认为网络的匿名性、方便性和逃避现实性(escape)特点,是造成青少年网络沉溺的重要因素。关于导致青少年网络沉溺行为的原因,国内学者还特别强调从青少年群体的身心发展特点、网络空间的互动性和内容丰富性、传统媒体的不恰当导向、网络管理尤其是对网吧缺乏有效的监控等角度进行分析的重要性。①

除此之外,社会科学界还从网络对公共领域与公共生活的影响、网络对组织模式的改变、网络对自我形貌的重新形塑、黑客行为以及网络犯罪等角度切入,对互联网崛起所造成的行为后果,进行了多层面的分析和探讨。②

① 程亮:《青少年网络沉溺的心理机制及其矫治》,《当代教育科学》2003 年第 25 期;彭阳:《青少年网络沉溺的形成原因及预防对策》,《零陵学院学报》2003 年第 1 期;龙菲:《青少年上网沉溺的原因浅探》,《青少年犯罪问题》2003 年第 1 期。

② S. 特克:《虚拟化身:网路空间的身份认同》,谭天等译,台北:远流出版事业 1998 年版;哈贝马斯:《公共领域的结构转型》,曹卫东等译,上海:学林出版社 1999 年版;赖晓黎:《资讯的共享与交换:黑客文化的历史、场景与社会意涵》,台湾大学社会学研究所博士论文,2002 年;文军等:《网络阴影:网络问题与对策》,贵阳:贵州人民出版社 2002 年版;张彦:《计算机犯罪的多因素分析与犯罪社会学的发展》,《社会学研究》2003 年第 5 期;黄少华、翟本瑞:《网络社会学:学科定位与议题》,北京:中国社会科学出版社 2006 年版;J. Slevin:《网际网路与社会》,王乐成等译,台北:弘智文化事业有限公司 2002 年版。

第三节　研究视角与分析架构

迄今为止，互联网对于我们来说，仍然还是一个全新的事物，甚至终我们的一生，互联网都有可能仍将是崭新的东西。由于网络技术目前仍处于快速变化之中，因此互联网对我们的社会生活与社会行为到底会造成什么样的影响，现在还是一个未知数。① 不过，可以肯定的是，互联网的快速发展和广泛使用，为我们从经验层面研究人们的社会行为提供了一种新的场景。事实上，因互联网兴起而形成的新社会经验，不仅意味着传统社会科学理论必须面对一个新的检验场景，而且意味着"极有可能将社会学的研究带入一个全新的领域，从而构成社会学的一个崭新的理论范式"。② 换言之，对互联网的社会学研究，不仅有可能对传统社会学理论做出新的检验，而且蕴含着对传统社会学研究范式和方法进行反思，从而拓展其理论视野的可能性。③ 作为一个全新的研究领域，互联网不仅需要我们运用已有的社会学理论来加以解释，甚至需要重建一种新的有解释力的社会学理论架构。正如贝克所说，生活在今天这样一个新的建构主义时代，"即使传统的社会科学正在研究非常复杂的理论和经验研究项目，它们也陷入了一种循环的争论中。通过使用旧的分类（如阶级、家庭、性别角色、工业、技术、科学、国家—政府等等），他们认为他们自己实际上尽力想说明的问题是理所当然的：我们依旧在国家—政府现代性的常态世界中生活、行动和死亡。"而互联网的崛起，意味着传统社会学使用的这些基本概念和解释架构，正面临着巨大的挑战，面对因互联网出现而正在逐步呈现的新社会现象和社会经验，社会学必须

① D. T. Z. Mindich，The Furture of the Internet：A Historical Perspective. *Journalism & Mass Communication Quarterly*，75(1)，1998.

② 黄少华、翟本瑞：《网络社会学：学科定位与议题》，北京：中国社会科学出版社 2006 年版，第 37 页。

③ 郭茂灿：《国内互联网研究述评》，《中国社会学年鉴（1999—2002）》，北京：社会科学文献出版社 2004 年版；黄少华、韩瑞霞：《BBS 研究现状：一个社会学元分析》，《兰州大学学报》2005 年第 1 期。

尝试建构新的概念和思考方向,取代或融合传统社会学的概念和思考方向,以拓展社会学的思想空间,重建一种新的社会学想象力。“这种想象力对反思现代性的具体的矛盾和挑战很为敏感,并同时非常周到和强而有力,以致能够打开学术常规沉溺于其中的抽象之围墙。”①对于网络社会行为研究而言,这种社会学想象力的重建,显得尤为迫切和重要。

一、研究定位与目标

如上所述,学界和社会机构对于网络行为,已经从理论和实证两个层面做了大量的调查和研究工作,尽管这些研究从总体上看还存在各种各样的不足与局限,但相比于经典社会学对于工业时代社会行为的研究,在研究视野上已有所开拓,而且在某些具体问题的研究上,也有相当程度的突破与创新。但是,由于网络空间作为一种新社会行为场域的独特性与复杂性,以及网络行为的不确定性、多样性和碎片化特征,在一定程度上增加了研究的难度,加之尚缺乏能够真正面对网络行为的行为结构与行为逻辑的社会学理论架构,而且在网络行为研究中,已有的主要针对工业社会的社会学研究方法,也受到了严重的挑战,因此总体而言,目前真正能揭示网络行为的独特行为结构与行为逻辑的社会科学研究尚不多见。综观已有的相关研究,一个主要缺陷,在于对网络空间与网络行为关系的理解,被或多或少地简单化了。由此导致了网络行为研究在以下两个方面的相对不足:首先,实证调查与理论建构脱节,各种实证调查基本上局限于了解网民的网络使用行为基本状况,而对与之相关的背景因素的梳理与考察则显得较为单薄;其次,对网络行为的行为结构与行为逻辑,在理论上缺乏以定量研究为基础的深入分析与系统研究。

1. 研究定位

基于目前社会科学界对网络社会行为的研究现状,我们将本研究定位于:借助问卷调查和统计分析,对青少年在网络空间的行为特征及其影

① U. 贝克:《世界风险社会》,吴英姿等译,南京:南京大学出版社 2004 年版,第 173 ~ 174 页。

响因素进行探索性研究。或者说，分析在目前从现实社会向网络社会的结构转型过程中，由于网络空间作为一种新行为场域的出现，青少年在这一行为场域中的行为模式会有什么样的改变？制约着青少年现实社会行为的结构性因素在网络行为中是否还在起作用？青少年网络行为的行为逻辑将会有什么样的变化？为了回答这些问题，我们提出以下基本理论假设：网络空间的崛起，对人类社会生活和社会行为来说，是一个全新的变量，通过与现实社会因素之间的互动，网络正悄悄地形塑着一种全新的社会生活和社会行为。我们认为，网络空间作为不同于现实社会空间和心理空间的新社会空间，有其不同于现实社会空间的社会特性，而对这些社会特性的把握，则是我们理解网络社会行为的重要前提。由于受网络空间的数字化、虚拟性、匿名性、平面化、去中心化等特征的影响，现实社会因素与网络行为之间的相关逻辑发生了一定程度的改变，或者说，网络行为呈现出了一种新的行为结构与行为逻辑。因此我们认为，有必要调整理论视野和问题意识，以回应网络行为的这种新的行为逻辑与行为特征。

2. 研究目标

基于上述研究定位，本研究希望达到的基本目标，是借助问卷调查和深度访谈等实证研究方法，以统计分析手段回答以下两个方面的问题：(1)对青少年网络使用行为进行描述性统计分析，并在此基础上，梳理和分析青少年的个人特征、社会差异与其网络使用行为之间的关联；(2)对青少年网络行为的行为特征进行描述性统计分析，借助因子分析等统计方法梳理网络行为类型，并在此基础上，分析青少年个人特征、社会差异、网络认知与网络行为之间的关联，从而揭示青少年网络行为的基本行为逻辑。因此，本研究同时包含描述性研究与解释性分析两个侧面。为了回答这两个方面的问题，我们进一步将研究议题具体化为六个面向：(1)描述分析青少年网民网络使用行为的结构性特征，梳理青少年网络使用行为的个人特征和社会差异；(2)描述分析青少年网络社会行为的结构性特征，梳理青少年网络社会行为的个人特征和社会差异；(3)梳理青少年网民的网络认知与态度，分析网络认知的个人特征和社会差异；(4)对青少年网络行为的社会后果，主要是网络沉溺和网络暴力进行实证分析;(5)对青少年网络行为与其个人特征、网络介入程度,以及社会结构因素和网络认知变量之间的关联进行解释性实证分析;(6)基于对青少年网络行为逻辑的探索性实证研究,提出青少年网络行为社会控制的目标与对策,从而为引导和控制青少年网络行为的健康发展,构建和谐的网络社会秩序提供知识论依据。

二、理论视角、分析架构与研究假设

从最一般意义而言,社会行为是生活在特定社会场域中的人们对各种或简单或复杂的社会刺激所作的反应。① 对社会行为这一概念,不同学科基于不同的理论视角,有着不同的解释。心理学将其理解为人体器官对外部刺激的反应;哲学将其理解为受思想支配的外在活动;伦理学将其理解为人类自由意志的外部表现;行为科学视之为人与环境交互作用的产物和表现;制度经济学则将其理解为人类通过创造各种有意义的符号而与世界的相互作用,包括从反应行为、条件性反射,到工具性行为和象征行为等多种类型。② 社会学更是将社会行为作为核心研究议题,可以说,强调对社会行为的研究,是西方社会学理论,特别是解释社会学理论的一个重要传统。③ 在解释社会学视野中,社会学是"一门对社会行为作解释性理解,并由此获得对社会行为的过程和结果的因果性说明的科学"。而所谓社会行为,在韦伯看来,是指与他人的行为有关,并以他人

① 周晓虹:《现代社会心理学:多维视野中的社会行为研究》,上海:上海人民出版社 1997 年版。

② 王宗礼、刘建兰、贾应生:《中国西北农牧民政治行为研究》,兰州:甘肃人民出版社 1998 年版;柯武刚、史漫飞:《制度经济学:社会秩序与公共政策》,韩朝华译,北京:商务印书馆 2000 年版;C. K. Mi, The Nature of Human Action. *Formosan Education and Society*, 2,2002.

③ 社会学家强调,行为(behavior)与行动(action)之间有着本质性的区别,行为是对外部环境刺激的自发反应,而行动则是人在感知和认知基础上产生的有意义的自主行为(苏国勋:《全球化背景下的文化冲突与共生》,《中国社会学》第 4 卷,2005 年;J. C. Alexander & S. Seidman eds., *Culture and Society*. Cambridge University Press, 1990)。也就是说,行为是个体性的,而行动则是社会性的。本研究所说的网络行为,主要是指后者,即网络社会行动,但考虑到人们的使用习惯及行文方便,我们在不同的地方依语言情境分别使用网络社会行为、网络行为或网络行动等不同的说法,但都是指网络社会行动(cyber-social action)。

的行为为指向这样一种行为，即“行为者的主观意义关涉到他人的行为，并且指向其过程的这种行为。”①借助于理念型方法，韦伯将社会行为区分为目的理性行为、价值理性行为、情感行为和传统行为四种基本类型。概括地说，自韦伯以降，解释社会学关于社会行为的理论，具有如下主要特征：(1)把人类看作是有理解力和创造力的主体，他们控制着影响其社会生活的条件；(2)人类赋予行为以意义，社会学必须是一门研究行为的解释性的学科；(3)人类的行为是由其动机推动的，动机将意义赋予给了行为；(4)组成社会世界的是人类的互动，这是一个人们之间使用符号进行意义协调的过程；(5)人们的互动会产生出一些固定的模式，它们构成了社会生活中大规模的制度性安排；(6)强调从个体的角度，对日常的社会经验给出描述和说明，而不是在理论上阐述大规模的结构安排。②

在西方社会学理论传统中，对于社会行为的解释，大抵可以归纳为两种不同的研究传统，它们分别将在社会学上有意义的行为模式的基础，确定在社会行为的下述两个维度之一上：一个维度侧重于从行为者的主观意义，对社会行为进行解释，另一个维度则从行为的实施方式入手，来确定有意义的社会行为模式。③ 按照前一种理论视角，理解社会行为的关键在于分析行为者对行为意义的主观理解，因此，社会行为研究的重心，应该放在对行为的主观意义的考察上；而后一种理论视角则强调，社会行为受客观社会结构和特定的行为情境制约，因此，社会行为研究的重心，应该放在考察行为的具体情境或者结构性制约上。而吉登斯的结构化理论则试图超越这种行为结构二元论。按照吉登斯的“结构二重性”观点，在规则和资源等结构性要素与行为之间，存在着一种内在的关联，结构制约着人们的行为，但又内在于行为之中，是社会行为“结构化”的产物。因此，“研究社会对我们的塑造以及我们对自己的塑造之间的联系就是社会学的任务。我们的行为既在构建、塑造着我们周围的社会世界，同时又

① M. Weber, *Economy and Society*. Berkeley: University of California Press, 1978, p. 4.

② M. 沃特斯：《现代社会学理论》，杨善华等译，北京：华夏出版社 2000 年版。

③ B. S. 特纳：《BLACKWELL 社会理论指南》，李康译，上海：上海人民出版社 2003 年版。

在被社会世界所构建、塑造。”换言之，社会行为分析所要解决的问题，并不像功能主义和结构主义认为的那样，是社会结构如何决定人们的行为，也不像解释社会学和现象社会学所宣称的那样，是人的行为如何构成社会结构，而是行为是怎样在日常生活中被结构化的，同时行为的这种结构化特征又是怎样由行为者本身的能动作用被再生产出来的。“所有的社会行动都假定有结构存在。但是同时，结构也假定行为的存在，因为‘结构’依赖于人类行为的规则性。”①吉登斯的结构化理论，尝试融合韦伯行为理论与涂尔干结构功能分析传统，以及符号互动论、常人方法学、精神分析学说，甚至时间地理学等的研究视角，建构一个包括分析行为的主观意义、行为的客观规则和资源、行为的时空场景等因素在内的综合性社会行为分析架构，而这也正是本研究试图贯彻的基本理论视角。

在今天，网络已经深刻而密切地融入到了人们的日常生活之中，成为一种具有真正意义上的日常性的社会技术。面对网络空间对日常行为的影响，吉登斯强调，互联网极大地扩展了社会行为的时空跨度，“使在场和缺场纠缠在一起，让远距离的社会事件和社会关系与地方性场景交织在一起”，②远距事件侵入到日常的意识之中。吉登斯结构化理论的一个重要贡献，就是将时间和空间引入到了对社会行为的分析之中，强调社会行为与特定时空结构的联系。而按照媒介理论的理解，媒介形式对社会行为有着基础性的影响，电子媒介不仅降低了物理地点对社会行为的影响，创造了一种新的无地点的行为场景，而且将社会互动的前台场域与后台场域、个人空间与公共空间融合交织在了一起，从而导致了不同行为模式的融合，甚至全新的行为模式的产生。③ 因此，具体分析网络空间作为行为场域的时—空特

① A.吉登斯：《社会学》，赵旭东等译，北京：北京大学出版社2003年版，第5、848页。

② A.吉登斯：《现代性与自我认同：现代晚期的自我与社会》，赵旭东等译，北京：三联书店1998年版，第23页。

③ M.麦克卢汉：《理解媒介：论人的延伸》，何道宽译，北京：商务印书馆2001年版；P.莱文森：《数字麦克卢汉：信息化新纪元指南》，何道宽译，北京：社会科学文献出版社2001年版；黄厚铭：《虚拟社区中的身份认同与信任》，台湾大学社会学研究所博士论文，2001年；J.梅罗维茨：《消失的地域：电子媒介对社会行为的影响》，肖志军译，北京：清华大学出版社2002年版；J.B.汤普森：《意识形态与现代文化》，高铦等译，南京：译林出版社2005年版。

性,对于网络行为的分析来说,是十分重要的。① 然而,不能因此就简单地把互联网理解为所有影响之源,相反,应该将互联网嵌入到日常生活的多元语境中,理解互联网是如何进入人们的日常生活之中,成为日常生活的重要内容的。只有这样,才能恰当地把握网络空间与网络行为之间的关系。卡斯特认为,网络技术的社会向度,遵循着克兰兹伯格(Melvin Kranzberg)提出的技术与社会关系准则:“克兰兹伯格第一定律如下:技术既无好坏,亦非中立”。② 卡斯特强调,技术确实是一种力量,尤其是在信息技术中,技术贯穿生活与心灵的程度更胜以往。当人们将技术运用于社会生活时,它既可以被用来造福人类,也可以给人类带来巨大的灾难。对技术我们不能简单地说好、坏或者是中立,其功能效果与社会使用紧密相关,而社会也正是在与技术的紧密联系中被不断建构和展开。所以卡斯特强调,技术并未决定社会,社会也并未决定技术的生产,而是技术具体化了社会,社会利用了技术,它们之间的关系是辩证互动紧密交织在一起的,在这一意义上可以说,技术就是社会。③ 对技术与社会关系的这种理解,是我们分析网络技术与网络行为关系的一个重要理论视角。这一理论视角意味着,我们应该将网络行为置于与信息技术以及具体社会历史场景的互动和交织中加以分析和考察。也就是说,解释网络对于青少年行为的影响,需要考察和分析包括社会历史场景、网络使用行为甚至青少年的行为认知等这些与网络技术和网络空间因素交织在一起的复杂社会因素。威尔曼提出的“技术与社会系统镶嵌”理论架构,④强调网络使用者、社会结构因素与网络技术之间的复杂互动,建构了不同的行为场域,网络使用者正是在这些行为场域进行各种社会活动,形塑新的社会结构。麦奎尔则具体梳理了参与到媒介活动中的

① 黄少华、翟本瑞:《网络社会学:学科定位与议题》,北京:中国社会科学出版社2006年版。

② M. 卡斯特:《网络社会的崛起》,夏铸九等译,北京:社会科学文献出版社2003年版,第90页。

③ M. 卡斯特:《网络社会的崛起》,夏铸九等译,北京:社会科学文献出版社2003年版。

④ B. Wellman & M. Gulia, Virtual communities as communities: Net surfers don't ride alone. M. A. Smith and P. Kollock, eds., *Communities in Cyberspace*, London: Routledge, 1999; B. Wellman & C. Haythornthwaite. eds., *The Internet in Everyday Life*. Oxford: Blackwell Publishers Ltd., 2002.

主要因素，包括个人所处的社会环境和心理状况，他使用媒介的习惯、希望或者相信使用媒介所能获得的好处，以及对于媒介的评估等。① 类似这种强调技术、社会、技术使用甚至技术评估复杂互动的理论视野，对于网络行为研究也有重要的意义。不过更为重要的是，我们不能仅限于对这些因素进行孤立的研究，“而是应当找到一个框架，对这些因素进行综合研究”。②

基于上述研究目标和理论视角，本研究尝试以网络场域、现实社会差异、网络认知与网络行为之间的互动为基点，建构一个综合分析架构。具体而言，本研究侧重于从网络空间的场域特性、青少年的现实社会差异、网络认知与其网络行为之间的关联等基本面向，描述分析青少年网络行为的基本结构和特征，解释青少年网络行为的基本行为逻辑。在这一分析架构下，本研究围绕以下基本研究假设展开实证分析：

1. 在青少年网络使用行为中，现实社会差异被复制、延续和再生产，换言之，现实生活中既有的社会差异，仍然是影响青少年网络使用行为的重要因素。按照社会资本理论，在一个分层社会结构中，社会成员越是位居或接近社会金字塔的顶端，其获取和控制社会资源的能力越强。③ 而学界有关数字鸿沟的研究成果也显示，人们的职业、收入、教育、所在地域等因素，与其是否使用网络，以及网络使用程度密切相关，职业地位较高、有着较高的教育程度和收入、生活在大城市或经济发达地区的人们，其使用网络的可能性，以及实际的网络使用程度也较高，而且对网络的认知也更乐观。④ 因此，本研究假设，青少年的网络使用行为，复制、延续和再生产了他们在现实

① D. McQuail, *Mass Communication Theory: An Introduction*. London: Sage Publications, 1987.

② R. 西尔弗斯通：《电视与日常生活》，陶庆梅译，南京：江苏人民出版社 2004 年版，第 3 页。

③ 林南：《社会资本：关于社会结构与行动的理论》，上海：上海人民出版社 2005 年版。

④ 汪明峰：《互联网使用与中国城市化："数字鸿沟"的空间层面》，《社会学研究》2005 年第 6 期；黄少华、翟本瑞：《网络社会学：学科定位与议题》，北京：中国社会科学出版社 2006 年版；M. N. Cooper, *Does the Digtal Divide Still Exist? Bush Administration Shrugs, But Evidence says 'Yes'*. http://www.comsumerfed.org/DigitalDivideReport 20020530.pdf, 2002.

生活中既有的社会差异。换言之,青少年之间在家庭社会经济地位上的差异,以及所在地域社会经济发展水平上的差异,都会导致青少年网络使用行为上的社会差距。

2. 由于网络空间这一新变量的介入,青少年网络行为的行为逻辑发生了重要的断裂和转变。作为在网络空间展开的社会行为,网络本身无疑是影响青少年网络行为的一个重要因素。按照吉登斯的结构化理论,行为的时空场景是渗透于行为过程中的关键因素。因此我们假设,由于网络空间这一关键变量的介入,导致青少年个人特征以及社会差异对网络行为的影响机制,在相当程度上发生了改变。具体而言,网络对于青少年网络行为而言,具有一种平等化作用,[①]因此网络因素的介入,使现实社会差异对网络行为的制约作用被削减,而且青少年的网络介入程度越高,这种削减的程度也越明显。

3. 面对网络空间,青少年是一个主动行动者,网络对青少年网络行为的影响程度,会因为青少年的个体差异而有所区别。青少年并非网络影响的被动接受者,面对网络,青少年凭借自身特征而成为行动者,也就是说,青少年是主动的网络行动者,他们主动利用网络创造着自己的生活、意义与快乐。因此本研究假设,青少年的个人特征与其网络使用行为和网络社会行为之间存在着相关性,具有不同个人特征的青少年,其网络使用行为和网络社会行为会呈现出不同的模式和特点,网络对青少年网络行为的影响程度,会因为青少年的个体差异而有所区别。

4. 青少年的网络认知是影响其网络行为的重要因素之一,青少年对网络的认知与感受,与其网络行为之间存在着一致性。社会认知理论认为,认知作为一种社会态度和心理倾向,是社会行为的准备状态,引导着人们一定的行为倾向,而社会行为则是在社会认知引导下对行为对象的具体反应。也就是说,社会认知与社会行为密切相关,分析社会认知,有助于了解人们的社会行为倾向,预测人们的社会行为目的。我们假设,网

---

① 林南:《社会资本:关于社会结构与行动的理论》,上海:上海人民出版社2005年版。

络认知作为影响网络行为的一个重要变量，与网络行为有着一定程度的一致性。具体而言，青少年对网络的认知越积极越正面，其网络行为的参与程度就越高，相反，如果他们对网络的认知越消极越负面，则其网络行为的参与程度就越低。

三、概念界定

概念是社会科学研究的基石。社会学的概念，“是对研究范围内同一类现象和过程的概括性表达”。[①] 同时，社会学概念作为研究工具，需要依据其使用情景来加以界定。在这一意义上说，社会学概念是分析性和理念型（ideal types）的。由韦伯创立的理念型方法的实质，在于借助理念型概念使一些关键性的社会事实和关系“变成清晰和可理解”。在韦伯看来，理念型“不是‘假设’，但它旨在为‘假设’的构造提供指导；它不是对现实的描述，但它旨在为这种描述提供明确的表达手段。”具体地说，理念型方法是通过突出研究对象的某种相对于问题来说的本质倾向，以建构一种面向解释对象的恰当问题结构和解释架构。“一种理念型是通过单方面地突出一个或更多的观点，通过综合许多弥漫的、无联系的、或多或少存在、偶尔又不存在的具体的个别的现象而成的，这些现象根据那些被单方面地强调的观点而被整理成一个统一的分析结构（Gedankenbild）中。”[②]因此，理念型概念和方法在实质上是分析性的。基于这样的认识，我们对在青少年网络行为研究中所使用的几个基本概念，依据研究目的和分析架构，进行必要的界定。

1. 作为网民的青少年

青少年，按其英文字义指“adolescence”，源于拉丁文之“adolescentia”，其动词为“adolescere”，意指从成长到成熟。所谓青少年，是指“从结束‘依赖性’的儿童期迈向‘自立性’的成年期之间的一段过渡

---

① D. 波普诺：《社会学》，李强等译，北京：中国人民大学出版社2000年版，第35页。

② W. 韦伯：《社会科学方法论》，朱红文等译，北京：中国人民大学出版社1992年版，第85页。

时期。”[①]但事实上，青少年是一个社会建构的概念，其含义是历史地变化的。在前现代社会，青少年事实上被视为成年人。将青少年时期视为一个单独的人生阶段的观念，在前现代社会中是不存在的。而在现代社会，人们倾向于将青少年视为一个独立的人生阶段。这一阶段的特点是，生理和心理都面临着巨大的压力和适应问题，人际关系的发展开始从家庭走向同伴，与儿童相比，受来自家庭的影响越来越少，而受同辈群体与学校的影响则越来越明显。在这一时期，青少年的身体和思想都在发生戏剧般的变化，由于他们必须提升获得新的社会地位、扮演新的角色的能力，因此其社会化以预期社会化的形式出现，即指向未来角色的社会学习过程。[②] 作为个体成长过程中介于儿童期和成年期之间的一个重要时期，青少年时期在生理、智能、情绪、社会与人格等各方面都具有不同于其他时期的独特特点。例如在生理和心理上都发生着剧烈的变化，处于明显的社会化状态，并且通过同辈群体间的互动形塑着特有的青少年次文化，在行为方式、人生理想、价值取向、思维方式、生活观念等方面，都与成人有着比较大的差异，且常常以其反叛性和不安定性给社会带来各种各样的问题。[③]

由于互联网的崛起，网络空间在今天成为了建构青少年概念的最主要场域。正如泰普斯科特所说，互联网导致青少年的含义发生了很大的改变。他提出网络世代（Net Generation）这一概念，用来描述和分析网络时代的青少年。具体而言，所谓网络世代，是指 1977 年[④]以后出生的所有孩子，而不仅仅是目前正活跃在网络空间中的孩子，因为即使他们还没有接触互联网，也已经或多或少地受到了网络的影响。网络世代的特色是：他们将是人类社会有史以来第一批在数字化媒体环境下成长的世代。

---

① 王焕琛、柯华葳：《青少年心理学》，台北：心理出版社 2000 年版，第 2 页。

② D. 波普诺：《社会学》，李强等译，北京：中国人民大学出版社 2000 年版。

③ 中国青年政治学院“中国青少年政策研究”课题组：《中国青少年政策报告》，北京：中国青年出版社 2000 年版。

④ 泰普斯科特的《数字化成长：网络世代的崛起》（*Growing up Digital: The Rise of the Net Generation*）一书出版于 1998 年，因此，他所说的网络世代，是指当时年龄在 21 岁以下的青少年。

这些沐浴在比特(bit)世界中的孩子,透过对互联网数字化技术的熟练掌握与操作,经由互联网络不断地汲取知识、提升个人素养及进行人际交往,从容地应付不断创新、改变的社会环境。网络世代透过网络空间的数字化生活,不仅逐渐发展出一种全新的具有网络时代特色的生活模式与意识形态,而且对社会文化也将造成巨大的冲击,旧有的社会规范、社会秩序、社会价值与思维模式,将随着网络世代的逐渐成长而被新的社会规范、社会秩序、社会价值与思维模式所取代。①

但是,对于网络空间与青少年的关系,在迄今为止的学术论述中,有两种截然不同的观点:一方面,许多研究强调网络空间与所有传统的行为空间一样,对青少年的社会化与自我探索具有高度的重要性,青少年在其中的活动,有助于其自信的养成,网络提供了生活在都市中的青少年所缺乏的空间探索经验,提供了青少年所需要的远离现实的想象空间,因此对青少年具有建设性的积极意义。另一方面,则有更多的学者对网络技术表现出高度的忧虑,认为网络空间对青少年的行为造成了大量的负面影响,导致大量青少年沉溺网络,让青少年暴露在暴力、色情等不良信息的影响中,引发游戏暴力、侵略和竞争行为的大量出现,甚至刺激青少年产生各种偷、抢、骗等反社会行为。②

至于对青少年的年龄界定,学界并没有统一的看法。例如陆士桢认为,其起始年龄约为12~13岁,即青春期来临的时期,而青少年下限的年

① D.泰普斯科特:《数字化成长:网络世代的崛起》,陈晓开等译,长春:东北财经大学出版社1999年版。

② H. Jenkins, Complete freedom of movement: Video games as gendered play spaces. J. Cassell & H. Jenkins ,eds. , *From Barbie to Mortal Kombat*. Cambridge: The MIT Press, 1998; M. Griffiths, Internet addiction: does it really exist? J. Gackenbach, ed. , *Psychology and the Internet*. San Diego: Academic Press,1998;C. A. Anderson & B. J. Bushman, Effects of violent video games on aggressive behavior, aggressive cognition, aggressive affect, physiological arousal, and prosocial behavior: A meta-analytic review of the scientific literature. *Psychological Science*, 12(5),2001;J. P. Charlton, A factor-analytic investigation of computer "addiction" and engagement. *British Journal of Psychology*, 93 ,2002; B. W. Russel & A. C. Caryl, Aggression, competition and computer games: Computer and human opponents. *Computers in Human Behavior*, 18,2002.

龄则应止于社会成熟时期，这个年龄界限根据不同的时代背景、社会环境而有所差异，一般应在25～30岁之间。[①] 而联合国《到2000年及其后世界青年行动纲领》(1995)中界定青少年为15～24岁的年龄组，同时指出，"关于青年的定义随着政治、经济和社会文化情况有波动而不断有所改变"。参照各种对青少年的规定和理解，我们在本研究中将青少年的年龄界定在13～24周岁，而将作为网民的青少年，操作化定义为13～24岁年龄段中在最近三个月内平均每周使用互联网至少一次的人群。

2. 网络行为

如前所述，对于社会行为，不同的学科有着不同的理解。本研究主要以社会学对行为的理解为基础，即社会行为是人们在一定的社会场景中，以感知和认知为基础产生的有意义的自主行为，[②]对网络行为进行概念化。因此，本研究把网络行为定义为发生在网络空间这一特殊的社会场景中，以网络场景和网络行为认知为基础，包括网络媒介使用、网络信息互动、网络社会交往、网络游戏、网络娱乐、网络购物、网络交易等内容的社会行为。在具体操作层面，本研究所说的网络行为，包括网络使用行为与网络社会行为两个基本方面。

所谓网络使用行为，是指青少年使用互联网的方式和程度，具体包括网龄、上网频率、上网持续时间、上网地点、网络接入方式等网络使用活动。在本研究中，网络使用行为既是一个解释变量又是一个被解释变量，当我们把它视为被解释变量时，称之为网络使用行为，而当我们将它视为一个解释变量时，则通常称之为网络使用程度或网络介入程度。

而所谓网络社会行为，是指青少年在网络空间所从事的各种日常社会活动的总和，包括浏览、阅读、搜寻信息、书写、发贴或回贴、聊天、通信、

① 王思斌主编：《社会工作概论》，北京：高等教育出版社1999年版。

② B. S. 特纳：《BLACKWELL社会理论指南》，李康译，上海：上海人民出版社2003年版；M. 沃特斯：《现代社会学理论》，杨善华等译，北京：华夏出版社2000年版；苏国勋：《全球化背景下的文化冲突与共生》，《中国社会学》第4卷，2005年；J. C. Alexander & S. Seidman eds., *Culture and Society*. Cambridge University Press, 1990.

交友、购物、在线学习、下载或上传文件、在线看电影或听音乐、玩网络游戏等。为了简化,在本研究中,我们通常把网络社会行为简称为网络行为。

与现实社会生活中的行为相比,网络行为已经呈现出若干新的社会特征。首先,网络行为与现实行为的最大区别在于,在现实社会中,身体是作为一个物理意义上的实体而存在的,它不仅维持着一个人的基本生命,而且是人们进行一切现实社会活动的前提。而在网络空间,物理身体却是不在场的,网络行为是一种以身体不在场为基本特征的虚拟行为。[①]这种在物理身体不在场的情形下展开的社会行为,必然会涉及一些和在身体共同在场情境下不同的社会机制,例如由于身体不在场造成的行为缺乏"社会面貌"(social presence),或者说行为的物理因素虚化,从而导致行为可以摆脱强加在物理身体上的各种社会限制,这既有可能使人们在网络空间更加平等,也有可能导致人类相遇质量的下降。[②] 更重要的在于,行为的身体不在场或者说虚拟特征,使我们如果不问行为者的意识和认知情形,单纯从物理层面考察网络行为的做法失去了理论上的合理性。其次,身体不在场使人们无须担心"规训权力(disciplinary power)"的约束,因为身体不在场使人们在网络空间可以隐匿自己部分甚至全部的社会身份,重新塑造另一个甚至几个在线身份,并同时维持数个可能截然不同的在线身份。人们在网络空间的社会身份是不确定的,人们可以凭借想象,随时变换在线身份,并根据这种在线身份自由地从事各种行为,随心所欲地开展活动,这大大增加了网络行为的不确定性和风险性。再次,与现实社会行为不同,由于身体不在场,人们在网络空间的社会行为,必须依赖语言、符号或图标才能进行,网络行为在本质上是一种数字化的

① 黄少华、陈文江:《重塑自我的游戏:网络空间的人际交往》,兰州:兰州大学出版社2002年版。

② N.尼葛洛庞帝:《数字化生存》,胡泳等译,海口:海南出版社1996年版;M.海姆:《从界面到网络空间:虚拟实在的形而上学》,金吾伦等译,上海:上海科技教育出版社2000年版;J.梅罗维茨:《消失的地域:电子媒介对社会行为的影响》,肖志军译,北京:清华大学出版社2002年版。

文字、图像、符号行为。换言之，在网络世界中，信息成了行动的关键要素，所有的经验与知识融合在同一个数字化媒介中，并由此而混淆了行为与场域的制度性分离，模糊了行为的符码意义，以至真实与虚拟、身体与心灵、公共空间与私人空间、前台与后台以及主体与客体之间的界限，都变得十分模糊甚至消失，一切皆处于一种二元交织或者像鲍德里亚所说的“内爆”状态。网络行为作为一种在社会边界展开的社会活动，也因此呈现出临界性、非物质性、非个人化、实时性、流动性、不确定性、非线性、碎片化等后现代社会特征，它使青少年网民的生存空间和存在维度得到了前所未有的拓展。①

3. 网络空间

人类的行为是在一定的社会场域（场景）中展开的，正如吉登斯所说，对行为的研究，不能忽视作为行为场域的场所的重要性，行为者正是通过场域来维护行为的意义的。② 对于作为行为场域的网络空间的技术构成，本尼迪克特（M. Benedikt）在 Cyberspace：First steps 一书中认为，网络空间（Cyberspace）包含了从二维（2D）到三维（3D）的“图形使用者接口”（graphic user interfaces, GDI）、网络（network）、虚拟实在（Virtual Reality）、多媒体（multimedia）、数据库（Databases）、超链接（hyperlink）等电脑技术和形式。关于网络空间的基本特性，本尼迪克特认为，“全球网络化，由电脑支持、由电脑进入和由电脑产生，是多维度的、人造的或‘虚拟’的真实。它是真实的，每一台电脑都是一个窗口；它是虚拟的，所看到的或听到的，既不是物质，也不是物质的表现，相反它们都是由纯粹的数据或信息组成的。”③也就是说，网络空间是一个虚拟与真实交织的双重空间。而网络空间的真实性，在相当程度上是由网民的网络行为所营造的，指的并不是虚拟实境，而是由人们在网络行为中的心理反应认同所

① M. 卡斯特：《网络社会的崛起》，夏铸九等译，北京：社会科学文献出版社 2003 年版；黄少华、翟本瑞：《网络社会学：学科定位与议题》，北京：中国社会科学出版社 2006 年版。

② A. 吉登斯：《社会的构成：结构化理论大纲》，李康等译，北京：三联书店 1998 年版。

③ M. Benedikt, *Cyberspace: First Steps*. Cambridge MA: The MIT Press, 1994, p. 123.

产生的真实感。在网络空间,物理世界与心灵世界、真实与虚拟之间的界限变得模糊不清了。

网络空间的另一个重要特性,是流动空间与地方空间的交织。卡斯特认为,网络空间的空间逻辑,可以概括为流动空间(space of flows),与它相对的空间逻辑,是具有历史根源,且人们共同经验的空间组织,即地方空间(space of places)。流动空间的出现,表现出与以地方空间为基础的社会文化之间的脱落(disarticulation)。由这种脱落所塑造的再结构过程所凸显的,是一种全新的社会支配性权力与功能空间,以及社会分化与整合模式。而随着流动空间的概念在经济与社会组织中的重要性逐渐凸显,地方空间的重要性也将大大缩减。此时,虽然人们"确实依然生活在地方里。但是,由于我们社会的功能与权力是在流动空间里组织,其逻辑的结构性支配根本地改变了地方的意义与动态。"卡斯特认为,在更深的层次上,这种流动空间所凸显的物质基础的观念转化,表明一种新的空间支配模式正在重新塑造一个后设网络。由此,网络社会中的人们及其行为,与地域之间将会形成一种新的社会距离,"支配性的趋势是要迈向网络化、区隔化的地方里,让这些地方之间的关联逐渐丧失,越来越无法分享文化符码。"①这种新的社会距离与区隔,意味着地方空间逻辑与社会空间逻辑之间的结构性精神分离,以及结构性意义的消失。这意味着,与传统原子化社会中地理位置或者说地点具有决定性意义不同,在网络空间,核心的因素是链接而非节点,节点需要在网络空间的超链接中获得其存在的意义。"后信息时代将消除地理的限制,就好像'超文本'挣脱了印刷篇幅的限制一样。数字化的生活将越来越不需要仰赖特定的时间和地点,现在甚至连传送'地点'都开始有了实现的可能。……在后信息时代中,由于工作和生活可以是在一个或多个地点,于是'地址'的概念也就有了崭新的涵义。"②换言之,作为网络行为场域的网络空间,是一个吉

① M.卡斯特:《网络社会的崛起》,夏铸九等译,北京:社会科学文献出版社2003年版,第524页。

② N.尼葛洛庞帝:《数字化生存》,胡泳等译,海口:海南出版社1996年版,第194~195页。

登斯所说的时—空伸延与哈维（David Harvey）所说的时—空压缩并存的全球虚拟空间。

网络空间真实与虚拟交织、伸延与压缩并存的二元交织特征，意味着它构筑了一个不同于现实世界的拟像世界，在这个世界中，模型和符码构造着经验结构。作为一个新的社会行为场域，它已呈现出不同于现实社会空间特性的新场域特性，集中体现在时空界限的内爆，以及诸如拟像与现实、公共空间与私人空间、前台与后台等各种社会界限的突破。① 这意味着，网络空间的凸显，改变了人类行为和日常生活的空间和时间向度。网络空间所呈现的去界限、去结构、碎片拼贴、流动、不确定面貌，很可能会导致青少年在网络空间的社会行为，也或多或少地呈现出去界限、去结构、碎片拼贴、流动和不确定的面貌。不过需要强调的是，网络空间虽然可能是引发青少年行为改变的关键变量，但是如果因此把网络空间视为青少年行为变化的决定因素，则是一种过于简单化的做法，不能忽视青少年对网络的实际运用，以及网络与各种社会情境的互动交织本身对网络空间的结构化意义。网络空间的"结构"特性，依赖于人们对网络的实际运用。也就是说，只有在行为者实际介入之下，网络空间才会成为一个新的行为场域，更准确地说，正是因为网络行为者的实际网络行动，形塑和建构着网络空间作为行为场域的场域特性。② 正如哈维所说，像"什么是空间"这样的问题，需要转换成为"不同的人类实践是如何形塑并使用不同的空间概念的"。③ 因此在本研究中，我们测量的并不是网络空间的客观结构特征，而是青少年网民的网络使用状况，即通过测量网络行为者的网络空间介入程度，来分析和

① 黄少华、翟本瑞：《网络社会学：学科定位与议题》，北京：中国社会科学出版社2006年版。

② A. 吉登斯：《社会的构成：结构化理论大纲》，李康等译，北京：三联书店1998年版；黄厚铭：《虚拟社区中的身份认同与信任》，台湾大学社会学研究所博士论文，2001年；黄少华、翟本瑞：《网络社会学：学科定位与议题》，北京：中国社会科学出版社2006年版。

③ D. Harvey, *The Condition of Postmodernity: An Enquiry into the Origins of Cultural Change*. Oxford: Blackwell Publishers Ltd, 1990.

梳理网络空间对青少年网络行为的影响。[①] 具体而言，我们在本研究中借助网络使用频率、上网持续时间、网龄和上网地点四个基本指标，来分析网络空间对青少年网络行为的影响。

4. 社会差异

社会学认为，人们的社会行为与其所处的社会位置或者说社会差异密切相关，在相当程度上可以说，社会行为是由社会差异所形塑的。这意味着，社会差异是分析社会行为的一个重要变量。然而，面对互联网的崛起，有不少学者强调，网络正在不断消解传统社会差异对网络行为的影响。[②] 为了梳理和说明社会差异与青少年网络社会行为的关系，本研究从两个层面来界定社会差异概念。首先，本研究把社会分层视为最重要的社会差异，视为社会差异的核心。如赖特（E. O. Wright）所说，分层结构是社会关系的基本分界线，是决定社会结构其他方面的决定性因素，是社会行为的基本组织原则。[③] 社会学关于社会分层的研究，有着马克思和韦伯两个基本理论传统。马克思强调生产过程中形成的社会关系即生产关系在社会分层中的核心意义，认为可以依据人们占有生产资料和生产工具的状况，对他们进行阶级区分；而韦伯则认为，经济、声望和权力，是社会分层的三个基本维度。在实际的社会分层测量中，社会学家最主

---

① 另一方面，如何测量网络空间的客观场域特征，在操作层面也存在着明显的困难，尚需要做大量的理论探讨，以确定基本的测量指标。因为“即使看起来简单的场景的研究也是极为复杂的，它包括许多不同的变量，以至于对于习惯了分离和使用少数几个指标的研究人员来说，分析元素就显得有些难以置信的‘杂乱’。……事实上，对如何定义‘场景’或者描述它的元素还没有达成共识。”（J. 梅罗维茨：《消失的地域：电子媒介对社会行为的影响》，肖志军译，北京：清华大学出版社 2002 年版，第 29～30 页）而网络空间的去边界、去结构、碎片拼贴、流动、不确定面貌，使这种结构化测量变得更为困难。

② N. 尼葛洛庞帝：《数字化生存》，胡泳等译，海口：海南出版社 1996 年版；M. 波斯特：《信息方式：后结构主义与社会语境》，范静哗译，北京：商务印书馆 2000 年版；黄少华、陈文江：《重塑自我的游戏：网络空间的人际交往》，兰州：兰州大学出版社 2002 年版。

③ 郑杭生、李路路等：《当代中国城市社会结构：现状与趋势》，北京：中国人民大学出版社 2004 年版。

要考虑的社会分层因素,是人们的教育程度、收入水平以及职业声望。①

其次,本研究还引入地域因素,作为社会差异的一个基本维度。国内外学界有关"数字鸿沟"的相关研究显示,地理区域之间的数字鸿沟不仅是数字鸿沟的一个重要表现,而且已经构成了社会经济发展的一种新的差距。② 这种新的社会差距,自然会影响青少年的网络行为,使生活在不同地域青少年的网络行为呈现出不同的特点。而在学界针对我国地域间数字鸿沟的研究中,东中西部地区间以及大中小城市规模间在互联网渗透程度以及互联网发展规模上的差距,是实际测量时被强调的主要分析维度。

5. 网络认知

虽然行为是在一定的社会场域中展开的，受着客观社会结构因素的制约，但是，在建构主义社会学看来，行为场域并非外在于行为者的客观结构，而是行为者作为行为主体对其进行解释、定义和领会的结果，只有在行为者对场所进行定义的情况下，场所才能作为行为场域而存在，人们是依照自己对行为场域的意义建构来展开其社会行动的。网络空间作为青少年网民的行为场域而存在，同样是借助于青少年网民的想象、行为和定义而形塑的结果。因此可以说，构成网络行为场域的实际上是人们对网络空间特性的感知，在这一意义上，可以说网络空间是一个心理空间。③ 需要特别注意的是，网络空间的出现，转变了情境定义的基本方向。在互联网络出现以前，决定着人们的认知边界的是物理场所，而互联网的崛

① D. 波普诺:《社会学》,李强等译,北京:中国人民大学出版社 2000 年版;李培林、李强、孙立平等:《中国社会分层》,北京:社会科学文献出版社 2004 年版;郑杭生、李路路等:《当代中国城市社会结构:现状与趋势》,北京:中国人民大学出版社 2004 年版;D. 格伦斯基:《社会分层》,王俊等译,北京:华夏出版社 2006 年版。

② 胡鞍钢、周绍杰:《新的全球贫富差距:日益扩大的"数字鸿沟"》,《中国社会科学》2002 年第 3 期;汪明峰:《互联网使用与中国城市化:"数字鸿沟"的空间层面》,《社会学研究》2005 年第 6 期;黄少华、翟本瑞:《网络社会学:学科定位与议题》,北京:中国社会科学出版社 2006 年版;P. Norris, *Digital divide? Civic engagement, information poverty and the internet Worldwide*. Cambridge: Cambridge University Press,2001;G. Graham:《网路的哲学省思》,江淑琳译,台北:韦伯文化国际出版有限公司 2003 年版。

③ J. Suler, *Cyberspace as Psychological Space*. http://www.rider.edu/suler/psycyber/psychspace.html, 1999；王卫东：《关于互联网方法和行为的研究》，中国人民大学社会学系博士论文，2003 年。

起，大大地扩展了人们的认知边界，并由此扩展了人们的行为场域。在过去，地方边界就是人们的认知边界，而这种认知边界又决定了人们关于行为场域的情境定义，例如戈夫曼对前后台所作的区分，就是依据由地方的显现与隐藏效果而造成的对情境的认知。互联网的产生，导致了认知边界的突破，而认知边界的突破导致情境定义的转变。在网络空间，情境定义更多地由网民的在场与不在场所界定，换言之，网络认知而不是物理地方，成为情境定义的关键因素，由此，传统的空间划分被颠覆，网络重新划分了空间。① 与此相应，青少年构建了新的情境定义，新的网络行为认知和感受。因此，梳理与把握青少年的网络认知，以及这种认知与网络行为的关系，对青少年网络行为研究来说，就显得十分重要。由于网络认知是一个复杂、多维的体系，因此需要建构一个包含多个维度的指标体系加以测量。在本研究中，我们将青少年的网络认知，从内容上具体界定为网络空间感知、网络行为感受，以及对网络的社会影响的理解三个维度；而在测量层次上，主要包括对网络的总体认知和具体认知两个层面，即青少年对网络的宏观认知（总体认知），与对作为某种具体网络行为场域的网络空间的认知（具体认知）。②

四、变量设计

根据上述研究目的、分析架构以及概念界定，我们进行了变量设计，

---

① 黄厚铭：《虚拟社区中的身份认同与信任》，台湾大学社会学研究所博士论文，2001年；J. 梅罗维茨：《消失的地域：电子媒介对社会行为的影响》，肖志军译，北京：清华大学出版社2002年版。

② 吉登斯强调，社会行动者所具有的认知能力，是社会行动的内在构成要素，他把行为者的认知能力，具体区分为话语意识（discursive consciousness）、实践意识（practical consciousness）和无意识三个基本层面（A. 吉登斯：《社会的构成：结构化理论大纲》，李康等译，北京：三联书店1998年版）。本研究对青少年网络总体认知的测量，较为侧重于吉登斯所说的话语意识层面，而对作为网络行为场域的网络空间的具体认知的测量，则更侧重于实践意识层面，但其中对网络信息方式认知的测量，同时测量了话语意识和实践意识。同时采用这三种方式测量青少年网络认知与态度的目的，是为了分别检验网络认知的话语意识层面和实践意识层面与网络行为的相关程度。

以实现概念的操作化测量。考虑到本研究在相当程度上属于探索性研究，相对简单的变量和模型设计，有助于我们突出主题，明确研究问题，更好地梳理青少年网络行为的基本脉络，因此在变量设计时，我们遵循尽量突出关键变量，忽略次要变量的简化原则，尝试用尽可能少的解释变量，实现把握青少年网络行为特征与行为逻辑的目的。下面简要介绍主要变量的建构方式。

1. 网络使用行为

对网络使用行为的测量，主要考察青少年使用互联网的方式和程度，具体包括网龄、网络使用频率、上网持续时间、上网地点、网络接入方式等网络使用行为。考虑到网吧是目前国内青少年重要的网络使用场所，本研究同时测量了青少年的网吧使用行为，测量指标包括网吧使用频率、使用持续时间等。需要说明的是，当我们把网络使用行为作为一个自变量使用时，则通常将其称之为网络介入程度。

2. 网络社会行为

在实际使用中我们通常简称为网络行为，包括浏览、阅读、搜寻信息、书写、发贴或回贴、聊天、通信、交友、购物、在线学习、下载或上传文件、在线看电影或听音乐、玩网络游戏等在内的各种各样发生在网络空间的社会行为。由于青少年网络行为是一个复杂的行为系统，因此我们在研究中采用询问青少年各种主要的网络行为参与情况，然而运用因子分析加以简化的方法对网络行为进行测量。在对网络行为进行一般性测量的基础上，本研究还进一步具体测量了青少年的网络交往、网络游戏、网络信息使用等网络行为的参与状况。

3. 个人社会特征

由于我们的调查对象主要是在校学生，其年龄与教育程度两个个人社会特征变量高度重叠，因此对个人社会特征的测量，仅限于性别和年龄两个变量。

4. 社会分层与地域差异

对社会差异的测量，包括社会分层和地域差异两个方面。在社会分层测量上，主要测量父母亲的职业、父母亲教育程度以及家里是否拥有能上网的电脑三项。因为本研究主要考察的是父母的职业地位对青少年网络行为的影响，因此为了简化分析，我们在进行统计分析时将职业分层简化为无固定职业、生产工人和普通职员，以及专业技术和管理人员三个基本层次。其中无固定职业者包括无业人员、下岗人员、离退休人员、打零工、个体户和自由职业者；工人和普通职员包括各类企业单位中的生产工人，事业单位中除技术人员和管理人员以外的其他普通工作人员；专业技术和管理人员包括国家政府机关的各级领导、公务人员，各类企事业单位的负责人与管理人员、专业技术人员和私营企业主。教育程度则简化为初中以下、高中和大专以上三个基本层次。考虑到青少年不一定了解父母的收入状况，因此调查没有询问家庭收入，而改为询问青少年家里是否拥有电脑，以及家里的电脑能否上网。而对社会差异中地域差异的测量，主要包括省份和城市规模两个变量。

5. 网络认知

对青少年网络认知的测量，主要借助李克特量表（Likert scale）进行。我们在问卷中分别设计了网络认知、网络交往认知、网络信息方式认知、网络游戏认知和网吧认知五个认知量表，其中网络认知量表主要用于测量青少年对网络的宏观认知，而其他四个量表则主要用于测量青少年对作为具体网络行为场域的网络空间的认知，以及具体的网络行为感受。在统计分析上，本研究借助因子分析析出每个认知量表的基本因子，在此基础上计算出每个个案的因子得分，以此作为分析青少年网民网络认知的指标。

第四节 研究方法

本研究的基本目的，在于厘清网络空间的崛起，对青少年网络行为的形塑作用，探讨青少年的网络使用状况，分析青少年在网络空间所从事的基本活动及其影响因素，并在此基础上探索对青少年网络行为进行有效社会控制的方法。为了实现这一目标，我们选择以实证研究为主，结合理论分析的研究方法。其中在实证研究部分,本研究结合问卷调查与深度访谈方法,以便充分了解青少年网络行为的独特行为逻辑与行为结构,从而揭示网络空间崛起的社会学意义。以下报告的是问卷调查部分的研究方法。

一、抽样方案

1. 研究对象

从中国互联网络信息中心的历次调查数据不难看出,无论是从占我国网民的百分比来看(见表1.2),还是从与其他年龄段网民普及率的比较来看(见表1.3),青少年一直是我国网民的主体。考虑到本研究的基本目标是梳理和分析我国网民的网络行为结构与行为逻辑,因此我们将占网民主体的青少年网民确定为本次研究的对象。

表1.3　我国网民分年龄段普及率(%)(2005.12)

18岁以下	18~24岁	25~30岁	31~35岁	36~40岁	41~50岁	51~60岁	60岁以上
5.5	28.6	17.1	10.1	6.3	3.9	2.2	0.6

资料来源:中国互联网络信息中心(CNNIC),http://www.cnnic.cn/index.htm

2. 研究场域

鉴于我国城乡之间网民普及程度的差异,我们首先将研究场域确定在城市地区。据中国互联网络信息中心2006年1月发布的调查报告,截至2005年12月,我国网民的总规模为11100万人,网民普及率为8.5%,其中乡村网民总规模为1931.4万人,仅占乡村人口的2.6%,不到全国平均水平的1/3,而城市网民总规模为9168.6万人,占城市人口的16.9%。可见,我国乡村网民数量只有城市网民数量的1/5(在2004年末,我国城乡人口比例为42%:58%),而乡村网民普及率更只有城市网民普及率的1/6.5(见表1.4)。可见,对于青少年网络行为研究而言,城市地区是较乡村地区更为理想的研究场域。

表1.4　我国城乡网民状况比较(2005.12)

	网民数(万人)	占全国网民比例	占全国人口比例	网民普及率
城市	9168.6	82.6%	42.0%	16.9%
乡村	1931.4	17.4%	58.0%	2.6%

资料来源:中国互联网络信息中心(CNNIC),http://www.cnnic.cn/index.htm

其次,通过分析网民的结构特征,我们发现,学生在网民职业中所占比例一直最高,而且其所占比例基本上呈现稳定增长的态势(见表1.5),加之在我国城市地区青少年有着较高的入学率与升学率(刘能,2005),因此我们将研究场域进一步确定为城市地区的学校。

表1.5　学生在网民职业中所占比例(%)

2002.06	2002.12	2003.06	2003.12	2004.06	2004.12	2005.06	2005.12
26.2	28.0	30.1	29.2	31.9	32.4	33.2	35.1

资料来源:中国互联网络信息中心(CNNIC),http://www.cnnic.cn/index.htm

同时,根据对相关的文献进行分析,加之我们在研究前期对青少年网民的访谈,发现网吧对青少年有着特殊的吸引力。由于网吧作为一个真实与虚拟交织的上网环境,其气氛比在其他地方上网更接近网络空间虚实交织的特性,因此往往成为许多青少年经常光顾的上网地点。有相当多的青少年即使在家中能够上网,也喜欢去网吧上网,认为网吧的气氛是其他上网地点所无法取代的。① 因此,本研究同时也将网吧列为青少年网络行为研究场域之一。

① 纪慧怡:《真实与虚拟空间的对话:网咖族的内在经验意义探讨》,台湾世新大学传播研究所硕士论文,2004年;郭良、卜卫:《中国12城市互联网使用状况及影响调查报告》,北京:中国社会科学院社会发展研究中心,2003年;流心:《自我的他性:当代中国的自我谱系》,常姝译,上海:上海人民出版社2005年版;黄少华、翟本瑞:《网络社会学:学科定位与议题》,北京:中国社会科学出版社2006年版。

3. 抽样方法

此次调查采用多阶段抽样方法。先按社会经济发展水平、人文发展指数(Human Development Index,HDI)和互联网普及程度,将我国区分为东部、中部和西部三个地区,并按照简单随机原则分别从每一地区抽取省会城市一座,分别为杭州、长沙和兰州,然后再按照同样原则分别从这三个城市所在的省份,抽取地级城市各一座,分别为舟山、岳阳和天水。接下来的抽样分为两部分,一部分在每个抽取的城市中,按照分层抽样方法分别抽取大学、高中、初中各3所(如果所在城市大学不足3所,则抽取所有大学;初中和高中的抽样框仅限于城区学校),再按照简单随机原则在每所抽中的学校抽取32人(如果所在城市大学不足3所,则以样本总数96人相应分配每所学校的样本数)。另一部分则按照简单随机原则,在每个抽中的城市抽取2个街道,每个街道抽取5个网吧,再从每个抽中的网吧抽取符合样本要求(13~24岁)的样本5份。为避免与学校样本重叠,在编码时若发现网吧样本来自我们抽取学校样本的学校,则剔除该样本,但保留了网吧样本中的非在校学生样本。

实际的问卷调查工作,于2004年10月至11月同时在浙江省杭州市和舟山市、湖南省长沙市和岳阳市、甘肃省兰州市和天水市实施。考虑到问卷内容较多且有个别初中学生可能不易理解的问题,因此调查采用抽取受访者后集中填答(学校样本)或个别访问(网吧样本)的资料收集方式,以便在受访者遇到问题时,能给予指导和帮助,以提高问卷的填答质量。参与本次实地问卷调查及访谈工作的,是兰州大学社会学专业网络社会学研究方向的教师和2002~2004级硕士研究生。

4. 样本结构

本次调查共发放问卷2028份,实际回收2026份,其中在最近三个月内没有使用过网络的142人(占所有回收样本的7%,其中男性15人,占10.6%,女性127人,占89.4%。鉴于本课题的研究主题,我们在统计分析时剔除了这部分问卷),使用过网络的1884人。通过对这1884份问卷进行认真核实,最后获得有效问卷1681份,有效率为89.2%(有效问卷占所有回收样本的83.0%)。具体的样本结构见表1.6。

表1.6 样本结构(N=1681)

		频数	频率(%)
性别	男	998	59.4
	女	683	40.6
年龄	13~17岁	948	56.4
	18~24岁	733	43.6
教育程度	初中	493	29.3
	高中	595	35.4
	大专以上	593	35.3
省份	甘肃	536	31.9
	湖南	594	35.3
	浙江	551	32.8
城市规模①	大城市	878	52.3
	小城市	803	47.7
父亲教育程度(N=1664)	初中以下	578	34.7
	高中或中专	755	45.4
	大专以上	331	19.9
母亲教育程度(N=1664)	初中以下	741	44.5
	高中或中专	676	40.6
	大专以上	247	14.8
父亲职业	无固定职业	235	14.0
	工人与普通职员	786	46.7
	技术与管理人员	660	39.3
母亲职业	无固定职业	461	27.4
	工人与普通职员	807	48.0
	技术与管理人员	413	24.6
家庭电脑状况	没有电脑	866	51.5
	有电脑但不能上网	173	10.3
	有电脑且能上网	642	38.2

二、问卷设计

在文献探讨和前期焦点小组访谈的基础上,我们从理论上确定了研

① 为方便分析,本研究将兰州、长沙、杭州三城市定义为大城市,而将天水、岳阳、舟山三城市定义为小城市。

究变量，并对其进行了概念定义和操作定义，然后在此基础上设计了初步的问卷。问卷内容主要包括以下几个部分：(1)受访者的个人、家庭与地域背景，包括受访者性别、年龄、教育程度、父母教育程度、父母职业、家里是否拥有能上网的电脑，以及所在省份、城市等；(2)受访者的网络使用情况，包括在最近三个月内是否使用过网络、使用网络的频率、每次使用网络持续的时间、上网地点、上网方式、上网动机等，其中网吧使用状况也是我们此次调查的内容之一；(3)受访者在网络空间从事的主要活动，以及这些活动对其日常生活和学习的影响，问卷侧重询问了青少年的网络交往、网络游戏及网络信息行为；(4)青少年对网络的认知和态度，采用李克特量表，从完全同意到完全不同意五点尺度，询问青少年对网络、网络交往、网络信息方式、网络游戏、网吧等的认知与态度。问卷形成后，根据2位专家对问卷的审查意见，以及小规模前测(包括一次有20人参加的集中自填问卷，另外有6名学生参与了访问问卷)所反馈的意见，对问卷作了进一步的修改。

三、统计分析

本研究借助SPSS11.5对调查资料进行了统计分析。我们的研究目的是分析青少年的网络使用行为和网络社会行为的结构性特征，以及网络行为的行为逻辑。为了实现这一研究目的，本研究运用了以下统计分析方法：

1. 描述性统计分析

通过计算单变量频数、频率，以及众值、中位值、平均值、标准差等，了解青少年网络使用、网络行为及网络认知的基本状况。并且在这些描述性统计分析的基础上，进一步通过双变量交互分析，考察青少年网络使用、网络行为和网络认知在个人特征、家庭背景、所在地域和网络介入程度等变量上的差异。同时，为了检验双变量、两组或多组平均数之间的方差显著性，本研究分别运用卡方检验、t检验和F检验进行了相应的统计分析。

2. 聚类分析

聚类分析是用于解决分类问题的多元统计分析方法。为了对青少年网民的网络介入程度和网吧介入程度进行分类,本研究运用了非层次聚类法(Nonhierarchical cluster Method)中的逐步聚类分析(K-mean cluster analysis)方法。在聚类过程中,我们一般都事先规定将青少年网络使用者或网吧使用者区分为一般使用者、中度使用者和重度使用者三类,并在聚类的基础上计算出每一类的平均值和标准差。

3. 因子分析

为了简化青少年网络行为的基本类型,本研究借助因子分析作为抽取网络行为因子,梳理和分析网络行为结构的主要方法。同时,本研究采用李克特量表,询问和测量青少年的网络认知,为了梳理青少年网络认知的基本结构并简化数据,我们同样对量表进行了探索性因子分析。在对认知量表进行因子分析时,我们采用主成份分析(principal component analysis)作为抽取因子的方法,以特征值大于1,因子负载(factor loading)绝对值大于0.5作为选择因子的标准。由于本研究所采用量表,是针对本次调查需要而编写的,因此我们在分析中还对量表进行了信度检验,以评价量表的内在一致性、稳定性或可靠性。

4. 回归分析

本研究期望借助回归分析,揭示青少年网络行为的基本行为逻辑。为此,本研究分别运用 Logistic 回归分析和多元线性回归分析,对青少年个人特征、社会差异与网络(网吧)使用行为的相关性,以及青少年个人特征、社会差异、网络介入程度、网络认知与网络行为的相关性,进行了具体的统计分析。

第二章

社会差异、网络认知与网络行为

在今天，互联网正在十分迅速地改变着人类的行为方式、思考方式、社会认同以及社区形态。互联网的崛起，为人类的社会行为形塑了一个以时一空压缩与时一空伸延并存为基本特征的全新数字化、信息化、网络化场域，如卡斯特所说，这一行为场域"改变了生产、经验、权力与文化过程中的操作和结果"。在网络空间，信息取代能源成为了社会行为的关键要素，从前以面对面感官经验方式呈现的社会互动，转化成了以文字或数字方式呈现的符号互动。一个由网络使用者建构的虚拟社会正在逐渐形成，人们在这一虚拟社会场景中，从事着如同在现实社会场景中一样真实的社会活动。① 但是，与现实社会场景中的行为不同，在网络空间，所有的行为都融合在了同一个数字化媒介中，并由此而混淆了行为与场域的制度性分离，模糊了行为的符码意义，以至人们再也无法清晰地区分真实与虚拟、身体与心灵、公共空间与私人空间、前台与后台以及主体与客体之间的界限，一切皆处于一种二元交织或者像鲍德里亚所说的"内爆"(implosion)状态。而在这种以二元交织为基本特征的后现代时一空场域中，网络使用者的社会行为，也正在呈现出一种全新的跨越传统社会边界的特征。②

---

① M. 卡斯特：《网络社会的崛起》，夏铸九等译，北京：社会科学文献出版社 2003 年版。

② 黄少华、翟本瑞：《网络社会学：学科定位与议题》，北京：中国社会科学出版社 2006 年版。

对于工业社会的社会行为,从韦伯和西美尔,到哈贝马斯和吉登斯,社会学已经进行了大量的深入研究。[①] 例如韦伯运用理想类型方法,对社会行为类型的梳理与分析;帕森斯借助单位行动理论模型对社会行动结构的分析,以及在此基础上对行动链的阐释;符号互动论对人们日常生活中扎根于符号的社会互动行为的研究;哈贝马斯在区分行动的四种社会学模型基础上,对交往行动的理论分析;吉登斯基于结构化视角,对社会行为与社会结构互构的分析,对于我们认识现代社会的实质,都有着重要的意义。然而,随着互联网的崛起,人们在网络空间的行为模式,正在不断呈现出新的社会特征。主要体现在:由于匿名和身体不在场,网络空间的社会行为,已经在一定程度上表现出与现实社会行为不同的行为结构与行为逻辑。而网络空间作为新的行为场域的崛起,正是引发这种行为转变的关键变量。吉登斯强调,空间场所不只是行为的环境或舞台,而是渗透于社会行为过程中的关键因素,行为的时空场所,形塑着行动者可以实施的行为种类。在今天,由于互联网的推动,在场的东西的作用正越来越被在时—空意义上不在场的东西所取代,这不仅在相当程度上改变了人们对于时间和空间的感受,而且意味着被互联网进一步强化了的时空脱域与伸延机制,正在导致社会行为在新的社会场景中的重组。[②] 或者说,网络空间已经成为当今时代人类社会生活和社会行为的一个全新场域,人们的行为方式和行为逻辑,有可能会因此而发生结构性的转变。

我们在本章关注的主要问题是:随着互联网的崛起和扩张,青少年网络使用行为的基本状况如何?他们在网络空间的行为方式是否已经开始呈现出某些新的行为特征和行为逻辑?或者说,他们的网络行为是否已发生了某种程度的断裂?我们尝试通过对青少年个人特征、社会差异、网络介入程度、网络认知与网络行为之间的相关性进行统计分析,来具体回

---

① B. S. 特纳:《BLACKWELL 社会理论指南》,李康译,上海:上海人民出版社 2003 年版;M. 沃特斯:《现代社会学理论》,杨善华等译,北京:华夏出版社 2000 年版。

② A. 吉登斯:《社会的构成:结构化理论大纲》,李康等译,北京:三联书店 1998 年版;《社会学》,赵旭东等译,北京:北京大学出版社 2003 年版。

答这些问题。

第一节　青少年网络使用行为

在本次调查中，青少年网络行为与网络认知部分回收的有效样本为1681份，其中男性998人，占59.4%，女性683人，占40.6%。样本性别结构与中国互联网络信息中心2006年1月发布的第17次"中国互联网络发展状况统计报告"的网民性别结构（男性58.7%，女性41.3%）基本一致。从地区分布来看，三省样本大致平衡，分别为甘肃31.9%、湖南35.3%、浙江32.8%。

本研究的基本理论假设是：网络空间的崛起，对人类的社会生活来说，是一个全新的变量，它正悄悄地形塑和改变着青少年的行为方式。由于受网络空间的数字化、虚拟性、匿名性、平面化、去边界、去地域、去中心化等特征的影响，青少年的网络行为正越来越明显地呈现出一系列全新的社会特征。为了在总体上把握青少年网络行为受网络空间特性的影响程度，我们设置了一组指标，包括网龄、上网频率、上网持续时间、上网地点及上网方式，以了解青少年网络使用行为的基本状况，据此判断他们受网络影响的程度。

一、青少年网络使用状况

1. 网龄

数据统计结果显示，在被访青少年网民中，以网龄在3～4年为最多，占所有有效样本的39.1%，其次为5～6年和1～2年，其百分比分别为21.3%和18.9%，而网龄在1年以下和7年以上的则分别为13.8%和7.0%。由此可以看出，有超过60%的青少年网民的网龄在3～6年之间，也就是说，多数青少年是在1998～2002年期间开始接触网络的。如

表 2.1 青少年网络使用状况

		频数	频率(%)
网龄(N=1661)	不到1年	229	13.8
	1~2年	314	18.9
	3~4年	649	39.1
	5~6年	353	21.3
	7年以上	116	7.0
网络使用频率(N=1651)	每周1次	199	12.1
	每周2次	159	9.6
	每周3次	579	35.1
	每周4次	500	30.3
	每周5次以上	214	13.0
上网持续时间(N=1663)	1小时以内	206	12.4
	1~2小时以内	699	42.0
	2~3小时以内	553	33.3
	3~4小时以内	125	7.5
	4小时以上	80	4.8
上网地点(N=1667)	家里	549	32.9
	学校	569	34.1
	网吧	942	56.5
	朋友或亲戚家	285	17.1
	其他	50	3.0

果考虑到互联网尤其是宽带网在中国开始进入迅速普及的时间段,①我们大致上可以说,多数青少年网民开始接触互联网的年份,正是中国互联网进入普及和应用快速增长的"网络大潮"时期。

2. 网络使用频率

在网络使用频率上,青少年网民主要集中在每周使用网络3~4次,其中每周上网3次的青少年最多,为579人,占所有样本的35.1%,其次为每周上网4次,共500人,占30.3%,两者合计1079人,占65.4%。其他依次为每周上网5次以上214人,占13.0%,每周上网1次199人,占12.1%,每周上网2次159人,占9.6%。而据卜卫等学者在2003年对北

① 胡军庆:《中国互联网历史长廊》,http://www.blogchina.com/new/display/43774.html,2004年。

京、上海、广州、成都、长沙、西宁、呼和浩特七城市在校青少年网络使用及其影响的调查，在所有2068份有效样本中，网络使用频率以每周1~2次为最多，占41.8%，其次为3~4次，占30.1%，其他为每天至少1次和每月1~2次，均为14.1%。[①] 我们的调查结果与之相比，网络使用频率在每周3~4次的比例明显偏高。

3. 上网持续时间

在上网持续时间上，平均每次上网持续时间以1~2小时以内和2~3小时以内的青少年较多，分别为699人和553人，分别占所有样本的42.0%和33.3%，两者之和达75.3%。而在1小时以内、3~4小时以内和4小时以上的则分别为12.4%、7.5%和4.8%。这意味着，有超过一半的青少年平均每次上网持续时间在2小时以内，而将近9成的青少年每次上网持续时间在3小时之内。据卜卫等学者2003年的调查数据，在所有2088份有效样本中，平均每周网络使用时间在0.5小时以下占19.8%、0.5~1小时的占31.4%，1小时以上的占48.8%。我们的调查结果与之相比，在网络使用时间上总体偏长。

4. 上网地点及上网地点广泛度

已有的相关研究表明，网络使用环境，包括上网地点和上网方式，对使用者的网络行为会发生实际的影响。例如，由于网吧是一个真实与虚拟交织的上网环境，其气氛比在其他地方上网更接近网络空间的二元交织特性，因此网吧往往成为青少年重要的上网地点，而且青少年在网吧场域参与的网络行为，主要以网络游戏和在线聊天等情感性行为为主。[②]

统计结果显示，在经常性上网地点上，选择在网吧上网的青少年最

---

① 卜卫、刘晓红：《2003年北京、上海、广州、成都、长沙、西宁、呼和浩特青少年互联网采用、使用及其影响的调查报告》，北京：中国社会科学院新闻与传播研究所，2003年。

② 陈怡安：《线上游戏的魅力：以重度玩家为例》，台湾：南华大学社会学研究所，2003年；郭良、卜卫：《中国12城市互联网使用状况及影响调查报告》，北京：中国社会科学院社会发展研究中心，2003年；纪慧怡：《真实与虚拟空间的对话：网咖族的内在经验意义探讨》，台湾世新大学传播研究所硕士论文，2004年；黄少华、翟本瑞：《网络社会学：学科定位与议题》，北京：中国社会科学出版社2006年版。

多,共942人,占所有有效样本的56.5%,其次是学校,共569人,占34.1%,再次是在家里上网,共549人,占32.9%,接下来是在朋友或亲戚家上网285人,占17.1%,而在上述几个地点以外的其他地点上网的比例较低,仅有50人,占3.0%。① 如果与中国互联网络信息中心的调查结果比较,我们不难发现,青少年网民与成年网民在上网地点上存在着明显的差异。据中国互联网络信息中心在2005年底的调查,有70.5%的网民在家里上网,37.6%的网民在工作场所上网,而仅有27.0%的网民选择在网吧上网,19.0%的网民在学校上网。也就是说,家里和工作场所是目前我国网民上网的主要地点。将我们的调查结果与之相比,可以发现,在最经常上网的地点这个问题上,青少年网民更愿意选择在网吧上网。我们认为,网吧之所以对青少年有着如此大的吸引力,成为他们最主要的上网地点,是因为网吧并不只是一个单纯的上网场所,而是一个真实与虚拟交织的互动、娱乐和游戏空间,是一个可以让青少年在其中满足和实现自己的想象,并与同辈群体互动的行为场域(参见第6章)。而且值得注意的是,青少年在网吧场域的活动,正形塑着一种特殊的青少年网络次文化,在这一场域中,他们有着不同于其他上网地点的行为模式。

另一个值得注意的现象是,在经常性上网地点上,多数青少年经常在一、二类相对固定的地点上网,其中经常在一类地点上网的有1060人,占63.6%,经常在二类地点上网的有499人,占29.9%,两者相加,占93.5%,而经常在三类以上地点上网的仅有108人,占6.5%,显示大部分青少年使用网络的地点是较为固定的,广泛程度并不高。在台湾学者对台湾地区网民的网络使用行为调查中,也发现了大致相似的特点。②

---

① 需要说明的是,在我们的调查中,在网吧上网的青少年明显偏多的一个重要原因,是有263个调查样本来自网吧。不过,即使排除这些样本,网吧仍在青少年选择的经常性上网地点中处于首位。

② 施依萍:《台湾网路使用行为之研究:网路素养资讯观层面之分析》,台湾中正大学电讯传播研究所硕士论文,1997年。

5. 上网方式

由于近年来宽带网的迅速发展导致上网价格下降，加之宽带接入具有联网速度快、玩网络游戏、在线观看电影和听音乐效果好等特点，使宽带上网成为大多数青少年网民（86.5%）主要的上网方式。其他如电话拨号上网、手机上网的比例都很低，分别为4.9%和1.0%。另外有7.6%的青少年不知道自己的上网方式。需要注意的是，虽然上网方式的选择更多地取决于互联网技术的发展程度，但是，也在相当程度上与网吧、学校和家庭网络设施状况，以及青少年的上网地点密切相关。

二、青少年网络使用行为的个人特征、家庭背景和地域差异

按照社会学的观点，人们的社会行为与社会差异（社会分层）密切相关。经典社会学家如马克思、韦伯，都非常强调社会差异与社会行为之间的关联，强调人们的社会地位及其所拥有的资源，会影响甚至决定他们的行为方式。在某种意义上可以说，社会差异构成了社会行为的重要基础。然而在今天，由于互联网的崛起，社会生活中的许多事情正在被迅速改变，其中最为重要的改变是：网民正在成为越来越多网络使用者的新社会身份。① 面对这种改变，有不少学者强调，网络不仅正在成为社会生活不可或缺的要素，甚至是一种社会平等器，许多在过去将人们划分为不同社会阶层的因素，如性别、职业、收入、教育程度等，对于网民来说，其作用正在被解构，不再具有显著的影响力。但是也有不少学者认为，网络技术并未改变社会的基本结构，网络的作用与网络使用行为因为个人的性别、社会阶层和生活区域等的不同而有所差别，这就是所谓的数字鸿沟。数字鸿沟是一个复杂的社会问题，从内容上来说，包括性别间的数字鸿沟、种族间的数字鸿沟、教育水平间的数字鸿沟、使用能力上的数字鸿沟、地区间的数字鸿沟等不同类型。这些学者强调，数字鸿沟集中体现了网络空

① 赖晓黎：《网路的礼物文化》，《资讯社会研究》（台湾）第6期，2004年。

间的社会差异。① 甚至有学者强调，是否使用互联网，在今天已经成为一个超越韦伯分析社会结构三维度，即权力、地位和声望的新维度，数字鸿沟是在使用互联网的社会中，分析社会结构时必须考虑的一个新的基本维度。②

综观这两种对网络行为与社会差异关系的理解，虽然结论不同，但是其理论视角和理论基础却内在地延续了社会学的一个基本视角或者说假设，即从人们的社会差异入手，分析社会差异与网络使用行为之间的相关性。按照这一分析视角，一个值得关注的问题便是，在网络空间，各种现实社会差异对行为的影响力是否已经消失？是否已经出现了新的社会差异？各种社会差异在网络空间是如何呈现的？它们对青少年的网络使用行为会有什么样的影响？这意味着，面对网络空间的崛起，梳理和分析青少年在个人特征、家庭社会经济地位和生活地域（省份和城市）等方面的社会差异，以及这些社会差异与青少年网络使用行为之间的关联，对于理解青少年的网络使用行为，有着重要的意义。

1. 青少年网络使用行为的个人特征差异

先来看青少年网龄的个人特征差异。从表 2.2 的统计数据可见，从性别来看，男性青少年的网龄在 1 年以内、1 ~ 2 年、3 ~ 4 年、5 ~ 6 年和 7 年以上的比例分别为 11.6%、17.6%、37.6%、23.7% 和 9.5%，而女性青少年的比例则分别为 17.0%、20.8%、41.2%、17.7% 和 3.3%，说明男性

---

① N. 尼葛洛庞帝：《数字化生存》，胡泳等译，海口：海南出版社 1996 年版；胡鞍钢、周绍杰：《新的全球贫富差距：日益扩大的"数字鸿沟"》，《中国社会科学》2002 年第 3 期；曹荣湘编：《解读数字鸿沟：技术殖民与社会分化》，上海：上海三联书店 2003 年版；林南：《社会资本：关于社会结构与行动的理论》，上海：上海人民出版社 2005 年版；金文朝、金锺吉：《数字鸿沟的批判性再检讨》，《学习与探索》2005 年第 1 期；黄少华、翟本瑞：《网络社会学：学科定位与议题》，北京：中国社会科学出版社 2006 年版；F. Webster, *Theories of the Information Society*. New York: Routledge, 1995; OECD, *Understanding the Digital Divide*. http://www.oecd.org/dataoecd/38/57/1888451.pdf, 2001; P. Norris, *Digital divide? Civic engagement, information poverty and the internet Worldwide*. Cambridge: Cambridge University Press, 2001.

② 邱泽奇：《数码区隔与中国社会》，《网络传播与社会发展》，北京：北京广播学院出版社 2001 年版。

表 2.2　网龄的性别和年龄差异(%)

	性别		年龄	
	男 (N=985)	女 (N=676)	13~17 岁 (N=931)	18~24 岁 (N=730)
不到 1 年	11.6	17.0	19.4	6.6
1~2 年	17.6	20.8	21.2	16.0
3~4 年	37.6	41.2	34.2	45.3
5~6 年	23.7	17.7	18.5	24.8
7 年以上	9.5	3.3	6.8	7.3

比女性接触网络更早。卡方检验 X^2 值为 41.252($P<0.001$),显示青少年网龄的性别差异显著。从年龄来看,13~17 岁青少年的网龄在 1 年以内、1~2 年、3~4 年、5~6 年和 7 年以上的比例分别为 19.4%、21.2%、34.2%、18.5% 和 6.8%,而 18~24 岁青少年的比例则分别为 6.6%、16.0%、45.3%、24.8% 和 7.3%,说明网龄与年龄之间具有正相关关系。卡方检验 X^2 值为 75.765($P<0.001$),显示青少年网龄的年龄差异显著。

接下来看青少年每周网络使用频率的个人特征差异。从表 2.3 的统计数据可见,从性别来看,男性青少年每周使用网络在 1 次、2 次、3 次、4 次和 5 次以上的比例分别为 10.5%、8.2%、35.0%、32.2% 和 14.1%,而女性青少年的比例则分别为 14.3%、11.7%、35.2%、27.5% 和 11.3%,说明男性比女性的网络使用频率更高。卡方检验 X^2 值为 14.949($P<0.01$),显示青少年的网络使用频率性别差异显著。从年龄来看,13~17 岁青少年每周使用网络在 1 次、2 次、3 次、4 次和 5 次以上的比例分别为 14.8%、9.8%、38.5%、27.2% 和 9.8%,而 18~24 岁青少年的比例则分别为 8.6%、9.4%、30.7%、34.3% 和 17.0%,说明年龄较大的青少年使用网络更加频繁。卡方检验 X^2 值为 43.097($P<0.001$),显示青少年网络使用频率的年龄差异显著。

再来看青少年上网持续时间的个人特征差异。从表 2.4 的统计数据可见,从性别来看,男性青少年每次使用网络持续时间在 1 小时以内、1~

表 2.3 网络使用频率的性别和年龄差异(%)

	性别		年龄	
	男 (N=986)	女 (N=665)	13~17 岁 (N=928)	18~24 岁 (N=723)
1 次	10.5	14.3	14.8	8.6
2 次	8.2	11.7	9.8	9.4
3 次	35.0	35.2	38.5	30.7
4 次	32.2	27.5	27.2	34.3
5 次以上	14.1	11.3	9.8	17.0

表 2.4 上网持续时间的性别和年龄差异(%)

	性别		年龄	
	男 (N=987)	女 (N=676)	13~17 岁 (N=936)	18~24 岁 (N=727)
1 小时以内	11.9	13.2	17.5	5.8
1~2 小时以内	38.6	47.0	39.9	44.8
2~3 小时以内	34.0	32.1	29.0	38.8
3~4 小时以内	9.6	4.4	8.0	6.9
4 小时以上	5.9	3.3	5.7	3.7

2 小时以内、2~3 小时以内、3~4 小时以内和 4 小时以上的比例分别为 11.9%、38.6%、34.0%、9.6% 和 5.9%,而女性青少年的比例则分别为 13.2%、47.0%、32.1%、4.4% 和 3.3%,说明男性每次上网持续的时间比女性长。卡方检验 X^2 值为 27.907($P<0.001$),显示差异显著。从年龄来看,13~17 岁青少年每次使用网络持续时间在 1 小时以内、1~2 小时以内、2~3 小时以内、3~4 小时以内和 4 小时以上的比例分别为 17.5%、39.9%、29.0%、8.0% 和 5.7%,而 18~24 岁青少年的比例则分别为 5.8%、44.8%、38.8%、6.9% 和 3.7%,说明 18~24 岁青少年每次使用网络持续时间比 13~17 岁青少年更集中在 1~3 小时以内。卡方检验 X^2 值为 63.823($P<0.001$),显示青少年每次上网持续时间年龄差异显著。

综合表 2.2~2.4 的各项数据,我们大致可以得出以下结论:青少年的网络使用行为，存在着明显的性别和年龄差异。首先，从网龄、网络使用频率、每次上网持续时间等指标的性别差异来看，男性比女性网龄更长，使用网络更频繁，每次上网持续的时间也更长。一句话，与女性相比，男性的网络介入程度更高。其次，从年龄来看，与18～24岁青少年相比，13～17岁青少年的网龄较短，使用网络的频率也较低，但长时间使用网络(3小时以上)的比例则较高。造成这种差异的一个可能的原因是，在各类在校学生中，相对而言，年龄较大的大学生可以自由支配的时间较多，因此其网络使用频率较高，而中学生因为学业压力较重，且老师家长管教严格，在时间分配上受到较多限制，因此使用频率较低，但由于其自我控制能力较年龄较大的大学生低，因此有一小部分低年龄青少年上网持续时间过长的问题反而更为严重。

2. 青少年网络使用行为的家庭背景差异

在青少年网络使用行为的家庭背景差异一项上，我们主要考察家里是否有电脑以及家里的电脑能否上网与网络使用行为的关系。表2.5的统计数据显示，在网龄上，网龄在1年以内、1～2年、3～4年、5～6年和7年以上的比例分别为：家里没有电脑的青少年15.7%、20.6%、41.2%、18.3%和4.2%，家里有电脑但不能上网的青少年20.0%、16.5%、32.4%、22.9%和8.2%，家里有能上网电脑的青少年9.6%、17.3%、38.0%、24.8%和10.4%，说明家里有能上网电脑青少年的网龄，比家里没有电脑的青少年长。卡方检验 X^2 值为48.852($P<0.001$)，显示青少年网龄的家庭背景差异显著。

表2.5 网龄的家庭电脑状况差异(%)

	没有电脑(N=854)	有不能上网(N=170)	有且能上网(N=637)
不到1年	15.7	20.0	9.6
1～2年	20.6	16.5	17.3
3～4年	41.2	32.4	38.0
5～6年	18.3	22.9	24.8
7年以上	4.2	8.2	10.4

表2.6的统计数据显示，在网络使用频率上，每周使用网络在1次、2次、3次、4次和5次以上的比例分别为：家里没有电脑的青少年15.0%、11.7%、38.2%、28.8%和6.3%，家里有电脑但不能上网的青少年19.4%、13.5%、31.2%、28.2%和7.6%，家里有能上网电脑的青少年6.1%、5.8%、32.0%、32.8%和23.2%，说明家里有能上网电脑的青少年在网络使用频率上，明显高于其他两类青少年。卡方检验 X^2 值为140.249（$P<0.001$），显示青少年网络使用频率的家庭背景差异显著。

表2.6　网络使用频率的家庭电脑状况差异(%)

	没有电脑 (N=844)	有不能上网 (N=170)	有且能上网 (N=637)
1次	15.0	19.4	6.1
2次	11.7	13.5	5.8
3次	38.2	31.2	32.0
4次	28.8	28.2	32.8
5次以上	6.3	7.6	23.2

表2.7的统计数据显示，每次上网持续时间在1小时以内、1~2小时以内、2~3小时以内、3~4小时以内和4小时以上的比例分别为：家里没有电脑的青少年14.1%、46.9%、30.6%、5.6%和2.7%，家里有电脑但不能上网的青少年14.0%、40.7%、35.5%、8.1%和8.5%，家里有能上网电脑的青少年9.7%、35.8%、36.2%、9.9%和8.5%，说明青少年网络使用时间与家里是否有电脑以及电脑能否上网之间，存在着正相关关系。

表2.7　上网持续时间的家庭电脑状况差异(%)

	没有电脑 (N=852)	有不能上网 (N=172)	有且能上网 (N=639)
1小时以内	14.1	14.0	9.7
1~2小时以内	46.9	40.7	35.8
2~3小时以内	30.6	35.5	36.2
3~4小时以内	5.6	8.1	9.9
4小时以上	2.7	1.7	8.5

卡方检验 X^2 值为 58.098($P<0.001$)，显示青少年每次上网持续时间存在明显的家庭背景差异。

综合表 2.5～2.7 的各项数据，我们大致可以得出以下结论：青少年的网络使用行为，与家庭是否有电脑及家庭电脑能否上网之间存在着明显的正相关。与其他两类青少年比较，家里有能上网电脑的青少年网龄更长，使用网络更频繁，每次上网持续的时间也更长。

3. 青少年网络使用行为的地域差异

本研究从省份和城市规模入手，对青少年网络使用行为的地域差异进行了分析。表 2.8 的统计数据显示，首先，在网龄的省份差异上，三省青少年网龄在 1 年以内、1～2 年、3～4 年、5～6 年和 7 年以上的比例分别为：甘肃省 14.2%、21.2%、38.0%、19.7% 和 7.0%，湖南省 12.9%、16.8%、39.1%、23.2% 和 8.1%，浙江省 14.4%、18.9%、40.1%、20.8% 和 5.8%。卡方检验 X^2 值为 7.359($P>0.05$)，显示青少年网龄的省份间差异不显著。而在网龄的城市规模差异上，大城市青少年网龄在 1 年以内、1～2 年、3～4 年、5～6 年和 7 年以上的比例分别为 11.5%、17.0%、38.4%、24.9% 和 8.2%，而小城市青少年的比例则分别为 16.2%、21.0%、39.8%、17.3% 和 5.7%，说明青少年网龄与城市规模之间具有正相关性。卡方检验 X^2 值为 25.741($P<0.001$)，显示差异显著。

表 2.9 的统计数据显示，在网络使用频率的省份差异上，每周使用网

表 2.8　网龄的地域差异(%)

	省份			城市	
	甘肃 (N=529)	湖南 (N=583)	浙江 (N=549)	大城市 (N=867)	小城市 (N=794)
不到 1 年	14.2	12.9	14.4	11.5	16.2
1～2 年	21.2	16.8	18.9	17.0	21.0
3～4 年	38.0	39.1	40.1	38.4	39.8
5～6 年	19.7	23.2	20.8	24.9	17.3
7 年以上	7.0	8.1	5.8	8.2	5.7

表2.9　网络使用频率的地域差异(%)

	省份			城市	
	甘肃(N=531)	湖南(N=577)	浙江(N=543)	大城市(N=864)	小城市(N=787)
1次	14.9	11.1	10.3	10.0	14.4
2次	11.3	9.0	8.7	8.9	10.4
3次	35.8	37.4	31.9	33.6	36.7
4次	28.4	31.5	30.8	31.9	28.5
5次以上	9.6	10.9	18.4	15.6	10.0

络在1次、2次、3次、4次和5次以上的比例分别为:甘肃青少年14.9%、11.3%、35.8%、28.4%和9.6%,湖南青少年11.1%、9.0%、37.4%、31.5%和10.9%,浙江青少年10.3%、8.7%、31.9%、30.8%和18.4%,说明经济越发达地区,青少年使用网络的频率越高。卡方检验X^2值为30.093($P<0.001$),显示差异显著。而从城市规模差异来看,每周使用网络在1次、2次、3次、4次和5次以上的比例分别为:大城市青少年10.0%、8.9%、33.6%、31.9%和15.6%,小城市青少年14.4%、10.4%、36.7%、28.5%和10.0%,说明大城市青少年使用网络的频率更高。卡方检验X^2值为20.338($P<0.001$),显示差异显著。

表2.10的统计数据显示,在每次使用网络持续时间的省份差异上,每次使用网络持续时间在1小时以内、1~2小时以内、2~3小时以内、3~4小时以内和4小时以上的比例分别为:甘肃青少年9.8%、45.6%、33.6%、7.2%和3.8%,湖南青少年12.6%、46.1%、31.3%、7.1%和2.9%,浙江青少年14.7%、34.2%、35.0%、8.2%和7.9%,说明湖南和甘肃两省青少年较为接近,而浙江青少年的上网持续时间则比甘肃和湖南两省青少年长。卡方检验X^2值为34.903($P<0.001$),显示差异显著。从城市规模差异来看,每次使用网络持续时间在1小时以内、1~2小时以内、2~3小时以内、3~4小时以内和4小时以上的比例分别为:大城市青少年10.3%、39.4%、35.6%、9.0%和5.8%,小城市青少年14.7%、

表 2.10　上网持续时间的地域差异(%)

	省份			城市	
	甘肃 (N=529)	湖南 (N=588)	浙江 (N=546)	大城市 (N=868)	小城市 (N=795)
1 小时以内	9.8	12.6	14.7	10.3	14.7
1~2 小时以内	45.6	46.1	34.2	39.4	44.9
2~3 小时以内	33.6	31.3	35.0	35.6	30.7
3~4 小时以内	7.2	7.1	8.2	9.0	5.9
4 小时以上	3.8	2.9	7.9	5.8	3.8

44.9%、30.7%、5.9%和3.8%,说明大城市青少年每次上网持续时间比小城市青少年长。卡方检验 X^2 值为21.292($P<0.001$),显示差异显著。

综合表2.8~2.10的各项数据,我们大致可以得出以下结论:从网络使用行为的省份差异来看,浙江省青少年的网络使用频率和每次上网持续时间均高于甘肃和湖南两省青少年;与小城市青少年相比,大城市青少年网龄较长,使用网络的频率较高,且每次上网持续时间也更长。说明青少年网络使用频率与使用时间存在着明显的地域差异。我们认为,这种网络使用行为上的差异,体现了不同地区间在经济、文化和信息化水平上的差距。在目前中国,城市规模的差异实际上体现着不同规模的城市在经济、文化和信息化水平上的差距,这种差距是导致不同城市规模青少年接触和使用网络程度差异的重要原因,生活在规模较大、信息化程度较高的大城市中的青少年,自然会有更多接触和使用网络的机会和资源。相关研究表明,互联网在空间结构上,存在着明显的大城市"偏好"。①

三、青少年网络介入程度

"网民(netizen)"一词作为指称网络使用者的概念,最早是由 M. 霍本和 R. 霍本(Michael Hauben & Ronda Hauben)提出来的。他们用这个词指

① 汪明峰:《互联网使用与中国城市化:"数字鸿沟"的空间层面》,《社会学研究》2005 年第 6 期。

谓那些并不以地域为基础而发生行为联系，却如同以地域为基础形成的社区一样，具有某种程度上的社群意识的网络使用者。网民一词一经提出，立刻被广为使用，用以概括所有的网络使用者。① 但是，人们对这一概念的理解，事实上却存在着相当的分歧。例如，在中国互联网络信息中心（CNNIC）的历次调查中，网民被定义为平均每周使用互联网1小时以上的人，而有的研究者则在调查中将网民定义为最近1年使用过互联网的人。② 归纳而言，网民一词在实际使用中有两种基本含义：就最一般意义上的使用而言，网民泛指任何一位网络使用者。而在一种较为狭义的使用中，网民仅指那些对网络社会具有强烈关怀意识，愿意与其他有着相同网络关怀意识的使用者一起共同合作，以集体努力的方式建构一个对大家都有好处的网络社群的网络使用者。这些人并不只是消极的网络浏览者或消费者，更是一些积极努力企图发展网络成为一个可以安身立命之处的梦想家。吴齐殷等人建议将第一类网络使用者称之为网众，而只将第二类网络使用者称为网民。③ 仔细阅读各种针对网络使用行为的研究，我们不难发现，有不少研究者一直都在尝试对网民进行分类。例如，霍华德等人在2000年3月到8月期间，以电话访问形式对美国成年人的网络使用行为进行了大规模的随机问卷调查，基于对12638个家庭被访者的调查，依据网龄和网络使用频率两个指标，他们把所有网民区分为四大类型：（1）网民（Netizens），指使用网络超过3年，每天都上网者。对这一群体而言，网络已经是工作与家庭生活不可或缺的一部分，他们使用网络协助管理个人理财事务，使用电子邮件强化社会关系，对在线交易也感到较为自在，属于最主动参与网络活动的群体。这类网络使用者，在截至2000年10月的美国9400万网络使用者中占16%。（2）功利取向者（Utilitarians），是指那些已使用网络2~3年，也会每

---

① M. Hauben & R. Hauben, *Netizens: on the history and impact of Usenet and the Internet*. CA: IEEE Computer Society Press, 1997.

② 卜卫、刘晓红：《2003年北京、上海、广州、成都、长沙、西宁、呼和浩特青少年互联网采用、使用及其影响的调查报告》，北京：中国社会科学院新闻与传播研究所，2003年。

③ 吴齐殷、蔡博方、李文杰：《网民研究：特征与网路社会行为》，http://140.109.196.10/pages/seminar/infotec4/5~2.doc，2002年。

天上网者。与网民比较而言,他们的网络使用强度要略低一些,从事在线理财的可能性较低,使用网站的主动性也较低。但他们会在生活中的许多事务上利用网络,网络使用的功能取向非常突出。这类网络使用者大约占美国网络使用者的28%。(3)实验者(Experimenters),已使用网络1~3年,同样会每天使用网络者。相对而言,他们对使用网络的信息检索功能较感兴趣,大约占美国网络使用者的26%。(4)新进者(Newcomers),指刚上网或上网不到1年者,他们还处于学习如何利用网络的状态,但对网络许多有趣面向的喜欢程度,与其他网络使用者的平均水平亦不相上下,这些面向包括玩网络游戏、根据兴趣随意浏览网页、加入聊天室、获取有关各种嗜好的信息、收听或下载音乐。与其他网络使用者相比,他们更有可能只局限于在一个地点上网。这部分网络使用者约占美国网络使用者的30%①。类似这样的区分实际上意味着,受网络影响程度不同的人,相互之间在网络使用行为模式上会表现出一定的差异。② 因此,有必要依网民的网络使用行为差异,对他们进行分类。在消费行为研究领域,Twedt发现,那些小于整体市场20%的人,却总创造着超过80%的购买量。为此,他提出了"重度使用者(heavy user)"一词,用以指称那些有着相对较高的消费行为频率与消

---

① P. E. Howard, L. Rainie & S. Jones, Days and nights on the Internet: The impact of a diffusing technology. *American Behavioral Scientist*, 45(3), 2001.

② 社会科学界对网络使用者的类似区分还有:卡斯特认为网络使用者之间已呈现出社会层级化现象,可以把网络使用者"区分为两种不同的人:从事互动者(the interacting),以及被互动者(the interacted),也就是能够为自己选择多方向沟通回路的人,以及仅得到有限的套装选择的人"(M. 卡斯特:《网络社会的崛起》,夏铸九等译,北京:社会科学文献出版社2003年版,第461页);吴齐殷基于对不同网络使用者的行为特征的研究,将网络使用者区分为"取用型(网众)"和"提供型(网民)"两类;骆少康则借助对网络游戏的分析,将网络使用者区分为重度使用者与一般使用者两类;杨依据对网络的依赖程度和行为特征,将网民区分为网络沉溺者和非网络沉溺者;而孟威则依据网民的行为意识,将网民区分为网络新生代和边际型用户两类(吴齐殷、蔡博方、李文杰:《网民研究:特征与网路社会行为》,http://140.109.196.10/pages/seminar/infotec4/5~2.doc,2002年;骆少康、方文昌、魏志鸿、汪志坚:《线上游戏使用者之实体人际关系与社交焦虑研究》,http://www.ckitc.edu.tw/~net/tanet2003/pdf/G3/9740.PDF,2003年;孟威:《网络互动:意义诠释与规则探讨》,北京:经济管理出版社2004年版;K. S. Young, Psychology of Computer Use: XL. Addictive Use of the Internet: A Case that Breaks the Stereotype. *Psychological Reports*, 79, 1996.

费量的人,[①]这些重度使用者通常具有共同的行为特质、心理特征和媒体使用习惯。借助这一思路,我们依据网络使用频率和每次上网持续时间两个变量,建构了“网络介入程度”这一新的变量,以此将青少年网络使用者,区分为一般使用者、中度使用者和重度使用者三种类型,据此判断青少年受网络空间特性的影响程度,并在此基础上,梳理和把握有着不同网络介入程度的青少年网民之间的网络行为差异。

为了将网络使用频率和每次上网持续时间这两个变量综合成“网络介入程度”变量,我们运用非层次聚类法(Nonhierarchical cluster Method)中的逐步聚类分析(K-mean cluster analysis),对“网络使用频率”和“每次上网持续时间”两个变量进行聚类,并根据聚类结果将所有被访者区分为网络介入程度低、中、高三类,分别称之为一般网络使用者、中度网络使用者和重度网络使用者。分析初始不预设中心值,由随机选取方式产生中心点,经计算各样本数值与中心点最小距离后再做调整,重复迭代直至各类样本不再变更为止。由于采用两个变量进行聚类,因此聚类时若样本个案有一个变量为缺省值,则剔除该个案,因此聚类后得到的样本共计1642人,其中883人为一般网络使用者,占所有样本的53.8%,563人为中度网络使用者,占34.3%,196人为重度网络使用者,占11.9%。观察聚类分析结果,一般网络使用者的网络使用频率为平均每周2.38次(标准差为0.826),平均每次持续时间为1.27小时(标准差为0.583),中度网络使用者的网络使用频率为平均每周4.25次(标准差为0.431),平均每次持续时间为2.40小时(标准差为0.566),而重度网络使用者的网络使用频率为平均每周4.12次(标准差为0.824),平均每次持续时间为3.40小时(标准差为0.492)。

为了对青少年网络介入程度有更深入的了解,我们从个人特征、家庭社会经济地位和地域差异等因素入手,进一步分析了这些因素与网络介

① D. W. Twedt, How Important to Marketing Strategy Is the Heavy User. *Journal of Marketing*, 28(1),1964.

入程度之间的关联。

表2.11的统计结果显示，从性别来看，女性青少年的网络介入程度明显低于男性。主要表现在，女性一般网络使用者所占比例高于男性，而男性重度网络使用者所占比例则高于女性。卡方检验 X^2 值为25.611（$P<0.001$），显示差异显著。从年龄来看，13～17岁年龄段青少年一般网络使用者和重度网络使用者的比例高于18～24岁，而后者中度网络使用者的比例则明显高于前者。卡方检验 X^2 值为41.228（$P<0.001$），显示网络介入程度的年龄差异显著。

表2.11　网络介入程度的性别和年龄差异（%）

	性别		年龄	
	男（N=977）	女（N=665）	13～17岁（N=922）	18～24岁（N=720）
一般使用	50.2	59.1	58.9	47.2
中度使用	34.8	33.5	27.7	42.8
重度使用	15.0	7.4	13.4	10.0

表2.12的统计结果显示，从家庭背景来看，有能上网电脑家庭青少年的网络介入程度，明显高于其他两类家庭青少年，说明家庭电脑拥有率及家庭电脑上网率与网络介入程度之间存在着显著的正相关。卡方检验 X^2 值为83.756（$P<0.001$），显示差异显著。

表2.12　网络介入程度的家庭背景差异（%）

	没有电脑（N=838）	有不能上网（N=170）	有且能上网（N=634）
一般使用	62.6	60.0	40.4
中度使用	29.5	31.2	41.5
重度使用	7.9	8.8	18.1

表2.13的统计结果显示，从省份来看，三省青少年网络一般使用者、

表 2.13 网络介入程度的地域差异(%)

	省份			城市	
	甘肃 (N=526)	湖南 (N=575)	浙江 (N=541)	大城市 (N=857)	小城市 (N=785)
一般使用	58.6	55.1	47.7	49.7	58.2
中度使用	30.8	35.5	36.4	35.9	32.5
重度使用	10.6	9.4	15.9	14.4	9.3

中度使用者和重度使用者的比例,分别为甘肃 58.6%、30.8% 和 10.6%,湖南 55.1%、35.5% 和 9.4%,浙江 47.7%、36.4% 和 15.9%。卡方检验 X^2 值为 19.937($P<0.001$),表明网络介入程度的省份间差异显著。而从城市规模来看,小城市青少年一般网络使用者的比例高于大城市,而重度使用者的比例则低于大城市。卡方检验 X^2 值为 15.706($P<0.001$),表明青少年网络介入程度的城市规模差异显著。

综合青少年个人特征、家庭背景、所在地域与网络介入程度的相关性分析结果,可以发现,各种现实社会差异,都不同程度地在青少年的网络介入程度差异上被复制和再生产了出来。

第二节 网络行为取向与行为类型

一、青少年上网动机

韦伯认为,社会行为是一种与他人的行为有关,并以他人的行为为指向的行为,即"行为者的主观意义关涉到他人的行为,并且指向其过程的这种行为。"①也就是说,人们的社会行为是有其内在动机和行为取向的,虽然这种行为动机可能是理性的也可能是情感的。在解释社会学看来,

① M. Weber, *Economy and Society*. Berkeley: University of California Press, 1978, p. 4.

动机作为一种内在的行为取向，对社会行为有着很好的预测性，是理解社会行为的基础，行为取向不同，行为就会相应地呈现出不同的特征。这意味着，上网动机是预测青少年网络行为的一个很好的指标，或者说，通过分析上网动机预测网络行为，是研究网络行为的一个重要途径。① 鉴于此，在具体考察青少年网络行为之前，我们首先对青少年的上网动机进行简要的分析。

在问卷中，对青少年上网动机的测量方法，是要求被访青少年选择三项并按照自己认为的重要程度进行排序，表 2.14 中的相对频率为加权处理后的结果②。如表所示，查找资料是青少年最主要的网络行为动机，其相对频率高达 22.7%，其他相对频率较高的网络行为动机还包括：聊天交友 17.5%，收看或下载电影和音乐 12.1%，玩网络游戏 11.8%。另外如与朋友和家人联络、打发时间、学习需要、逃避现实生活中的问题等选项的相对频率均不到 10%。我们尝试将青少年的所有这些网络行为动机，大致区分为工具性取向和情感性取向两类。所谓工具性取向，是指青少年网络行为的目的是通过理性方式获取一定的资源，如信息、地位等；而情感性取向，是指行为目的是为了获得他人对自己的认同，从而满足情感上的某种需要或获得愉悦感。③ 前者把网络当作一种工具加以利用，大致占上网动机的 41.5%；而后者则把网络当作情感交流与抒发的平台，大致占上网动机的 53.6%；不属于这两类的其他上网动机占 4.9%。

为了具体了解不同网络介入程度青少年上网动机的差异，我们进一步分析了青少年上网动机与网络介入程度之间的相关性。从表 2.15 可知，网络介入程度越高，工具性取向的网络行为动机比例越低，而情感性

---

① 华莱士：《互联网心理学》，谢影等译，北京：中国轻工业出版社 2001 年版；金兼斌：《我国城市家庭的上网意向研究》，杭州：浙江大学出版社 2002 年版；王卫东：《关于互联网方法和行为的研究》，中国人民大学社会学系博士论文，2003 年。

② 具体的加权方法为：第一重要加权 3，第二重要加权 2，第三重要加权 1。计算公式为：相对频率 =（频率 × 加权值）÷6（风笑天：《现代社会调查方法》，武汉：华中科技大学出版社 2002 年版，第 116 页）。

③ 林南：《社会资本：关于社会结构与行动的理论》，上海：上海人民出版社 2005 年版。

表 2.14　青少年上网动机相对频率(N=1575)

	上网动机	相对频率(%)
工具性取向	查找资料	22.7
	与朋友和家人联络	7.5
	学习需要	6.7
	浏览新闻	3.5
	发表自己的看法	1.1
情感性取向	聊天交友	17.5
	收看或下载电影和音乐	12.1
	玩网络游戏	11.8
	打发时间	5.1
	觉得新鲜好玩	3.7
	逃避现实生活中的问题	3.1
	实现自己在现实中无法实现的愿望	0.3
其他	跟随周围朋友上网	4.7
	其他	0.2

表 2.15　上网动机和网络介入程度的关系(%)

		一般使用(N=833)	中度使用(N=523)	重度使用(N=187)
工具性取向	查找资料	23.8	24.4	12.9
	与朋友和家人联络	7.9	7.7	6.1
	学习需要	8.1	6.2	3.0
	浏览新闻	4.2	3.8	1.3
	发表自己的看法	1.1	1.2	1.4
情感性取向	聊天交友	16.0	18.7	21.9
	收看或下载电影和音乐	12.8	11.0	12.5
	玩网络游戏	9.9	12.0	20.7
	打发时间	4.5	5.4	8.1
	觉得新鲜好玩	4.5	3.3	3.4
	逃避现实生活中的问题	1.0	2.0	2.4
	实现自己在现实中无法实现的愿望	0.6	0.3	0.5
其他	跟随周围朋友上网	5.2	3.8	5.4
	其他	0.3	0.2	0.4

取向的网络行为动机比例越高，反之亦然。具体而言，在一般网络使用群体中，工具性取向和情感性取向行为动机的比例分别为 45.1% 和 49.3%，在中度网络使用群体中，两者的比例分别为 43.3% 和 52.7%，而在重度网络使用群体中，两者的比例则分别为 24.7% 和 69.5%。不过需要强调的是，这种描述只有相对而没有绝对的意义，因为在我们对上网动机的测量中，情感性行为取向和工具性行为取向的题项分布并不均衡。

二、青少年网络行为及其类型

1. 青少年网络行为及其与上网动机的一致性

在分析了青少年上网动机之后，我们再进一步来考察青少年在网络空间所从事的实际网络行为。首先，我们测量了青少年最近三个月经常参与的网络行为。在对青少年网络行为进行操作化时，基于前期访谈收集到的资料，考虑到某些网络行为如使用网上银行、在网上炒股、进行网络购物、在网上发布信息等，青少年极少甚至完全没有参与，因此我们在问卷中只列举了 11 种青少年参与较多的网络行为，而将其他网络行为都归入"其他"类。

从表 2.16 可以看到，青少年在最近三个月参与最多的网络行为，主要有收看或下载电影和音乐、聊天交友和玩网络游戏三项，分别占所有被访青少年的 55.4%、50.5% 和 41.6%。其他参与程度较高的网络行为还有：用搜索引擎找资料、浏览新闻、下载软件或文档、在 BBS 发贴读帖或回帖等，分别为 35.9%、33.3%、27.3%、18.2%。而参加虚拟社区活动、远程教学、浏览成人网站、用网络发手机短信等网络行为参与比例均在 10% 以下。比较青少年的上网动机，可以发现，青少年的上网动机与实际的网络行为之间，在基本方向上是一致的，主要集中在寻找资料、收看或下载电影和音乐、聊天交友和玩网络游戏等行为上。但是，青少年实际参与的网络行为与其上网动机之间确实也存在一定程度的差异。例如，在查找资料一项上，青少年的行为动机相对频率高达 22.7%，明显高于其他行为动机，但在实际的网络行为中，经常性参与程度最高的三项网络行

表 2.16 最近三个月经常参与的网络行为(N=1662)

	频数	频率(%)
收看或下载电影和音乐	920	55.4
聊天交友	840	50.5
玩网络游戏	692	41.6
使用搜索引擎找资料	597	35.9
浏览新闻	554	33.3
下载软件或文档	453	27.3
在 BBS 发贴、读帖或回帖	303	18.2
远程教学与网络学习	145	8.7
参加虚拟社区活动	63	3.8
浏览成人网站	57	3.4
用网络发手机短信	45	2.7
其他	25	1.5

为却分别为收看或下载电影和音乐(55.4%)、聊天交友(50.5%)和玩网络游戏(41.9%),都属于情感性取向的网络行为,而搜寻资料只以35.9%的经常性参与程度排在第四位。

考虑到互联网并不是为某一种行为或需求而设计的,而是一种可以接受任何需求的基础结构,①我们进一步根据被访青少年对"最近三个月经常参与的网络行为"这一多选题的回答,来考察青少年网民参与网络行为的广泛程度。分析结果显示,被访青少年经常参与的网络行为多在1~3项,其中1~2项共523人,3项504人,两者相加共1027人,占所有被访者的61.8%,接下来依次为4项335人,占20.1%,5项162人,占9.7%,而6项以上140人,占8.4%。由此可以看出,目前大多数青少年经常参与的网络行为类型仍较为单一,行为广泛程度不高。

① B. Leiner et al., *A Brief History of Internet*. http://www.isoc.org/internet/history/leiner#leiner,1998.

由于网络媒介的技术特性，因此网络浏览作为一项基础性的网络行为，较为集中地体现着网民的网络行为特征。基于这一考虑，我们在调查中同时尝试通过询问最近三个月经常浏览的网站类型（见表2.17），来考察青少年网民的网络行为特征。

表2.17　最近三个月经常浏览的网站（N = 1652）

	频数	频率（%）
影视娱乐网站	658	39.8
游戏网站	623	37.7
搜索引擎	596	36.1
校园网	497	30.1
门户网站（如新浪、网易）	365	22.1
聊天交友网站	361	21.9
体育网站	356	21.5
软件下载网站	332	20.1
星座血型算命网站	230	13.9
新闻媒体网站（如人民网）	220	13.3
青少年教育网站	162	9.8
个人网站	151	9.1
旅游网站	104	6.3
购物网站	81	4.9
女性网站	79	4.8
成人网站	64	3.9
政府的公共服务网站	48	2.9
其他	46	2.8

从表2.17的统计数据可见，在青少年最近三个月经常浏览的网站中，比例最高的三项分别是：影视娱乐网站、网络游戏网站和搜索引擎网站，分别为39.8%、37.7%、36.1%，接下来依次为：校园网30.1%，门户网站22.1%，聊天交友网站21.9%，体育网站21.5%，软件下载网站20.1%，星座血型算命网站13.9%和新闻媒体网站13.3%。而其他诸如青少年教育网站、旅游网站、购物网站、女性网站、政府的公共服务网站等

所占比例均不到10%。显然,青少年最经常浏览的网站,主要集中在休闲娱乐和信息类网站,这与我们对青少年网络使用动机及网络行为的考察结果基本一致。

通过对青少年网络使用动机、经常参与的网络行为和经常浏览的网站的上述分析,我们发现,虽然青少年的网络行为动机与实际参与的网络行为之间,在总体方向上基本一致,但工具性取向行为的实际参与程度明显低于行为动机,而情感性取向行为的实际参与程度却明显高于行为动机。我们认为,这种行为动机与行为实际参与程度之间的落差,在相当程度上是由于网络空间的场域特性造成的。网络空间作为一个新的行为空间,不是一个只有单一形态的行为场所,而是一个具有虚拟、匿名、扁平化、去界限、去结构、流动、不确定面貌的复合媒介,包含了万维网、电子邮件、BBS讨论区、新闻组、聊天室、QQ、网络游戏场景等各种不同形态的行为场域,可以同时满足人们获得信息、学习、娱乐、休闲、打发时间、社会联系、人际交往等多种社会需要。① 这意味着,人们在网络空间能够非常容易地同时交叉、平行参与两种以上的网络行为,甚至同时既参与工具性行为,又开展娱乐性、情感性行为,例如一边用QQ聊天,一边查寻资料。受网络空间的这种独特空间特性影响,青少年常常会在进入网络空间之后,偏离原来的上网目的和动机,而转移到其他行为上去,或者同时参与包括工具性、娱乐性、情感性行为在内的多种行为,从而使实际的网络行为与行为动机之间表现出一定程度的不一致。我们在访谈时也反复从青少年网民口中听到类似下面这样的说法:"有时候我打开电脑的目的其实是要用它来写东西,但是,只要打开电脑,一般情况下一定首先登陆QQ,先看

① 华莱士:《互联网心理学》,谢影等译,北京:中国轻工业出版社2001年版;金兼斌:《我国城市家庭的上网意向研究》,杭州:浙江大学出版社2002年版;M.卡斯特:《网络社会的崛起》,夏铸九等译,北京:社会科学文献出版社2003年版;黄少华、翟本瑞:《网络社会学:学科定位与议题》,北京:中国社会科学出版社2006年版;B. Leiner et al., *A Brief History of Internet*. http://www.isoc.org/internet/history/leiner#leiner, 1998; A. Smith & P. Kollock. eds., *Communities in Cyberspace*. London: Routledge, 1999; A. J. Flanagin & M. J. Metzger, Internet use in the contemporary medina environment. *Human Communication Research*, 27(1), 2001.

一下上面有什么人在，有的话当然会和他或者是她聊几句，甚至是很长时间，当然是在要做的事情并不怎么紧急的情况下；然后要打开邮箱，看看里面有没有新的邮件，如果很重要，我要写的东西不是急着要用，当然会回复。如果QQ上没有能聊的人，邮箱里也没有新邮件，那么可能会转过头来写东西。在写东西的过程中，有可能需要某些资料或信息，那么就上网去查，在查找资料的过程中，却常常被其他信息吸引，偏离主题，加上互联网上的信息，需要用很长时间去分辨，其实也很浪费时间，有时可能一无所获……”（女，23岁，大学生，网龄4年）。

2. 青少年网络行为的基本类型

考虑到青少年网络行为的复杂性，且行为类型较为多样，我们尝试通过因子分析，提取出有概括力的新因子，从而简化对青少年网络行为类型的描述和分析。

在因子分析中，我们采用主成份分析（principal components）作为抽取因子的方法，以特征值大于1作为选择因子的标准，采用正交旋转法中的最大方差旋转法（varimax method）作为转轴方法，以降低因子的复杂性。由于因子分析的前提条件是观测变量之间存在着一定的相关关系，因为如果变量之间的相关程度很小的话，就不可能共享公因子，因此，在进行因子分析之前，我们先计算出相关矩阵，以观测变量之间的相关程度。并在此基础上对相关矩阵进行检验。[①] 在本研究中，我们主要运用KMO（Kaiser-Meyer-Olkin Measure of Sampling Adequacy）测度和巴特利特球状检验（Bartlett's Test of Sphericity）方法检验变量之间的相关矩阵。一般认为，如果KMO值在0.5以下，并且变量之间的相关距阵为单位阵，就不适合进行因子分析。[②] 经过计算发现，用于测量青少年网络行为的12个题

① 郭志刚主编：《社会统计分析方法：SPSS软件应用》，北京：中国人民大学出版社1999年版，第93页。

② 作为确定数据是否适合进行因子分析的重要指标，一般认为，KMO值在0.9以上，非常适合因子分析，0.8～0.9，很适合，0.7～0.8，适合，0.6～0.7，不太适合，0.5～0.6，勉强适合，0.5以下则不适合因子分析。

项之间存在着一定程度的相关性，经 KMO 检验，其 KMO 值为 0.581，巴特利特球状检验的卡方值为 563.870，自由度（df）为 66，在 0.000（Sig. = .000）水平上统计检验显著，因此可以进行因子分析。通过因子分析，我们将青少年网络行为的 12 种具体形式，简化为五个因子，五个因子的方差贡献率分别为 12.341%、10.722%、9.763%、9.616% 和 9.298%，累积方差贡献率为 51.740%，共同度除“参加远程教学与网络学习”和“浏览新闻”两项分别为 0.405 和 0.415 以外，其余都超过或接近 0.5，基本达到了因子分析的要求（见表 2.18）。

表 2.18 青少年网络行为因子分析结果

	信息搜寻	工具利用	沟通学习	娱乐交友	色情及其他	共同度
浏览新闻	**.621**	.137	.081	.066	-.003	.415
使用搜索引擎找资料	**.612**	.340	-.017	9.971E-05	-.132	.508
玩网络游戏	**-.673**	.252	.025	.124	-.062	.536
在 BBS 发贴、读帖或回帖	-.061	**.735**	.074	.064	.040	.555
下载软件或文档	.270	**.634**	-.096	.009	.060	.488
用网络发手机短信	-.021	.010	**.695**	.216	.258	.597
参加远程教学与网络学习	.143	-.110	**.582**	-.114	-.144	.405
参加虚拟社区活动	-.146	.353	**.516**	-.241	-.101	.480
收看或下载电影和音乐	.177	.017	.005	**.777**	-.046	.638
聊天交友	-.329	.055	-.066	**.615**	-.068	.499
浏览成人网站	.050	-.014	.156	.048	**.754**	.597
其他	-.080	.083	-.183	-.165	**.646**	.491
特征值	1.481	1.287	1.172	1.154	1.116	
方差贡献率（%）	12.341	10.722	9.763	9.616	9.298	
累积方差贡献率（%）	12.341	23.063	32.826	42.442	51.740	

最后，我们根据每个因子的共性，分别为五个因子命名。命名因子 1 为信息搜寻因子，包含浏览新闻等三种网络行为，主要描述青少年在网络

空间的信息搜寻行为；命名因子2为工具利用因子，包含下载软件或文档等两种行为，描述青少年在网络空间的工具性行为；命名因子3为沟通学习因子，包含用网络发手机短信等三种行为，主要描述青少年在网络空间参与现实或虚拟沟通和网络学习行为；命名因子4为娱乐交友因子，包含收看或下载电影和音乐等两种行为，主要描述青少年在网络空间的娱乐和交友行为；命名因子5为色情及其他因子，包含浏览成人网站等两种行为，描述青少年在网络空间接触不良信息及其他网络行为。这五个因子，基本上概括了青少年在网络空间参与的主要行为类型。

三、青少年网络行为的个人特征和网络介入程度差异

1. 青少年网络行为得分情况

在简化了青少年网络行为的结构后，我们以因子值系数为权数，计算出各因子的因子值。为了便于分析，我们根据因子值转换公式：转换后的因子值 =（因子值 + B）× A①，将青少年网络行为的因子值转换为1到100之间的指数。转换后各因子值的均值、标准差、中位值与众值见表2.19。

表2.19　青少年网络行为的均值、中位值、众值与标准差

	信息搜寻	工具利用	沟通学习	娱乐交友	色情及其他
均值	52.220	31.813	23.436	49.403	16.151
中位值	52.796	25.536	20.588	49.617	14.383
众值	27.950	24.330	20.590	68.970	13.540
标准差	19.483	16.278	10.280	16.926	9.906
最小值	1.00	1.00	1.00	1.00	1.00
最大值	100.00	100.00	100.00	100.00	100.00

① 其中，A = 99/（因子值最大值 - 因子值最小值），B =（1/A）- 因子值最小值。B的公式亦为：B = [（因子值最大值 - 因子值最小值）/99] - 因子值最小值。（边燕杰、李煜：《中国城市家庭的社会网络资本》，《清华社会学评论》第2期，2000年）

从表2.19青少年网络行为的得分情况来看，在五类网络行为中，信息搜寻和娱乐交友因子的平均值较大，说明这两类网络行为是青少年参与程度最高的，其他三类网络行为的参与程度明显比这两类低。

2. 青少年网络行为的个人特征和网络介入程度差异

为了更具体地了解青少年的网络行为特征，我们进一步分析了青少年网络行为的个人特征和网络介入程度差异（见表2.20）。

表2.20 网络行为的个人特征和网络介入程度差异

	性别	年龄	网络介入程度
信息搜寻	-5.318***	-13.789***	17.280***
工具利用	3.010**	-.858	37.671***
沟通学习	1.204	2.456*	2.387
娱乐交友	-3.879***	.585	6.064**
色情及其他	3.481***	-2.017*	1.555

注：1. 性别和年龄为t检验，网络介入程度为F检验

2. $^{*}p<0.05$，$^{**}p<0.01$，$^{***}p<0.001$

在个人特征上，就性别来看，t检验显示，青少年除了在沟通学习行为参与程度上性别差异不显著以外，在其他网络行为的参与程度上，均存在显著的性别差异。具体来看，女性在信息搜寻、娱乐交友行为上的参与程度比男性高，而男性则在工具利用、色情及其他行为上的参与程度比女性高。就年龄来看，t检验显示，青少年在信息搜寻、沟通学习和色情及其他类网络行为参与程度上，存在着显著的年龄差异，而在工具利用和娱乐交友类网络行为参与程度上则没有明显的年龄差异。具体来看，18～24岁年龄段青少年在网络信息搜寻、色情及其他两类行为上的参与程度比13～17岁高，而13～17岁年龄段青少年则在网络沟通学习行为上的参与程度比18～24岁高。

再从网络介入程度来看，F检验显示，青少年在信息搜寻、工具利用和娱乐交友行为上的参与程度存在着明显的网络介入程度差异，而沟通学习和色情及其他这两类网络行为的参与程度却没有明显的网络介入程

度差异。具体而言,青少年网络介入程度越高,参与网络信息搜寻行为的程度越低,但参与网络工具利用、娱乐交友行为的程度却越高。

第三节　青少年的网络认知与感受

吉登斯强调,认知能力是人类行为的显著特征,认知能力的核心,就是人们对于行为场域和社会规则的实践意识和话语意识。[①] 建构主义也强调,人们对世界的概念性表述,制约和影响着人们的社会行为。按照这样的理论视角,意味着对社会行为的探讨,不能只停留在客观结构分析层面,而且需要进一步阐明人们是如何按照各自对行为场景和行为规则的定义和认知,去组织和建构现实社会行为的。换言之,青少年的网络行为,在相当程度上是由其对网络世界的认知所组织和形塑的。因此,测量和分析青少年的网络认知与感受,有助于我们更深入地了解青少年网络行为的行为特征与行为逻辑。

一、对网络的整体印象

青少年如何看待网络这一全新的媒介空间?他们对网络的认知又是否会影响其网络行为?这在今天已经是不可回避的重要社会议题,而且其重要性随着青少年网民群体的迅速壮大而与日俱增。Graham 认为,要了解网络像什么,只需要想象一个包含了图书馆、画廊、录音间、电影院、广告招牌、邮政系统、购物商场、时刻表、银行、教室、报纸及俱乐部公告栏的综合体,再加上一个不受限的地理空间,就可以帮助我们理解除互动特征以外的网络面貌。[②] 因此,为了直观、形象地测量青少年网民对网络的整体印象,我们在问卷中依照这一思路,参照青少年现实生活中的主要行

① A. 吉登斯:《社会的构成:结构化理论大纲》,李康等译,北京:三联书店 1998 年版。

② G. Graham:《网路的哲学省思》,江淑琳译,台北:韦伯文化国际出版有限公司 2003 年版。

为场景,设计了一组题项,让被访青少年从中选出他们认为网络"最像"的三项,并按重要程度进行排序,用以测量他们心目中的网络形象。表2.21是对青少年的网络整体印象测量结果进行加权处理后得到的相对频率。

表2.21　对网络的整体印象(N=1624)

	相对频率(%)
像图书馆那样的知识场所	23.1
像游乐场那样的休闲娱乐场所	22.7
一个人际沟通和互动的场所	16.0
一个可以任我操纵的空间	9.5
像学校那样的学习场所	7.1
像会议室那样的聚会场所	6.9
一个能真正表达自我的地方	5.9
像商场那样的购物场所	4.8
一个可以生活在其中的真实世界	3.4
其他	0.6

通过表2.21的统计数据,可以看到,相对频率排在前三位的分别是"像图书馆那样的知识场所"(23.1%),"像游乐场那样的休闲娱乐场所"(22.7%),和"一个人际沟通和互动的场所"(16.0%),共计61.8%。由此可见,青少年对网络空间的认知,主要集中在三个基本面向,即网络空间是一个知识场所、休闲娱乐场所和社会交往平台。在访谈中,我们也深切地感受到了这一特点:"我是这样看待网络空间的:我觉得网络上非常自由,当然这个主要是从聊天交流方面来讲的,你几乎不受任何道德规范之类东西的约束,也不用顾忌什么,想说什么就说什么,想和谁聊就和谁聊,随便怎样宣泄情绪,反正彼此都不认识。另一方面就是网络所能提供的便利方面,你几乎可以在网上找到你所需要的任何东西,美容知识,医疗知识,影视信息,乃至你想做一道不会做的什么菜,在上面都找的

(得)到详细的做法,真的是很便利,总之,凡是你所能想到的,想要知道的,你都可以上网去找,你都找得到,虽然有时可能比较废(费)功夫,因为网上的信息实在是太多了……"(女,23岁,大学生,网龄4年)[①]。"我认为最主要的就是在网络上可以找到现实中得不到的感受,比如你可以完全放松,比如虚拟的环境,比如没有什么顾忌。于是开始慢慢接触网络,最开始是聊天,感觉在网络上聊天,比在现实中轻松,无须顾忌什么,可以和别人毫无顾忌的(地)沟通,而且你随时都可以找到聊天的对象,在现实中就不行……"(男,22岁,企业员工,网龄6年)。

为了更具体深入地考察青少年的网络认知,我们还尝试进一步测量他们在网络空间的行为感受(见表2.22)。统计结果显示,青少年网民最突出的感受,是网络场域的时空压缩感。有76.5%的青少年感觉上网时间过得很快,60.9%会经常在网上同时做两件以上的事情,46.1%认为网络最重要的特征是可以方便地在不同的时空场景间跳跃,43.0%在上

表2.22　网络空间的行为感受(N=1681)

	频数	频率(%)
上网时我常常觉得时间过得很快	1286	76.5
我在网上做不同的事情时对网络的感受不同	1162	69.1
我经常在网上同时做两件以上的事情	1024	60.9
自己的活动不再受身体所处的场所限制	893	53.1
网络让我能随时在不同的场景之间转换	775	46.1
上网时我感觉距离消失了	723	43.0
我经常在网上同时扮演两个以上角色	709	42.2
我曾尝试在网上做现实中不敢做的事情	568	33.8
现实生活中的事情对我在网上做什么影响很小	624	37.1
使用网络找人和资料的感觉像寻宝一样	587	34.9
我在网上的活动经常没有明确的方向和目的	449	26.7

① 本研究的访谈工作有相当一部分是借助QQ、MSN等聊天工具完成的,聊天记录包含不少错别字和不正确的文法。为保留原貌,我们对其中的所有文字和文法,都不作改动,但在错别字后面用括号标出正确的用法。

网时完全感觉不到距离的存在。值得注意的是,有69.1%的青少年在网络空间从事不同的行为时,对网络的感受有所不同。青少年对网络的另一个明显感受,是将网络视为另一重生活空间,他们可以在其中重新形塑和建构自我的不同面向。有53.1%的青少年觉得自己在网上的行为不再受身体的限制,42.2%经常在网上同时扮演两个以上不同的角色。这意味着,已经有相当数量的青少年网民,将网络视为一个全新的重塑自我的行为场域。①

表2.23进一步根据青少年网民上网时最担心的问题,从另一个侧面测量了他们对网络的感受。经过对被访者的回答按照重要程度进行加权处理后,获得青少年上网时最担心问题的相对频率,其中相对频率超过10%的选项,只有"电脑病毒"、"色情信息"和"找不到对自己有用的信息"三项,不过它们与其他选项的相对频率之间的差距,也并没有多大。这意味着,青少年上网时担心遇到的问题,分布较为广泛,呈现出一种多元化、碎片化的面貌。

表2.23 上网时最担心的问题(N=1625)

	相对频率(%)
电脑病毒	18.0
色情信息	14.3
找不到对自己有用的信息	12.6
上网成瘾	9.7
虚假信息误导	9.4
黑客入侵	8.9
结识不良网友	8.5
网上性骚扰	8.5
家长干涉	6.1
暴露隐私	3.7
其他	0.3

① 黄少华、陈文江:《重塑自我的游戏:网络空间的人际交往》,兰州:兰州大学出版社2002年版。

通过以上几个侧面的分析，我们大致上可以说，青少年网民对网络的整体定位，主要集中在知识场所、休闲娱乐场所和互动场所三个面向；从行为感受来说，青少年网民偏重于强调网络场域的时空压缩感，并且将其视为可以在其中重塑自我的另一重生活空间；而对网络的负面印象如网络色情、电脑病毒等，青少年的认知则呈现出一种较为多元化、碎片化的面貌。

二、青少年网络认知量表的建构

本节尝试建构的青少年网络认知量表，主要用于测量青少年对网络的总体认知，因此在题项设计上，基本上侧重于吉登斯所说的话语意识(discursive consciousness)层面。为了比较全面地了解青少年网络认知的不同维度，我们采用李克特量表，从完全同意到完全不同意五点尺度，用27题询问了青少年的网络认知。根据被访青少年的回答，我们大致可以得出以下结论：(1)青少年网民对询问网络的正面形象和积极影响题项的同意率普遍较高，其中尤其对与信息交流和人际交往相关的题项同意率最高。例如有83.9%的青少年同意网络能促进信息流通，79.6%同意使用网络能结交更多的新朋友，78.5%认为网络提供了自由发布信息的渠道，75.6%认为网络丰富了青少年的课余生活，73.7%认为网络能够促进社会资源共享，73.1%认为网络方便了人际沟通与联络，64.9%认为网络能够帮助人们解决现实生活中的实际问题，58.8%认为网络有利于信息共享，56.5%认为网络有助于凝聚社会共识。(2)与对网络的正面形象和积极影响认知相比，对询问网络的负面形象和消极影响题项的同意率相对较低，不过，在多数题项上，同意的比例仍略高于不同意的比例。例如有36.5%认为网络会加重人们的学习和工作负担，40.5%认为网络会导致社会道德水准下降，42.4%认为网络会让人变得越来越孤独，46.9%认为网络会导致垃圾信息泛滥，49.5%认为在网络空间容易结交不好的朋友。在询问网络的负面形象和消极影响的题项中，同意率最高的是有关网络色情暴力和网络沉溺的题项，例如有61.6%认为网络容易导致色情和暴力信息泛滥，57.2%认为网络会让人变得过于依赖网络，

55.3%认为网络会导致色情和暴力行为更加严重。从以上数据可以看出,对于网络对人们的日常社会生活和学习等方面的影响,青少年网民在总体上偏向于作积极评价,除了对网络容易造成色情暴力和沉溺行为题项的同意程度较高外,对其他有关网络负面形象和消极影响题项的同意率均不高。(3)有一个值得我们注意的现象是,在很多题项上,都有不少被访者选择了“说不清楚”,其中最高的一项网络会造成信任危机,有31.2%的青少年选择了“说不清楚”。这意味着,有相当数量的青少年网民对网络的认知还较为模糊,因此,对青少年的网络素养教育,学校和社会还有许多的工作要做。

在对网络认知量表进行描述性频率统计的基础上,为了简化测量指标,我们对量表进行了因子分析。因子分析采用主成份分析作为抽取因子的方法,以特征值大于1作为选择因子的标准,采用正交旋转法中的最大方差旋转法作为转轴方法,以降低因子的复杂性。在进行因子分析之前,我们先计算出相关矩阵,以观测变量之间的相关关系,并对相关矩阵进行检验。经计算发现,27个题项之间存在着较强的相关关系,KMO检验表明,其KMO值为0.868;巴特利特球状检验的卡方值为11029.674,自由度(df)为351,在0.000(Sig. = .000)水平上统计检验显著,说明所有指标适合进行因子分析。因此将所有题项均采纳,进入后续的因子分析。第一步因子分析的结果,共析出六个因子,六个因子的累积方差贡献率为54.350%。由于“能结交更多的新朋友”、“为老百姓提供了自由发布信息的渠道”、“容易结交不好的朋友”等11个题项的因子负载小于0.5,意味着变量的方差能够被解释的部分较少,因此将这些题项剔除。然后将剩余的16个题项,进行二次因子分析。因子分析结果共析出特征值大于1的因子四个,四个因子的方差贡献率分别为18.331%、15.645%、11.985%、10.782%,累积方差贡献率为56.743%,共同度除“方便人际沟通与联络”、“方便人们买到自己需要的东西”和“容易导致色情和暴力信息泛滥”接近0.5以外,其余均超过0.5,基本达到了因子分析的要求(见表2.24)。

表 2.24 青少年网络认知因子分析结果

	沟通交流	社会问题	能力提升	信息焦虑	共同度
促进社会资源共享	**.763**	-.091	.173	.082	.626
增加商品销售渠道	**.731**	-.137	.105	.083	.572
促进信息流通	**.720**	-.029	.196	-.087	.565
方便人际沟通与联络	**.630**	-.010	.243	-.092	.464
方便人们买到自己需要的东西	**.620**	-.101	.221	-.045	.445
会让人变得越来越孤独,不适应社会	-.005	**.754**	-.029	.163	.596
会导致社会道德水准下降	.023	**.736**	-.062	.009	.546
会让人变得过于依赖网络	-.220	**.713**	.073	.154	.585
会造成信任危机	.022	**.676**	-.253	-.031	.523
容易导致色情和暴力信息泛滥	-.323	**.602**	.137	.034	.487
能提高青少年的学习兴趣	.223	-.043	**.797**	-.013	.686
丰富了青少年的课余生活	.417	.001	**.700**	.031	.665
有助于人们解决生活中的实际问题	.320	-.080	**.698**	.030	.597
信息太多,加重人们的学习和工作负担	.123	.085	-.103	**.749**	.594
会导致垃圾信息泛滥	-.150	.102	.121	**.746**	.604
容易让人分心,影响学习和工作	-.013	.051	.013	**.723**	.525
特征值	2.933	2.503	1.918	1.725	
方差贡献率(%)	18.331	15.645	11.985	10.782	
累积方差贡献率(%)	18.331	33.976	45.961	56.743	

在此基础上,我们通过分析各因子题项间的 Cronbach's α 系数,进一步对四个因子进行了信度检验,①得到各因子 Cronbach's α 系数依次为:0.7755、0.7450、0.7409、0.6042,总 Cronbach's α 系数为 0.7685。农纳利(J. C. Nunnally)建议,Cronbach's α 系数至少应大于或等于 0.70 才是可以接受的范围,不过,对于那些探索性研究,Cronbach's α 系数在 0.50 至 0.60 之间就已经足够了;而德威利斯(R. F. Devellis)认为,Cronbach's α 系数的

① L. J. Cronbach, Coefficient alpha and the internal structure of tests. *Psychometrica*. 16,1951.

最低可接受程度应该在0.65~0.70之间,低于0.60则不能接受;沃泽尔(R. Wortzel)则认为,Cronbach's α系数介于或等于0.70至0.98之间,均属于高信度,若低于0.35则应拒绝使用。① 从信度分析的结果可以看出,四个因子的Cronbach's α信度系数在0.60~0.78之间,总Cronbach's α系数为0.7685,作为一项探索性研究,我们认为量表的信度基本符合农纳利、德威利斯和沃泽尔等人的建议,具有较高的内部一致性,是可以接受的。

最后,我们根据各因子的共性,分别为这四个因子命名。命名因子1为沟通交流因子,包含"促进社会资源共享"等五个题项,主要描述青少年对网络促进信息流通与人际互动这一积极意义的认知;命名因子2为社会问题因子,包含"会让人变得越来越孤独,不适应社会"等五个题项,主要描述青少年对网络可能造成的消极影响的认知;命名因子3为能力提升因子,包含"能提高青少年的学习兴趣"等三个题项,主要描述青少年对网络能够提升自己解决问题能力的认知;命名因子4为信息焦虑因子,包含"信息太多,加重人们的学习和工作负担"等三个题项,主要描述网络给青少年的学习生活所造成的信息超载压力。这四个因子,大致涉及了青少年网络行为的信息沟通、日常生活、人际交往及休闲娱乐等基本面向,基本上能够反映青少年对网络的社会影响的看法。

三、青少年网络认知的个人特征和网络介入程度差异

1. 青少年网络认知得分情况

在简化了青少年网络认知结构后,为了对青少年的网络认知有更具体的认识,我们以因子值系数为权数,计算出各因子的因子值。为了便于分析,我们将青少年的网络认知因子值转换成1~100之间的指数。从表2.25来看,青少年在网络认知四个因子上的均值,以沟通交流因子最高,而社会问题因子、能力提升因子和信息焦虑因子较为接近,都低于沟通交

① R.F.德威利斯:《量表编制:理论与应用》,魏勇刚等译,重庆:重庆大学出版社2004年版;J. C. Nunnally, *Psychometric Theory*. New York: McGraw-Hill, 1978; R. Wortzel, New Life Style Determinants of Women's Food Shopping Behavior. *Journal of Marketing*, 43, 1979.

表 2.25 网络认知的均值、中位值、众值及标准差

	沟通交流	社会问题	能力提升	信息焦虑
均值	62.305	55.045	53.843	51.299
中位值	63.113	54.233	55.174	50.957
众值	39.694	51.898	48.067	49.458
标准差	16.076	17.752	13.636	17.478
最小值	1.00	1.00	1.00	1.00
最大值	100.00	100.00	100.00	100.00

流因子。同时,从标准差来看,青少年的网络认知,存在着较大程度的个体间差异,尤其是对网络的负面认知,这种内部差异更加明显。

2. 青少年网络认知的个人特征和网络介入程度差异

从性别来看,男女青少年在网络认知四个因子上的均值非常接近,t检验显示,除女性在沟通交流因子上的均值稍高于男性,差异显著外,其他三个认知因子均值的性别差异均不显著。从年龄来看,13~17岁青少年对网络的认知,除了在能力提升因子上的均值高于18~24岁青少年以外,在沟通交流因子、社会问题因子和信息焦虑因子上的均值都低于18~24岁青少年。t检验结果显示,青少年的网络认知,只有在能力提升因子和信息焦虑因子上年龄差异显著,而在沟通交流因子和社会问题因子上,网络认知的年龄差异并不显著。

表 2.26 网络认知的个人特征和网络介入程度差异

	性别	年龄	网络介入程度
沟通交流	−2.235*	−.817	.330
社会问题	.826	−.310	.127
能力提升	1.676	5.180***	2.420
信息焦虑	−1.144	−2.402*	.992

注:1. 性别和年龄为 t 检验,网络介入程度为 F 检验

2. * $p<0.05$, ** $p<0.01$, *** $p<0.001$

从网络介入程度来看，网络重度使用者在社会问题因子和能力提升因子上的均值最高，而在沟通交流因子和信息焦虑因子上，以网络一般使用者的均值最高，但 F 检验结果显示，网络介入程度不同的青少年之间，在网络认知四个面向上的差异均不显著。

第四节　影响青少年网络行为的因素分析

随着网络空间的崛起，青少年对网络的使用，以及他们在网络空间的行为方式，究竟是否已经发生了结构性的转变，或者说，青少年的网络行为逻辑是否发生了某种程度的"断裂"？这是本章探讨的主要问题。我们接下来通过分别分析青少年网络使用行为和网络社会行为的影响因素，来尝试更进一步回答这一问题。

一、青少年网络使用行为影响因素分析

基于社会分层和数字鸿沟的相关研究成果，我们假设，在青少年网络使用行为中，现实社会差异会被复制和延续，换言之，现实生活中既有的家庭社会经济地位和地域差异，仍然是影响青少年网络使用行为的重要因素。为了检验这一假设，我们分别引入社会差异的两个基本维度，即在社会分层测量中，社会学家主要考虑的教育、职业和收入（在本研究中，我们代之以家庭电脑状况）三个基本社会分层指标，以及测量地理区域间数字鸿沟时人们主要考虑的东中西部地区间以及不同规模城市间差距这两个主要指标，作为影响青少年网络使用行为的自变量。以根据对青少年网络使用频率和使用时间测量结果聚类而成的网络介入程度作为因变量。同时，引入青少年个人特征作为控制变量，建构一个青少年网络使用行为影响因素的 Logistic 回归模型。如果模型分析结果证明青少年的网络介入程度差异，复制、延续和再生产了现实生活中既有的社会分层和地域差异，那么就意味着，青少年在网络使用行为上的社会差异，并没有改

变已有社会差异的实质和形成逻辑。

表2.27显示的是青少年网络使用行为影响因素的Logistic回归分析结果。从对模型评价的统计结果来看，三个模型的-2Log likelihood分别为2078.477（一般使用）、1995.477（中度使用）和1119.807（重度使用），Model Chi-square分别为188.445（一般使用）、115.885（中度使用）和81.025（重度使用），自由度（df）为13，三个模型均在0.000（Sig. =.000）水平上统计显著，说明模型整体检验显著。从预测分类表来看，模型整体预测正确率分别为64.5%（一般使用）、68.2%（中度使用）和88.1%（重度使用）。具体分析模型的统计结果，可以发现：在三个模型中各自变量对因变量的影响，呈现出大致相同的结构。除父母教育程度

表2.27　网络使用行为影响因素Logistic回归分析（N=1642）

自变量	一般使用		中度使用		重度使用	
	B	Exp(B)	B	Exp(B)	B	Exp(B)
性别	-.513***	.598	.131	1.140	.922***	2.513
年龄	-.134***	.875	.160***	1.173	-.065	.937
父亲教育程度	-.009	.991	-.120	.887	.339	1.403
母亲教育程度	.013	1.013	-.044	.957	.018	1.019
父亲职业（工人与普通职员）	-.443*	.642	.379*	1.461	.180	1.197
父亲职业（技术与管理人员）	-.408*	.665	.319	1.375	.264	1.302
母亲职业（工人与普通职员）	.250	1.284	-.224	.799	-.087	.916
母亲职业（技术与管理人员）	.186	1.205	-.109	.897	-.141	.868
家里有电脑但不能上网	-.087	.916	.104	1.109	.009	1.009
家里有电脑并且能上网	-.979***	.376	.646***	1.908	.787***	2.196
省份（湖南）	-.314*	.731	.325*	1.384	-.036	.965
省份（浙江）	-.398**	.672	.195	1.215	.407*	1.503
城市规模（大城市）	-.276*	.759	.080	1.084	.463**	1.589
（常数）	3.774***		-3.877***		-3.069***	

* $p<0.05$，** $p<0.01$，*** $p<0.001$

和母亲职业对青少年的网络介入程度影响不显著以外,其他社会差异因素均对青少年网络介入程度有不同程度的影响。在控制个人特征变量后,父亲为工人和普通职员青少年的网络介入程度,要高于父亲无固定职业的青少年,而父亲为技术与管理人员的青少年,其网络介入程度又要高于父亲职业为工人和普通职员的青少年(不过这种差异在网络重度使用青少年那里不显著);家里拥有能上网电脑的青少年,比家里没有电脑,以及家里虽有电脑但不能上网的青少年网络介入程度更高;东部地区比中西部地区、大城市比小城市青少年的网络介入程度也更高。

在我们对上网地点的调查中发现,经常在网吧上网青少年所占的比例最高,达到了56.5%。毫无疑问,网吧的出现,对于普及互联网以及消除现实社会差异对网络使用的限制,有着十分重要的作用。为了检验现实社会差异对青少年网吧使用行为的影响,我们采用与网络使用行为同样的分析模型,以社会分层和地域差异为自变量,以青少年网吧介入程度①为因变量进行回归分析,以检验社会差异对青少年网吧使用行为,有多大程度的影响。

表2.28显示的是现实社会差异对青少年网吧使用行为影响的Logistic回归分析结果。从对模型评价的统计结果来看,三个模型的-2 Log likelihood分别为1292.698(一般使用)、1053.608(中度使用)和668.482(重度使用),Model Chi-square分别为82.160(一般使用)、74.523(中度使用)和24.072(重度使用),自由度(df)为13,三个模型分别在0.000和0.05(Sig. =.000,Sig. =.030)水平上统计显著,说明模型整体检验显著。从预测分类表来看,模型整体预测正确率分别为73.9%(一般使用)、81.6%(中度使用)和91.3%(重度使用)。从模型的统计结果可以发现,在控制个人特征变量后,几乎所有的社会差异因素,对青少年的网吧介入程度都没有明显的影响。这意味着,与网络使用行为不同,在青少年网吧使用行为上,现实社会差异的影响作用消失了,

① 对作为因变量的网吧介入程度的统计描述,请参见第六章第一节。

表 2.28　网吧使用行为影响因素 Logistic 回归分析(N=1170)

自变量	一般使用		中度使用		重度使用	
	B	Exp(B)	B	Exp(B)	B	Exp(B)
性别	-.927 ***	.396	.862 ***	2.368	.678 **	1.970
年龄	-.115 ***	.891	.121 ***	1.129	.045	1.046
父亲教育程度	-.134	.875	.223 *	1.250	-.083	.920
母亲教育程度	-.114	.892	.060	1.061	.160	1.174
父亲职业(工人与普通职员)	-.325	.723	.423	1.527	.017	1.018
父亲职业(技术与管理人员)	.114	1.121	-.166	.847	.036	1.037
母亲职业(工人与普通职员)	.126	1.134	-.081	.922	-.199	.819
母亲职业(技术与管理人员)	.452	1.571	-.243	.785	-.678	.508
家里有电脑但不能上网	.406	1.500	-.400	.671	-.273	.761
家里有电脑并且能上网	.055	1.056	-.228	.796	.249	1.282
省份(湖南)	-.144	.866	.245	1.277	-.153	.858
省份(浙江)	.146	1.157	-.486	.615	.352	1.422
城市规模(大城市)	.153	1.165	-.125	.882	-.138	.871
(常数)	4.200 ***		-4.922 ***		-3.686 ***	

* $p<0.05$, ** $p<0.01$, *** $p<0.001$

或者说,社会差异的影响作用,在青少年网吧使用行为上呈现出明显的断裂。

那么,青少年的网吧使用行为是否会削弱甚至能够消除现实社会差异对网络使用行为的影响作用呢?为了检验在青少年网络使用行为中,网吧使用对削弱社会差异影响是否起作用,我们在表 2.27 青少年网络使用行为影响因素 Logistic 回归分析的基础上,进一步引入网吧使用频率和网吧使用持续时间作为自变量,进行 Logistic 回归分析,分析结果见表 2.29。

表 2.29 显示的是在引入了网吧使用因素后,社会差异对青少年网络使用行为影响的 Logistic 回归分析结果。从对模型评价的统计结果来看,三个模型的 -2Log likelihood 分别为 1362.391(一般使用)、1353.590(中度使用)和 700.260(重度使用),Model Chi-square 分别为 340.506(一般

表 2.29 网络使用行为影响因素 Logistic 回归分析(N=1234)

自变量	一般使用		中度使用		重度使用	
	B	Exp(B)	B	Exp(B)	B	Exp(B)
性别	-.378**	.685	.149	1.160	.606**	1.833
年龄	-.113**	.893	.157***	1.170	-.136*	.873
父亲教育程度	.077	1.080	-.113	.893	.304	1.355
母亲教育程度	-.023	.977	-.019	.981	.085	1.088
父亲职业(工人与普通职员)	-.561*	.571	.404	1.497	.347	1.414
父亲职业(技术与管理人员)	-.614**	.541	.341	1.406	.588	1.800
母亲职业(工人与普通职员)	.209	1.233	-.145	.865	-.042	.959
母亲职业(技术与管理人员)	-.017	.984	.198	1.219	-.273	.761
家里有电脑但不能上网	.020	1.021	.013	1.013	-.245	.783
家里有电脑并且能上网	-1.041***	.353	.612***	1.845	.792***	2.207
省份(湖南)	-.234	.792	.275	1.316	-.124	.883
省份(浙江)	-.735***	.480	.353	1.423	.797**	2.219
城市规模(大城市)	-.124	.883	-.024	.976	.334	1.397
网吧使用频率	-.774***	.461	.676***	1.966	.060	1.062
网吧使用持续时间	-.198**	.820	-.358***	.699	.765***	2.149
(常数)	5.449***		-4.557***		-4.164***	

* $p<0.05$, ** $p<0.01$, *** $p<0.001$

使用)、226.408(中度使用)和212.933(重度使用),自由度(df)为15,三个模型均在0.000(Sig. =.000)水平上统计显著,说明模型整体检验显著。从预测分类表来看,模型整体预测正确率分别为72.4%(一般使用)、73.1%(中度使用)和89.1%(重度使用)。具体分析模型的统计结果,可以发现,网吧使用频率和使用时间对网络介入程度影响显著,同时,在引入网吧使用因素后,社会差异对青少年网络使用行为的影响作用仍然存在,但影响程度有所削弱。这意味着,网吧对于消解现实社会差异对青少年网络介入程度的制约,的确有着一定程度的作用。

上述统计分析结果意味着,我们关于"在青少年网络使用行为中,现实社会差异被复制和延续”的假设,基本得到了证实。同时,统计结果还表明,对网吧使用行为来说,现实社会差异的影响作用并不显著,而且网吧对于削弱现实社会差异对青少年网络使用行为的制约,也有一定程度的作用。

二、青少年网络行为影响因素分析

作为在网络空间展开的社会行为,网络本身无疑是影响青少年网络行为的一个重要因素。我们假设,由于网络对于青少年网络行为而言,起着一种明显的平等化作用,因此,网络介入程度差异这一新变量的引入,使现实社会差异对网络行为的约束与控制作用被削减,青少年网络行为的行为逻辑发生了重要的转变,网络行为主要受网络介入程度而不是现实社会差异的影响。同时,我们还假设,面对网络空间,青少年是一个主动行为者,网络因素对青少年网络行为的影响程度,会因为青少年的个体差异以及其网络认知差异而有所区别。为了检验这两个假设,我们以青少年网络行为作为被解释变量,以青少年的个体特征、社会差异、网络介入程度及网络认知作为解释变量,设计了一个多元线性回归模型。

从理论上来说,多元线性回归分析的目的主要有两个,一是通过分析自变量与因变量之间观察数据的拟合程度,来确定它们之间的线性关系,二是通过自变量的变化来预测因变量的变化。本研究使用多元线性回归分析的目的,主要侧重于前者,即通过回归分析,梳理与分析各自变量对因变量青少年网络行为的作用方向及作用大小。由于回归方程中不同自变量的偏回归系数的量纲不同,因此不能根据偏回归系数绝对值的大小直接判断其对因变量的作用大小。为了消除量纲的作用,需要把自变量和因变量按照各自的均值和标准差进行标准化计算,然而对经过标准化处理的无量纲自变量与因变量重新进行回归拟合计算,得到各自变量的标准化回归系数。通过比较不同自变量的标准化回归系数,就可以根据其绝对值的大小,来判断这些自变量对因变量作用的大小,标准化回归系数的绝对值越大，说明这一自变量对因变量的作用越大。①

作为一项探索性研究，我们希望既在总体上把握青少年个人特征、社会差异、网络介入程度以及网络认知与其网络行为之间的相关性，又对这种相关性进行分别考察。为此，我们采用自变量组分步纳入的多元回归分析方法。具体而言，我们以青少年网络行为因子得分作为因变量，以青少年个体特征（包括性别、年龄）、家庭社会经济地位（包括父母的教育程度和职业、家里有无电脑及电脑能否上网）、所在地域（包括所在省份、城市规模）、网络介入程度（网龄、网络使用频率、上网持续时间和上网地点）、网络认知等作为自变量，进行多元回归分析。具体做法是，第一步引入自变量性别和年龄，考察青少年个体特征对网络行为的影响。第二步引入自变量父母教育程度和职业、家里是否有能上网电脑，以及省份和城市规模两个地域变量，以考察在控制了青少年个体特征后，现实社会差异对青少年网络行为的影响。第三步引入上网地点、网龄、网络使用频率和上网持续时间四个网络介入程度变量，以考察在控制了青少年个体特征和社会差异后，网络介入程度对网络行为的影响。第四步最后引入网络认知作为自变量，以考察在控制了青少年个体特征、社会差异和网络介入程度后，青少年的网络认知对网络行为的影响。在上述自变量中，年龄、网龄、网络使用频率、上网持续时间和网络认知因子各变量属于定距变量，父母教育程度属于定序变量，我们近似地视为定距变量引入回归方程，而其余变量均为离散变量，因此先对这些离散变量进行虚拟变量处理后引入回归分析。其中性别以女性为参照类，父母亲职业以无固定职业为参照类，家庭电脑状况以家里无电脑为参照类，省份以甘肃省为参照类，城市规模以小城市为参照类，上网地点以在其他地点上网为参照类。分步回归结果见表 2.30。表中同时列出非标准化回归系数和标准化回归系数，其中标准化回归系数用于同一方程内的参数比较。

---

① 郭志刚主编：《社会统计分析方法：SPSS 软件应用》，北京：中国人民大学出版社 1999 年版；柯惠新、沈浩：《调查研究中的统计分析法》，北京：中国传媒大学出版社 2005 年版。

表 2.30　网络行为影响因素分步多元回归分析（N=1357）

自变量	信息搜寻	工具利用	沟通学习	娱乐交友	色情及其他
性别	-4.783 *** (-.121)	2.449 ** (.074)	.570 (.027)	-3.255 *** (-.095)	1.658 *** (.082)
年龄	1.749 *** (.319)	.283 * (.062)	-.164 * (-.057)	.057 (.012)	.200 ** (.072)
(常数)	24.148 ***	25.369 ***	25.991 ***	50.327 ***	11.627 ***
R^2	.118	.009	.004	.009	.012
F	110.726 ***	7.586 ***	3.334 *	7.641 ***	9.786 ***
性别	-4.654 *** (-.117)	3.016 *** (.091)	.567 (.027)	-3.130 *** (-.091)	1.730 *** (.086)
年龄	1.473 *** (.268)	.180 (.039)	-.302 * (-.104)	-.336 (-.071)	.225 (.080)
父亲教育程度	1.303 (.050)	1.359 (.063)	.858 (.062)	2.123 (.094)	.066 (.005)
母亲教育程度	.158 (.028)	-.088 (-.019)	-.029 (-.010)	.013 (.003)	-.014 (-.005)
父亲职业(工人与普通职员)	-2.289 (-.058)	-.590 (-.018)	.102 (.005)	1.910 (.055)	.579 (.029)
父亲职业(技术与管理人员)	-.832 (-.021)	1.598 (.048)	.402 (.019)	-.092 (-.003)	1.160 (.057)
母亲职业(工人与普通职员)	-1.325 (-.034)	1.137 (.034)	.593 (.028)	-1.792 (-.052)	.608 (.030)
母亲职业(技术与管理人员)	1.320 (.029)	3.100 * (.082)	.512 (.021)	-.327 (-.008)	.546 (.024)
家里有电脑但不能上网	1.433 (.022)	2.084 (.039)	-.631 (-.019)	-2.624 (-.047)	.722 (.022)
家里有电脑并且能上网	1.683 (.042)	7.559 *** (.226)	1.383 * (.066)	.368 (.011)	.578 (.028)
省份(湖南)	.761 (.019)	1.307 (.038)	-1.392 * (-.065)	-.586 (-.017)	-.262 (-.013)
省份(浙江)	3.622 ** (.087)	2.504 * (.072)	-1.908 ** (-.087)	-.496 (-.014)	.100 (.005)
城市规模(大城市)	1.463 (.038)	1.475 (.045)	.831 (.040)	.987 (.029)	.058 (.003)
(常数)	24.434 ***	17.650 ***	26.500 ***	53.122 ***	9.717 ***

自变量	信息搜寻	工具利用	沟通学习	娱乐交友	色情及其他
R^2	.135	.092	.019	.018	.018
F	19.805 ***	12.886 ***	2.487 **	2.322 **	2.276 **
性别	-2.667 ** (-.067)	1.758 * (.053)	.757 (.036)	-4.654 *** (-.136)	1.798 *** (.090)
年龄	1.564 *** (.285)	.029 (.006)	-.209 (-.073)	-.368 (-.077)	.172 (.062)
父亲教育程度	2.176 (.084)	.767 (.035)	.894 (.065)	1.607 (.071)	.219 (.017)
母亲教育程度	.149 (.027)	-.160 (-.035)	-.048 (-.017)	-.022 (-.005)	-.015 (-.005)
父亲职业(工人与普通职员)	-1.751 (-.044)	-.809 (-.024)	.278 (.013)	.964 (.028)	.690 (.034)
父亲职业(技术与管理人员)	-.474 (-.012	.972 (.029)	.455 (.022)	-.893 (-.026)	1.044 (.052)
母亲职业(工人与普通职员)	-.976 (-.025)	.978 (.030)	.814 (.039)	-2.093 (-.061)	.645 (.032)
母亲职业(技术与管理人员)	1.347 (.030)	2.958 * (.079)	.476 (.020)	-.357 (-.009)	.812 (.036)
家里有电脑但不能上网	.847 (.013)	1.565 (.029)	-.818 (-.024)	-1.911 (-.035)	-.064 (-.002)
家里有电脑并且能上网	2.058 (.052)	3.477 ** (.105)	.046 (.002)	.006 (.000)	.538 (.027)
省份(湖南)	1.771 (.043)	.563 (.017)	-1.497 * (-.070)	-.920 (-.026)	-.192 (-.009)
省份(浙江)	1.381 (.033)	1.280 (.037)	-1.905 ** (-.088)	1.567 (.044)	-.222 (-.011)
城市规模(大城市)	2.166 * (.056)	.397 (.012)	.730 (.036)	.429 (.013)	.156 (.008)
上网地点(家里)	1.402 (.034)	2.912 * (.085)	3.046 *** (.140)	1.234 (.034)	-.589 (-.028)
上网地点(学校)	5.077 *** (.124)	1.829 * (.054)	1.880 *** (.087)	-.116 (-.003)	.055 (.003)
上网地点(网吧)	-7.216 *** (-.184)	-1.720 (-.053)	1.065 (.052)	6.087 *** (.179)	-.800 (-.040)
上网地点(朋友或亲戚家)	-.446 (-.009)	1.641 (.038)	2.240 ** (.083)	3.865 *** (.086)	-.748 (-.029)

自变量	信息搜寻	工具利用	沟通学习	娱乐交友	色情及其他
网龄	.411 (.023)	2.873 *** (.195)	-.182 (-.020)	.545 (.035)	.142 (.016)
网络使用频率	-2.109 *** (-.125)	1.600 *** (.114)	.013 (.002)	1.135 ** (.078)	.035 (.004)
上网持续时间	-3.039 *** (-.137)	.633 (.034)	.219 (.019)	1.442 ** (.075)	.209 (.019)
(常数)	31.662 ***	10.251 ***	22.679 ***	44.503 ***	10.219 ***
R^2	.237	.156	.039	.066	.021
F	24.546 ***	14.584 ***	3.202 ***	5.601 ***	1.706 *
性别	-2.631 ** (-.066)	2.156 * (.065)	.586 (.029)	-4.365 *** (-.128)	1.689 ** (.085)
年龄	1.496 *** (.271)	-.162 (-.035)	-.192 (-.068)	-.295 (-.062)	.232 (.085)
父亲教育程度	2.821 * (.107)	1.437 (.065)	.850 (.063)	1.213 (.054)	-.057 (-.004)
母亲教育程度	.126 (.025)	-.176 (-.041)	-.034 (-.013)	-.003 (-.001)	-.019 (-.007)
父亲职业(工人与普通职员)	-.999 (-.025)	-1.324 (-.040)	1.050 (.051)	1.006 (.029)	.757 (.038)
父亲职业(技术与管理人员)	-.151 (-.004)	.225 (.007)	1.406 (.069)	-1.386 (-.040)	1.613 (.081)
母亲职业(工人与普通职员)	-1.731 (-.044)	1.021 (.031)	.017 (.001)	-1.403 (-.041)	.547 (.028)
母亲职业(技术与管理人员)	1.020 (.022)	3.177 * (.083)	-.305 (-.013)	1.386 (.035)	.904 (.040)
家里有电脑但不能上网	-.002 (.000)	1.649 (.031)	-1.043 (-.032)	-1.643 (-.030)	-.508 (-.016)
家里有电脑并且能上网	1.897 (.047)	3.659 ** (.109)	.033 (.002)	.151 (.004)	-.069 (-.003)
省份(湖南)	2.526 * (.062)	.008 (.000)	-1.893 ** (-.090)	-.680 (-.019)	-.151 (-.007)
省份(浙江)	2.283 (.055)	1.111 (.032)	-1.901 * (-.089)	.859 (.024)	-.268 (-.013)
城市规模(大城市)	2.461 * (.063)	.443 (.014)	.716 (.036)	-.049 (-.001)	-.192 (-.010)

自变量	信息搜寻	工具利用	沟通学习	娱乐交友	色情及其他
上网地点(家里)	1.638 (.039)	2.460 (.071)	2.674 ** (.126)	-.232 (-.007)	-.365 (-.018)
上网地点(学校)	4.660 *** (.114)	1.729 (.051)	1.578 * (.075)	-.226 (-.006)	.035 (.002)
上网地点(网吧)	-6.796 *** (-.172)	-2.282 * (-.069)	.977 (.048)	5.650 *** (.167)	-.753 (-.038)
上网地点(朋友或亲戚家)	-.354 (-.007)	1.081 (.025)	2.789 *** (.105)	3.134 * (.071)	-.350 (-.014)
网龄	.168 (.009)	2.815 *** (.189)	-.192 (-.021)	.727 (.047)	.170 (.019)
网络使用频率	-1.926 *** (-.114)	1.863 *** (.132)	-.011 (-.001)	1.173 ** (.080)	.160 (.019)
上网持续时间	-3.152 *** (-.140)	.591 (.031)	.134 (.012)	1.598 ** (.083)	.296 (.026)
沟通交流因子	.061 * (.050)	.154 *** (.152)	-.005 (-.009)	.040 (.038)	-.014 (-.023)
社会问题因子	.024 (.021)	-.046 * (-.049)	.000 (-.001)	.014 (.015)	-.006 (-.010)
能力提升因子	-.015 (-.011)	.043 (.036)	-.028 (-.038)	.079 * (.064)	.002 (.003)
信息焦虑因子	.026 (.023)	-.040 (-.042)	-.025 (-.043)	.006 (.006)	-.023 (-.041)
(常数)	26.105 ***	5.606	25.921 ***	35.610 ***	11.408 ***
R^2	.242	.194	.044	.070	.026
F	17.724 ***	13.364 ***	2.542 ***	4.207 ***	1.493

注:1. 表内数据分别为非标准化回归系数和标准化回归系数,其中括号内的数据为标准化回归系数

2. $^{*}p<0.05$, $^{**}p<0.01$, $^{***}p<0.001$

如表2.30所示,线性回归的第一步以青少年五类网络行为因子得分为因变量,以青少年的性别、年龄为自变量进行回归,R^2 分别为0.118、0.009、0.004、0.009、0.012,方程所消减的误差除信息搜寻行为超过10%之外,其余四个方程的削减误差比例都在10%以下,模型拟合度较

差。线性回归第二步继续引入社会差异变量后，R^2 分别为0.135、0.092、0.019、0.018、0.018，消减误差比例有所提高，但模型拟合度仍然较差。第三步引入了青少年网络介入程度变量后，R^2 分别达到了0.237、0.156、0.039、0.066、0.021，模型消减误差比例有较为明显的提高。第四步最后引入青少年网络认知变量后，五个方程的 R^2 提升到0.242、0.194、0.044、0.070和0.026，其中青少年信息搜寻行为和工具利用行为两个方程的消减误差比例分别达到了24.2%和19.4%，但其他三个方程的误差消减比例仍在10%以下。回归方差分析F值分别为17.724、13.364、2.542、4.207和1.493，除色情及其他行为没有通过显著性检验外，其他四个回归方程均在0.000水平上通过显著性检验。从分步回归模型来看，青少年网络介入程度与五类网络社会行为之间的相关性最为显著，其对模型 R^2 的提升作用最显著，同时个人特征与五类网络社会行为之间的相关程度也较高。

就五个因变量各自的回归模型来看，网络色情及其他行为的多元回归模型显示，除性别因素外，网络色情及其他行为几乎不受任何变量的影响，在最终模型中对因变量影响显著的自变量只有性别一项（男性的参与程度高于女性），并且整个方程没有能够通过显著性检验。

再来看网络娱乐交友行为。在娱乐交友行为多元回归方程的前两步中，除了性别因素有显著影响外，其他变量的影响均不显著。当第三步引入网络介入程度变量后，除性别仍然影响显著外，上网地点（网吧、朋友或亲戚家）、网络使用频率和上网持续时间都影响显著。第四步引入网络认知变量后，在前三步影响显著的自变量的影响仍然存在，同时，网络认知变量中的能力提升因子也有一定的影响。在最终方程中，性别对娱乐交友行为的作用方向是负向的，也就是说，女性比男性参与娱乐交友行为的可能性更大，而其余变量的作用方向都是正向的。在所有自变量中，对网络娱乐交友行为影响最大的变量是在网吧上网，与在其他地点上网相比，在网吧上网的青少年参与娱乐交友行为的概率更高。其他变量对网络娱乐交友行为的影响从大到小依次为性别、上网持续时间、网络使用频率、在朋友或亲戚家上网,以及网络认知的能力提升因子。

接下来看网络沟通学习行为。在网络沟通学习行为第一步回归方程中,作用显著的自变量只有年龄一项,在第二步引入社会差异变量后,家里有电脑并且能上网,以及省份(湖南、浙江)作用显著。第三步引入网络介入程度变量后,除上网地点(家里、学校、亲戚朋友家)影响显著外,在前两步中作用显著的自变量只有省份变量仍作用显著,而其他变量的影响作用消失。而在最后引入网络认知变量后,作用显著的自变量仍只有省份和上网地点(家里、学校、亲戚朋友家)变量,说明上网地点和所在地区,是影响网络沟通学习行为的关键因素。其中省份的作用方向是负向的,而上网地点的作用方向是正向的。也就是说,相比于甘肃青少年,湖南和浙江两省青少年参与网络沟通学习行为的概率较低,而相对于在其他地点上网,在家里、学校和亲戚朋友家上网的青少年参与网络沟通学习的概率较高。就作用大小而言,在家里上网对沟通学习行为的作用最大,然后依次为在亲戚朋友家上网、省份和在学校上网。

继续来看网络工具利用行为。在工具利用行为最终模型中,影响作用显著的自变量包括性别、母亲职业(技术与管理人员)、家里有能上网的电脑、上网地点(网吧)、网龄、网络使用频率,以及网络认知的沟通交流和社会问题因子,其中上网地点(网吧)和网络认知的社会问题因子的作用方向是负向的,而其他自变量的作用方向皆为正向。从分步回归过程来看,性别一直都起作用,家里有能上网电脑在第二步引入方程后也一直起作用。在最终模型中,作用最大的自变量是网龄,然后依次为网络认知(沟通交流因子)、网络使用频率、家里有电脑并能上网、母亲职业(技术与管理人员)、在网吧上网、性别和网络社会问题认知。

最后来看网络信息搜寻行为。在最终模型中,对网络信息搜寻行为作用显著的自变量包括性别、年龄、父亲教育程度、省份(湖南)、城市规模、上网地点(学校、网吧)、网络使用频率和上网持续时间,以及网络认知中的沟通交流因子。其中,年龄、父亲教育程度、省份(湖南)、城市规模、在学校上网和网络沟通交流认知的作用方向是正向的,其他变量的作用方向则皆为负向。从分步回归过程来看，性别和年龄的作用始终十分显著，而在第三步引入回归方程的网络介入程度变量，在最终模型中也作用显著。在最终模型中，对因变量网络信息搜寻行为影响最大的自变量是年龄，然后依次为在网吧上网、上网持续时间、在学校上网、网络使用频率、父亲教育程度、性别、城市规模、省份（湖南）和网络认知（沟通交流因子）。

综合起来看最终模型中自变量的影响程度，我们可以发现，个人特征变量组的性别因素除了对沟通学习行为影响不显著外，对其余因变量始终发挥着明显的影响，但对不同的因变量的作用方向并不一致，而年龄只对信息搜寻行为影响显著；社会差异变量中的家庭社会经济地位除父亲教育程度、母亲职业（技术与管理人员）和家里拥有能上网电脑分别对信息搜寻和工具利用行为有影响外，其余变量的影响都不显著；而地域变量在控制了其他自变量后，分别对信息搜寻和沟通学习行为有影响，其中对信息搜寻行为的影响是正向的，而对沟通学习行为的影响则是负向的；网络介入程度除对色情和其他行为没有影响外，对其余四类网络行为，都有不同程度的影响；而网络认知除沟通交流、社会问题和能力提升因子分别对信息搜寻、工具利用和娱乐交友行为影响显著以外，其余自变量对网络行为的影响均不显著。综合表2.30的多元回归模型来看，对青少年网络行为影响较大的因素主要是性别（信息搜寻行为 -0.066、工具利用行为0.065、娱乐交友行为 -0.128、色情及其他行为0.085）、在网吧上网（信息搜寻行为 -0.172、工具利用行为 -0.069、娱乐交友行为0.167）、网络使用频率（信息搜寻行为 -0.114、工具利用行为0.132、娱乐交友行为0.080）、上网持续时间（信息搜寻行为 -0.140、娱乐交友行为0.083）、在学校上网（信息搜寻行为0.114、沟通学习行为0.075）、网络认知中的沟通交流因子（信息搜寻行为0.050、工具利用行为0.152）等。除此以外，年龄、父亲教育程度、母亲职业（技术与管理人员）、家里有能上网电脑、省份、城市规模、网龄、上网地点（家里、亲戚朋友家）、网络认知中的社会问题因子和能力提升因子等，都对某一类或两类网络行为影响显著。这意味着，现实因素、网络因素和网络认知因素都对青少年的网络行为有程度不同的影响作用。比较而言，网络介入程度和个人特征变量的影响最为重要和显著，而家庭社会经济地位、所处地域和网络认知变量对青少年网络行为的影响相对较小。

归纳表2.30的统计结果，可以发现，青少年网络介入程度对网络行为的影响最为显著，而社会差异的影响相对较小，因此假设“由于青少年网络介入程度差异这一新变量的引入，现实社会差异对网络行为的约束与控制作用被削减，青少年网络行为的行为逻辑发生了重要的转变，网络行为主要受网络介入程度而不是现实社会差异的影响”基本得到了证实。同时，青少年的个人特征，对网络行为同样影响显著，因而假设“青少年作为一个主动行为者，网络因素对其网络行为的影响程度，会因为青少年的个体差异而有所区别”也基本得到了证实。但是，关于“青少年的网络认知是影响其网络行为的重要因素之一，青少年对网络的认知，与其网络行为之间存在着一致性”的假设，却并没有获得有效的统计证实。①

第五节　结论与讨论

通过本章的讨论，我们基本上了解了青少年的网络使用状况、网络行为类型和网络认知特征，初步梳理了青少年个体特征、社会差异、网络介入程度和网络认知对网络行为的影响，并且基于这些分析，获得了对青少年网络行为的行为特征和行为逻辑的初步认识。概括地说，通过本章研究，我们可以得出以下几点主要结论：

① 由于网络认知量表对青少年网络认知的测量，侧重于吉登斯所说的话语意识层面，因此本节的回归分析结果，其实只是证伪了关于网络的话语意识是影响青少年网络行为的主要变量这一假设。本研究对青少年网络交往行为、网络游戏行为等的回归分析，则分别证实了青少年在实践意识层面的网络认知，与网络交往行为和网络游戏行为之间存在着显著程度不同的统计相关性。

首先，虽然就我国城市地区而言，互联网的普及率已经达到了相当的程度，尤其对于年轻一代的网络使用者来说，使用网络已经成为他们日常生活的基本内容之一，并且在他们身上，数字鸿沟也的确正在呈现不断缩小的趋势，但是从宏观层面来看，目前我国东中西部地区之间的数字鸿沟问题仍十分明显和严重，甚至互联网不仅没有像当初人们预期的那样缩小了地区之间的差距，反而在很大程度上进一步扩大了原有的差距。① 在这种现实背景下，不可否认的是，即使在已经使用互联网的城市青少年群体中，由现实社会差异造成的网络使用程度差异也仍然存在。例如在家里拥有能上网电脑的青少年群体与家里没有电脑的青少年群体之间、生活在不同省份和城市的青少年之间，无论是在网络使用频率还是使用时间上，都存在着一定的差距。具体而言，家里拥有能上网电脑、生活在经济较为发达地区及大城市的青少年，其网络介入程度明显比家里没有电脑及生活在经济欠发达地区和小城市的青少年偏高，也就是说，具有较好家庭经济条件或者生活在经济发达地区和大城市的青少年，有可能享受更多的网络资源，从而造成他们与生活在经济条件较差家庭、经济欠发达地区和小城市青少年之间的社会不平等，这从当前互联网对经济发达地区和大城市的"偏好"中可以明显地看出来。对此，国内外学界的相关调查，都有差不多相似的发现。② 在访谈中，我们也一再听到类似下面这样的说法："刚上大学的时候，电脑网络还不是很普及，一般人上网就聊

① 邱泽奇:《数码区隔与中国社会》,《网络传播与社会发展》,北京:北京广播学院出版社 2001 年版;胡鞍钢、周绍杰:《新的全球贫富差距:日益扩大的"数字鸿沟"》,《中国社会科学》2002 年第 3 期;汪明峰:《互联网使用与中国城市化:"数字鸿沟"的空间层面》,《社会学研究》2005 年第 6 期;黄少华、翟本瑞:《网络社会学:学科定位与议题》,北京:中国社会科学出版社 2006 年版。

② 曾淑芬:《社会公平与数字落差讨论》,http://www.iis.sinica.edu.tw/2001-digital-divide-workshop/seminar,2002 年;郭良、卜卫:《中国 12 城市互联网使用状况及影响调查报告》,北京:中国社会科学院社会发展研究中心,2003 年;汪明峰:《互联网使用与中国城市化:"数字鸿沟"的空间层面》,《社会学研究》2005 年第 6 期;M. N. Cooper, *Does the Digtal Divide Still Exist? Bush Administration Shrugs, But Evidence says 'Yes'*. http://www.comsumerfed.org/DigitalDivideReport20020530.pdf, 2002.

天,玩游戏,看新闻什么的,主要是聊天。大家都一样,没什么太大区别。但你仍然看得出,那些来自广东、北京、上海等大地方的人他们接触网络的时间可能要早一些,懂得要相对多一些,也许是因为那些地方经济发达,较早的(地)普及网络的缘故吧,再一个就是较早学习过,接触过,不过话又说回来,这当然得有一定的经济条件,学习条件作基础……”(女,24岁,研究生,网龄6年)。可见,由于传统的社会差异造成的网络介入程度落差,至少在目前仍是部分青少年的切身感受。

其次,本研究还发现,青少年的网络介入程度差异,已经成为了青少年社会差异的一个新的重要面向,并且已经导致社会差异呈现出一种新的面貌和特征。对网络使用行为和网吧使用行为的 Logistic 回归分析表明,一方面,家庭社会经济地位和地域差距等现实社会差异,在青少年网络使用行为中被复制、延续和再生产,换言之,现实生活中既有的家庭社会经济地位,仍然是影响青少年网络使用行为的重要因素;另一方面,在青少年网吧使用行为中,现实社会差异的影响作用明显消失了,而且使用网吧对削弱现实社会差异对青少年网络使用行为的影响,也有一定程度的作用。这意味着,现实社会差异仍然是影响和制约青少年网络使用行为的主要因素,它们构成了青少年网络使用的“结构性机会差异”①,但是现实社会差异与网络使用行为之间的关系又并非简单的一一对应关系。也就是说,一方面,网络介入程度差异,复制、延续和再生产了现实生活中既有的社会分层和地域差异,另一方面,由于网吧使用因素的介入,网络介入程度与现实社会分层和地域差异之间并不完全重叠。因此,对于已经使用网络的社会或社会群体来说,网络介入程度正在成为我们分析社会差异时,必须认真考虑的一个新因素。在一定意义上可以说,网络介入程度已经成为了一个超越传统社会分层维度的新社会分层维度。更进一步来看,网络介入程度对于青少年的网络社会行为,也已经发生了实质性

① P. Norris, *Digital divide? Civic engagement, information poverty and the internet Worldwide*. Cambridge: Cambridge University Press ,2001.

的影响,有着不同网络介入程度的青少年,其网络行为也相应地呈现出不同的特点。同时,在不同网络介入程度的青少年眼里,网络有着不同的社会意义,例如对网络介入程度较低的青少年来说,网络更多是一个获得信息的渠道,而对网络介入程度较高的青少年来说,网络则更像是一个娱乐交友的场域。

再次,在对网络的总体认知上,具有不同的个人特征和网络介入程度,生活在不同地域的青少年,基本上都倾向于肯定网络的积极作用,而对网络的负面影响,除了在网络色情暴力和网络沉溺的相关题项上同意率较高外,在多数询问网络负面影响的题项上的同意率都较低。青少年网络认知的另一个特点是,普遍倾向于把网络空间视为一个知识场所、休闲娱乐场所和社会交往平台,并且视为一个不受身体约束、可以重塑自我面貌和自我认同的行为空间。郭良等人 2003 年对北京、上海、广州、成都、长沙、西安、沈阳等 12 城市的调查发现,网络使用程度不同的人,对网络的正面作用有着不同程度的认知,使用网络时间越长,越倾向于肯定网络的积极作用,反之亦然。但我们的研究结果并没有证实这一点。[①] 相反,我们的研究发现,不同网络介入程度的青少年,在网络总体认知四个因子上的平均得分,并没有明显的差别,而且多元回归分析表明,网络总体认知对青少年网络行为的影响程度很小。也就是说,我们假设的网络认知是影响青少年网络行为的一个重要变量,对网络的认知越正面,网络行为的参与程度越高,至少在对网络的总体认知层面并没有得到有效的统计支持。我们认为,出现这种情况的原因,除了我们用于测量网络总体认知的指标本身还有缺陷外,另一种更为重要的可能,是青少年对网络的总体认知或者说关于网络的话语意识,并不会直接影响其网络行为,而只有在实际的网络使用过程中建构的网络认知和网络行为感受,即有关网络情景和网络行为的实践意识,才会与网络行为发生实际的关联。除此

① 由于本研究使用的网络认知量表与郭良等人使用的网络认知量表题项设计不尽相同,加上在研究对象、抽样方法等方面有较大差异,因此研究结论差别在没有排除这些技术因素影响的情况下,其可比性尚需检验。

以外，还有一个特别值得我们注意的可能是，网络的去边界、去地域、二元交织等时空特性，有可能引发青少年网络认知结构性和价值观念的改变，导致以不确定、碎片化、多元性、相对性及个体化、感性化为基本特征的"超文本"式网络认知，和以价值主体不确定、价值观念碎片化、价值规范多元化、价值标准相对化及个体化感性价值凸显等为基本特征的后现代价值观，在网络空间被凸显出来。"这种价值观的特点，就是没有一种确定的价值观，也就是说，价值在后现代主义那里被悬搁起来了。问题的关键在于，价值观并非后现代主义主要关心的问题，毋宁说，后现代态度更关心的是叙事方式，即一种'悬搁价值判断'的叙事方式。如果一定要涉及价值观，那么可以说，后现代的价值观是一种兼收并蓄的价值观，各种价值在后现代主义那里都可以成为资源，哪怕这些价值可能是自相矛盾的。"①这种超文本认知和后现代的价值观念，有可能打断网络认知与网络行为之间的线性逻辑关联，并且使我们对网络认知的测量变得更为困难。当然，需要强调的是，这几种可能都只不过是我们在理论上所做的猜测，需要做进一步的实证检验。但无论实际情形是什么，有一个问题无疑是值得进一步深入思考的，这就是：如何建构更加科学和可操作的测量指标，以有效测量青少年的网络认知。

最后，综合青少年网络行为的多元回归分析结果，我们发现，现实因素、网络因素和网络认知因素都对青少年的网络行为有不同程度的影响。具体分析青少年个人特征、现实社会差异、网络介入程度，以及网络认知等自变量对不同类型网络行为的影响，可以发现三个基本特点：第一，同一个自变量对不同类型网络行为的作用方向和作用程度有着明显的差别，呈现出一种不确定、多元化、碎片化的特征。例如与女性比较，男性与网络信息搜寻行为、娱乐交友行为之间呈现出一种负相关关系，而与工具利用行为和色情及其他行为之间则呈正相关关系；又如，在网吧上网与信

① 黄少华、翟本瑞：《网络社会学：学科定位与议题》，北京：中国社会科学出版社2006年版，第288页。

息搜寻行为和工具利用行为呈负相关,而与娱乐交友行为则呈正相关。第二,对不同类型的网络行为有显著影响的自变量也差异较大,这种差异尤其明显地体现在现实社会差异和网络认知这两组自变量上。经常出现的情况是,某一自变量对一种类型的网络行为影响显著,而对其他类型的网络行为却没有显著影响。例如家里有能上网电脑对网络工具利用行为影响显著,而对其他网络行为却没有显著影响;又如城市规模对网络信息搜寻行为影响显著,而对其他网络行为同样没有显著影响;再如网络认知的沟通交流因子对信息搜寻行为和工具利用行为影响显著,而对其他网络行为的影响则不显著。第三,比较而言,在我们考察的青少年个人特征、现实社会差异、网络介入程度,以及网络认知等自变量中,现实社会差异和网络认知对网络行为的影响程度较小,而个人特征和网络介入程度的影响则较为显著。也就是说,与现实社会差异和网络认知相比较而言,网络介入程度与个人特征对网络行为的影响被明显地凸显了出来。不过,网络介入程度与个人特征这两组自变量,哪一组对网络行为的影响更为基本和重要,还需要作进一步的研究。一种最值得注意的可能是:网络场域是引发青少年行为改变的基本力量,而个体特征的作用是通过网络的转换而实现的。① 正如梅罗维茨所说:"从一种社会角色类型转换到另一种角色类型引起了个体行为的变化以及其他人反应的变化。然而这种社会变化常常被误认为是个体本身的变化,其结果就是培育出这种变化

① 网络空间因素之所以是影响青少年网络行为的关键因素,在相当程度上如社会学所强调,是因为时间与空间作为渗透于社会行为过程中的关键因素,是形塑行动者可以实施的行为种类的基本力量。在日常社会生活中,人们总是在一定的区域化场所之中行动,这些场所具有的物理和社会边界,确保人们在其中能够不假思索地以与场所相适应的方式进行各种各样的行动。然而在今天,由于互联网的推动,在场的东西的作用正越来越被在时一空意义上缺场的东西所取代(A.吉登斯:《社会的构成:结构化理论大纲》,李康等译,北京:三联书店 1998 年版;《社会学》,赵旭东等译,北京:北京大学出版社 2003 年版),从而导致场所边界的消失,人们的网络行为,也因此成为一种发生在边界之上或者说跨越边界的活动(M.波斯特:《信息方式:后结构主义与社会语境》,范静哗译,北京:商务印书馆 2000 年版;黄少华、翟本瑞:《网络社会学:学科定位与议题》,北京:中国社会科学出版社 2006 年版)。

的随机场景变量往往被忽视。”①

概括地说，本章的研究有两个主要发现：第一，对于已经使用网络的青少年群体来说，网络介入程度已经成为其社会差异的一个新维度，甚至已经成为一个超越传统社会分层指标的重要分层指标，是一个可以用来考量网络时代青少年社会差异的全新变量。关于网络介入程度与现实社会差异之间的关系，我们发现，一方面，网络介入程度与青少年的家庭社会经济地位、所在地域等现实社会差异之间存在着一种程度的关联，或者说，青少年的网络介入程度差异，在一定程度上复制、延续和再生产了现实生活中既有的社会分层和地域差异，但是另一方面，网吧作为一个青少年能够便捷、经济地使用的上网场所，却又在相当程度上消解了网络介入程度与社会差异之间的这种关联。第二，网络空间作为一个新的行为场域的凸显，对于青少年的社会行为来说，意味着一个新的关键变量的介入，它已经或多或少地导致了青少年在网络空间的行为方式发生断裂（breaking），导致网络行为开始呈现出多元化、碎片化、不确定的后现代特征。② 通过对青少年网络行为的多元回归分析，我们发现，在影响青少年网络行为的各种因素中，多数因素对不同类型网络行为的作用方向和作用程度是不确定的。出现这种情况的原因，除了测量指标可能存在缺陷外，一个最主要的原因，就是因为青少年在网络空间的行为逻辑已经发生某种意义或程度上的断裂，开始呈现出跨越传统社会边界，以及个人化、多元化和碎片化的特征。这同时也意味着，我们有必要对青少年在不同的网络空间场域展开的各种不同类型的网络行为，进一步做分别、具体的梳理、分析和讨论。

---

① J. 梅罗维茨：《消失的地域：电子媒介对社会行为的影响》，肖志军译，北京：清华大学出版社2002年版，第55页。

② S. 特克：《虚拟化身：网路空间的身份认同》，谭天等译，台北：远流出版事业股份有限公司1998年版；李曜安：《儿童与青少年的媒体使用经验：在网路出现之后》，台湾清华大学社会学研究所硕士论文，2004年；黄少华、翟本瑞：《网络社会学：学科定位与议题》，北京：中国社会科学出版社2006年版。

第三章

虚拟信任、互动网络与网络交往

人际互动是人与人之间在社会空间中的沟通与交流过程，即人与人之间传递信息、沟通思想、交流情感和交换资源的过程。交流、沟通、交换与互动是人之为人的一个基本特质，也是人类社会生活的重要面向。自古以来，人类便在不断追求沟通的最大化，而每一次通讯技术的革命，都在客观上延伸了人们的交往能力。互联网的诞生，无疑是有史以来人类通讯技术的最大突破，它形塑了一个经由互联网中介的全新人际沟通与互动场景，导致网络互动成为一种新的社会交往方式。网络对交往所造成的深刻变化，不仅体现在网络交往打破了时空、地域、社会分层等现实因素对交往的限制，而且更体现在网络创造了一个全新的交往空间，形塑了一种全新的人际交往模式。在网络空间，人际互动双方并不像在现实社会交往中那样必须面对面地亲身参与沟通，而能够以一种"身体不在场"的方式展开互动；在网络空间，人们可以隐匿自己在现实世界中的部分甚至全部身份，重新选择和塑造自己的身份认同。与传统人际交往中媒介多半只是沟通的工具不同，网络空间不仅是一个互动媒介，而且是一个自我再现的媒介，它充分结合了人际交往的两大功能：互动性和自我再现。① 而互联网的匿名性、时空压缩与时空伸延并存的特点，又非常适合弱关系（weak ties）的建立与滋长，能够让原本素不相识、地理距离和社会

① 吴筱玫：《解析 MUD 之空间与时间文化》，《新闻学研究》第 76 期，2003 年。

距离都很遥远的陌生人互相结识和交谈。这意味着,网络交往是一场陌生人之间的互动游戏。或者说,网络空间的人际关系,凸显了公共领域、弱关系、陌生人互动的特点。①

正因为互联网对人际交往与社会关系有着如此巨大的作用,因此,自从互联网诞生以来,网络交往就一直是学界研究网络的社会影响时关注的焦点,②而且也可以说是迄今为止社会科学在网络行为研究领域讨论最深入、成果也最为集中的议题之一。从研究内容来看,社会科学对于网络交往的研究,主要集中在以下几个面向:

1. 从网络空间的场域特性分析入手,强调网络空间作为一个虚拟场域所具有的身体不在场、匿名、缺乏社会线索、去边界、去地域等情境特征,使

---

① 傅仰止:《电脑网路中的人际关系:以电子邮件传递为例》,http://www.ios.sinica.edu.tw/pages/seminar/infotec2/ info2-9. htm,1997 年。

② S. 特克:《虚拟化身:网路空间的身份认同》,谭天等译,台北:远流出版事业 1998 年版;傅仰止:《电脑网路中的人际关系:以电子邮件传递为例》,http://www.ios.sinica.edu.tw/pages/seminar/infotec2/info2-9. htm,1997 年;M. 波斯特:《第二媒介时代》,范静哗译,南京:南京大学出版社 2000 年版;黄厚铭:《虚拟社区中的身份认同与信任》,台湾大学社会学研究所博士论文,2001 年;黄少华、陈文江:《重塑自我的游戏:网络空间的人际交往》,兰州:兰州大学出版社 2002 年版;吴筱玫:《网路传播概论》,台北:智胜文化事业有限公司 2003 年版;王卫东:《关于互联网方法和行为的研究》,中国人民大学社会学系博士论文,2003 年;刘中起、风笑天:《青少年基于 OICQ 网际互动的基本结构研究:对武汉、黄石、鄂州、赤壁四市的调查》,《社会》2003 年第 10 期;吴齐殷、庄庭瑞:《超连结网络分析:一项分析网路社会结构的新方法》,《资讯社会研究》第 6 期,2004 年;孟威:《网络互动:意义诠释与规则探讨》,北京:经济管理出版社 2004 年 t 版;王水雄:《网络互动的社会学分析》,《北大新闻与传播评论》第 1 辑,2004 年;何明升:《叩开网络化生存之门》,北京:中国社会科学出版社 2005 年版;J. B. Walther, Computer-mediated communication: impersonal, interpersonal and hyperpersonal interaction, *Communication Research*, 23(1), 1996; R. Kraut et al., Internet paradox: A Social technology that reduces Social involvement and psychological well-being? *American Psychologist*, 53(9), 1998; B. Wellman et al., Computer networks as social networks: collaborative work, telework, and virtual community. *Annual Review of Sociology*, 22, 1996; A. Smith & P. Kollock. eds., *Communities in Cyberspace*. London: Routledge, 1999; N. H. Nie & L. Erbring, *Internet and Society*. CA: Stanford University Press, 2000; B. Wellman, *Physical place and cyberplace: Changing portals and the rise of networked individualism*. Int. J. Urban Regional Res. Forthcoming, 2001; Y. C. Yeh & J. D. Luo, Are Virtual Social Relationships Independent from Reality? *Journal of Cyber Culture and Information Society*, 1(1), 2001; B. Wellman & C. Haythornthwaite. eds., *The Internet in Everyday Life*. Oxford: Blackwell Publishers Ltd, 2002.

网络社会交往呈现出一系列不同于面对面交往的新特点。但对于这种变化的社会后果,社会科学界有两种截然不同的认识。一些学者强调,因为身体不在场和匿名,导致网络互动只能建立一种暂时的、没有人情味的、充满言语冲突和怒火的、无责任感的社会关系,无法期望网络空间能够产生正常的人际关系,网络空间只不过是一个游戏性、挑战日常社会规范的虚拟场域而已。① 而另一些学者则强调,网络世界超越了时间和空间对人际交往的限制,扩展和丰富了人们基于面对面互动建构的社会网络,在网络场境中,现实社会身份的隐匿,使网民无须担忧他们的真实身份会暴露,因而交往变得更自由、更无顾忌、更多自我揭露(self-disclosure),这不仅有助于人们在交往中更真实地表达自己的想法和意见,而且有助于将人际关系扩展到日常生活中可能会有意避免的面向。同时,由于互联网屏蔽了各种身份识别标识,因此对于女性或其他弱势群体特别有利,会激发和扩展这类人群的社会互动。② 与此同时,不少学者强调,由于网络交往的身体不在场和匿名特征,导致人们在交往中的信息缺乏,从而造成了交往中身份识别的困难,使

---

① M. 史洛卡:《虚拟入侵:网际空间与科技对现实之冲击》,张义东译,台北:远流出版事业 1998 年版;A. 吉登斯:《社会学》,赵旭东等译,北京:北京大学出版社 2003 年版;N. H. Nie & L. Erbring, *Internet and Society*. CA: Stanford University Press, 2000; S. A. Birnie & P. Horvath, Psychological Predictors of Internet Social communication. *Journal of Computer-Mediated Communication*, 7(4),2002.

② S. 特克:《虚拟化身:网路空间的身份认同》,谭天等译,台北:远流出版事业 1998 年版;吴姝倩:《"电脑中介传播"信道的"虚拟人际关系":探访"电子布告栏"中情感关系的组成与发展》, http://www. ios. sinica. edu. tw/ pages/seminar/itst/seminar/seminar3/wu_shu_qian. htm, 1999 年;M. 波斯特:《第二媒介时代》,范静哗译,南京:南京大学出版社 2000 年版;A. 吉登斯:《社会学》,赵旭东等译,北京:北京大学出版社 2003 年版;杨伯溆:《因特网与社会:论网络对当代西方社会及国际传播的影响》,武汉:华中科技大学出版社 2003 年版;H. Rheingold, *The Virtual Community: Homesteading on the Electronic Frontier*. New York: Addison-Wesley, 1994; M. R. Parks & K. Floyd, Making friends in Cyberspace. *Journal of Computer-Mediated Communication*, 1(4), 1996; J. B. Walther, Computer-mediated communication: impersonal, interpersonal and hyperpersonal interaction, *Communication Research*, 23(1), 1996; L. Garton & B. Wellman, Studing Online Social Networks. *Journal of Computer-Mediated Communication*, 3(1), 1997; E. Pascoe, Can a sense of community flourish in cyberspace? *Guardian*, 11, 2000.

网络交往中的人际信任问题开始凸显出来。①

2. 对网络交往与面对面交往关系的分析,是学界关注的另一个重要问题。在这一问题上,同样存在两种不同的理解。有些学者强调,互联网是一种导致社会疏离的技术,借助互联网进行沟通会导致人们更多地与陌生人谈话,形成肤浅关系,却减少与朋友和家人面对面的接触与沟通,从而导致社会资本的减少。Kraut 等人通过对美国匹茨堡地区家庭网络使用的研究,发现使用网络越多的人,通常其社会网络规模越小,与家人和朋友的沟通也较少,而且容易感受孤独、压力等消极情绪。② 但威尔曼强调,假定人们花更多时间参与网络互动,必然导致参与现实社会互动的时间减少是没有依据的,网络互动和现实互动之间的关系并非"零和博弈"。Kiesler 等人的研究也显示,大部分人在使用网络后,不仅与家人和朋友的联系并没有减少反而增加了,而且扩展了远距离的社会交往圈子,以及与亲戚朋友的面对面互动。卡兹等人的研究同样证明互联网扩展了人们的社群、信息和友谊网络,增加了在线甚至离线的互动,是一个增加社会资本的重要资源。③

---

① S. 特克:《虚拟化身:网路空间的身份认同》,谭天等译,台北:远流出版事业 1998 年版;黄厚铭:《虚拟社区中的身份认同与信任》,台湾大学社会学研究所博士论文,2001 年;黄少华、陈文江:《重塑自我的游戏:网络空间的人际交往》,兰州:兰州大学出版社 2002 年版;白淑英:《网上人际信任的建立机制》,《学术交流》2003 年第 3 期;M. Poster, Postmodern Virtualities. M. Featherstone & R. Burrows, eds., *Cyberspace/Cyberbodies/ Cyberpunk: Cultures of Technological Embodiment*, London: Sage Publications, 1995.

② R. Kraut et al., Internet paradox: A Social technology that reduces Social involvement and psychological well-being? *American Psychologist*, 53(9), 1998; N. H. Nie & L. Erbring, *Internet and Society*. CA: Stanford University Press, 2000; R. D. Putnam, *Bowling Alone: The Collapse and Revival of American Community*. New York: Simon & Schuster, 2000.

③ 林南:《社会资本:关于社会结构与行动的理论》,上海:上海人民出版社 2005 年版;B. Wellman, An Electronic Group is Virtually a Social Network. S. Kiesler, ed., *Culture of the Internet*. Lawrence Erlbaum Associates, 1997; B. Wellman & M. Gulia, Virtual communities as communities: Net surfers don't ride alone. M. A. Smith and P. Kollock, eds., *Communities in Cyberspace*, London: Routledge, 1999; S. Kiesler et al., Internet Evolution and Social Impact. *It & Society*, 1(1), 2002; J. E. Katz & R. Rice, Syntopia: Access, civic involcement and social interaction on the Net. B. Wellman & C. Haythornthwaite. eds., *The Internet in Everyday Life*. Oxford: Blackwell Publishers Ltd, 2002; W. Chen, J. Boase & B. Wellman, The Global Villagers: Comparing Internet Users and Uses Around The World. B. Wellman & C. Haythornthwaite. eds., *The Internet in Everyday Life*. Oxford: Blackwell Publishers Ltd, 2002.

3. 在网络交往的研究视角和理论取向上，存在着两种基本的认识：一是强调网络空间的特殊性，强调网络世界与现实世界的二元区分。在这种观念支配下，研究者往往要么强调只有现实社会关系才是真实的，而网络社会关系只不过是现实社会关系的虚假模拟；要么强调网络社会关系的身体不在场和匿名特征，使人们能够更加真实地在网络空间建构社会关系。针对这种理论取向，有学者强调，"线上"和"线下"关系并不是一种对立或隔离关系，相反，网络世界与现实生活世界是相互建构的，人们会利用网络来维持现实中的社会关系，同样，人们也常常会将网络关系延伸到现实世界之中。在持这一理论取向的学者中，那些强调网络是一个维持个人社会网络场域的学者如威尔曼认为，在虚拟社区中也存在着强关系（strong ties）、中关系（intermediate ties）、弱关系（weak ties）等这些同现实世界一样的网络关系，因此运用社会网络分析来研究虚拟社区中的互动关系是恰当的做法；而另一些更倾向于将现实世界视为只是虚拟世界的一个视窗的学者如特克，则强调研究网络交往中自我认同的流动性、多元性、碎片化、不确定、弹性特征的重要性。①

我们在本章中主要关注的问题，是青少年网络交往的结构、规模与内容（包括网络交往方式、交往对象、自我呈现、交往动机、交往语言等），青少年在网络交往中建构的虚拟人际信任，网络交往与现实交往的关系，青

---

① S. 特克：《虚拟化身：网路空间的身份认同》，谭天等译，台北：远流出版事业 1998 年版；M. 波斯特：《信息方式：后结构主义与社会语境》，范静哗译，北京：商务印书馆 2000 年版；黄厚铭：《虚拟社区中的身份认同与信任》，台湾大学社会学研究所博士论文，2001 年；黄少华、陈文江：《重塑自我的游戏：网络空间的人际交往》，兰州：兰州大学出版社 2002 年版；陈佳靖：《网路空间 · 人际关系：线上线下 · 生活世界》，《资讯社会研究》第 4 期，2003 年；吴齐殷、庄庭瑞：《超连结网络分析：一项分析网路社会结构的新方法》，《资讯社会研究》第 6 期，2004 年；林南：《社会资本：关于社会结构与行动的理论》，上海：上海人民出版社 2005 年版；M. R. Parks & K. Floyd, Making friends in Cyberspace. *Journal of Computer-Mediated Communication*, 1(4), 1996; B. Wellman, An Electronic Group is Virtually a Social Network. S. Kiesler, ed., *Culture of the Internet.* Lawrence Erlbaum Associates, 1997; B. Wellman & M. Gulia, Virtual communities as communities: Net surfers don't ride alone. M. A. Smith and P. Kollock, eds., *Communities in Cyberspace*, *London*: *Routledge*, 1999; Y. C. Yeh & J. D. Luo, Are Virtual Social Relationships Independent from Reality? *Journal of Cyber Culture and Information Society*, 1(1). 2001; S. L. Holloway & G. Valentine, *Cyberkids*: *Children in the Information Age.* London: Routledge, 2003.

少年对网络交往的认知，以及影响青少年网络交往的主要因素。我们感兴趣的核心问题主要有两个：一是青少年在网络空间的交往结构、规模和内容，以及有哪些因素影响着青少年的网络交往结构和规模？二是青少年在网络交往中的人际信任结构，以及有哪些因素影响着青少年的虚拟人际信任？

第一节　网络交往的结构、规模与内容

在本次调查中，网络交往行为部分回收的有效样本共 1676 份，其中男性青少年 995 人，占 59.4%，女性青少年 681 人，占 40.6%。样本性别结构与中国互联网络信息中心 2006 年 1 月发布的"第 17 次中国互联网络发展状况统计报告"的网民性别结构（男性 58.7%，女性 41.3%）基本一致。从地区分布来看，三省样本大致平衡，分别为甘肃 31.9%，湖南 35.3%，浙江 32.8%。

一、网络交往的基本结构

网络交往作为一种现实社会行为，其基本结构由交往方式、交往对象、交往主体等多个面向及其关系构成。

1. 网络交往方式

网络一经形成，就不只是一个信息交流空间，而且还是一个人们进行沟通和互动的场域，人们可以在其中开展社会生活，进行社会互动，而不只是交换信息、查阅资料。正如雪莉·特克所说，在今天，"网路空间已成为日常生活中的例行公事之一。当我们透过电脑网路寄发电子邮件，在电子布告栏发表文章或预订机票，我们就身在网路空间。在网路空间中我们谈天说地、交换心得想法，并自创个性及身份。我们有机会建立新兴社区——亦即虚拟社区，在那里，我们和来自世界各地从未谋面的网友

一起聊天,甚至建立亲密关系,一同参与这个社区。”①网民进入互联网最主要的目的,并不仅仅是为了寻找信息,更主要的是为了寻找符合自己想象中的他人,以便与之进行互动。当具有一定数量和规模,并且有着共同兴趣,充满相当程度的情感的人们聚集在网络空间,借助 QQ、MSN、聊天室、BBS、在线游戏或其他网络社区,参与公开或私密的在线讨论,与他人沟通、交换和互动时,一种虚拟真实的网络社会关系便形成了。

对于人们展开虚拟真实互动的网络场域,华莱士曾经概括为万维网、电子邮件、电子公告牌、新闻组、聊天室、MUD 等面向,并且强调,在不同的网络场域进行的人际互动,会有不同的行为特点,例如在匿名程度不同的网络场域,人们的交往行为就会呈现出相应的差异。而 Smith 和 Kollock 则在《网络空间的社群》一书中,将网络交往场域区分为电子邮件和讨论组、USENET 和 BBS、文本聊天、MUD 和万维网等几种形式。② 在本研究中,我们进一步将所有这些网络交往方式,区分为实时交往(同步交往)和非实时交往(非同步交往)两种基本类型。前者包括 QQ、MSN 等实时通讯软件、聊天室、网络游戏和新闻组等可以在同一时间进行一对一、一对多或多对多实时对话与互动的交往方式,而后者则包括如电子邮件、BBS 等不需要使用者同时在线,但仍可以进行信息、情感沟通和交流的交往方式。

在访谈中我们发现,上网青少年基本上都有经常使用某一种甚至几种网络交往方式的经历,他们以各种方式,在网络空间结交朋友、休闲娱乐。表 3.1 显示的是青少年经常使用的网络交往方式情况,其中借助实时聊天工具(如 QQ、MSN)与他人互动的比例最高,占所有样本的 73.4%,使用比例较高的还有通过电子邮件、聊天室或网络游戏与他人互动,分别为 35.0%、30.3% 和 27.3%,另外还有 14.1% 的青少年主要借

---

① S. 特克:《虚拟化身:网路空间的身份认同》,谭天等译,台北:远流出版事业 1998 年版,第 3 ~ 4 页。

② 华莱士:《互联网心理学》,谢影等译,北京:中国轻工业出版社 2001 年版;A. Smith & P. Kollock. eds. , *Communities in Cyberspace*. London:Routledge,1999.

表 3.1 青少年经常参与的网络交往方式(N=1676)

		频数	频率(%)
实时	QQ、MSN 等实时聊天	1231	73.4
	聊天室	507	30.3
	网络游戏	457	27.3
	新闻组	37	2.2
非实时	电子邮件	586	35.0
	BBS	236	14.1
	其他	32	1.9

助 BBS 与他人互动,而通过新闻组及其他方式与他人互动的比例则很低,分别只占样本的 2.2% 和 1.9%。可见,实时交往尤其是借助像 QQ、MSN 等实时聊天工具进行的在线聊天,是青少年在网上与他人交往和互动的最主要方式。相对而言,以其他方式进行人际沟通的比例较低,其中,尤其是像 BBS 和新闻组这些主题较为明确和公开的网络交往方式,青少年参与程度更低,说明青少年比较热衷于参与私密性较强的网络互动,而对参与讨论主题比较明确和公开的网络互动则兴趣较低。

进一步分析青少年网络交往方式与个体特征及网络介入程度的关系,可以发现(见表 3.2):在性别上,男性青少年主要借助 QQ、MSN 等聊天工具,以及网络游戏与他人互动,而女性青少年则主要借助 QQ、MSN 等聊天工具,以及电子邮件与他人互动;在年龄上,13~17 岁青少年主要通过 QQ、MSN 等聊天工具,以及网络游戏与他人互动,而 18~24 岁的青少年主要通过 QQ、MSN 等聊天工具,以及电子邮件与他人沟通;而在网络介入程度上,一般使用者和中度使用者主要使用的网络互动方式为 QQ 和 MSN 等聊天工具和电子邮件,而重度使用者主要使用的互动方式则是 QQ 和 MSN 等聊天工具和网络游戏。总体而言,在 QQ、MSN 等实时聊天工具的使用上,并没有明显的性别、年龄和网络介入程度差异,而在聊天室、网络游戏、电子邮件和 BBS 互动上,则存在着明显的性别、年龄和网

表 3.2　网络交往方式的个体特征和网络介入程度差异(%)

	性别		年龄		网络介入程度		
	男 (N=995)	女 (N=681)	13~17 岁 (N=938)	18~24 岁 (N=729)	一般使用 (N=876)	中度使用 (N=561)	重度使用 (N=196)
实时通讯	71.9	75.8	70.5	77.4	68.5	80.0	78.6
聊天室	27.8	33.8	32.5	27.6	31.7	29.6	26.0
网络游戏	37.0	13.1	36.2	15.5	23.6	25.5	48.0
新闻组	1.9	2.6	2.2	2.2	2.4	2.5	0.05
电子邮件	30.2	42.0	23.1	50.3	32.3	43.0	27.0
BBS	14.6	13.4	12.9	15.5	9.9	17.6	23.0
其他	2.4	1.2	1.8	1.9	1.7	2.1	0.5

络介入程度差异。

2. 网络交往对象

表3.3 的调查数据显示，在青少年的网络交往对象中，比例最高的是“现实生活中熟悉的周围朋友”，占58.3%，其次是“在外地学习和工作的朋友”，占33.0%，接下来依次为“网上认识的朋友”，也达到29.1%，“家人和亲戚”，占13.8%，“在网上偶然碰到的陌生人”，占7.7%。可见，网络空间的确方便了青少年超越时空限制与他人进行互动，扩展了他们的人际交往空间。借助互联网，青少年一方面维持与熟人的联系，尤其是那些在现实社会中可能因为时空限制而被迫暂时中断甚至终止的朋友、熟人关系，使那些彼此从小时候就悉心培养起来的友谊或经历长时间历史考验的社会关系，不会因为外在客观因素的变动而被割断；另一方面，青少年还能够借助网络和那些与自己并不处于同一物理空间的陌生人展开互动，从而扩展自己的人际接触面，拓展人际交往对象的选择范围，创造出在现实生活中所没有的新社会关系。① 网络甚至能让人们建立及维持

① 黄少华、翟本瑞：《网络社会学：学科定位与议题》，北京：中国社会科学出版社 2006 年版。

表3.3 青少年的网络交往对象(N=1642)

	频数	频率(%)
现实生活中熟悉的周围朋友	957	58.3
在外地学习或工作的朋友	542	33.0
网上认识的朋友	478	29.1
家人和亲戚	227	13.8
在网上偶然碰到的陌生人	126	7.7

全球性的友谊,美国科罗拉多州一位14岁少年说:"网络最棒的地方是,让全世界各地的人交流更便捷,而这一点正可以让你在全世界遍交好友。"而加拿大一位15岁女孩也说:"我是在线聊天室的忠实伙伴,我在网络上也遇到不少好朋友,有来自香港、德国、挪威,甚至英属哥伦比亚的罗伯特王子岛,我们交换音乐,互寄信件和照片,非常有意思。"①

通过分析青少年网络交往对象与个人特征和网络介入程度的关系,可以发现,女性青少年在网上主要与现实生活中熟悉的朋友,包括生活在周围的朋友和在外地的朋友互动,与女性青少年相比,男性青少年在网络交往中选择陌生人,包括网上认识的朋友,以及网上偶然碰到的陌生人作为交往对象的比例更高。在年龄上,13~17岁青少年的网络交往对象主要是现实生活中熟悉的周围朋友和网上认识的朋友,而18~24岁青少年的网络交往对象则以在外地学习或工作的朋友和现实生活中熟悉的周围朋友所占比例较高。造成这种差别的原因,可能与这两个年龄阶段青少年现实生活中朋友圈的差异有关,不过一个共同的特点是,现实生活中的朋友仍是不同年龄阶段青少年网络交往的主要对象。在网络介入程度上,与网络一般使用和中度使用者相比,重度使用者在网络交往中与陌生人进行互动的可能性更高。

---

① D.泰普斯科特:《数字化成长:网络世代的崛起》,陈晓开等译,长春:东北财经大学出版社1999年版,第236页。

表 3.4 网络交往对象选择的个体特征和网络介入程度差异(%)

	性别		年龄		网络介入程度		
	男 (N=970)	女 (N=672)	13~17 岁 (N=920)	18~24 岁 (N=722)	一般使用 (N=883)	中度使用 (N=563)	重度使用 (N=196)
周围朋友	56.8	60.4	65.7	49.3	58.1	56.9	65.8
外地朋友	29.9	37.6	16.0	54.2	32.8	36.6	24.0
网上朋友	30.7	26.8	29.4	28.7	25.7	31.5	37.3
家人亲戚	14.1	13.4	15.4	11.5	17.0	9.1	11.9
陌生人	8.8	6.1	7.7	7.8	7.4	7.1	10.4

在现实社会的人际交往中,人际社会关系的形成,受着外貌、能力、邻近、相似、互补、熟悉、互惠等因素的影响,那么,青少年在选择网络交往对象时最看重的因素有哪些呢?表 3.5 的统计结果显示,"与自己的兴趣爱好相同"是青少年选择交往对象时最主要考虑的因素,占 46.3%,接下来依次为"说话幽默"、"性格好,容易接触"、"有学问,知识丰富",分别占 44.6%、41.3%和 32.9%,而对现实人际交往有着重要影响的年龄和性别,仅位于第 5 和第 8 位,分别占 28.2%和 24.5%。① 这意味着,在网络交往中,一些在现实人际交往中被青少年特别看重的因素,如年龄、性别等,已经不是网络交往中人际吸引的关键因素;而兴趣、爱好、性格、学识等个体内在特征对网络交往的影响力,则开始被凸显出来。葛温尼说:"我喜欢在网络上交朋友,就是因为你不知道对方的长相,而且对方也不知道你的长相,双方是靠灵魂和心灵进行交往,完全和肉体无关。我讨厌别人用外表来评断别人。我在网络上结交朋友,甚至已经爱上一个若是在舞会中,我可能不会再看一眼的人。我相信人会在网络上相爱,因为他

① 在选择交往对象时看重年龄和性别的青少年网民,主要倾向于选择同龄网友和异性网友作为交往对象,分别占 76.1%和 72.9%。刘中起和风笑天对青少年 QQ 互动的研究也发现,在 QQ 互动时倾向于选择同龄网友和异性网友作为交往对象的比例分别为 79.0%和 71.2%(刘中起、风笑天:《青少年基于 OICQ 网际互动的基本结构研究:对武汉、黄石、鄂州、赤壁四市的调查》,《社会》2003 年第 10 期)。

表 3.5 选择网络交往对象的依据(N=1643)

	频数	频率(%)
与自己的兴趣爱好相同	761	46.3
说话幽默	732	44.6
性格好,容易接触	679	41.3
有学问,知识丰富	540	32.9
年龄	464	28.2
与自己对问题的看法相近	433	26.4
机智健谈	429	26.1
性别	402	24.5
网名好听	242	14.7
无所谓	176	10.7
其他	48	2.9

们先认识对方的灵魂。人们会想上网用文字倾诉自己的感情、想法、梦想、恐惧,就是因为这是表现自己最好的方法。假如你把外貌当成是第一条件,你在任何关系中,都将错失最重要的东西。”①我们在访谈中,也有多位被访青少年表达了类似的说法:“找网友,当然是聊得来的呀,有共同语言的,谈得来的。刚开始找网名让人舒服的,感觉很好的,看他的个人说明,我认为个人说明可以看出这个人是怎样的人,你说那?然后大家就聊感兴趣的事啦,……谈的(得)来就一直聊下去,不行就走人,网络没有势利眼,与现实生活中的朋友比,那是一种朦胧的感觉,舒服,没有权势的选择,没有长相的选择”(女,20 岁,高中生,网龄 6 年)。

3. 网络交往中的自我呈现

吉登斯非常强调媒介对现代社会中人们的自我认同的影响,他认为,在后传统的现代社会,由于时空的重新安排,使地方和全球的关系获得重组,自我认同经历了巨大的变化。② 而互联网的身体不在场和匿名特征,使人

① Gwinnell:《爱上电子情人》,何修宜译,台北:商周出版社 1999 年版,第 49~50 页。

② A. 吉登斯:《现代性与自我认同:现代晚期的自我与社会》,赵旭东等译,北京:三联书店 1998 年版。

们在网络空间的自我呈现比在现实世界更为自由。人们可以充分利用网络既隔离又连接的功能，隐匿部分甚至全部在现实世界里的真实身份，根据自己的兴趣和喜好，在自己的知识结构和想象力所及范围内，自由选择自己呈现给他人的面貌，重新塑造与现实世界中的自我不同的另一个甚至几个在线自我，从而既隐匿又显露自己的自我认同。①　与现实自我是以物理身体为基础不同的是，网络空间的自我是一种文本自我，②因此许多人会在网络空间借助文本书写精心设计自己的化名，并进一步在与他人的互动中继续经营这个化名，使之与自己希望获得的自我认同相符。而且与现实社会不同，在网络空间，“自我不仅只是因时间、地点、情境差异而扮演各种角色，……视窗所带来的世界是去中心的自我(decentered self)，在同一个时段活在不同的世界并扮演各种角色。在传统剧场及现实的角色游戏中，人们出入于各种角色间。相对地，‘泥巴’却让你同时拥有两种平行的身份及人生。这个平行、对应的感觉促使人们将网路与现实一视同仁。”网络空间的自我呈现，在本质上是不确定、多重、流动和零散的。这种流动、多变的自我认同，充分凸显了网络生存的后现代状态与特征。“对于后现代生活中特有的自我建构与再建构，网际网路已成为一座重要的社会实验室。我们透过网路的虚拟实境可以进行自我塑造与自我创造。”③网络空间的崛起，使人们获得了一种能够更加充分、方便地展现多重自我的途径。在网络空间，由于身体匿名，凭借想象，人们可以化身为多重身份，并呈现出多种人格。有网民就这样描述自己的网络生存状态：“我不是什么，而是许多什么。在进入泥巴之后，我的许多部分总能较在真实世界中得到更全面的表达。因此尽管我在泥巴中扮演不止一个自我，当我在扮演这些角色时，我觉得更像‘我自己’。”

---

①　黄厚铭：《虚拟社区中的身份认同与信任》，台湾大学社会学研究所博士论文，2001年；黄少华、陈文江：《重塑自我的游戏：网络空间的人际交往》，兰州：兰州大学出版社2002年版。

②　王志弘：《技术中介的人与自我：网际空间、分身组态与记忆装置》，《资讯社会研究》第3期，2002年。

③　S.特克：《虚拟化身：网路空间的身份认同》，谭天等译，台北：远流出版事业1998年版，第10、245页。

在网络空间，网民拥有多种呈现自我的方式，例如在BBS中的匿称和签名档，QQ中的昵称、个性签名和个人说明等，而网名则是网民在网络空间最基本的自我呈现方式。统计结果显示，在所有被访青少年中，没有网名的只有4.8%，而95.2%的青少年网民拥有自己的网名，其中拥有2个以上网名的有50.7%（2～4个占39.3%，5～7个占5.0%，8个以上占6.4%）。可见，借助网名，在网络空间重新形塑自己的在线身份，重新形塑自己呈现给他人的形象，已是目前青少年十分普遍的网络行为。而青少年网民在网络空间呈现的自我面貌，往往是自己所期待，但在现实生活中由于各种限制而无法呈现的自我面向。正如一位受访者在谈到自己的QQ昵称和个人说明时所说："我的网名是'柳絮花儿飞'，因为我喜欢柳絮随风飘的感觉，很美；我的个人说明是'乔装打扮，只是外在的点缀；花迭如山，也标不出生命价值的昂贵；只有健美的心灵，才能使青春流彩溢辉。我没有如云秀发，没有剪水双瞳，没有如花笑脸，没有婀娜身材。所有所有漂亮女孩该有的外表，我都没有，我从上到下，从前至后，都是普普通通的如一杯白开水'。它表达了我的内心世界。"（女，20岁，高中生，网龄6年）

另外，有超过一半的网民有2个以上网名，说明不少青少年在网络空间呈现的自我认同，是一种平行、多元、差异、去中心和碎片化的自我认同。[①] 在访谈中我们发现，有不少青少年的网名会随着心情的改变或时间的推移而改变，"我的QQ个人资料也改了很多次了，随时间变换，QQ资料也反映人的心理历程，看看资料，基本就可以猜出主人是什么样的类型了。"（男，22岁，大学生，网龄6年）波斯特在分析网络交往不同于现实交往的特征时说，网络引入了对身份进行游戏的种种新可能，而最为重要的是，网络消解了主体，使其从时间和空间上脱离了原位。[②] 在现实世界中，由于受角色的社会面貌的制约，人们要想重新塑造一个新的自我，有

① S. 特克：《虚拟化身：网路空间的身份认同》，谭天等译，台北：远流出版事业1998年版；黄少华、翟本瑞：《网络社会学：学科定位与议题》，北京：中国社会科学出版社2006年版。

② M. 波斯特：《信息方式：后结构主义与社会语境》，范静哗译，北京：商务印书馆2000年版。

表 3.6 网名数量的个体特征和网络介入程度差异(%)

	性别		年龄		网络介入程度		
	男 (N=978)	女 (N=678)	13~17 岁 (N=925)	18~24 岁 (N=726)	一般使用 (N=869)	中度使用 (N=577)	重度使用 (N=194)
0 个	5.4	3.8	6.2	2.9	7.0	2.3	0.0
1 个	42.1	47.9	42.5	47.0	49.4	42.7	27.3
2~4 个	39.8	38.6	39.1	39.7	36.9	40.6	47.4
5~7 个	5.4	4.4	4.8	5.4	2.8	7.0	9.3
8 个以上	7.3	5.2	7.5	5.1	3.9	7.4	16.0

着各种各样的困难。但在网络交往中,人们可以不受性别、外貌、学历、地域、职业等物理身份和社会身份的限制,重新选择自己的社会身份甚至物理身份。正如特克所说:“因特网是试验你的身份的地方——既以肯定的方式,也以否定的方式。”①网络空间使青少年网民获得了一个可以超越现实社会规范自由地进行自我呈现的舞台,与此同时,也正是由于青少年所塑造的种种网络自我之间的互动,才使网络空间真正具有了实在的社会意义。正如网络正在改变青少年的交往行为,青少年的网络交往行为也同时在改变着网络的本质。

通过对青少年拥有的网名数量与个人特征和网络介入程度的交互分析,可以发现两个基本特点,一是不同性别、年龄和网络介入程度的青少年所拥有的网名数量,都主要集中在 1~4 个之间;二是网络重度使用者拥有的网名数量,明显比中度使用者和一般使用者多,而网络中度使用者拥有的网名数量,则又比一般使用者多。卡方检验 X^2 值为 105.416($P<0.001$),表明青少年拥有的网名数量,存在着显著的网络介入程度差异。这一方面说明了借助网名来进行自我呈现,对于大多数青少年网民来说,

① M. 卡斯特等:《因特网的未来:一切都将再次发生变化》,《国外社会科学文摘》2001 第 2 期。

已经是其网络使用中的普遍行为模式,另一方面,青少年拥有的网名数量,与其网络介入程度之间呈现出明显的正相关关系。

戈夫曼将自我呈现区分为刻意营造和自然流露两种基本类型。他认为,为了符合沟通情境和角色期望,人们在自我呈现时会刻意表现出符合情境的行为,表现出符合他人期待的形象,而网络空间的技术和社会特性,为青少年提供了刻意营造自我的机会。① 在网络空间刻意营造一个甚至是多个新的自我,已经是今天青少年网络行为中的普遍现象。陶慧娟将青少年在网络空间的自我呈现,区分为三种基本类型:真实自我的转移、理想自我的呈现、呈现自我在现实中缺乏的一面。② 我们对青少年网名选择的调查结果显示(见表3.7),青少年在选择网名时最主要考虑的因素,是反映自己的内心欲望,其相对频率为24.4%,其次是体现自己的个性和能力,相对频率为22.5%,接下来依次为可爱好听、使用方便、没有什么特别原因和新鲜有趣,相对频率分别为18.1%、11.2%、11.2%和10.8%。这意味着,在身体不在场和匿名的网络空间,如何借助网名呈现自己的内心欲望,如何通过网名把自己的独特个性和能力呈现出来,是青少年选择网名时最主要考虑的因素;而选择可爱好听的网名,在相当程度上还是希望在社会交往中把自己理想的一面呈现出来。也就是说,借助网名,在网络空间实现自己的理想人格呈现,从而达到人性释放和欲望满足的目的,是青少年选择网名的主要依据。而网络空间既隔离又连接的特性,为青少年追求自我实现、呈现个性特征和能力,提供了一个宽广自由的空间。在网络空间,青少年能够十分方便地呈现个性化、多元化的自我,或者呈现在现实中被压抑或隐藏的自我面向,甚至重新塑造一个理想化的自我。

---

① H. Miller, *The presentation of self in electronic life: Goffman on the Internet*. http://ess.ntu.ac.uk/soc/miller/cyberpsych/goffman.htm ,1995.

② 陶慧娟:《网路交友互动分析:网路人际关系的虚幻与真实》,台湾世新大学传播研究所硕士论文,2004年。

表 3.7　确定网名的主要依据（N＝1579）

	相对频率（%）
反映自己的内心欲望	24.4
体现自己的个性和能力	22.5
可爱好听	18.1
使用方便	11.2
没有什么特别的原因	11.2
新鲜有趣	10.8
其他	1.8

二、网络交往的规模与内容

1. 网络交往规模

本研究所说的网络交往规模，是指在过去三个月中每周至少借助网络互动一次以上的网友（包括现实生活中的朋友和通过网络结识的网友）的数量。如上所说，由于网络空间具有既隔离又连结的特征，因此它不仅是一个可以维持熟人之间关系的平台，同时也是一个能够结识陌生人的空间，网络使青少年能够在已有的熟人之间的社会关系基础上，将社会关系进一步向陌生人扩展。表 3.8 统计的是被访青少年在最近三个月中借助网络每周至少保持互动一次以上的交往对象的规模。从表 3.8 的统计数据可见，青少年的网络交往对象以 16 个以上所占比例最高，为 28.1%，然后依次为有 5 个以下、6 至 10 个和 11～15 个交往对象，分别占 24.9%、23.3%和 8.5%。值得注意的是，有 15.2%的青少年表示自己在网络空间没有一个最近三个月中每周至少互动一次以上的交往对象。这意味着，一方面，多数青少年已经借助网络构建了规模不同的虚拟社会关系网络，对他们来说，网络已经成为其形塑社会关系网络的重要渠道；另一方面，也有部分青少年并没有在其网络交往中构建起比较稳定的社会关系网络，也就是说，其网络社会交往，基本上停留在浅交往的层面。

表 3.8　网络交往规模（N = 1653）

	频数	频率（%）
0 个	251	15.2
5 个以下	412	24.9
6～10 个	385	23.3
11～15 个	140	8.5
16 个以上	465	28.1

从表 3.9 网络交往规模与个人特征和网络介入程度的列联表来看，青少年网络交往规模没有明显的性别差异（$X^2 = 5.381, P > 0.05$），但存在着明显的年龄差异（$X^2 = 35.533, P < 0.001$）和网络介入程度差异（$X^2 = 53.617, P < 0.001$）。从网络介入程度来看，青少年的网络交往规模与网络介入程度成正比，也就是说，网络介入程度越高，网络交往规模也越大。Kraut 等人通过对美国匹茨堡地区家庭网络使用行为的研究，发现使用网络越多的人，其社会关系网络越小，①而卡兹等人的研究则显示互联网扩展了人们的社群、信息和友谊网络，是一个增加社会资本的重要资

表 3.9　网络交往规模的个体特征和网络介入程度差异（%）

	性别		年龄		网络介入程度		
	男（N = 979）	女（N = 674）	13～17 岁（N = 927）	18～24 岁（N = 718）	一般使用（N = 865）	中度使用（N = 553）	重度使用（N = 194）
0 个	15.5	14.7	16.3	13.9	19.0	11.0	8.2
5 个以下	23.8	26.6	21.1	29.8	25.3	25.1	20.6
6～10 个	24.7	21.2	20.8	26.5	24.3	23.9	18.0
11～15 个	7.7	9.6	9.2	7.5	8.8	8.3	9.3
16 个以上	28.3	27.9	32.6	22.3	22.7	31.6	43.8

① R. Kraut et al., Internet paradox: A Social technology that reduces Social involvement and psychological well-being? *American Psychologist*, 53(9), 1998.

源。① 如果仅仅局限于网络空间的社会交往来说，我们的研究结果，与Kraut等人的结果不同而比较接近于卡兹等人的研究结果。

2. 网络交往的主要内容

网络空间的人际交往，缺乏身体的实际接触，是一种身体不在场的匿名互动，这是网络交往与现实社会交往的一个实质性区别。在现实生活中，身体的实际嵌入，是维持连贯的自我认同与稳定的人际互动的基本途径。② 而在网络空间，由于身体不在场和匿名，人们可以在互动过程中避免身体的实际接触，因此无须像在现实交往中那样担心"规训权力"(disciplinary power)对身体造成伤害。由于这种匿名保护，人们在网络空间往往以一种更为开放、大胆的姿态投入到人际互动中去，把自己从各种现实束缚中解脱出来，根据自己的兴趣、爱好或动机，在网络空间与他人(甚至是陌生人)展开互动。这种以匿名面貌与他人展开的互动，有可能导致交往内容的改变。我们通过询问青少年在网络实时聊天和BBS互动过程中的主要话题，分别测量了青少年在这两种网络交往方式中的互动内容，数据统计结果分别见表3.10和3.11。

表3.10　网络实时聊天的主要话题(N=1623)

	相对频率(%)
自己感兴趣的问题，如音乐、足球等	24.3
没什么固定话题，无话不谈	22.8
学习或生活中遇到的各种问题	16.7
聊生活中的琐事	13.2
自己的理想或将来	11.7
生活中的情感或爱情	10.1
其他	1.1

① J. E. Katz & R. Rice, Syntopia: Access, civic involcement and social interaction on the Net. B. Wellman & C. Haythornthwaite. eds., *The Internet in Everyday Life*. Oxford: Blackwell Publishers Ltd, 2002.

② A. 吉登斯:《现代性与自我认同:现代晚期的自我与社会》，赵旭东等译，北京:三联书店1998年版。

表 3.11 BBS 互动的主要话题(N=601)

	频数	频率(%)
就社会问题发表自己的意见	241	40.1
抒发个人心情	187	31.1
随便跟贴灌水	126	21.0
寻求别人的帮助	47	7.8

从表 3.10 可见,在网络实时互动中,青少年聊天话题相对频率最高的是“自己感兴趣的问题,如音乐、足球等”,占 24.3%,其次为“没什么固定话题,无话不谈”,占 22.8%,接下来依次为“学习或生活中遇到的各种问题”、“生活中的琐事”、“自己的理想或将来”和“生活中的情感或爱情”,相对频率分别为 16.7%、13.2%、11.7%和 10.1%。而表 3.11 的统计结果则显示,在 BBS 互动中,青少年的互动话题以“就社会问题发表自己的意见”所占比例最高,为 40.1%,然后依次为“抒发个人心情”、“随便跟贴灌水”、“寻求别人帮助”,所占比例分别为 31.1%、21.0%和 7.8%。从青少年在实时聊天和 BBS 这两种不同网络互动场域中的话题差异可见,在不同的网络空间,青少年的互动行为有着不同的内容。比较而言,在实时聊天空间中,青少年主要谈论的话题是个人的兴趣爱好、生活、学习和情感,这意味着他们倾向于将聊天空间视为一个私人空间;而在 BBS 互动空间,青少年谈论较多的话题,既有社会问题也有个人情感问题,这意味着他们基本上把 BBS 视为了一个公私交织的空间。不过总体而言,这种差异背后所呈现的,是网络空间的一个共同趋向,即公共空间与私人空间之间的界限开始变得模糊,网络空间基本上是一个公私交织的新空间。① 对于这一趋向所包含的社会学意义,值得做进一步的深入思考。

调查结果还说明,青少年在网络空间的人际交往是一种较少功利性,

① 黄厚铭:《虚拟社区中的身份认同与信任》,台湾大学社会学研究所博士论文,2001 年;黄少华、陈文江:《重塑自我的游戏:网络空间的人际交往》,兰州:兰州大学出版社 2002 年版。

而更多基于兴趣的社会互动。很少有青少年借助网络从事功利性较强的交往行为,如通过网络空间寻求别人的帮助,而更多地从事的交往行为,是诸如谈论自己感兴趣的问题、聊学习或生活中遇到的各种问题、聊生活中的琐事等。也就是说,在网络交往中,共同兴趣已取代现实社会交往中的人际纽带,而成为一种新的人际纽带。同时,调查结果还显示,由于网络空间的身体不在场和匿名特征,青少年在网络交往中的话题比较广泛。例如在实时聊天中,青少年常常是无话不谈,甚至把自己在现实生活中常常连与同学和朋友都不谈的个人秘密,也展露在陌生人面前,与不认识的人讨论与共享,从而达到放松心情、抒解在学习和生活中面临的各种压力的目的。通过进一步分析实时聊天话题与网络介入程度的关系(见表3.12),我们还可以发现,网络介入程度越高,聊天的话题就越不局限于自己日常生活中的琐事与问题,而会更多地谈论自己的情感生活,聊天话题也更不固定、更加广泛。也就是说,网络介入程度越高,互动的层次就越深入,越可能无话不谈。

表3.12 实时聊天话题与网络介入程度的关系(%)

	一般使用(N=848)	中度使用(N=549)	重度使用(N=187)
自己感兴趣的问题,如音乐、足球等	24.9	23.6	24.6
没什么固定话题,无话不谈	19.4	25.0	31.0
学习或生活中遇到的各种问题	19.4	14.5	11.0
聊生活中的琐事	13.8	12.9	11.7
自己的理想或将来	13.1	10.7	7.5
生活情感或爱情	8.2	12.4	13.1
其他	1.2	0.9	1.1

三、网络交往语言

网络交往作为一种以身体不在场为基本特征的社会互动,导致人们在互动中缺乏身体的实际接触，这一方面让人们无须像现实交往中那样担心"规训权力"对身体造成伤害，从而能够根据自己的兴趣、爱好或动机，以一种更开放、大胆的姿态介入到社会互动中去；但另一方面，也增加了社会互动中的不确定感。而有学者强调，这种不确定感不利于人们的情感交流，加之社会惩罚不在场，会导致敌意行为的增加，从而无法建立真正的社会互动。[①] 不过 Walther 认为，网络不只是一种媒介，而更是一个社会互动场域，即使缺乏说话的腔调、口音和其他非口语化的肢体语言信息，如瞪眼、撇嘴、手势、点头等，从而无法了解参与者的年龄、性别、外貌、职业等社会线索，使用者也会利用语言、文字线索加以弥补，例如用表情符号、数字来表达情绪，从而促进人际互动的进行。[②] 瓦伦丁和霍尔韦认为，在网络空间，有些图标和文本已经被人们用来描述身体接触及其姿态，从而使网络使用者在网络交往中有一种与他人身体接触的感觉，这种感觉甚至被有些青少年进一步延伸到现实世界中。[③] 波斯特甚至认为，新的网络语言的形成，在相当程度上改变了社会关系网络，并重新建构着新的社会关系及关系主体。[④]

总之，由于网络空间是一个缺乏社会线索的场域，因此，人们在网络空间的各种社会行为，必须借助网络书写才能实现，这成就了网络语言在网络互动中的特殊地位。[⑤] 表 3.13 的统计结果显示，对于青少年网民来

---

① C. Berger & R. Calabrese, Some explorations in initial interaction and beyond: Toward a developmental theory of interpersonal communication. *Human Communication Research*, 1, 1975; E. Reid, *Electropolis: Communication and Community on Internet Relay Chat Honours Dissertation*. University of Melbourne, 1991; M. R. Parks & K. Floyd, Making friends in Cyberspace. *Journal of Computer-Mediated Communication*, 1(4), 1996.

② J. B. Walther, Interpersonal effects in computer-mediated interaction: A relational perspective. *Communication Research*, 19, 1992.

③ G. 瓦伦丁、S. L. 霍尔韦：《网络少年：青少年的网络和非网络世界》，《解读数字鸿沟：技术殖民与社会分化》，曹荣湘等译，上海：上海三联书店 2003 年版。

④ M. 波斯特：《信息方式：后结构主义与社会语境》，范静哗译，北京：商务印书馆 2000 年版。

⑤ M. 卡斯特：《网络社会的崛起》，夏铸九等译，北京：社会科学文献出版社 2003 年版；黄少华、翟本瑞：《网络社会学：学科定位与议题》，北京：中国社会科学出版社 2006 年版。

表 3.13　网络交往中网络语言使用状况(N=1598)

	经常使用		偶尔使用		从来不用	
	频数	频率%	频数	频率%	频数	频率%
数字符号(如886、456)	914	57.2	532	33.3	152	9.5
表情符号(如.0^/、^-^)	473	29.6	599	37.5	526	32.9
英文缩写(如3Q、GG)	345	21.6	606	37.9	647	40.5
网络用语(如恐龙、楼上)	251	15.7	498	31.1	849	53.1
谐音(如斑竹、偶)	250	15.6	479	30.0	869	54.4

说,在网络互动过程中使用网络语言,已经是一种十分普遍的网络行为了,其中尤其是数字语言的使用频率颇高,经常使用的占57.2%,偶尔使用的占33.3%,只有9.5%的青少年从来不用。其他如表情符号、英文缩写的使用频率也较高,分别为67.1%和59.5%。进一步考察网络语言使用的网络介入程度差异(表3.14),可以发现一个基本趋势:在所有类型的网络语言使用上,网络介入程度越高,网络语言的使用频率也越高。也就是说,网络语言的使用程度与网络介入程度之间呈正相关。卡方检验表明,除表情符号使用程度的网络介入程度差异不显著($X^2=3.693, P>0.05$)以外,在其他网络语言的使用程度上,均存在显著的网络介入程度差异。其中数字符号使用的网络介入程度差异 X^2 值为21.088($P<0.001$),英文缩写 X^2 值为33.663($P<0.001$),网络用语 X^2 值为26.709($P<0.001$),谐音 X^2 值为14.979($P<0.01$)。

口头语言和书面语言的二元交织,是网络语言的重要特征。作为一种口语化的书面语言,网络语言具有创新性和随意性强、个性化和人情味浓厚、娱乐性和时尚化凸显等特点。① 虽然调查数据显示,青少年对网络语言呈现出一种矛盾交织的心态(例如,对"网络语言是一种有活力的语言"的说法,分别有62.6%、23.1%和14.3%的青少年,表示同意、说不清

① 黄少华、陈文江:《重塑自我的游戏:网络空间的人际交往》,兰州:兰州大学出版社2002年版。

表 3.14 网络语言使用的网络介入程度差异(%)

		一般使用	中度使用	重度使用
数字符号	经常使用	51.4	61.8	64.0
	偶尔使用	35.7	29.8	27.5
	从来不用	12.9	8.4	8.5
	(N)	(856)	(537)	(189)
表情符号	经常使用	29.0	29.1	33.9
	偶尔使用	36.4	39.5	34.9
	从来不用	34.6	31.4	31.2
	(N)	(844)	(529)	(186)
英文缩写	经常使用	18.2	24.2	29.4
	偶尔使用	35.5	42.4	40.1
	从来不用	46.3	33.4	30.5
	(N)	(834)	(524)	(187)
网络用语	经常使用	12.1	19.8	22.6
	偶尔使用	30.4	32.4	32.8
	从来不用	57.5	47.8	44.6
	(N)	(836)	(521)	(186)
谐音	经常使用	12.8	19.4	19.6
	偶尔使用	30.1	31.3	28.8
	从来不用	57.1	49.2	51.6
	(N)	(837)	(520)	(184)

楚和不同意;但同时,又分别有46.1%、25.7%和28.2%的青少年对“网络语言会破坏语言的纯洁和规范”的说法表示同意、说不清楚和不同意),但在实际网络交往活动中,网络语言作为呈现、展示自己的个性,塑造自我形象,表达内心渴望的重要方式,被青少年大量使用,从而导致其交往行为呈现出一些新的特点。而从青少年的网络语言使用动机,我们可以大致窥见网络语言对青少年的吸引力所在。表3.15的统计结果显示,有64.1%的青少年之所以在网络交往中使用网络语言,是因为网络语言简洁方便、灵活形象,而46.4%的青少年则是因为使用网络语言沟通方便,25.7%的青少年是因为网络语言能够展现自己的个性,15.0%的

表 3.15　网络语言使用动机（N = 1653）

	频数	频率（%）
简洁方便，灵活形象	1060	64.1
与网友沟通方便	767	46.4
展现自己的个性	425	25.7
时髦有趣	248	15.0
表达自己内心的愿望	233	14.1
塑造自己在网上的形象	199	12.0
有人情味	147	8.9
标新立异	143	8.7
不用会被别人笑话	103	6.2
其他	49	3.0

青少年是因为网络语言时髦有趣，14.1% 的青少年是希望借助网络语言表达自己内心的愿望，而有 12.0% 的青少年是想借助网络语言塑造自己在网上的形象。可见，网络语言所具有的独特的灵活性、不确定、时尚、娱乐性魅力，使它成为了青少年实现互动、追寻自我、体验虚拟生活的一种全新方式。尤其是网络语言的简洁方便、灵活形象特征，方便青少年在网络交往中灵活地使用语言，通过转变词汇甚至句法，创造出新的语言沟通与互动策略，达到节省交往时间，压缩交往空间的效果，①这也是数字语言、表情符号、英文缩写等各种网络语言被青少年网民接受并在网络交往中大量使用的原因所在。而有关的研究则显示，网络语言的大量使用，已经在相当程度上改变了人际互动的言谈结构和话轮转换规则。②

① 叶玫君：《年轻族群行动文字简讯使用研究初探》，《资讯社会研究》（台湾）第 6 期，2004 年。

② 陈俞霖：《网路同侪对 N 世代青少年的意义：认同感的追寻》，台湾：南华大学社会学研究所，2003 年。

第二节 网络交往中的虚拟人际信任

一、网络交往动机与交往行为

1. 网络交往动机

在一定需要基础上产生的交往动机，作为驱动人的社会交往行为的基本力量，①是分析青少年网络交往的一个重要指标。关于网络交往动机，社会科学界已经做了大量的研究。李逢坚把青少年使用网络聊天室的动机归纳为结交新朋友、消除寂寞感、打发时间、好奇与炫耀、增长见识、缓解情绪、需要他人倾听、寻求认同和归属感等八个方面；黄少华等把网络交往动机区分为寻找安全感、体验归属感、肯定自我价值、消解压抑感和满足权力欲等；陶慧娟把青少年网络交友动机归纳为交朋友尤其是结交异性朋友、借助书写发泄和分享自己的心情、削除寂寞感与寻求认同感等；孙丽燕则认为青少年参与网络互动的主要动机，包括寻求注重内涵的情感交往、确立网络社会地位和获得网络资本、角色扮演和自我实现、拓展交往空间、构建新的社会网络。②

基于从相关研究文献归纳的指标，我们对青少年网络交往动机进行了测量。根据对测量结果的分析，我们发现，借助网络找人聊天、打发时间，是青少年最重要的交往动机，其相对频率达到 24.8%，其次是借助网络与熟悉的朋友联络，其相对频率为 24.2%，其他相对频率较高的交往

---

① 周晓虹：《现代社会心理学：多维视野中的社会行为研究》，上海：上海人民出版社 1997 年版。

② 李逢坚：《青少年网络聊天室使用文化之研究》，http://www.sinica.edu.tw/~tsa/old/paper/2001-5-1.doc，2001 年；黄少华、陈文江：《重塑自我的游戏：网络空间的人际交往》，兰州：兰州大学出版社 2002 年版；陶慧娟：《网络交友互动分析：网路人际关系的虚幻与真实》，台湾世新大学传播研究所硕士论文，2004 年；孙丽燕：《虚拟社区中青少年网民网际互动的动机与规范》，《郑州航空工业管理学院学报》2004 年第 4 期。

表 3.16　青少年网络交往动机(N=1617)

	相对频率(%)
找人聊天,打发时间	24.8
与熟悉的朋友联络	24.2
结交新朋友	13.6
扩展自己的见识	10.2
交流信息	10.1
向他人倾诉或发泄情绪	7.0
消除寂寞	6.4
追赶潮流	2.0
获得别人的认可	1.1
其他	0.6

动机还有结交新朋友、扩展自己的见识、交流信息,相对频率分别为13.6%、10.2%和10.1%。综合起来看,青少年的网络交往动机主要可以归纳为三个方面:

第一,沟通联络,结交朋友。处于社会化关键时期的青少年,因为其身心特点,一般都热衷于参与同辈群体互动。渴望结交朋友,喜欢热闹,逃避孤独,是青少年的基本心理状态。互联网的兴起,为青少年提供了一个全新的同辈群体互动平台。借助网络,青少年不仅能够维持与熟人之间的联络,而且能够结识更多的陌生朋友,从而使自己的交往范围得到扩展。调查结果显示,联络沟通、结交朋友是青少年最主要的网络交往动机之一,其相对频率达到了37.8%,其中与熟悉的朋友联络占24.2%,结交新朋友占13.6%。

第二,打发时间,宣泄情感。网络空间的身体不在场和匿名特征,方便青少年在网络空间将现实身份隐藏起来,借助网名重新选择自己的全部或部分身份,虚构另一个甚至几个与现实身份不同的虚拟身份,从而以网络书写语言与他人沟通。因此,网络交往过程中所发生的任何不愉快或令人尴尬的情景,都不会全面触动个人的自我认同。在这种没有后顾之忧的情形下，青少年常常会尝试平常不敢尝试的各种举动和经验，大胆而直接地与陌生人进行虚拟互动，通过向他人倾诉或发泄情绪，释放心灵深处的真实自我，逃避现实生活中的学习和社交压力。调查结果显示，打发时间，宣泄情感，是青少年网络交往的重要动机，其相对频率达到了38.2%，其中找人聊天、打发时间占24.8%、向他人倾诉或发泄情绪占7.0%、消除寂寞占6.4%。

第三，交流信息，获取网络资源，扩展见识。通过人际互动获得和交流信息，是人际交往的基本功能。在网络互动中，交流信息、获取网络资源，仍然是青少年参与交往的一个重要动机。调查结果显示，扩展自己的见识、交流信息、获取网络资源，在青少年网络交往动机中所占的相对频率，也达到了20.3%，其中扩展自己的见识占10.2%，交流信息占10.1%。

为了更好地了解青少年的网络交往动机，我们进一步询问了网络聊天的吸引力，以测量促成青少年网络交往的外在因素。从表3.17可见，对青少年来说，网络聊天的吸引力主要在于"能不受时间和地点限制与他人交谈"(22.2%)、"想聊就聊，不想聊可以马上离开"(19.1%)、"什么话题都可以聊"(13.4%)、"没有压力、轻松"(12.2%)等。这意味着，网

表3.17 网络聊天的吸引力(N=1632)

	相对频率(%)
能不受时间和地点限制与他人交谈	22.2
想聊就聊，不想聊可以马上离开	19.1
什么话题都可以聊	13.4
没有压力、轻松	12.2
有一种神秘和新鲜感	12.0
隐蔽和匿名性好	7.9
容易获得情感支持	5.9
能借助聊天获得最新的流行信息	5.0
能获得和别人斗嘴乐趣	1.3
其他	1.0

络空间之所以能够成为青少年实现沟通联络、结交朋友、打发时间、宣泄情感、交流信息、获取网络资源等交往动机的场域，是与网络空间的不受时间和地点限制、匿名等场域特性密切相关的。

2. 网络交往行为习惯

如前所述，青少年的网络交往作为一种社会行为，包括实时交往(同步交往)和非实时交往(非同步交往)两种基本类型。作为一个初探性的研究，我们无法全面考察青少年网络交往的行为结构，而只选择通过询问青少年在QQ、MSN等实时聊天和BBS非实时互动中的行为习惯，来初步分析青少年在这两种不同类型交往方式中的行为特征。

首先，在QQ、MSN等实时聊天场域中，网络的既隔离又连结、缺乏情境线索、化名和弹性同步等互动特性呈现得尤为典型，①青少年在其中不仅可以决定透露哪些自己的个人资料，把自己的哪一面展示给他人，可以控制自我呈现的方式，甚至重新塑造一个新的自我，而且青少年还能够完全依据自己的意愿，选择聊天对象。那么，在这样的互动空间中，青少年选择聊天对象时会呈现出怎样的行为特征呢？是否会经常更换聊天对象？表3.18的统计结果显示，在QQ、MSN等实时聊天活动中，绝大多数青少年的聊天对象是比较固定的，其比例达到72.5%，其中总是固定地与几位网友聊天的比例也达到了24.8%。同时，也有21.8%的青少年并

表3.18 是否经常更换聊天对象(N=1559)

	频数	频率(%)
聊天对象相对固定	744	47.7
总是与几位固定的网友聊天	386	24.8
遇到谁就和谁聊	340	21.8
经常更换聊天对象	57	3.7
每次都找陌生人聊天	32	2.0

① 陈俞霖:《网路同侪对N世代青少年的意义:认同感的追寻》,台湾:南华大学社会学研究所,2003年。

没有固定的聊天对象，遇到谁就和谁聊，而有2.0%的青少年甚至每次都只找陌生人聊天。这意味着，一方面，由QQ、MSN等实时聊天工具建构的交往场域，是一个以维持与熟人的沟通为主，同时又展开与陌生互动的交往场域；另一方面，多数青少年已在网络交往中构建了较为稳定的人际关系网络，只有少数青少年没有能够在网络交往中构建起稳定的人际关系网络。

其次，人们一般倾向于认为，与QQ、MSN等实时聊天空间不同，BBS作为非实时互动场域，更像是一个讨论性的网络公共领域，人们可以在这一空间中，阅读各种与主流媒体有所不同的信息和观点，从而扩展自己的视野，并且可以随时针对各种社会问题和社会现象自由发表自己的想法或观点。① 但是通过对青少年网民的BBS行为习惯进行测量（表3.19），我们发现，与QQ、MSN等实时聊天工具的使用广泛程度相比，青少年对BBS互动的兴趣相对较低，有59.6%的青少年只是偶尔或经常浏览BBS（其中经常浏览的仅为21.7%），而从不在BBS空间发言；只有33.9%的青少年会偶尔在BBS发言，而经常发言的则只有6.4%。也就是说，青少年网民参与BBS互动的程度并不高。这意味着，多数青少年更倾向于把网络空间视为一个私密性的人际互动平台，对像在BBS这样的公共空间中进行公共性的社会互动缺乏兴趣。这种现象在相当程度上展现了网络一代价值观念的转变，意味着以往为人们所重视和关注的对公共事务的

表3.19　在BBS上的行为习惯（N=1491）

	频数	频率（%）
偶尔浏览	565	37.9
偶尔以游客身份发言	348	23.3
经常浏览但不发言	324	21.7
偶尔以注册名发言	158	10.6
经常以注册名发言	96	6.4

① 彭兰：《中国网络媒体的第一个十年》，北京：清华大学出版社2005年版。

理性讨论，在今天已被青少年视为生活中次要的事情，而往日被人们视为次要的、难登大雅之堂的个人情感、内心感受和人际接触，反而被青少年视为生活中更重要的东西，成为他们在网络互动中公开交流的主要内容。① 这种后现代价值观对青少年的行为方式将会产生什么样的影响，是一个值得进一步关注和深入研究的问题。

二、网络交往中的虚拟人际信任

1. 网络交往的结构性风险

网络交往作为在身体不在场情况下进行的匿名交往，很多人会在交往中全部或部分地隐匿自己的真实身份。不过，这种现实社会身份虚位的匿名交往，不只给人们创造了自由的交往空间，同时也造成了交往中的身份识别困难，从而为信任危机的产生埋下了隐患，②因为由匿名导致的交往对象信息不确定性，以及惩罚的可逃避性，都使得网络交往中的人际信任包含较为明显的风险性。社会学认为，风险作为一种与可能性和不确定性密切相关的存在，是指在与未来结果的可能性关系中被评价的不确定程度。网络社会正是这样一个内在地包含着不确定性的风险社会，风险是网络社会的内在构成因素。而风险之所以会成为网络社会的内在构成因素，是因为网络空间在时空上具有跨地域和即时性特点，人们的行为已越来越不依赖于特定的地点和时间，并且信息成为了社会行为的关键要素，同时在虚拟的网络行为中，行为主体的社会面貌是虚位的。③ 所有这一切造成的一个共同结果是，在网络空间的人际交往中，信任问题被凸显了出来。

但是，另一方面，也正是因为信息的缺乏，所以在人际交往中信任才

---

① 陈竞存、陈之虎：《从"青少年网上行为研究"看本地网上群组的形成》，《青年研究学报》1998 年第 2 期。

② 黄少华、陈文江：《重塑自我的游戏：网络空间的人际交往》，兰州：兰州大学出版社 2002 年版。

③ 黄少华、翟本瑞：《网络社会学：学科定位与议题》，北京：中国社会科学出版社 2006 年版。

是必要的。① 吉登斯认为,信任关系作为与现代性相关联的扩展了的时空延伸的基础,包括系统信任和个人信任两种类型。但是在网络空间,无论是系统信任还是个人信任,其作用都大大地减弱了。我们的调查结果显示,有46.0%的青少年认为网络交往缺少信任,因而交往无法深入,42.6%的青少年认为由于网络交往缺少表情和情绪信息,因此交往缺乏诚意,40.9%的青少年认为在网上认识的朋友不可靠,27.6%的青少年强调网络交友容易受到欺骗,因此不敢尝试在网上交友,这说明对网络空间的交往风险,青少年有着一定程度的感知。但比较而言,他们对网络空间因为匿名而带来的安全感的认知程度却更高,有74.8%的青少年觉得网络交往不会暴露自己的真实身份,72.8%的青少年认为网络交往比较容易保护自己的个人空间,71.2%的青少年强调网络交往可以不受时间和空间的限制,70.0%的青少年觉得网上聊天比面对面交谈让自己更轻松自在,69.6%的青少年强调借助网络能结交到志同道合的朋友。正因为如此,所以网络交往中的信任风险并没有让青少年在陌生人面前止步,相反,网络交往在青少年眼中有着独特的魅力,网络空间吸引着大量青少年参与其中与他人甚至是陌生人进行互动。

2. 青少年网络交往中的虚拟人际信任

社会学家认为,人际信任是在人际交往中对交往对象的一种预期及信念。② 考虑到网络交往既是熟人之间的互动,又是陌生人之间的交流,因此在对网络交往中的人际信任进行测量时,我们将人际信任的对象区分为熟人和陌生人两类;同时,考虑到青少年的网络行为取向包括工具性取向和情感性取向两个方面,因此在对网络人际信任即人们对交往对象的预期及信念进行测量时,我们分别测量了工具性和情感性两类行为。测量统计结果见表3.20。

① A. 吉登斯:《现代性的后果》,黄平译,南京:译林出版社2000年版。

② 杨中芳、彭泗清:《中国人人际信任的概念化:一个人际关系的观点》,《社会学研究》1999年第2期;N. 卢曼:《信任:一个社会复杂性的简化机制》,瞿铁鹏等译,上海:上海人民出版社2005年版。

表 3.20　网络交往中的虚拟人际信任

	陌生人(N=1568)		熟人(N=1585)	
	频数	频率%	频数	频率%
寄钱给对方,让他帮自己买东西	232	14.8	580	36.6
把自己的游戏账号借给对方	324	20.7	700	44.2
向对方倾诉自己的烦恼或心事	356	22.7	996	62.8
接受对方的邀请与其见面	361	23.0	743	46.9
耐心回答对方的询问	608	38.8	1203	75.9
在对方情绪低落时倾听和安慰对方	693	44.2	1186	74.8

从表 3.20 可以看出,从行为内容来看,青少年在网络交往时从事“在对方情绪低落时倾听和安慰对方”、“向对方倾诉自己的烦恼或心事”、“耐心回答对方的询问”等情感性交往行为的频率较高,而从事“接受对方的邀请与其见面”、“把自己的游戏账号借给对方”、“寄钱给对方,让对方帮自己买东西”等涉及利益和安全的工具性行为的频率较低;从行为对象来看,所有六种涉及人际信任的行为,其参与程度都呈现出一个共同的趋势,即与熟人之间的互动频率,明显高于与陌生人之间的互动频率。

为了简化网络人际信任的测量指标,我们对上述六种有关网络人际信任的交往行为进行了因子分析。因子分析采用主成份分析作为抽取因子的方法,以特征值大于 1 作为选择因子的标准,采用正交旋转法中的最大方差旋转法作为转轴方法,以降低因子的复杂性。在进行因子分析之前,我们先计算出相关矩阵,以观测问卷题项之间的相关关系,并对相关矩阵进行检验。经计算发现,六种行为之间存在一定程度的相关性,KMO 检验表明,其 KMO 值分别为陌生人信任 0.728,熟人信任 0.699,巴特利特球状检验卡方值分别为 2250.554 和 1434.671,自由度(df)为 15,均在 0.000(Sig. = .000)水平上统计检验显著,说明所有题项适合进行因子分析。因子分析结果,在两个量表中,六个变量最终均被浓缩为两个因子。两个量表的累积方差贡献率分别为 65.094% 和 60.138%。共同度除陌生人信任中的"向对方倾诉自己的烦恼或心事"接近0.5以外,其余都在0.5以上,基本达到了因子分析的要求(见表3.21和3.22)。接下来,我们分别计算出陌生人信任与熟人信任各因子题项间的Cronbach's α系数,对量表进行了信度检验,其中陌生人信任因子的Cronbach's α系数分别为0.8271和0.5859;熟人信任因子的Cronbach's α系数分别为0.6141和0.6700,说明量表的内在一致性在可以接受的范围内。

表3.21 网络交往中陌生人信任的因子分析结果

	工具信任	情感信任	共同度
把自己的游戏账号借给对方	**.863**	-.106	.757
接受对方的邀请与其见面	**.859**	-.048	.740
寄钱给对方,让他帮自己买东西	**.848**	-.155	.743
在对方情绪低落时倾听和安慰对方	-.192	**.782**	.649
耐心回答对方的询问	-.086	**.722**	.529
向对方倾诉自己的烦恼或心事	-.009	**.699**	.488
特征值	6.994	3.855	
方差贡献率(%)	41.966	23.128	
累积方差贡献率(%)	41.966	65.094	

表3.22 网络交往中熟人信任的因子分析结果

	情感信任	工具信任	共同度
向对方倾诉自己的烦恼或心事	**.812**	.007	.659
在对方情绪低落时倾听和安慰对方	**.802**	.045	.646
耐心回答对方的询问	**.668**	.259	.514
寄钱给对方,让他帮自己买东西	-.091	**.806**	.659
把自己的游戏账号借给对方	.132	**.772**	.613
接受对方的邀请与其见面	.357	**.626**	.519
特征值	6.338	3.685	
方差贡献率(%)	38.026	22.112	
累积方差贡献率(%)	38.026	60.138	

最后,我们根据各因子的共性,分别将两个因子命名为情感信任因子和工具信任因子。其中情感信任因子包括“向对方倾诉自己的烦恼或心事”、“在对方情绪低落时倾听和安慰对方”和“耐心回答对方的询问”三题,主要描述网络交往中的情感性互动行为;工具信任因子包括“寄钱给对方让他帮自己买东西”、“把自己的游戏账号借给对方”和“接受对方的邀请与其见面”三题,主要描述网络交往中涉及资源互动的工具性行为。

因子分析得到的因子值是一个标准化值(均值为0,标准差为1),为了便于分析和说明,我们将其转换为1到100之间的指数。表3.23的统计数据表明,首先,青少年在网络交往中对熟人与陌生人的信任程度有着明显的差异。从均值和中位值来看,无论在情感信任因子还是工具信任因子上,对熟人信任的均值和中位值都高于对陌生人的信任。从众值来看,青少年对陌生人的信任,在情感信任因子和工具信任因子上的众值都是1,说明许多青少年在网络交往中对陌生人完全不信任;而对熟人的情感信任因子和工具信任因子众值分别为87.386和85.39,说明青少年对熟人信任程度较高。其次,青少年的情感信任程度和工具信任程度存在着明显差异。从均值来看,情感信任因子的均值分别为34.83(陌生人)和71.64(熟人),而工具信任因子的均值则分别为21.34(陌生人)和43.369(熟人),说明青少年在工具性交往中对他人的信任程度,明显低于情感性交往中对他人的信任程度;从中位值和众值也可以看出类似的

表3.23 网络人际信任的均值、中位值、众值及标准差

	情感信任		工具信任	
	陌生人	熟人	陌生人	熟人
均值	34.830	71.640	21.340	43.369
中位值	29.479	87.386	5.530	37.383
众值	1.000	87.390	1.000	85.390
标准差	29.799	27.975	29.340	29.865
最小值	1.00	1.00	1.00	1.00
最大值	100.00	100.00	100.00	100.00

特征,例如有50%的陌生人在情感信任因子上的得分低于29.479,而在工具信任因子上则有50%的陌生人得分低于5.53。概括地说,青少年网络人际信任的基本特点是:就交往对象而言,更信任熟人,而就信任内容而言,则对情感性互动或者说情感支持行为的信任程度,高于工具性互动或者说资源互动行为。

在对现实生活中的人际信任进行研究时,人们发现,一个人所掌握的社会资源,包括收入、工作、权力、教育和社会网络,会影响其被他人信任及信任他人的程度。① 那么,网络空间的人际信任是否也有这种个体资源上的差异?同时,网络介入程度差异是否也会导致网络人际信任的差异?表3.24的统计结果表明,在网络交往中对陌生人的信任程度,无论是在性别、年龄这两项个体特征上,还是在网络介入程度上,都不存在明显的差异;而对熟人的信任程度,却存在着明显的性别、年龄和网络介入

表3.24 网络人际信任的个体特征与网络介入程度差异

			频数	均值	标准差	t,F
性别	男	陌生人	863	26.932	21.834	-.193
	女		608	27.148	20.074	
	男	熟人	854	58.893	30.556	5.032 ***
	女		609	51.060	27.563	
年龄	13~17岁	陌生人	847	26.975	21.188	.002
	18~24岁		618	26.973	21.033	
	13~17岁	熟人	836	52.636	29.008	-4.528 ***
	18~24岁		621	59.692	29.954	
网络介入程度	一般	陌生人	779	28.074	21.230	2.041
	中度		492	26.244	20.572	
	重度		165	25.014	22.039	
	一般	熟人	782	53.161	29.223	7.641 ***
	中度		484	58.049	29.577	
	重度		161	61.517	29.202	

注:1.性别和年龄为t检验,网络介入程度为F检验

2. * $p<0.05$, ** $p<0.01$, *** $p<0.001$

① 王绍光、刘欣:《信任的基础:一种理性的解释》,《社会学研究》2002年第3期。

程度差异，其中男性高于女性，18～24岁青少年高于13～17岁，而网络介入程度越高，信任程度也越高。

三、青少年网络交往的行为后果

互联网为人们的沟通与互动提供了新的空间和途径，借助网络空间展开的社会互动，已经开始在人们的社会交往中占有越来越重要的位置和比重。但是，网络在带给人们人际互动的新机会和新途径的同时，也对人们已经习惯的交往方式发生着冲击甚至威胁。其中关于网络对现实社会互动的影响，有些学者强调网络扩展和丰富了人们的社会互动，但也有学者强调网络强化了社会的隔离和原子化。[①] 我们通过对网络交往规模的测量，发现网络的确扩展了青少年的虚拟社会关系网络。为了进一步测量网络交往对现实社会关系的影响，我们分别询问了青少年在参与网络交往后，与家人和朋友关系的变化。统计结果显示，从相处时间来看，在参与网络交往后，与家人和朋友相处时间并没有发生变化的青少年，分别占76.8%和56.6%，相处时间因为网络交往而减少的青少年，分别只占15.6%（与家人）和12.2%（与朋友），而另有7.6%和31.2%的青少年与家人和朋友相处的时间反而增加了；从交往质量来看，同样是自我感觉没有改变的青少年最多，分别占79.8%（与家人）和61.5%（与朋友），与家人和朋友的交往质量因为网络交往而变差的青少年也只有8.1%（与家人）和3.8%（与朋友），而与家人和朋友的关系变好的青少年则分别为12.1%（与家人）和34.8%（与朋友）。由此可见，第一，从相处的时间长度和关系质量变化来看，在参与网络交往后，与家人和朋友在现实生活中的关系并没有发生变化的青少年占极大多数。第二，网络交往对青少年现实生活中的朋友关系的影响程度，要大于对家人关系的影响程度，有43.4%的青少年在参与网络交往后与朋友相处的时间发生了变化，而与家人相处时间因为参与网络交往而发生变化的则只有23.2%；同时，

① A. 吉登斯：《社会学》，赵旭东等译，北京：北京大学出版社2003年版，第598页。

表 3.25　青少年社会关系变化的网络介入程度差异(%)

		一般使用	中度使用	重度使用
家人相处时间	减少	9.6	20.0	30.6
	增加	8.5	6.9	6.7
	没变	81.9	73.1	62.7
	(N)	(863)	(554)	(193)
朋友相处时间	减少	8.4	15.3	21.5
	增加	31.9	30.1	31.9
	没变	59.7	54.5	46.6
	(N)	(866)	(554)	(191)
与家人关系	变差	5.9	8.6	17.1
	变好	12.7	11.2	12.4
	没变	81.4	80.2	70.5
	(N)	(864)	(555)	(193)
与朋友关系	变差	2.4	4.2	8.4
	变好	34.7	34.0	38.2
	没变	62.9	61.8	53.4
	(N)	(865)	(553)	(191)

因为参与网络交往而与朋友关系质量发生变化的青少年占 38.5%，而在与家人的关系中这一比例只有 20.2%。

虽然总体而言，多数青少年在使用网络后与家人和朋友的关系变化不大，但是，是否网络介入程度不同的青少年，其关系发生变化的程度会有明显的差异。为此，我们进一步分析了网络交往对现实社会关系的影响程度与网络介入程度之间的关系。从表 3.25 的统计结果可见，无论是与家人和朋友相处的时间，还是与家人和朋友关系的质量，都存在着明显的网络介入程度差异，且卡方检验显示均在 $P<0.001$ 水平上统计显著。从交往时间变化来看，网络介入程度越高，与现实生活中的家人和朋友相处时间发生变化的比例越高，而没有变化的比例越低。现实社会关系质量变化也呈现出同样的趋势，网络介入程度越高，现实社会关系质量发生变化的比例越高，而没有变化的比例越低。

此外，通过调查我们还发现，网络交往对青少年发生着双重的影响。一方面，网络的确扩展了青少年的交往范围，并且丰富了他们的日常生活，缓解了他们的学习和生活压力，例如有46.0%的青少年表示网络聊天使自己忘掉了生活和学习中的烦恼，甚至有24.6%的青少年因为网络而改变了自己在现实生活中的交往方式；另一方面，由于网络的结构性特征，使青少年在网络空间容易结识不良网友，并可能因此而给自己带来伤害，例如有19.6%的青少年表示在网络交往中曾经结识了一些给自己带来麻烦的网友，10.9%的青少年曾遭到网友恐吓或欺骗，9.7%的青少年曾遭到网友的性骚扰。

第三节　青少年的网络交往认知

一、青少年网络交往认知量表的建构

对青少年网络交往认知的测量，我们采用的是李克特五点尺度量表，用23题询问了青少年对网络交往的认知。根据被访青少年的回答，我们大致可以得出以下几点结论：(1)青少年对网络空间的匿名、时空压缩、既隔离又连接、缺乏情境线索等特性，以及这些特性对网络交往的积极作用，有着较高程度的认知。例如有74.8%的青少年认为网络交往的好处是“不必暴露自己的真实身份”，72.8%认为网络交往“能很好地保护自己的个人空间”，71.2%认为网络“交往不受时间和空间的限制”，70.0%感觉“网上聊天比面对面交谈让我更轻松自在”，57.7%认为“在我寂寞和想倾诉时容易找到倾听的人”。(2)有相当一部分青少年肯定网络交往对扩展与丰富现实人际交往的价值。例如有70.9%的青少年认为“网络扩展了自己的交往范围”，69.6%认为借助网络“能结交到志同道合的朋友”，66.5%认为“网络聊天增加沟通乐趣，拉近与朋友的关系”，55.3%认为网络交往“提高了自己在现实生活中的交往技巧”，40.3%认

为“网络世界比现实世界更容易找到知音”。(3)有不少青少年对网络人际信任心存疑虑。例如分别有45.4%、21.7%和32.8%的青少年对网络交往“缺少信任,交往无法深入”的说法表示同意、说不清楚和不同意,有42.7%、21.3%和36.0%对网络交往“缺少表情和情绪信息,交往缺乏诚意”的说法表示同意、说不清楚和不同意,有40.8%、24.2%和35.0%对“网上认识的朋友不可靠”的说法表示同意、说不清楚和不同意。

在对网络交往认知量表进行描述性频率统计的基础上,为了简化测量指标,我们进一步对量表进行了因子分析。因子分析采用主成份分析作为抽取因子的方法,以特征值大于1作为选择因子的标准,采用正交旋转法中的最大方差旋转法作为转轴方法,以降低因子的复杂性。在进行因子分析之前,我们先计算出原有23题的相关矩阵,分析各题项间的相关关系,并对量表中的题项是否适用因子分析进行检验。对相关矩阵的KMO检验,得到KMO值为0.860,巴特利特球状检验的卡方值为6512.606,自由度(df)为253,在0.000(Sig. =.000)水平上统计检验显著,说明所有指标适合进行因子分析。因此将所有题项均采纳,进入后续的因子分析。因子分析结果,共析出特征值大于1的因子五个,五个因子的累积方差贡献率为48.368%。但是“能结交到志同道合的朋友”、“网络扩展了我的交往范围”、“提高了自己在现实生活中的交往技巧”三个题项的因子负载小于0.5,因此将这三个题项剔除,进行二次因子分析。二次因子分析净化出五个因子,五个因子的方差贡献率分别为12.910%、10.374%、10.011%、9.182%和8.923%,累积方差贡献率为51.400%,共同度除“同时与多人交谈让我觉得很有乐趣”、“不必暴露自己的真实身份”和“网友与现实生活中的朋友是不一样的”低于0.4以外,其余均接近或超过0.5,基本达到了因子分析的要求(见表3.26)。在此基础上,我们进一步对五个因子进行了Cronbach's α信度检验,得到各因子Cronbach's α系数分别为0.7282、0.6589、0.6302、0.6748和0.5881,总Cronbach's α系数为0.7931,说明量表信度即内在一致性程度基本符合因子分析的信度要求,是可以接受的。

表 3.26　青少年网络交往认知因子分析结果

	交友便捷	信任缺失	网络匿名	自我认同	空间差异	共同度
网络世界比现实世界更容易找到知音	**.714**	-.003	-.041	.087	.193	.556
网络聊天增加沟通乐趣，拉近与朋友的关系	**.662**	-.201	.146	.120	.118	.529
在我寂寞和想倾诉时容易找到倾听的人	**.632**	.030	.111	.184	-.005	.446
网上聊天比面对面交谈让我更轻松自在	**.614**	-.077	.240	.006	.236	.496
能随时找到聊天的网友	**.556**	.062	.188	.304	-.079	.446
同时与多人交谈让我觉得很有乐趣	**.550**	.049	.112	.154	-.077	.347
缺少信任，交往无法深入	-.055	**.747**	.128	.022	.074	.584
缺少表情和情绪信息，交往缺乏诚意	-.082	**.704**	.218	.018	.054	.553
容易受到欺骗，我不敢尝试在网上交友	.046	**.682**	-.172	-.045	.109	.510
网上认识的朋友不可靠	.003	**.608**	.048	.048	.297	.462
能很好地保护自己的个人空间	.174	-.011	**.681**	.171	.112	.536
交往不受时间和空间的限制	.132	-.058	**.668**	.136	.093	.494
可以随时终止交往，而不需负任何责任	.132	.214	**.665**	-.066	.026	.511
不必暴露自己的真实身份	.099	.078	**.548**	.174	.088	.354
网上聊天时使用化名更能体现我的个性	.220	.020	.066	**.794**	.081	.690
匿名方便我在网上塑造新的自我形象	.252	.038	.173	**.768**	.057	.688
在聊天时使用表情符号，显得年轻有趣	.167	-.034	.167	**.570**	.209	.425
网友见面会使网络特有的神秘感荡然无存	.054	.122	.052	.127	**.793**	.666
网友见面会破坏双方的印象，反而伤害感情	.055	.202	.057	.048	**.760**	.626
网友与现实生活中的朋友是不一样的	.114	.139	.213	.117	**.518**	.359
特征值	2.582	2.074	2.002	1.836	1.784	
方差贡献率(%)	12.910	10.374	10.011	9.182	8.923	
累积方差贡献率(%)	12.910	23.284	33.295	42.477	51.400	

最后，根据因子的共性，我们分别为五个因子命名，命名因子1为交友便捷因子，包括"网络世界比现实世界更容易找到知音"等六个题项，主要描述在网络空间寻找理想交往对象的便利与乐趣；命名因子2为信任缺失因子，包括"缺少信任，交往无法深入"等四个题项，主要描述网络

空间的时空特征对人际信任的不利影响；命名因子3为网络匿名因子，包括“能很好地保护自己的个人空间”等四个题项，主要描述网络的匿名和跨越时空特征及其对交往的影响；命名因子4为自我认同因子，包括“网上聊天时使用化名更能体现我的个性”等三个题项，主要描述网络交往中基于身体不在场和匿名的自我认同特点；命名因子5为空间差异因子，包括“网友见面会使网络特有的神秘感荡然无存”等三个题项，主要描述网络空间与现实空间之间的差异对交往的影响。这五个因子大致涉及了青少年网络交往中的匿名、对象选择、信任等重要面向，基本上可以体现青少年网络交往认知的主要面向。

二、青少年网络交往认知的个人特征和网络介入程度差异

1. 青少年网络交往认知得分情况

在简化了青少年网络交往认知结构后，我们以因子值系数为权数，计算出各因子的因子值。由因子分析得到的因子值是一个标准化值（均值为0，标准差为1），为便于说明和理解，我们将其转换为1到100之间的指数。转换后各因子值的均值、中位值、众值、标准差见表3.27。从表3.27来看，在青少年网络交往认知五个因子上，自我认同因子（60.066）和网络匿名因子（60.056）的均值较高，其次为交友便捷因子（56.981）和空间差异因子（54.737），信任缺失因子（49.278）的均值相对较低。这意味着，青少年对网络交往中自我认同重塑及网络空间的匿名特性感受最为深刻，对网络空间的交友便捷特性以及网络空间与现实社会空间的差异，也有较高程度的认知，比较而言，青少年对网络交往中面临的问题如信任缺失等，认知程度相对较低。

2. 青少年网络交往认知的个人特征和网络介入程度差异

从性别来看，男性青少年在网络交往认知的交友便捷因子和自我认同因子上的均值高于女性，而在信任缺失、网络匿名和空间差异三个因子上的均值则低于女性。不过从t检验结果来看，在所有的网络交往认知

表 3.27　网络交往认知的均值、中位值、众值及标准差

	交友便捷	信任缺失	网络匿名	自我认同	空间差异
均值	56.981	49.278	60.056	60.066	54.737
中位值	57.775	49.157	60.552	61.717	55.058
众值	50.600	53.397	41.761	53.066	50.895
标准差	16.703	18.421	17.102	16.255	16.109
最小值	1.00	1.00	1.00	1.00	1.00
最大值	100.00	100.00	100.00	100.00	100.00

因子中，只有网络匿名因子和交友便捷因子认知，性别差异显著，而信任缺失因子、自我认同因子和空间差异因子认知，性别差异均不显著。从年龄来看，与 13～17 岁青少年相比，18～24 岁青少年对网络空间与现实社会空间的差异，网络空间的匿名性，以及网络交往的信任缺失，有着更高程度的认知，而 13～17 岁青少年则在网络交友便捷和自我认同因子认知上得分比 18～24 岁青少年高。t 检验显示，青少年在所有网络交往认知因子上，都存在着显著的年龄差异。

表 3.28　网络交往认知的个人特征和网络介入程度差异

	性别	年龄	网络介入程度
交友便捷	2.1268 *	6.655 ***	4.191 *
信任缺失	-.419	-2.756 **	.102
网络匿名	-6.206 ***	-4.439 ***	.895
自我认同	1.407	2.560 *	9.410 ***
空间差异	-.589	-5.130 ***	1.000

注：1. 性别和年龄为 t 检验，网络介入程度为 F 检验

2. * $p<0.05$，** $p<0.01$，*** $p<0.001$

从网络介入程度来看，青少年的网络介入程度越高，在网络交往认知各因子上的平均得分也越高。但 F 检验结果表明，只有在交友便捷和自我认同因子上，青少年网络交往认知的网络介入程度差异显著。

第四节　影响青少年网络交往的因素分析

一、变量设计

1. 因变量

考虑到青少年网络交往是一个复杂的行为系统，有着复杂的结构形态，因此我们在回归分析中，选择对于网络交往来说两个较为基础性的问题即网络交往方式、网络交往规模，以及因为网络交往而被凸显出来的一个关键问题即网络人际信任作为因变量。具体的操作如下：

(1)网络交往方式：通过询问青少年在网络空间主要通过哪些方式与他人交往，统计每个个案的交往方式的种类数，作为交往方式广泛度的指标。

(2)网络交往规模：通过询问青少年在最近三个月内每周至少在网上保持一次以上互动关系的交往对象的人数，统计每个个案的网络交往对象数量，作为交往规模指标。

(3)网络人际信任：通过询问青少年在网络交往过程中是否有"向对方倾诉自己的烦恼或心事"等六种与网络信任有关的行为，分别测量被访在网络交往中对陌生人、熟人的信任程度。将通过对测量结果进行因子分析得到的因子值，作为因变量。

2. 自变量

我们选择青少年个人特征(包括性别、年龄)、社会差异(包括家庭社会经济地位即父母的教育程度、职业、家里有无电脑及电脑能否上网，以及地域因素即省份、城市规模)、网络介入程度(网龄、网络使用频率、上网持续时间、上网地点)、网络交往认知等四个方面的因素，作为影响青少年网络交往行为的自变量。在上述自变量中，年龄、网龄、网络使用频率、上网持续时间和网络交往认知因子各变量属于定距变量，父母教育程度属于定序变量，我们近似地视为定距变量引入回归方程，而其余变量均为离散变量，因此先对这些离散变量进行虚拟变量处理后引入回归分析。其中性别以女性为参照类，父母亲职业以无固定职业为参照类，家庭电脑状况以家里无电脑为参照类，省份以甘肃省为参照类，城市规模以小城市为参照类，上网地点以在其他地点上网为参照类。

二、网络交往方式、交往规模与网络信任影响因素分析

表3.29用线性回归来分析青少年个体特征、社会差异、网络介入程度和网络交往认知与网络交往方式及网络交往规模的关系。由于网络交往方式广泛度及网络交往规模两个指标均略呈偏态分布，不符合线性回归分析所要求的正态分布条件，因此我们对因变量进行了转化处理，其转化函数为Y′=Y的平方根，然后以经过数据转化的平方根Y′作为因变量。[①]

通过对表3.29的分析，我们可以发现：在网络交往方式广泛度的线性回归模型中，所有个人特征、社会差异自变量，只有家里有能上网电脑一项具有统计显著性，而其他所有变量均不具有统计显著性。意味着相对于家里没有电脑的青少年，家里有能上网电脑的青少年，其网络交往方式广泛程度更高；而在控制其他变量的情况下，青少年网络交往方式的广泛程度，并不受性别、年龄等个人特征的影响，也不受父母教育程度、职业等家庭社会经济条件，以及所在地域的影响。网络介入程度变量对交往方式解释程度很高，在上网地点上，相对于在其他地点上网，在网吧上网和在亲戚朋友家上网均对交往方式广泛度有正向作用；网龄、网络使用频率和上网持续时间也对交往方式广泛度有正面影响。也就是说，越是经常在网吧和亲戚朋友家上网、网龄越长、网络使用频率越高、上网持续时间越长的青少年，其网络交往方式广泛程度也越高。网络交往认知除了网络匿名因子不具有统计显著性以外，其他认知因子均对交往方式影响

① 网络交往方式与网络交往规模两个指标的Skewness值分别为0.864和0.607，经开平方转化后，新因变量Y′取值分布的Skewness值分别为－0.165和－0.279，符合近似正态分布的模型要求。

表 3.29 网络交往方式和交往规模影响因素多元回归分析

自变量	交往方式(N = 1241)		交往规模(N = 1231)	
	非标准系数	标准系数	非标准系数	标准系数
性别	-.014	-.021	-.117	-.038
年龄	4.345E-05	.007	3.258E-05	.001
父亲教育程度	-.011	-.031	.059	.035
母亲教育程度	.004	.011	-.027	-.017
父亲职业(工人与普通职员)	.014	.020	.005	.002
父亲职业(技术与管理人员)	.049	.072	.084	.027
母亲职业(工人与普通职员)	.006	.008	-.035	-.011
母亲职业(技术与管理人员)	-.021	-.027	-.058	-.017
家里有电脑但不能上网	-.006	-.005	.159	.032
家里有电脑并且能上网	.066 *	.096	.270#	.086
省份(湖南)	.029	.041	.121	.038
省份(浙江)	-.010	-.014	.123	.038
城市规模(大城市)	-.014	-.022	.074	.024
上网地点(家里)	.015	.021	.195	.060
上网地点(学校)	.033	.048	-.143	-.044
上网地点(网吧)	.078 ***	.115	.476 ***	.154
上网地点(朋友或亲戚家)	.088 ***	.102	-.011	-.003
网龄	.034 ***	.166	.105 ***	.110
网络使用频率	.017#	.058	.090 *	.068
上网持续时间	.022#	.057	.150 **	.086
交友便捷因子	.002 **	.078	.012 ***	.128
信任缺失因子	-.001#	-.046	-.009 ***	-.110
网络匿名因子	.001	.033	.004	.044
自我认同因子	.002 **	.073	.007 *	.071
空间差异因子	.001#	.048	-.001	-.006
(常数)	.801 ***		.393	
R^2	.109		.142	
F	5.919 ***		8.007 ***	

# $p<0.10$, * $p<0.05$, ** $p<0.01$, *** $p<0.001$

显著,其中信任缺失因子的作用方向是负向的,其他三个因子的作用方向则皆为正向。也就是说,青少年在网络交往认知的信任缺失因子上得分越高,网络交往方式的广泛程度就越低,而在交友便捷、自我认同和空间差异三个因子上的认知得分越高,则网络交往方式的广泛程度就越高。这个模型的削减误差比例为10.9%,也就是说,模型对网络交往方式的广泛程度变异有10.9%的解释力。

与网络交往方式回归模型相似,在所有个人特征、社会差异自变量中,对青少年网络交往规模影响显著的只有家里有能上网电脑一项,而其他所有变量均不具有统计显著性。这意味着,相对于家里没有电脑的青少年,家里有能上网电脑的青少年,其网络交往规模更大;而在控制其他变量的情况下,青少年的网络交往规模,并不受性别、年龄等个人特征的影响,也不受父母教育程度、职业等家庭社会经济条件,以及所在地域的影响。网络介入程度变量对交往规模同样解释程度很高,在上网地点上,相对于在其他地点上网,在网吧上网的青少年交往规模更大;网龄、网络使用频率和上网持续时间也对交往规模有正面影响,网龄越长、网络使用频率越高、上网持续时间越长的青少年,其网络交往规模也越大。网络交往认知的交友便捷因子、信任缺失因子和自我认同因子也都对交往规模影响显著,其中除信任缺失因子的作用方向为负向外,另外两个交往认知因子的作用方向皆为正向,也就是说,青少年在网络认知的信任缺失因子上得分越高,其网络交往规模越小,相反,在交友便捷和自我认同因子上的得分越高,则网络交往规模越大。该模型的削减误差比例为14.2%。

通过对表3.30的分析,我们可以发现:网络交往中对熟人的信任程度,主要受个人特征与网络交往认知的影响。从个人特征变量来看,男性比女性在网络交往中对熟人的信任感更明显,年龄越大,对熟人的信任程度也越高;从网络交往认知变量来看,交友便捷因子、信任缺失因子和自我认同因子影响显著,其中信任缺失因子的作用方向为负向,而交友便捷因子和自我认同因子的作用方向为正向。也就是说,青少年在信任缺失因子上得分越高,在网络交往中对熟人的信任程度就越低,相反,在交友

表3.30 网络人际信任影响因素多元回归分析

自变量	熟人交往信任（N=1121）		陌生人交往信任（N=1127）	
	非标准系数	标准系数	非标准系数	标准系数
性别	6.516 ***	.113	-.596	-.014
年龄	1.343 ***	.166	.219	.038
父亲教育程度	.797	.026	-.557	-.025
母亲教育程度	-.740	-.025	-.262	-.012
父亲职业（工人与普通职员）	-.600	-.010	-.101	-.002
父亲职业（技术与管理人员）	-.796	-.014	.306	.007
母亲职业（工人与普通职员）	-.672	-.012	-1.391	-.034
母亲职业（技术与管理人员）	-2.022	-.031	-3.418	-.073
家里有电脑但不能上网	.640	.007	-3.194	-.048
家里有电脑并且能上网	3.991	.068	1.228	.029
省份（湖南）	-5.137 *	-.085	8.437 ***	.196
省份（浙江）	.879	.015	-4.251 *	-.100
城市规模（大城市）	-.954	-.017	-3.649 **	-.090
上网地点（家里）	-2.443	-.041	-.960	-.022
上网地点（学校）	.173	.003	2.310	.054
上网地点（网吧）	2.725	.047	.575	.014
上网地点（朋友或亲戚家）	-1.054	-.015	-1.583	-.031
网龄	.184	.010	.625	.049
网络使用频率	1.096	.044	-1.620 **	-.092
上网持续时间	1.042	.032	.216	.009
交友便捷因子	.370 ***	.219	.189 ***	.156
信任缺失因子	-.199 ***	-.130	-.129 ***	-.118
网络匿名因子	-.059	-.035	.029	.024
自我认同因子	.170 **	.097	.116 ***	.093
空间差异因子	-.023	-.013	-.008	-.006
（常数）	6.410		16.873 **	
R^2	.131		.130	
F	6.618 ***		6.553 ***	

* p<0.05，** p<0.01，*** p<0.001

便捷因子和自我认同因子上得分越高，在网络交往中对熟人的信任程度就越高。除此以外，地域因素中湖南青少年相对于甘肃青少年，在网络交往中对熟人的信任程度较低，但浙江青少年与甘肃青少年相比，两者之间的差异不具统计显著性。值得注意的是，在控制其他变量的情况下，所有网络介入程度变量对网络交往中熟人信任程度的影响均不具统计显著性。在前面表3.24分析网络交往信任的网络介入程度差异时，F检验表明，网络介入程度越高，对熟人的信任程度也越高，但是当我们在回归分析中加入了新的变量后，网络介入程度的作用却被其他变量取代了。这一模型的削减误差比例为13.1%，即模型对青少年网络交往中对熟人的信任程度变异有13.1%的解释力。

青少年在网络交往中对陌生人的信任程度，则主要受地域因素、网络介入程度和网络交往认知的影响。与对熟人的网络人际信任影响显著的变量相比，陌生人信任模型中具有统计显著性的变量有一定的差异。其中对熟人信任作用显著的个人特征变量，在陌生人信任模型中并不具有统计显著性，而地域因素中的省份和城市规模皆作用显著，相对于甘肃青少年，湖南青少年在网络交往中对陌生人的信任程度更高，而浙江青少年则相反，对陌生人的信任程度较低；相对于小城市青少年，大城市青少年对陌生人的信任程度亦较低。在网络介入程度自变量中，网络使用频率越高，对陌生人的信任程度越低。对陌生人信任程度有显著影响的网络交往认知变量，与对熟人信任模型相同，交友便捷因子、信任缺失因子和自我认同因子的影响具有统计显著性，并且在作用方向上亦与熟人交往信任模型相同。该模型的削减误差比例为13.0%。

从自变量角度来看，在网络交往方式回归模型中，对因变量作用程度最大的自变量是网龄（0.166）和在网吧上网（0.115），然后依次为：在亲戚朋友家上网（0.102）、家里有能上网电脑（0.096）、交友便捷因子（0.078）、自我认同因子（0.073）、网络使用频率（0.058）、上网持续时间（0.057）、空间差异因子（0.048）和信任缺失因子（-0.046）。在网络交往规模回归模型中，对因变量作用程度最大的自变量则是在网吧上网

(0.154)和交友便捷因子(0.128),然后依次为:网龄(0.110)、信任缺失因子(-0.110)、家里有能上网电脑(0.086)、上网持续时间(0.086)、自我认同因子(0.071)和网络使用频率(0.068)。

在对网络人际信任影响显著的自变量中,对熟人信任作用最大的自变量是交友便捷因子(0.219)和年龄(0.166),然后依次为:信任缺失因子(-0.130)、性别(0.113)、自我认同因子(0.097)和湖南(-.085)。而对陌生人信任作用最大的自变量是湖南(0.196)和交友便捷因子(0.156),然后依次为:信任缺失因子(-0.118)、浙江(-0.100)、自我认同因子(0.093)、网络使用频率(-0.092)和城市规模(-0.090)。

第五节 结论与讨论

本章通过对青少年网络交往的基本结构、规模、内容,网络交往中的人际信任状况,网络交往行为习惯,网络交往认知,以及影响网络交往方式、交往规模和网络人际信任的因素进行分析,初步梳理了青少年网络交往行为的行为结构、行为特征和行为逻辑。通过本章的研究,我们大致可以得出以下几点基本结论:

第一,互联网络的出现,为人们提供了一种正在不断扩张的新交往与互动方式,网络空间是一个方便人们互动和寻找新朋友的场域。① 借助网络空间,人们不仅可以维持与延续现实生活中的社会交往,也可以发展出新的与陌生人之间的社会互动。也就是说,网络交往既是维持熟人之间的社会关系的途径,又是建构陌生人之间社会关系的新渠道。或者说,网络交往不仅有助于维系人们已有的社会关系网络,而且还能够进一步扩展人们的社会关系网络。布劳强调,“社会联系取决于社会接触的机

① J. E. Katz & R. Rice, Syntopia: Access, civic involcement and social interaction on the Net. Wellman, B. & C. Haythornthwaite. eds., *The Internet in Everyday Life*. Oxford: Blackwell Publishers Ltd, 2002.

会。”①网络空间的崛起，为青少年充分提供了这样的社会接触机会。不仅如此，网络交往所建构的社会互动网络，还能够为人们提供实质性的社会支持。威尔曼通过分析虚拟社群网络关系的交互性或对称性、联系强度与资源交换类型，发现网络空间的社会关系网络，和真实社区网络一样，同样可以提供多种资源交换与情感支持，这些网络关系既可以是工具性支持与交换关系，也可以是情感性支持与交换关系。也就是说，在网络社群中，同样存在着和现实社区网络中一样的强关系和弱关系。不过与现实社区中的社会关系不同，网络社群中的大部分关系，是由陌生人互动发展出来的弱关系。网络空间的关系网络，比现实生活中的关系网络，显得更加多元、自由度较大，而且受现实社会结构的制约也较少，互动双方的关系也因此显得更加平等。② 我们的研究也在一定程度上证实了这一点。可以说，由互联网建构的互动关系网络，所提供的已不仅仅是信息沟通与交换，而且能够提供真实的情感互动和社会支持。

第二，与传统人际交往中媒介多半只是沟通工具不同，网络空间不仅是一个互动媒介，而且是一个自我再现的媒介，它充分结合了人际交往的两大功能：互动性和自我再现。③ 由于网络空间的结构性特征，在网络交往中，社会地点开始与物理地点相互脱勾，从而导致物理地点对交往行为的制约作用消失，④并且由此导致网络交往的结构转变。其中的一个重要转变是，网络交往使青少年能够更加开放、多元、弹性地呈现自我。在

① P. M. Blau, Inequality and Heterogeneity: *A Primitive Theory of Social Structure*. New York: Free Press, 1977. p. 281.

② B. Wellman, An Electronic Group is Virtually a Social Network. S. Kiesler, ed., *Culture of the Internet*. Lawrence Erlbaum Associates, 1997; H. Rheingold, *The Virtual Community: Homesteading on the Electronic Frontier*. New York: Addison-Wesley, 1994; M. 卡斯特:《网络社会的崛起》，夏铸九等译，北京：社会科学文献出版社 2003 年版。

③ 吴筱玫：《解析 MUD 之空间与时间文化》，《新闻学研究》第 76 期，2003 年。

④ 黄厚铭：《虚拟社区中的身份认同与信任》，台湾大学社会学研究所博士论文，2001 年；J. 梅罗维茨：《消失的地域：电子媒介对社会行为的影响》，肖志军译，北京：清华大学出版社 2002 年版；J. B. 汤普森：《意识形态与现代文化》，高铦等译，南京：译林出版社 2005 年版；M. Benedikt, *Cyberspace: First Steps*. Cambridge MA: The MIT Press, 1994.

网络互动过程中，人们借助网名，在隐匿自己的真实身份的同时，通过操控自我呈现，有选择地透露自己的个人信息，从而把自己希望展示而在现实生活中无法展示的自我面貌呈现出来，甚至通过这种展示和呈现，重新塑造一个新的自我。① 正如一位被访者所说："我是一个不太爱说话的人，我的同学和家人都认为我太内向了，但没办法，我自己有时面对他们也不知道说什么，不知道是不是自卑。……但自从我大一开始上网后，我就开始在一个情感社区当斑竹，呵呵，他们都很佩服偶，认为我开朗大方。我自己以前都不知道自己很能说，还很幽默，但网下的我还是那样。"（女，22 岁，大学生，网龄 3 年）我们在访谈中发现，有不少青少年在网络交往过程中常常同时使用多个网名，他们不仅希望通过这些网名呈现自我的理想形象，呈现自己的内心欲望、个性和能力，而且这种呈现因为网络空间的场域特性而变得多元、流动和不确定。也就是说，青少年在网络空间呈现的自我面貌，是一种多元、平行、去中心、流动和碎片化的自我，而且网络介入程度越高，自我呈现的这种后现代特征体现得越充分。同时，我们在研究中还发现，这种自我呈现与网络语言的使用密切相关。青少年使用网络语言的两个主要目的，就是方便人际互动与呈现自我面貌。网络语言对青少年展现自己的个性，重塑自我形象，有着至关重要的作用，是青少年在网络空间形塑自我认同的基本途径和方式之一。

第三，青少年在网络人际交往中互动内容的变化，是构成青少年交往行为转变的一个重要面向。在网络空间，由于身体不在场和匿名，人们的表达会更直接和无所禁忌，更容易吐露个人内心的真实情感，表露自己的弱点和个人隐私，也就是说，高自我暴露（self disclose）水平是网络交往的一个重要特征，②这导致了青少年在网络交往中互动内容的变化。我们

① 黄厚铭：《虚拟社区中的身份认同与信任》，台湾大学社会学研究所博士论文，2001 年；黄少华，陈文江：《重塑自我的游戏：网络空间的人际交往》，兰州：兰州大学出版社 2002 年版。

② J. B. Walther, Computer-mediated communication: impersonal, interpersonal and hyperpersonal interaction, *Communication Research*, 23(1), 1996; A. Joinson, Causes and implications of disinhibited behavior on the internet. J. Gackenbach, ed., *Psychology and the Internet intrapersonal, interpersonal, and transpersonal implications*. San Diego: Academic Press, 1998.

发现，青少年在网络互动中虽然无话不谈，但是谈论得最多的话题，则是有关个人的兴趣爱好、生活、学习和情感等这些较为私人性的话题，这导致青少年对类似BBS这样的以讨论公共话题为主的互动空间缺乏兴趣与热情，或者干脆将这一公共空间作私人化运用，在BBS场域抒发个人心情甚至只是简单灌水。这意味着，青少年在网络空间的人际互动，是以个人兴趣、感受和情感表达为主要内容的，网络互动实质上是一个戴着面具的陌生人之间个人兴趣、感受和情感的分享过程。网络交往在内容上的这一变化，反映了网络交往场域两个方面的结构性转变：一方面，以前只是作为私人话题的个人情感、内心感受，在网络空间却成为可以公开讨论的话题，而且这种公开已经不需要与共同在场联系在一起。这意味着，在网络交往中，私人空间与公共空间的界限已经开始变得非常模糊。另一方面，青少年在网络空间这一公开场域中谈论的主要话题，已经不再是传统的公共话题，而主要是私人话题，这同时又意味着公开场域与公共领域之间发生了结构性的分离。①

第四，青少年在网络交往中选择交往对象时，最看重的因素主要有"与自己的兴趣爱好相同"、"说话幽默"、"性格好，容易接触"、"有学问，知识丰富"等个人内在特征，这意味着，那些在现实人际交往中被人们特别看重的因素，如年龄、性别、社会地位等，已经不再是青少年网络交往中人际吸引的关键因素，兴趣、爱好、性格、学识等个体内在特征对网络交往的影响力，开始被凸显出来。而在网络交往内容上，无论是在像QQ、MSN等实时互动中，还是在像BBS这样的非实时互动中，青少年的网络交往都呈现出较少功利性，而更多基于兴趣互动的特点。很少有青少年借助网络从事功利性较强的交往行为，如通过网络空间寻求别人的帮助，而更多地从事的交往行为，是诸如谈论自己感兴趣的问题、聊学习或生活中遇

① 陈竞存、陈之虎：《从"少年网上行为研究"看本地网上群组的形成》，《青年研究学报》1998年第2期；黄少华：《知识、文化与人性》，兰州：兰州大学出版社2002年版；黄少华、陈文江：《重塑自我的游戏：网络空间的人际交往》，兰州：兰州大学出版社2002年版；J. B. 汤普森：《意识形态与现代文化》，高铦等译，南京：译林出版社2005年版。

到的各种困难、聊生活中的琐事等。也就是说，在网络交往中，共同的兴趣或爱好，正在开始成为取代现实社会交往中的血缘、地域或利益等人际纽带的新纽带。因此从某种意义上可以说，网络人际互动是一种类似格兰诺维特（M. Granovetter）所说的弱关系。不过，与格兰诺维特发现弱关系的力量主要在于提供信息不同，在网络交往中，弱关系的力量更多体现在提供情感支持。因此也可以说，网络人际互动更类似于吉登斯所说的"纯粹关系"（pure relationship），即一种外在标准已被消解的内在参照关系，关系的存在仅仅是为了这种关系所能给予的酬赏本身。① 这同时也意味着，主导青少年在网络空间这一交往场域的基本互动原则，已不再是获得资源和收益，而是追求互动本身的快乐。因此，与其说网络的主要价值在于扩展了人们的交往范围，还不如说网络的主要影响在于改变了人们的交往结构和规则。

第五，在现实社会生活中，人们之间的信任是建立在彼此熟悉和确信的基础上的。② 但是在网络空间，人们的社会交往更像是一场陌生人之间的互动游戏，这在客观上增加了网络空间的风险性，在一定意义上可以说，结构性风险是网络空间包含的内在结构逻辑。③ 有人强调，网络交往的这种风险性结构，使人们无法建立一种真实的、有情感深度的在线关系。但我们的研究却发现，青少年的确在网络交往中建构了真实的人际信任关系，而且这种信任关系不仅出现在熟人之间，还出现在陌生人之间。Constant 等人认为，人们在网络空间之所以会信任和帮助他人，是因为一般化互惠规范的作用；白淑英借助吉登斯的"预设性信任"概念，也强调网络交往中互动双方相信秩序规则能得到履行，是信任关系得以建

① A. 吉登斯：《现代性与自我认同：现代晚期的自我与社会》，李康等译，北京：三联书店 1998 年版；《亲密关系的变革：现代社会中的性、爱和爱欲》，陈永国等译，北京：社会科学文献出版社 2001 年版。

② N. 卢曼：《信任：一个社会复杂性的简化机制》，瞿铁鹏等译，上海：上海人民出版社 2005 年版。

③ 黄少华、翟本瑞：《网络社会学：学科定位与议题》，北京：中国社会科学出版社 2006 年版。

立的预设性前提。[1] 但黄厚铭认为，网络人际信任问题已经不能用理解现实社会信任的方式来理解了，例如在网络空间，系统信任的作用虽然没有完全消失，但显然已经不是信任得以建立的保证，日常生活中的信任基础，在网络空间已经在相当程度上被削弱甚至消解。黄厚铭认为，人们在网络空间之所以会信任他人甚至是陌生人，是因为网络的隔离效果发挥了取代信任的功能，同时，借助网络的联接功能，又能够让陌生人之间建立起一种不需要依赖系统信任的个人信任。换言之，在网络交往中，人们最初信任的其实并不是交往的对方，而是在网络交往中双方之间的隔离，只有在交往进行到一定程度之后，以隔离取代信任的成份才会逐渐让位于互动双方之间的个人信任。[2] 本研究因为受研究设计的限制，无法对上述两种解释作出实证检验，但回归分析发现，在青少年网络交往中，无论是对熟人还是对陌生人的人际信任，网络交往认知都是最为重要的影响因素。

第六，本研究对青少年网络交往认知的研究发现：一方面，对网络空间的匿名、时空压缩、既隔离又连接、缺乏情境线索等特性，以及这些特性对网络交往的积极作用，青少年有着较高程度的认知，并且有相当一部分青少年肯定网络交往对于扩展与丰富现实人际交往的价值；但另一方面，也有不少青少年对网络交往中的人际信任心存疑虑，认为网络交往的匿名特性，会导致交往缺乏诚意、缺少信任，因而网络交往无法深入。进一步分析网络交往认知与网络交往方式、交往规模、交往信任的关系，我们发现，两者之间存在较强的相关性，尤其是交友便捷因子、信任缺失因子和自我认同因子与网络交往方式、交往规模、交往信任的相关程度更为显著。具体分析它们的关联方向，可以发现，除信任缺失因子的相关关系是负向的以外，其他因子的相关关系皆为正向。这意味着，青少年在网络交

---

① D. Constant, S. kiesler & L. Sproull, The Kindness of Strangers: The Usefulness of Electronic Weak Ties for Technical Advice. *Organization Science*, 7(2), 1996；白淑英：《网上人际信任的建立机制》，《学术交流》2003 年第 3 期。

② 黄厚铭：《虚拟社区中的身份认同与信任》，台湾大学社会学研究所博士论文，2001 年。

往的便捷、匿名、自我认同和空间差异特征认知上得分越高，其网络交往方式广泛程度越高，网络交往规模越大，网络交往中的人际信任感也越强；相反，网络交往的信任缺失面向认知得分越高，则网络交往方式广泛程度越低，网络交往规模越小，网络交往中的人际信任感也越低。同时，与我们在第二章中考察青少年对网络的总体认知（话语意识）与其网络行为之间的关系时，发现两者没有显著关联不同，当我们考察青少年对网络交往的具体认知（实践意识）与网络交往行为之间的关系时，两者之间呈现出显著的相关性。这意味着，与青少年对网络的话语意识不同，他们对作为行为场域的网络空间，以及网络交往行为的实践意识，会对网络行为产生明显和实际的影响。[①] 不过，由于本次调查只是一个截面研究（cross-sectional research），所获得的数据只针对一个固定的时点，因此，无法判断究竟是网络交往认知影响着网络交往行为，还是网络交往行为影响着网络交往认知。不过，我们认为，视两者之间的关系为一种相互影响关系，应该是一个较为合理的判断。

① 我们认为，青少年关于网络的话语意识之所以对其网络行为没有实质性的影响，很有可能是因为这种意识主要来自媒体、学校或者家庭教育，因而对青少年来说其实只是一种外在的知识而已；而他们对作为行为场域的网络空间以及网络行为的实践意识，则是基于自己的网络行为感受而建构的，是一种内在的行为经验。不过这只是我们在理论上的一种猜测，尚需实证研究加以检验。

第四章

信息方式与网络信息行为

互联网在其刚出现时，主要被视为一种信息沟通和传播工具，甚至直到 1990 年代中期，人们仍然主要将互联网视为一个开放的信息空间，一个巨大的数据库，和一个高效的信息传播平台。① 不过，无论网络介入人们的日常生活达到什么程度，直至有一天上网成为所有人日常生活的例行活动，依然把网络空间首先视为一个信息行为场域，应该也是没有问题的。在一定意义上可以说，互联网的崛起，为人类的信息和知识活动形塑了一个新的场域，而且这是一个以时—空压缩与时—空伸延并存为基本特征的信息和知识场域。而网络空间的这种新的场域特性，必然会对人们的知识活动发生实质性的影响。正如利奥塔（J. -F. Lyotard）所说，在这种新的知识场域中，知识的性质不会依然如故，知识只有转译为信息才能成为可操作的。② 网络空间让所有的经验与知识都融合在了同一个数字化媒介中，并由此而混淆了行为与场域的制度性分离，模糊了行为的符码意义，以至我们再也无法清晰地区分真实与虚拟、身体与心灵、公共空间与私人空间、前台与后台及主体与客体之间的界限，一切皆处于一种二元交织或者鲍德里亚所说的“内爆”（implosion）状态，从而导致作为一种新的社会行为方式的网络信息行为，呈现出不同于传统信息行为的社会特

---

① L. Sproull & S. Faraj, Atheism, sex, and databases: The net as a social technology. S. Kiesler, ed., *Culture of the Internet*. Lawrence Erlbaum Associates, 1997.

② J. -F. 利奥塔：《后现代状态：关于知识的报告》，车槿山译，北京：三联书店 1997 年版。

性。麦克卢汉(M. McLuhan)认为,在现代社会,随着文字、纸张以及印刷技术的发明,书面文字逐渐取代口语词而成为生活的主宰。文字作为现代人信息行为的基本媒介,同时也成为了现代人的价值观念和权力关系的基础,甚至成为了现代文明延续的依据。而书面文字所具有的围绕某一主题依循一定的路径不断延续的线性特征,也早就成了现代人所熟悉的生活方式和生存状态的基本特征。然而,随着互联网的崛起,多媒体、超文本、数据库、电子文档等,成为了取代纸张,超越文字的信息行为媒介,从而引发了人们的阅读、书写等信息行为模式的结构性转变。与此相应,体现在这种信息行为中的超文本和网络化逻辑,也正在逐渐成为支配和控制人们的社会生活的基本逻辑,正在日益广泛而深刻地重塑着人们的价值观念和权力关系,改变着人们的思维方式、行为倾向、话语逻辑及自我认同。

生产方式是历史唯物主义理论的核心概念,在马克思那里,生产方式包含着两个方面的基本内容:(1)作为一个历史范畴,它是区分不同历史时期的基本尺度;(2)作为对资本主义的隐喻,它是资本主义社会的基础性结构因素。面对以互联网崛起为标志的新历史时期,波斯特(Mark Poster)延续马克思的生产方式概念,通过引进符号学的论述,提出了信息方式(the mode of information)概念,将其作为分析网络社会结构这种新的社会方式的理论视角。波斯特认为,信息方式概念暗示着,信息的表现方式,是以符号交换的形式进行的,历史可以按符号交换情形中的结构变化而被区分为不同的时期,而且在当今文化中,“信息”像工业时代的商品一样,具有某种重要的拜物教意义。基于对历史上各个时代所采用的符号交换形式差异的分析,波斯特认为,信息方式依次经历了三个基本阶段,即从面对面口头媒介交换(符号的相互反应,人处于面对面的在场交流语境),到印刷的书写媒介交换(符号的再现,人作为行为者有可能不在场),再到电子媒介交换(信息的模拟,人处于去中心化、分散化和多元化状态)。在波斯特看来,每一个阶段的信息方式包含着不同的意义结构,以及不同的意义手段和关系。第一阶段即口头传播阶段的意义结构的特点是符号的互应(symbolic correspondences),自我(the self)被包嵌在面对面关系的总体性之中;第二阶段即印刷传播阶段的特点是意符的再现(representation of signs),自我被构建成一个行为者(agent),处于理性/想象的自律性中心;第三阶段即电子传播阶段的特点则是信息的模拟(informational simulations),持续的不稳定性促使自我去中心化、分散化和多元化。在这三个阶段,语言与社会、观念与行动、自我与他者的关系各不相同。不过,在波斯特看来,其基本趋势是越来越趋向于时空压缩,"在任何特定时刻,从言语到书面甚至电子的变化都增加了语言行为所能覆盖的空间,并减少了它传播所需要的时间"。① 在网络社会,信息作为一种数字化符号,成为一种权力,促进了时空的重组和压缩,并由此大大加速了知识的传播速度及全球化覆盖程度,从而不可避免地改变了现代社会中的知识主客体关系,造成了知识的零散化与碎片化,削弱了知识的批判空间。

正是由于信息和信息行为在网络社会中的这种基础性和战略性地位,因此,对网络信息行为的研究,随着互联网的崛起而迅速进入了学界的研究视野,甚至成为网络研究中一个十分热门的话题。在国外学界,从1980年代开始,就有学者采用问卷调查、用户观察、访谈、小组讨论、出声思考法、实验和系统日志分析等多种方法,对网络信息行为进行研究,探讨各类网络用户信息搜寻行为的表现、策略以及影响因素,并尝试构建专门的网络信息搜寻行为模式。② 综合来看,国内外学界迄今有关网络信息行为的研究,主要集中在以下几个方面:

1. 网络信息空间的空间特性。利维认为,网络空间作为一个新的知识空间,改变了现代线性且结构僵硬的知识空间,建构了一个开放、易变和动态的新知识空间。这是一个信息泛滥或者说信息超载的空间,它拓展了人类的认知能力,建构了一种复杂的知识关系。曾国屏等认为,网络

① M. 波斯特:《信息方式:后结构主义与社会语境》,范静哗译,北京:商务印书馆2000年版,第114页。

② 曹树金、胡岷:《国外网络信息查寻行为研究进展》,《国家图书馆学刊》2002年第2期。

信息空间是一个由可以编码化信息构成的知识空间，它促进了言传知识或客观知识的存储、处理和传播，而那些无法进行信息编码的知识，即默会知识则无法受益于网络空间。也就是说，网络空间是一个言传知识合法的空间。而黄少华则认为，网络信息空间并非一个单纯置放网页、文字和图像的技术空间，它在本质上是一个具体的社会空间，是一个由读者和作者在共同的创作与链接中所形塑和书写的流动空间。正如卡斯特所说，“互联网的使用者也是生产者，既提供了内容，也塑造了网络。”网络空间作为一个场所移动、意义不确定的流动信息空间，具有去中心、无疆界、主客体交织、弹性和不确定性等后现代特征。①

2. 网络信息行为的界定与类型。国内外学界关于网络信息行为的界定，并没有实质性的差异，基本上倾向于把网络信息行为定义为网络用户在信息需求和思想动机的支配下，利用网络工具进行网络信息查询、选择、吸收、利用、交流和发布的活动。② 也就是说，在网络空间进行的所有与信息搜寻、使用和传播相关的行为，都属于网络信息行为。目前，人们对网络信息行为的探讨主要集中在网络信息检索和网络信息浏览两个方面。网络信息检索行为是指具有明确信息需求的网络用户借助专门信息检索工具和使用信息检索语言获取所需信息的活动，属于基于提问(Quering)的信息检索行为；而网络信息浏览行为是指缺乏明确信息需求目标的用户利用超文本链接方式获取信息的活动，属于基于浏览(Browing)的检索行为。迄今国内外学界针对此一议题的研究主要有：Catledge 和 Pitkow 通过收集网络用户浏览器的使用日志，对用户的网络

① M. 卡斯特：《网络社会的崛起》，夏铸九等译，北京：社会科学文献出版社 2003 年版，第 43 页；曾国屏、李正风等：《赛博空间的哲学探索》，北京：清华大学出版社 2002 年版；黄少华、翟本瑞：《网络社会学：学科定位与议题》，北京：中国社会科学出版社 2006 年版；P. Levy, *Cyberculture*. Paris：Editions Odile Jacob，1997.

② 曹树金、胡岷：《国外网络信息查寻行为研究进展》，《国家图书馆学刊》2002 年第 2 期；巢乃鹏：《网络受众心理行为研究：一种信息查寻的研究》，北京：新华出版社 2002 年版；白海燕、赵丽辉：《网络环境下的用户信息行为分析》，《燕山大学学报》2002 年第 2 期；李书宁：《网络用户信息行为研究》，《图书馆学研究》2004 年第 7 期；曹双喜、邓小昭：《网络用户信息行为研究述略》，《情报杂志》2006 年第 2 期。

浏览行为进行了研究；Huberman 等人利用美国在线（American Online）提供的代理服务器日志，记录统计了网络使用者的在线浏览行为；林珊如通过对图书馆情境中网络使用者浏览行为的实证研究，提出了一个分析网络浏览行为的多面向概念架构，梳理了网络浏览行为的影响因素；巢乃鹏则对网络信息搜寻行为的特点和影响因素，进行了较为详细的理论梳理和初步的实证分析；邓小昭对学界有关网络信息浏览行为的方式、目的、优点与局限进行了初步的归纳和总结。此外，林珊如、翟本瑞、张郁蔚、黄少华、Shen 等学者对网络超文本阅读行为的非线性、超媒体等特征，网络空间的场境特征对阅读行为的影响，网络阅读对认知和理解的影响等，从不同的理论视角分别进行了探讨。①

3. 影响网络信息行为的因素。对于影响网络信息行为因素的研究，一直是网络信息行为研究的重点。早在 1980 年代初，Fidel 和 Soergel 就对在线数据库信息检索行为的影响因素进行过研究，他们认为，影响在线检索行为的因素包括环境、信息需求者的背景和检索经验、检索问题、数据库结构、检索系统、检索者特征及检索过程等。目前，人们一般侧重从个人特质和网络环境入手探讨网络信息行为的影响因素。具体而言，对个人特质因素的讨论包括人口特质、人格特质、信息需求、信息动机、信息意识、查寻经验和认知形态等方面；而对网络信息环境因素的讨论则包括

① 翟本瑞：《网路文化》，台北：扬智文化事业 2001 年版；黄少华：《知识、文化与人性》，兰州：兰州大学出版社 2002 年版；巢乃鹏：《网络受众心理行为研究：一种信息查寻的研究》，北京：新华出版社 2002 年版；林珊如：《大学教师网路阅读行为之初探》，《图书资讯学刊》2003 年第 1 期；邓小昭：《因特网用户信息检索与浏览行为研究》，《情报杂志》2003 年第 6 期；张郁蔚：《网路超文本阅读之探讨》，《图书资讯学刊》2004 年第 4 期；黄少华，翟本瑞：《网络社会学：学科定位与议题》，北京：中国社会科学出版社 2006 年版；L. D. Catledge & J. E. Pitkow, *Characterizing Browsing Strategies in the World-Wide Web.* http://www.igd.fhg.de/archive/1995_www95/papers/80/userpatterns/UserPatterns.Paper4.formatted.html, 1995；T.-C. Shen, Hypertext for younger readers: Promises and challenges.《嘉义师院学报》第 12 期，1998；W. C. Choo et al., *Information Seeking on the Web: An Integrated Model of Browsing and Searching.* http://www.firstmonday.dk/issues/issue5_2/choo/, 2000.

网络信息资源和网络信息表征、网络工具和网络设施等方面。① 例如，林珊如将影响网络浏览行为的因素，区分为目标、知识、经验、兴趣、期望、好奇心等个人因素，以及信息组织、时间、邻近性、回馈机制等情境因素。②

除此以外，还有部分学者专门针对青少年用户的网络信息行为进行了实证研究，如戎易和黎加厚对中学生网络信息行为进行了初步的问卷调查。③

从学科视角来说，综观学界对网络信息行为的研究，主要集中在图书情报学、心理学和传播学等学科，鲜有社会学涉足这一领域。本章的主要目的，主要是从社会学的视角，对青少年网络信息行为参与状况，尤其是网络信息搜寻和信息处理、信息表达行为的参与状况，青少年对网络信息方式的认知，以及网络信息行为的影响因素，做一初步的实证分析。

第一节　青少年网络信息行为基本状况

本次调查网络信息行为部分共回收有效问卷1660份，其中男性985人，占59.3%，女性675人，占40.7%，样本性别结构与中国互联网络信息中心2006年1月发布的“第17次中国互联网络发展状况统计报告”中的性别结构（男性58.7%，女性41.3%）基本一致。从地区分布来看，三省样本大致平衡，分别为甘肃529人，占31.9%，湖南594人，占35.8%，

① 巢乃鹏：《网络受众心理行为研究：一种信息查寻的研究》，北京：新华出版社2002年版；曹树金、胡岷：《国外网络信息查寻行为研究进展》，《国家图书馆学刊》2002年第2期；李书宁：《网络用户信息行为研究》，《图书馆学研究》2004年第7期；曹双喜、邓小昭：《网络用户信息行为研究述略》，《情报杂志》2006年第2期；R. Fidel, & D. Soergel, Factors Affecting Online Bibliographic Retrieval: A Conceptual Framework for Research. *Journal of the American Society for Information Science*, 34(4), 1983; A. Light, The influence of context on users' response to websites. *The New Review of Information Behaviour Research*, 2, 2001.

② 林珊如：《图书馆使用者浏览行为之研究：浏览结果及影响因素之分析》，《图书资讯学刊》第15期，2000年。

③ 戎易、黎加厚：《中学生网络信息行为的调查研究》，《电化教育研究》2002年第1期。

浙江 537 人,占 32.3%。

一、青少年网络信息行为类型

本研究将网络信息行为界定为在网络空间进行的信息搜寻、浏览、处理、表达、沟通和学习行为,包括如在网上查找资料、上传或下载软件和文档、浏览网页、在 BBS 发帖读帖和回帖、与别人交换和共享信息、在线学习等。

首先,我们尝试通过对青少年网络行为的考察,初步了解网络信息行为在所有网络行为中所占比重。从青少年上网动机来看,查找资料是青少年最重要的行为动机,其相对频率为 22.7%,然后是聊天交友,相对频率为 17.5%,其他相对频率较高的还有收看或下载电影和音乐,相对频率为 12.1%,玩网络游戏,相对频率为 11.8%(参见第二章表 2.8)。可见,虽然网络作为一个复合媒介,为人们提供了多种服务,但是,查找资料对于青少年来讲,仍然是最重要的上网动机。其他与信息行为有关的网络使用动机,还包括学习需要(6.7%)和浏览新闻(3.5%)等。

其次,从青少年实际参与的网络行为来看,通过对他们"最近三个月在网上参与的网络活动"的分析,我们发现,与信息搜寻、浏览、处理、表达、传播等相关的网络信息行为,如使用搜索引擎找资料(35.9%)、浏览新闻(33.3%)、下载软件或文档(27.3%)、在 BBS 发帖读帖或回帖(18.2%)、参加远程教学与网络学习(8.7%)等,在青少年实际参与的各项网络行为中占有较高的比重。在实际参与人数超过三成的五项主要网络行为中,属于网络信息行为的就占了两项(分别为列第四位的使用搜索引擎找资料,和第五位的浏览新闻),另外还有两项网络信息行为分别排在第六位(下载软件或文档)和第七位(在 BBS 发帖读帖或回帖)。(参见第二章表 2.10)这进一步说明了网络信息行为在青少年网络行为中所占有的基础性地位。

在对网络信息行为在青少年网络行为中的地位有一个初步了解的基础上,我们尝试进一步对不同类型网络信息行为的参与程度做更加具体的梳理。表4.1的统计结果显示,在青少年最近三个月经常参与的网络信息行为中,超过三成的只有查找资料(60.3%)、浏览网页(54.7%)、上传和下载文件(31.2%)、与别人交换和共享信息(30.1%)等四项。这意味着,青少年经常性参与的网络信息行为,无论是从参与比例来看,还是从参与广泛程度来看,总体而言都不高。换言之,青少年参与的信息行为类型仍较为单一,主要集中在查找信息和浏览网页等少数几项行为上。戎易和黎加厚对中学生网络信息行为的调查也有类似的发现。他们在2001年对上海市七所中学共612名学生的调查发现,中学生获取网络信息的方式较为单一,且参与程度不高,经常使用搜索引擎的学生只有45.0%,有13.0%的学生不使用搜索引擎,甚至有7.0%的学生根本不知道什么是搜索引擎。①

表4.1　经常参与的网络信息活动(N=1660)

	频数	频率(%)
查找资料	1001	60.3
浏览网页	908	54.7
上传或下载文件	518	31.2
与别人交换和共享信息	499	30.1
在BBS发贴、读帖或回帖	383	23.1
参加远程教学与网络学习	269	16.2
使用代理软件处理信息	88	5.3
建设和维护个人主页	80	4.8
其他	72	4.3

考虑到我们测量的青少年网络信息行为类型较多,因此我们尝试通过因子分析,提取出有概括力的新因子,以简化青少年网络信息行为的基本类型。我们采用主成份分析法作为抽取因子的方法,以特征值大于1

① 戎易、黎加厚:《中学生网络信息行为的调查研究》,《电化教育研究》2002年第1期。

作为选择因子的标准,采用正交旋转法中的最大方差旋转法作为转轴方法,以降低因子的复杂性。在进行因子分析之前,我们先计算出相关矩阵,以观测题项之间的相关关系,并对相关矩阵进行检验。对我们用来测量网络信息行为的八个项目的 KMO 检验表明,KMO 值为 0.549,巴特利特球状检验的卡方值为 294.795,自由度为 28,在 0.000(Sig. = .000)水平上统计检验显著,说明这八个项目可以进行因子分析。通过因子分析,我们将青少年网络信息行为的八种具体类型,简化为四个因子,四个因子的方差贡献率分别为 17.452%、15.015%、13.577% 和 12.655%,累积方差贡献率为 58.699%。从具体的因子分析结果来看,"在 BBS 发贴、读帖和回帖"的因子负载较低,为 0.457,且在信息搜寻和信息处理两个因子上的负载非常接近,我们选择取其因子负载较高的一项将其归入信息处理因子。在共同度上,除"建设和维护个人主页"低于 0.4,其余项目均接近或超过 0.5,基本上达到了因子分析的要求(见表 4.2)。

表 4.2　青少年网络信息行为因子分析结果

	信息搜寻	信息处理	网络学习	信息交换	共同度
上传或下载文件	**.692**	.144	.038	-.080	.508
查找资料	**.643**	-.342	.282	.133	.628
浏览网页	**.564**	.044	-.484	-.084	.562
使用信息代理软件处理信息	-.019	**.710**	.034	-.049	.508
建设和维护个人主页	.018	**.577**	.081	.043	.341
在 BBS 发帖、读帖和回帖	.417	**.457**	-.106	.147	.416
参加远程教学和网络学习	.100	.119	**.867**	-.039	.778
与别人交换和共享信息	-.021	.042	-.008	**.977**	.956
特征值	1.396	1.201	1.086	1.012	
方差贡献率(%)	17.452	15.015	13.577	12.655	
累积的方差贡献率(%)	17.452	32.467	46.043	58.699	

最后,我们根据每个因子的共性,分别为四个因子命名。命名因子 1 为信息搜寻因子,包括上传和下载文件、查找资料和浏览网页三项;命名

因子2为信息处理因子,包括使用信息代理软件处理信息、建设和维护个人主页和在BBS发帖读帖和回贴三项;命名因子3为网络学习因子,包括参加远程教学和网络学习一项;命名因子4为信息交换因子,包括与别人交换和共享信息一项。

二、青少年网络信息行为的个人特征和网络介入程度差异

因子分析得到的因子值是一个标准化值(均值为0,标准差为1),为了便于分析和说明,我们将其转换为1~100之间的指数。表4.3的统计数据显示,青少年在各类网络信息行为上的参与程度总体偏低,其中均值最高的信息搜寻行为得分也只有47.371,而最低的信息处理行为得分更只有13.607,说明被访青少年的网络信息行为主要是在低层次活动上展开的,像使用信息代理软件处理信息、建设和维护个人主页等创造性信息活动的参与程度还很低。

表4.3　网络信息行为的均值、中位值、众值与标准差

	信息搜寻	信息处理	网络学习	信息交换
均值	47.371	13.607	32.859	39.257
中位值	45.134	11.704	25.277	24.093
众值	54.154	1.279	20.847	22.694
标准差	23.962	15.330	23.546	28.619
最小值	1.00	1.00	1.00	1.00
最大值	100.00	100.00	100.00	100.00

为了进一步了解青少年网络信息行为的特征,我们接下来分析青少年网络信息行为的个人特征和网络介入程度差异(见表4.4)。

从个人特征来看,在性别上,t检验显示,青少年在网络学习和信息交换因子上的均值差异不显著,而在信息搜寻和信息处理因子上的均值则有显著程度不同的差异。具体而言,在信息搜寻因子上,女性的参与程度

表 4.4　网络信息行为的个人特征和网络介入程度差异

	性别	年龄	网络介入程度
信息搜寻	−2.289 *	−6.356 ***	15.979 ***
信息处理	4.202 ***	2.151 *	6.257 **
网络学习	−.681	4.765 ***	.502
信息交换	−.829	−1.842	.783

注：1. 性别和年龄为 t 检验，网络介入程度为 F 检验

2. * $p<0.05$，** $p<0.01$，*** $p<0.001$

高于男性，而在信息处理因子上，则是男性的参与程度高于女性。在年龄上，t 检验显示，青少年除了信息交换因子得分差异不显著外，其他三类网络信息行为得分均存在不同显著程度的差异。具体来看，在信息搜寻因子上，18～24 岁年龄段青少年的参与程度高于 13～17 岁年龄段，而在网络学习因子上则恰好相反。有点出乎我们预料的是，在信息处理因子上，13～17 岁年龄段青少年的参与程度高于 18～24 岁年龄段，虽然这一现象背后的含义以及造成这一现象的原因是什么，我们尚不清楚，但它显然值得我们注意。

再从青少年网络介入程度来看，网络介入程度不同的青少年，在信息搜寻因子和信息处理因子上的参与程度差异显著。其中在信息搜寻因子上，以网络中度使用者参与程度最高，而在信息处理因子上，则以网络重度使用者的参与程度最高。

第二节　网络信息搜寻与信息表达

网络信息行为是最基础性的网络行为之一，而浏览网页、搜寻信息又是网络信息行为中的基础性行为，网络信息处理和表达则属于网络信息行为中较高层次的行为。为了对青少年的网络信息行为结构、水平和特

征有更为具体和深入的了解,我们在本节中侧重对这两类网络信息行为进行初步的分析和梳理。

一、网络信息搜寻和浏览行为

1. 网络信息搜寻行为

今天,网络在青少年的信息搜寻行为中,扮演着一个十分重要的角色。甚至在某种程度上可以说,网络在青少年那里几乎成了信息的代名词,我们常常会从青少年嘴里听到"google 了没有"、"百度一下"这样的说法。那么,网络在青少年的信息搜寻活动中,究竟占有什么样的地位呢?为了对此有一个大致的了解,我们设计了"你最经常使用哪种方式查找资料"一题。表 4.5 的统计结果显示,网络的确已经成为青少年搜寻信息的最主要方式,以 57.1% 的比例位居各种主要的信息搜寻方式之首,比占第二位的咨询朋友、老师或同学高出将近四成。

表 4.5　青少年搜寻信息的主要方式(N = 1339)

	频数	频率(%)
上网查找	765	57.1
咨询朋友、老师或同学	244	18.2
去图书馆查找	204	15.2
查书或查杂志、报纸	126	9.4

通过访谈,我们发现,青少年之所以选择网络作为主要的信息搜寻方式,主要原因是因为使用网络查找方便,而且信息全面。与去图书馆查资料相比较,网络的优势在于方便和快捷。"现在当然是上网,现在网络比较方便,东西多而且比较全。……在网上找只需要坐着敲敲键盘,移动鼠标就 ok,到图书馆还得找,而且图书馆的东西有限,更新也不快。虽然网上可能信息太多了,不好找,但总比去图书馆方便阿(啊),去了图书馆也不好找阿(啊)。网络可以搜索,随心所欲。书本受限制多。……上网多

省事阿（啊），去图书馆还得跑，麻烦。”（女，19 岁，大学生，网龄 4 年）当然，在访谈中也有人强调，网络上的信息太过分散，但这并不会影响他们将网络作为搜寻信息的主要渠道。

Navarro-Prieto 等人在分析人们在互联网搜寻信息时经常会迷路的原因时，对新手和有经验的信息搜寻者的行为差别进行了分析。他们认为，在搜寻策略上，新手一般不是从搜寻计划开始，而是依赖于网页上的分类目录进行被动的搜寻，而有经验的搜寻者则会有搜寻计划，并且比较偏好从搜索引擎开始，能够根据所需信息以及网络的结构随时调整自己的搜寻策略，包括改变问题陈述、转换到其他搜索引擎查询、重新检查历史纪录等。① 也就是说，不同的网络使用者，在利用网络搜寻信息时，其搜寻途径和策略是会有所不同的。为了具体了解青少年的网络信息搜寻方式及其网络介入程度差异，我们进一步询问了青少年在上网查找信息时主要使用的搜寻方式。表 4.6 的统计结果表明，搜索引擎是青少年使用最多的信息搜寻方式，占 46.0%，其次是从自己熟悉的网站链接，占 27.3%，没有相对固定的搜寻方式，会尝试各种方法的占 14.1%，使用门户网站分类表的占 11.1%，分别位居第三和第四，主要利用在线数据库查寻信息的青少年则很少，只有 1.5%。

表 4.6　经常使用的网络信息搜寻方式（N = 1480）

	频数	频率（%）
搜索引擎	681	46.0
从自己熟悉的网站链接	404	27.3
不一定，会尝试各种方法	208	14.1
门户网站分类表	165	11.1
在线数据库	22	1.5

① R. Navarro-Prieto M. Scaife & Y. Rogers, *Cognitive Strategies in Web Searching*. Presented at the 5th Conference of Human Factors & the Web. http://zing. ncsl. nist. gov/hfweb/proceedings/navarro – prieto/index. html, 1999.

我们在访谈中发现，搜索引擎之所以成为青少年最常用的信息搜寻方式，主要还是因为其具有使用方便、快捷的特点。“一般都是用引擎收（搜），像baidu，google，了解得比较熟了嘛，用起来方便些，一般不用其他的方式了，除非我知道那个资料在那（哪）里。……方便，怎么说呢，就是速度快，内容多，比较全面，基本上想找的都能找到，输入关键词，他就把你想要的东西给弄出来了，关键词正确的话，就比较好找了，不过有时候找了半天就是找不到自己想要的东西，网上东西太杂了么，有时候找到太多的相关东西觉得太繁琐了，可能和自己想要的还是有差距的，电脑么，又不是人脑。”（男，20岁，大学生，网龄5年）另外有人谈到，利用搜索引擎搜寻信息，有时会有意外的发现，获得原来不知道也不会主动去寻找的信息，从而拓展了自己的视野。“用搜索引擎主要是因为方便，网上东西那么多，一个一个找多麻烦，用搜索引擎一搜就出来了，多方便啊，而且，因为搜的时候用的是关键词，会搜出来好多东西，有可能把原来没想到的东西也给搜出来了，有时候也算是开阔眼界了吧，不把目光老集中在一个领域了。”（女，17岁，高中生，网龄3年）

为了进一步了解具有不同个体特征，以及网络介入程度不同的青少年在网络信息搜寻方式上的行为差异，我们对青少年的个人特征和网络介入程度与网络信息搜寻方式进行了交互分析。从表4.7可以发现，在性别上，与男性青少年相比，女性青少年利用搜索引擎和在线数据库的比例更高，卡方检验 X^2 值为24.076（$P<0.001$），说明青少年信息搜寻方式存在显著的性别差异；在年龄上，18～24岁青少年在搜寻引擎、门户网站分类表和在线数据库的利用程度上，高于13～17岁青少年，卡方检验 X^2 值为67.510（$P<0.001$），说明青少年信息搜寻方式的年龄差异显著；在网络介入程度上，不同网络介入程度者均以搜寻引擎为主要的信息搜寻方式，另外，从自己熟悉的网站链接所占的比例也较高，不过，卡方检验 X^2 值为15.726（$P<0.05$），显示信息搜寻方式存在一定程度的网络介入程度差异。

表 4.7 网络信息搜寻方式的个人特征和网络介入程度差异(%)

	性别		年龄		网络介入程度		
	男 (N=884)	女 (N=596)	13~17 岁 (N=852)	18~24 岁 (N=628)	一般使用 (N=783)	中度使用 (N=486)	重度使用 (N=180)
搜索引擎	41.7	52.3	38.4	56.4	43.0	52.1	43.9
网站链接	28.1	26.2	32.9	19.7	29.8	22.8	27.8
不一定	16.2	10.9	17.3	9.7	15.5	11.5	14.4
网站分类	12.9	8.6	10.6	11.9	10.5	11.9	11.7
数据库	1.1	2.0	0.9	2.2	1.3	1.6	2.2

2. 网络信息浏览行为

有研究者指出,由于网络空间的崛起,浏览作为一种探索性的信息行为,其重要性正在与日俱增。网络空间的场域特征,导致人们的信息搜寻行为,开始从以有目的地解决问题的工具性行为为主,转变为工具性行为和强调休闲娱乐的非工具性行为并存,但以非工具性行为为主。在工具性行为情形下,搜索引擎是最主要的信息搜寻方式,而非工具性行为则更多以浏览方式为主。① 有的研究者也将这两类信息搜寻行为分别称之为基于提问(Quering)的信息检索和基于浏览(Browing)的信息检索,并且认为,随着网络超文本的出现,基于浏览的信息搜寻行为越来越受到重视,而单一的基于提问的信息搜寻行为则越来越少。② 考虑到网络空间在实质上是一个由超文本所形塑的非线性话语空间(discursive space),因此我们在调查中侧重于对青少年借助超文本浏览查找信息的行为进行测量。

超文本是尼尔森(Theodore Holm Nelson)在 1965 年提出来的一个术语,用以指谓一种与传统印刷文本不同,并以比印刷文本更为灵活的方式

---

① 林珊如:《网路使用者特性与资讯行为研究趋势之探讨》,《图书资讯学刊》第 17 期,2002 年。

② 白海燕、赵丽辉:《网络环境下的用户信息行为分析》,《燕山大学学报》2002 年第 2 期。

进行的新型写作,即“用户自由运动的非顺序的写作方式”。与传统印刷文本相比,超文本最大的特点,是其非连续性或者说非线性。人们在进行超文本浏览时,不必按照某个既定的顺序进行,而是可以跟随链接实现文本间的跳跃。① 从理论上讲,由于超文本结构是建构网络空间的基本逻辑,②因此,借助超文本浏览进行信息查找应该是网络使用者普遍使用的一种信息搜寻方式。然而我们的调查数据却显示,经常使用超文本浏览进行信息搜寻活动的青少年还不到被访的一半,只有 44.5%,有 41.5% 的青少年只是偶尔使用,而有 14.0% 的青少年则从来不借助超文本浏览进行信息搜寻。③

表 4.8 借助超文本浏览搜寻信息状况(N=1523)

	频数	频率(%)
经常使用	677	44.5
偶尔使用	632	41.5
从来不用	214	14.0

进一步分析青少年超文本浏览的使用状况与个体特征和网络介入程度的关系,可以发现(见表 4.9):在性别上,男性使用超文本浏览的比例高于女性,卡方检验 X^2 值为 6.881($P<0.05$),差异显著;在年龄上,18~24 岁青少年使用超文本浏览的比例高于 13~17 岁,卡方检验 X^2 值为 17.044($P<0.001$),差异显著;在网络介入程度上,介入程度越高,经常借助超文本浏览搜寻信息的比例也越高,卡方检验 X^2 值为 27.253(P<

① M. 海姆:《从界面到网络空间:虚拟实在的形而上学》,金吾伦等译,上海:上海科技教育出版社 2000 年版;黄少华、翟本瑞:《网络社会学:学科定位与议题》,北京:中国社会科学出版社 2006 年版。

② T. 伯纳斯-李:《编织万维网》,张宇宏等译,上海:上海译文出版社 1999 年版。

③ 国内学者的相关调查也得到大致类似的结果。例如巢乃鹏在 2001 年对网络信息查寻行为的调查中,发现经常利用超文本链接查寻信息的网民只有 22%,而有 30% 的网民从不使用超文本链接,另外有 48% 的网民会偶尔使用超文本链接(巢乃鹏:《网络受众心理行为研究:一种信息查寻的研究》,北京:新华出版社 2002 年版)。

表4.9　超文本浏览行为的个体特征和网络介入程度差异(%)

	性别		年龄		网络介入程度		
	男 (N=895)	女 (N=628)	13~17岁 (N=845)	18~24岁 (N=678)	一般使用 (N=520)	中度使用 (N=520)	重度使用 (N=172)
经常使用	48.4	41.7	41.9	46.5	37.8	38.3	49.4
偶尔使用	38.2	43.8	40.0	42.7	45.3	43.1	39.9
从来不用	13.4	14.5	18.1	10.8	16.9	18.7	10.7

0.001),差异显著。

那么,青少年利用网络浏览的主要是些什么样的信息呢?考虑到网络作为一个复合媒介,它所包含的信息复杂多样,直接测量较为困难,因此我们借助于询问青少年经常访问的网站类型,来测量青少年主要搜寻和浏览的信息类型。之所以采取这一策略,是因为不同类型的网站所包含的信息类型有着基本的区别。例如作为新闻媒体网站的人民网,其包含的内容与游戏网站有着明显的区别。表4.10显示的是青少年在最近三个月经常浏览的网站类型统计结果。

从表4.10的统计结果可见,青少年在最近三个月经常浏览的网站主要是影视娱乐网站、网络游戏网站和搜索引擎网站,分别占39.8%、37.7%和36.1%,接下来依次为校园网30.1%,门户网站22.1%,聊天交友网站21.9%,体育网站21.5%,软件下载网站20.1%,星座血型算命网站13.9%和新闻媒体网站13.3%。而其他诸如青少年教育网站、旅游网站、购物网站、女性网站、政府的公共服务网站等的比例均不到10%。也就是说,青少年最经常浏览的信息,主要是影视娱乐信息、网络游戏信息等休闲娱乐信息;其次是借助搜索引擎、校园网等浏览一些与自己的日常生活、学习相关的实用信息。

网络浏览的一个重要价值,在于常常会在浏览过程中获得意想不到的信息,从而使人们的思维更加开放和发散,但同时,由于网络空间信息太多太杂,因此会给浏览者造成信息超载和信息鉴别困难等负面影响。

表 4.10 青少年经常浏览的网站(N =1652)

	频数	频率(%)
影视娱乐网站	658	39.8
游戏网站	623	37.7
搜索引擎	596	36.1
校园网	497	30.1
门户网站(如新浪、网易)	365	22.1
聊天交友网站	361	21.9
体育网站	356	21.5
软件下载网站	332	20.1
星座血型算命网站	230	13.9
新闻媒体网站(如人民网)	220	13.3
青少年教育网站	162	9.8
个人网站	151	9.1
旅游网站	104	6.3
购物网站	81	4.9
女性网站	79	4.8
成人网站	64	3.9
政府的公共服务网站	48	2.9
其他	46	2.8

而迷失方向或者说迷路,正是超文本浏览中经常会遇到的问题之一。① 所谓迷路(Disorientation),简单地说,就是指信息浏览者在浏览信息的过程中,因为超文本的非线性链接而导致偏离主题的状况。表 4.11 的统计结果显示,有 9.1% 的青少年在网络超文本浏览中经常出现迷路现象,

① M. 海姆:《从界面到网络空间:虚拟实在的形而上学》,金吾伦等译,上海:上海科技教育出版社 2000 年版;黄鸣奋:《超阅读:数码时代的文本变革》,《厦门大学学报》2001 年第 1 期;巢乃鹏:《网络受众心理行为研究:一种信息查寻的研究》,北京:新华出版社 2002 年版;林珊如:《大学教师网路阅读行为之初探》,《图书资讯学刊》第 1 期,2003 年;黄少华、翟本瑞:《网络社会学:学科定位与议题》,北京:中国社会科学出版社 2006 年版。

表 4.11 超文本浏览中的迷路现象（N＝949）

	频数	频率（%）
经常出现	86	9.1
偶尔出现	609	64.2
从未出现	254	26.8

64.2%偶尔出现迷路现象，仅有26.8%的被访青少年没有在超文本浏览过程中发生过迷路现象。这意味着，青少年在网络浏览行为中发生迷路，是一个较为普遍的现象。

当青少年在网络空间搜寻和浏览信息时遇到像类似迷路这样的困难时，会采取什么样的对策呢？调查结果表明，有35.6%的青少年选择继续在网上查找，26.0%选择转而寻求现实生活中朋友、老师或同学的帮助，20.6%选择向网友求助，10.3%选择查书或者去图书馆查找，只有7.6%选择停止所有查找活动。可见，有56.1%的青少年在查找信息遇到困难时的反应是继续求助网络，而有36.3%则转而求助现实生活中的熟人，或者通过图书馆等传统的信息搜寻渠道继续查找。

表 4.12 查找信息遇到困难时的对策（N＝1444）

	频数	频率（%）
继续在网上查找	512	35.5
寻求朋友、老师或同学帮助	376	26.0
寻求网友帮助	297	20.6
查书或去图书馆查找	149	10.3
停止所有查找活动	110	7.6

综上分析，我们大致可以说，借助网络获取信息，已经是青少年信息搜寻的最重要渠道，而搜索引擎和从熟悉的网站链接，是他们在网络空间获取信息的主要方式。但与林珊如等人的研究结论不同，本研究发现，青少年在网络空间的信息行为，仍以搜寻行为为主，浏览并没有超过搜寻成为网络信

息查找的最重要方式;不过,本研究证实了林珊如等人关于传统基于问题的信息检索和随意浏览之间的界限正在变得模糊的说法。就搜寻和浏览的内容而言,青少年最经常搜寻和浏览的信息,主要是休闲娱乐信息。

二、网络空间的信息处理与信息表达

代理软件(agent)是一种可以在网络空间代替网络使用者处理信息的软件,它能够根据使用者个人的兴趣爱好和网络使用习惯对信息进行个人化处理。广义而言,搜索引擎也可以称之为信息代理软件。有人认为,代理软件能够让人们摆脱各种负担,它在未来将更紧密地与我们的日常生活结合在一起。由于网络空间的信息爆炸,在今天,代理软件已经成为人们网络使用行为的重要组成部分。从电子商务到在线聊天、从在线消费到信息处理,到处都可以看到代理软件的身影。[1] 在网络信息行为中,信息代理软件可以帮助人们对各种信息进行选择和剔除,提取和“加工”对自己有用的信息。虽然目前的信息代理软件如电子邮件处理、会议程序管理、电子新闻分类筛选程序等,还存在着不同程度的局限,但是其已经具有的强大信息处理能力,无疑可以减轻网络使用者面对信息超载时的压力与焦虑,[2]这在客观上使借助信息代理软件处理信息的方法,在网络信息行为中变得越来越重要。为了具体了解青少年借助信息代理软件处理信息的状况,我们询问了青少年在邮件代理软件等几种最基本的信息代理软件上的使用情况。统计数据显示,被访青少年有24.5%从未使用过任何信息代理软件处理信息,而在使用过信息代理软件的青少年网民中,使用比例最高的信息代理软件是邮件代理软件,占所有使用过信息代理软件青少年的79.7%,其次是文件或图片处理软件,占29.2%,使

---

① 陈俞霖:《网路同侪对N世代青少年的意义:认同感的追寻》,台湾:南华大学社会学研究所,2003年;J. S. 布朗、P. 杜奎德:《信息的社会层面》,王铁成等译,北京:商务印书馆2003年版。

② 翟本瑞:《资讯超载与网路时代的学习模式改变》,http://mozilla.hss.nthu.edu.tw/iscenter/conference2003/thesis/ files/20030214115542211.21.191.229.doc,2003年。

表4.13　信息代理软件使用状况（N=1150）

	频数	频率(%)
邮件代理软件	916	79.7
文件或图片管理软件	336	29.2
在线翻译软件	242	21.0
其他	10	0.9

用过在线翻译软件的则占21.0%。可见，除邮件代理软件外，青少年使用信息代理软件处理信息的比例并不高，其信息行为的层次尚有待提高。

有不少学者强调，网络空间不仅是一个像百科全书一样的信息空间，为人们提供各种信息来源，而且是一个新的有价值的信息表达渠道和公共话语空间（discursive space），为人们提供了一个可以自由发表自己意见和思想的公共空间，人们可以在其中表达和交换信息，实现与他人的信息共享。也就是说，网络空间不仅是一个能让我们进行观察、浏览和搜寻答案的世界，而且是一个能让我们生存在其中，进行提问、提供答案等信息创造活动的世界，而信息和知识表达正是这种创造活动的最基本形式。有学者甚至强调，这是一个类似哈贝马斯所说的"公共领域"的理想话语空间，它允许任何个体进行平等、理性的意见表达。① 而BBS则被许多学者视为公共理性话语空间甚至公共领域的代表，在这里人们可以自由发表言论，并进行平等的讨论。因此，我们以BBS为例，询问了青少年在BBS空间的信息表达行为。虽然分别有70.2%、67.5%和64.3%的青少年认为在BBS空间能无所顾忌地畅所欲言、能方便找到兴趣爱好相同的讨论者，以及有助于对问题进行深入讨论，而仅有35.9%认为BBS制造了大量的垃圾信息，但是，表4.14的统计数据却表明，很多青少年只是会

① D.温伯格：《小块松散组合》，李坤等译，北京：中信出版社2003年版；彭兰：《中国网络媒体的第一个十年》，北京：清华大学出版社2005年版；T.乔登：《网际权力：网路空间与网际网路的文化与政治》，江静之译，台北：韦伯文化事业出版社2001年版；G. Graham：《网路的哲学省思》，江淑琳译，台北：韦伯文化国际出版有限公司2003年版。

表 4.14 BBS 空间的行为方式(N=1491)

	频数	频率(%)
偶尔浏览	565	37.9
偶尔以游客身份发言	348	23.3
经常浏览但不发言	324	21.7
偶尔以注册名发言	158	10.6
经常以注册名发言	96	6.4

偶尔去浏览一下 BBS(37.9%),经常浏览但从不发言的青少年也占到了21.7%,而仅有17.0%的青少年会以注册名在BBS发言,但经常发言的仅占6.4%,另外有23.3%的青少年会偶尔以游客身份在BBS发言。这意味着,青少年在BBS空间表达自己意见和思想的愿望并不强烈,BBS对青少年来说更多还只是一种信息载体,他们参与BBS很大程度上只是为了获取信息。

那么,那些曾经在BBS参与发言的青少年最经常表达的是哪些言论呢?从表4.15的调查数据来看,就社会问题发表自己的意见所占比例最高,为40.1%,其次是抒发个人心情,占31.1%,随便跟帖灌水的占21.0%,比例最低的是寻求别人帮助,占7.8%。可见,真正将BBS空间视为表达意见和思想场域的青少年,只占在BBS空间发言青少年的40.1%,更只占所有参与BBS空间活动青少年的16.2%。这意味着,对于多数被访青少年来说,BBS还没有成为他们的有效话语表达空间,更别说是理性的公共话语表达空间了。

表 4.15 BBS 发言的主要话题(N=601)

	频数	频率(%)
就社会问题发表自己的意见	241	40.1
抒发个人心情	187	31.1
随便跟贴灌水	126	21.0
寻求别人的帮助	47	7.8

从访谈来看,对于 BBS 作为信息和话语表达空间的作用,有两种截然相反的理解。有一部分青少年认为 BBS 并不是一个理想的话语空间,也较少参与。“BBS 很久以前去过,现在不去了,没啥意思,就是一堆人没事干胡说,没甚么用。……有个人说句话,其他人跟着乱骂,差不多就是这样,也不规范,像整天说的在那上头言论自由了,我也没啥感觉,反正你就是有什么反映出来了也没人管。不过,可能还是会有点用的吧,总让人有地方发泄了不是? ……”(男,23 岁,本科毕业,中学教师,网龄 6 年)。与此不同,另一部分青少年则较为肯定 BBS 对信息和话语表达的作用,这部分青少年往往有较高的 BBS 参与程度。“哦,BBS 我还是经常去的,主要就是去看看别人对一个问题的想法,思考别人的观点,看看别人的故事,当然有时候也会发表一些自己的看法,感觉上就是说话比平时要自由许多,平时不敢随便骂人,到那上就敢,我看谁说的什么不爽我就可以和他对骂,想说什么尽管说,……嗯,就是自由啊,不过如果你的发言不被别人关注,那感觉就不好了,无论是批判的还是赞同的,就怕没有人理你,……那上头什么都有,也挺好玩的,心情不好了,就上去发个帖子骂一顿,挺爽的。”(男,18 岁,高中生,网龄 3 年)不过可惜的是,像这位中学生所理解的那样,我们在访谈中接触到的多数被访所理解的在 BBS 空间的表达自由,更多是情感表达自由,而并非像某些学者希望的那样,是理性表达自由。我们发现,从表面上看对 BBS 态度截然不同的两类青少年,其实至少在有一点上是相同的,就是他们都更多地把 BBS 视为一个情绪释放、调节和发泄的空间。从这一角度而言,BBS 距离成为理性的话语表达空间,甚至发展成为客观的公共领域,还有相当长的路要走。①

---

①　彭兰:《中国网络媒体的第一个十年》,北京:清华大学出版社 2005 年版;黄少华、翟本瑞:《网络社会学:学科定位与议题》,北京:中国社会科学出版社 2006 年版。

第三节 青少年对网络信息方式的认知

一、青少年网络信息方式认知量表的建构

信息方式是波斯特借助马克思的生产方式理论提出来的概念，用以描述和区分符号交换的基本结构及结构变化。在波斯特看来，信息方式概念包含的核心内容，是语言与社会、观念与行为、自我与他者的关系结构。[①] 我们借助这一概念，用来分析青少年对网络空间信息行为及其所包含的结构关系的认知，从内容来说，包括网络信息搜寻、信息处理、信息表达、信息交流、网络学习等基本面向。在具体操作层面，我们采用李克特五点尺度量表，对青少年的网络信息方式认知进行测量。量表一共包括“在网上能方便获得大量信息”等26题。根据被访青少年的回答，我们大致可以得出以下结论：(1)青少年对网络信息方式的正面价值，有着较高程度的认知，除了“能摆脱单调的信息查找工作”一项的同意率为48.8%以外，其他有关网络信息方式正面价值题项的同意率，都超过了50.0%，像最高的“方便查找辅导资料”、“方便获得大量信息”、“扩展了信息来源”和“有效获得自己感兴趣的信息”，分别达到了90.6%、85.5%、82.4%和80.3%。不难发现，这些题项，都是有关网络空间信息获取的。相对而言，对网络提升青少年认知能力题项的同意率就要低一些，例如“提高了自己的认知能力”、“能帮助自己克服知识背景的局限”、“提高了认知和思考能力”和“促进对学习内容的理解”，其同意率分别为69.3%、68.5%、65.3%和63.3%。而对网络改变了知识活动性质题项的同意率最低，例如“使学习像娱乐一样快乐”、“常会引发我的好奇心，

---

① M. 波斯特：《信息方式：后结构主义与社会语境》，范静哗译，北京：商务印书馆2000年版。

有一种寻宝的乐趣”和“使学习变得主动”，其同意率分别为60.5%、58.0%和51.4%。(2)对网络在信息方式层面的负面影响，例如信息超载、学习有压力等题项的同意率普遍较低，最高的“相关信息太多，觉得学习有压力”和“会削弱记忆能力”的同意率，也只有35.6%和33.9%，其他如“对使用者技术要求太高，限制了使用”(28.2%)、“信息内容庞杂，有用信息少”(27.3%)、“信息太多，让我没有时间阅读和消化”(25.5%)和“获得的信息不精确”(20.4%)，同意率都不超过30.0%。

在对网络信息方式认知量表进行描述性频率统计的基础上，为了简化测量指标，我们进一步对量表进行了因子分析。因子分析采用主成份分析作为抽取因子的方法，以特征值大于1作为选择因子的标准，采用正交旋转法中的最大方差旋转法作为转轴方法，以降低因子的复杂性。在进行因子分析之前，我们先计算出原有26题的相关矩阵，分析各题项间的相关关系，并对量表中的题项是否适合因子分析进行了检验。经计算发现，26个题项之间存在着较强的相关关系，而相关矩阵的KMO值为0.912，巴特利特球状检验的卡方值为8603.318，自由度(df)为351，在0.000(Sig. =.000)水平上统计检验显著，说明所有题项适合进行因子分析。因此将所有题项采纳，进入后续的因子分析。第一步因子分析的结果，共析出特征值大于1的因子五个，五个因子的累积方差贡献率为54.212%。但是“获得的信息不精确”、“常会引发我的好奇心，有一种寻宝的乐趣”、“使信息处理工作变得简单、有效率”、“相关信息太多，觉得学习有压力”等六个题项的因子负载小于0.5，因此将这六个题项剔除后，进行二次因子分析。最后因子分析的结果，净化出四个因子，四个因子的方差贡献率分别为19.284%、17.719%、10.140%和9.442%，累积方差贡献率为56.585%，共同度除“有助于扩展知识面”、“容易链接到相关资料或网站”和“会削弱记忆能力”三项低于0.5以外，其余均超过了0.5，基本达到了因子分析的要求(见表4.16)。在此基础上，我们进一步对四个因子进行了Cronbach's α信度检验，得到各因子Cronbach's α系数分别为0.8590、0.8475、0.6574和0.7088，总Cronbach's α系数为

表 4.16　青少年网络信息方式认知因子分析结果

	提升效率	扩展知识	信息超载	提升能力	共同度
促进对学习内容的理解	**.785**	.098	-.039	.104	.638
使学习变得主动	**.757**	.103	-.098	.072	.599
学习效率提高了	**.727**	.115	-.034	.040	.544
提高了认知和思考能力	**.717**	.182	-.020	.228	.600
有助于与他人交流学习心得	**.683**	.176	-.057	.193	.538
使学习像娱乐一样快乐	**.681**	.119	-.095	.176	.517
扩展了信息来源	**.589**	.263	.028	.253	.481
有效获得自己感兴趣的信息	.141	**.788**	-.044	.178	.674
能不受时间地点限制快捷地获得信息	.128	**.748**	-.091	.126	.599
有效地扩展了自己的知识面	.180	**.736**	-.022	.204	.616
能方便地获得大量信息	.116	**.701**	-.058	.084	.515
使阅读和使用变得方便快捷	.172	**.668**	-.152	.096	.508
容易链接到相关资料或网站	.176	**.653**	-.164	.079	.491
信息内容庞杂，有用信息少	-.093	-.140	**.771**	-.013	.623
信息太多，让我没有时间阅读和消化	.025	-.264	**.713**	-.043	.580
常被其他信息吸引，忘掉自己原来的目的	-.115	-.188	**.677**	.041	.509
会削弱记忆能力	-.026	.179	**.601**	-.215	.441
能帮助自己克服知识背景的局限	.244	.184	-.060	**.752**	.663
提高了自己的认知能力	.297	.212	-.053	**.704**	.631
能摆脱单调的信息查找工作	.185	.203	-.094	**.681**	.549
特征值	3.857	3.544	2.028	1.888	
方差贡献率（%）	19.284	17.719	10.140	9.442	
累积方差贡献率（%）	19.284	37.003	47.143	56.585	

0.7948，说明量表信度即内在一致性基本符合要求，是可以接受的。

最后，根据因子的共性，我们分别为四个因子命名，命名因子 1 为提升效率因子，包括“促进对学习内容的理解”等七个题项，主要描述青少年对网络提高信息获取和学习效率作用的认知；命名因子 2 为扩展知识因子，包括"有效获得自己感兴趣的信息"等六个题项，主要描述青少年对在网络空间不受时间地点限制快捷地获得信息、有效扩展知识面的认知；命名因子 3 为信息超载因子，包括"信息内容庞杂，有用信息少"等四个题项，主要描述因为网络空间信息量巨大并且庞杂，给认知活动造成的压力；命名因子 4 为提升能力因子，包括"能帮助自己克服知识背景的局限"等三个题项，主要描述网络对青少年提升认知能力的意义。这四个因子，大致涉及了青少年网络信息行为中的信息搜寻、信息浏览、信息处理、信息表达、信息交流等几个基本面向，基本上可以概括青少年网络信息方式认知的主要面向。

二、青少年网络信息方式认知的个人特征和网络介入程度差异

1. 青少年网络信息方式认知得分情况

在简化了青少年网络信息方式认知结构后，为了对青少年的网络信息方式认知有更具体的认识，我们以因子值系数为权数，计算出各因子的因子值。为了便于分析，我们将青少年的网络信息方式认知因子值转换成 1～100 之间的指数。从表 4.17 来看，青少年的网络信息方式认知均值，以扩展知识因子最高，但与提升效率和提升能力因子非常接近，而信息超载因子的均值明显较低，说明青少年对网络信息方式有着较为积极和正面的认知。

表 4.17　网络信息方式认知的均值、中位值、众值及标准差

	提升效率	扩展知识	信息超载	提升能力
均值	66.870	67.330	38.196	60.433
中位值	67.410	67.488	36.751	60.935
众值	58.591	49.466	38.238	53.029
标准差	15.277	12.725	18.954	12.396
最小值	1.00	1.00	1.00	1.00
最大值	100.00	100.00	100.00	100.00

2. 青少年网络信息方式认知的个人特征和网络介入程度差异

总体来看，具有不同个人特征和网络介入程度的青少年，对网络信息方式的认知颇为一致。t检验和F检验结果也显示，青少年对网络信息方式的认知，在个人特征和网络介入程度上均不存在明显的差异。这意味着，不同性别、年龄和网络介入程度的青少年，在网络信息方式认知上较为一致，都倾向于肯定网络对提升信息行为效率、扩展知识、提升认知能力的积极作用。

表 4.18 网络信息方式认知的个人特征和网络介入程度差异

	性别	年龄	网络介入程度
提升效率	.214	.835	.300
扩展知识	.636	.734	1.253
信息超载	.443	.759	2.609
提升能力	-1.040	-.006	.256

注：1. 性别和年龄为t检验，网络介入程度为F检验

2. $^{*}p<0.05$，$^{**}p<0.01$，$^{***}p<0.001$

第四节 影响青少年网络信息行为的因素分析

一、变量设计

为了具体了解青少年网络信息行为的影响因素，我们以青少年网络信息行为因子得分作为因变量，以青少年个体特征（包括性别、年龄）、社会差异（包括父母的教育程度和职业、家里有无电脑及电脑能否上网、省份、城市规模）、网络介入程度（网龄、网络使用频率、上网持续时间、上网地点），以及网络信息方式认知作为自变量，借助多元回归分析，来具体考察两者之间的相关性程度。

在影响青少年网络信息行为的各自变量中，年龄、网龄、网络使用频

率、上网持续时间和网络信息方式认知因子得分属于定距变量，父母教育程度属于定序变量，我们近似地视为定距变量直接引入回归方程，而其余变量均为离散变量，因此先对这些离散变量进行虚拟变量处理后引入回归分析。其中性别以女性为参照类，父母亲职业以无固定职业为参照类，家庭电脑状况以家中无电脑为参照类，省份以甘肃省为参照类，城市规模以小城市为参照类，上网地点以在其他地点上网为参照类。

二、青少年网络信息行为影响因素分析

表4.19是借助多元回归方程对青少年网络信息行为影响因素所做的解释。通过对表4.19的分析，我们可以发现：对青少年网络信息行为的不同面向，作用显著的影响因素差别较大。其中对信息搜寻行为影响显著的自变量有性别、年龄、家里有电脑但不能上网、省份（湖南）、上网地点（网吧）、网龄、网络使用频率、网络信息方式认知的提升效率、扩展知识和提升能力因子，其中性别和上网地点（网吧）的作用方向为负向。也就是说，相对于女性，男性参与网络信息搜寻行为的概率较低，相对于在其他地点上网的青少年，在网吧上网的青少年，参与网络信息搜寻行为的概率也同样较低。而其他变量的作用方向皆为正向，即年龄越大，参与网络信息搜寻行为的可能性越大，家里有电脑但不能上网的青少年比家里没有电脑的青少年，湖南青少年比甘肃青少年参与网络信息搜寻行为的可能性也更大，网龄越长、上网频率越高的青少年，参与网络信息搜寻行为的可能性越大，在网络提升效率、扩展知识和提升能力因子上的认知得分越高，参与网络信息搜寻行为的可能性同样也越大。这个模型的削减误差比例为17.2%，也就是说，模型对网络信息搜寻行为变异有17.2%的解释力。

对网络信息处理行为影响显著的自变量有性别、父亲职业（技术与管理人员）、家里有电脑但不能上网、省份（湖南和浙江）。其中省份的作用方向为负向，也就是说，相对于甘肃青少年，湖南和浙江青少年参与网络信息处理行为的概率较低，而其他因素的作用方向皆为正向，即男性比女

表4.19 网络信息行为影响因素多元回归分析(N=870)

自变量	信息搜寻	信息处理	网络学习	信息交换
性别	-3.523* (-.069)	2.570* (.073)	.858 (.017)	-2.337 (-.039)
年龄	1.150* (.168)	-.163 (-.034)	-.284 (-.043)	-.844 (-.104)
父亲教育程度	1.312 (.040)	-2.147 (-.094)	-1.704 (-.053)	6.060* (.154)
母亲教育程度	.315 (.043)	-.068 (-.013)	-.042 (-.006)	.346 (.040)
父亲职业(工人与普通职员)	-2.260 (-.045)	1.860 (.053)	.486 (.010)	.797 (.013)
父亲职业(技术与管理人员)	-1.205 (-.024)	4.642* (.133)	.377 (.008)	.043 (.001)
母亲职业(工人与普通职员)	1.096 (.022)	.136 (.004)	2.543 (.052)	2.412 (.041)
母亲职业(技术与管理人员)	-.865 (-.015)	-.179 (-.005)	.725 (.013)	1.782 (.027)
家里有电脑但不能上网	5.298* (.068)	5.090** (.094)	-1.719 (-.023)	-.299 (-.003)
家里有电脑并且能上网	3.863 (.077)	3.199 (.092)	-.774 (-.016)	-4.050 (-.068)
省份(湖南)	4.389* (.085)	-3.576* (-.100)	3.287 (.066)	5.092* (.083)
省份(浙江)	1.881 (.036)	-3.620* (-.101)	-.075 (-.001)	1.589 (.026)
城市规模(大城市)	2.539 (.051)	.790 (.023)	.182 (.004)	-.520 (-.009)
上网地点(家里)	1.533 (.030)	.600 (.017)	2.049 (.041)	3.296 (.054)
上网地点(学校)	-.080 (-.002)	1.998 (.055)	2.027 (.040)	2.189 (.035)
上网地点(网吧)	-5.499* (-.111)	1.080 (.031)	-3.150 (-.065)	2.447 (.042)
上网地点(朋友或亲戚家)	-.083 (-.001)	.790 (.017)	2.886 (.045)	1.019 (.013)

自变量	信息搜寻	信息处理	网络学习	信息交换
网龄	1.992 * (.088)	-.102 (-.006)	.006 (.000)	-.239 (-.009)
网络使用频率	1.950 * (.090)	.555 (.037)	-.310 (-.015)	1.846 (.072)
上网持续时间	-.375 (-.014)	1.339 (.072)	-.881 (-.034)	-.956 (-.030)
提升效率因子	.213 *** (.133)	.013 (.012)	.134 * (.086)	.081 (.043)
扩展知识因子	.287 *** (.148)	.014 (.011)	-.010 (-.005)	.101 (.044)
信息超载因子	.061 (.047)	-.005 (-.006)	.033 (.026)	.105 * (.068)
提升能力因子	.194 ** (.097)	.041 (.030)	.088 (.045)	.015 (.006)
(常数)	-33.597 ***	9.376	26.136 **	17.062
R^2	.172	.075	.045	.034
F	7.322 ***	2.846 ***	1.671 *	1.235

注:1. 表内数据分别为非标准化回归系数和标准化回归系数,其中括号内的数据为标准化回归系数

2. * $p<0.05$, ** $p<0.01$, *** $p<0.001$

性、父亲职业为技术与管理人员的青少年比父亲无固定职业的青少年、家里有电脑但不能上网的青少年比家里没有电脑的青少年,参与网络信息处理行为的概率较高。该模型的削减误差比例为7.5%。

对网络学习行为影响显著的自变量只有一个,即网络信息方式认知的提升效率因子,且模型的削减误差比例仅为4.5%。对网络信息交流行为影响显著的自变量也只有父亲教育程度、省份(湖南)和网络信息方式认知的信息超载因子三个,且作用方向皆为正向,模型的削减误差比例更只有3.4%,并且整个模型没有能够通过显著性检验。

从自变量的角度来看,在网络信息搜寻行为回归模型中,对因变量作

用最大的自变量是年龄(0.168)、网络认知(其中扩展知识因子的标准化回归系数为0.148,提升效率因子为0.133,提升能力因子为0.097)和在网吧上网(-0.111),然后依次为:网络使用频率(0.090)、网龄(0.088)、湖南(0.085)、性别(-0.069)和家里有电脑但不能上网(0.068)。在网络信息处理行为模型中,对因变量作用程度最大的自变量是父亲职业为技术与管理人员(0.133),然后依次为:浙江(-0.101)、湖南(-0.100)、家里有电脑但不能上网(0.094)和性别(0.073)。在网络学习行为模型中,作用显著的自变量只有网络信息方式认知的提升效率因子(0.086)。在网络信息交流行为模型中,对因变量作用程度最大的自变量是父亲教育程度(0.154),然后依次为:湖南(0.083)、网络信息方式认知的信息超载因子(0.068)。

第五节 结论与讨论

本章通过对青少年网络信息行为的参与程度、类型,青少年网络信息方式认知,以及影响网络信息行为因素的实证分析,初步梳理了青少年网络信息行为的行为特征和行为结构。通过本章的研究,我们可以得出以下几点基本结论:

首先,无论从上网动机,还是从实际参与的网络行为来看,网络信息行为如使用搜索引擎找资料、浏览新闻、下载软件或文档、参加远程教学与网络学习、与别人交换和共享信息等,在青少年网络行为中都占有一定的比重。例如从网络行为动机来看,查找资料作为青少年最重要的行为动机,其相对频率达到22.7%,比占第二位的聊天交友(17.5%)要高出超过5个百分点。这意味着,虽然网络作为一个复合媒介,能够为青少年提供多种服务,但是,对于青少年来讲,参与信息行为仍然是最重要的上网动机,借助网络获取信息,已经是青少年信息搜寻的重要渠道。即使是在信息搜寻和浏览过程中遇到像类似迷路这样的困难时,大多数青少年仍然选择继续在网上查找或向网友求助。但是,如果我们从信息搜寻、浏览、处理、表达、传播、共享等网络信息行为的不同侧面,具体分析青少年实际参与的网络信息行为类型,就不难发现,青少年参与的网络信息行为类型较为单一,只有查找资料(60.3%)和浏览网页(54.7%)的参与比例较高。也就是说,除了信息搜寻行为,青少年在网络信息处理、信息表达、信息交换、信息共享和网络学习行为上的实际参与比例都不高,尤其是信息处理和表达行为的参与比例更低,这意味着互联网在青少年那里,主要还只是一个获取信息的渠道。即使像BBS这样被许多学者视为信息表达和交流的理想公共空间,在大多数青少年眼里,也仍然只被视为一个信息获取空间。另外,从青少年最经常搜寻和浏览的信息内容来看,也主要局限在休闲娱乐类信息,例如影视娱乐信息、网络游戏信息等。这意味着,青少年在网络空间实际参与的信息行为,基本上局限于低层次、简单的信息行为上,网络信息行为的总体质量并不高。

其次,网络的方便、快捷和信息全面,是吸引青少年将网络作为信息搜寻渠道的最主要原因。和图书馆等传统的信息渠道相比较,网络的最大优势就在于能方便和快捷地获得信息。而青少年搜寻信息的主要方式是借助搜索引擎和超文本浏览。林珊如在梳理国内外学界对网络信息搜寻行为研究成果的基础上,认为随着网络的不断普及,人们的信息行为发生了明显的转变,其中最为重要的转变,就是信息搜寻从以解决问题为目的的工具性使用,转向同时强调休闲娱乐目的的非工具性使用,信息搜寻不再单纯以解决问题为导向。本研究也发现,青少年在网络空间的信息行为,开始从与学习或任务相关的主动查询,转向同时重视随意浏览及被动获得信息,传统基于问题的信息检索和随意浏览之间的界限正在消失。借助搜索引擎获得信息与借助超文本浏览获得信息,也因此成为网络信息搜寻的两种最基本的行为方式,它们的一个最有价值的知识后果,就是让青少年在搜寻信息的过程中,意外发现其他有趣或有价值的信息,获得原来不知道也不会主动去寻找的信息,从而拓展青少年的信息视野。

再次,从网络信息行为的社会差异来看,青少年在网络信息搜寻和信息处理行为上存在着显著的性别和年龄差异，体现在：信息搜寻行为的参与比例，女性高于男性，18～24岁青少年高于13～17岁，而信息处理行为的参与比例，则男性高于女性，13～17岁高于18～24岁；从网络介入程度来看，网络介入程度不同的青少年在信息搜寻和信息处理行为参与比例上也差异显著，具体而言，网络介入程度越高，信息搜寻和信息处理行为的参与比例也越高。这其中，有点出乎我们意料的是，13～17岁青少年在信息处理行为上的参与比例，高于18～24岁青少年，这种结果背后意味着什么，值得我们进一步研究。进一步从回归分析结果来看，青少年个人特征、社会差异、网络介入程度、网络信息方式认知，都对信息搜寻行为有不同程度的影响，而影响网络信息处理行为的主要因素，则是青少年个人特征和社会差异。可见，相比于网络互动和网络游戏行为，网络信息行为受现实社会差异的影响更为明显。这意味着，知识沟理论的一个基本观念，即人们在社会等级中的位置，决定着他的信息寻求行为，[①]在网络信息行为中仍然有效。

最后，从网络信息方式认知来看，青少年对网络的信息搜寻作用，有着较为积极的认知，认为网络扩展了信息来源，方便查找辅导资料和获得大量自己感兴趣的信息，并使自己摆脱了单调的信息查找工作。相对而言，对网络提高了自己的认知能力，或网络改变了知识活动性质这样的说法，同意程度就明显偏低一些。不过，对网络在信息活动上的负面影响，如信息超载、学习有压力等，青少年的感知程度更低。然而，值得注意的是，青少年有关网络信息方式的实践意识，与他们的网络信息方式话语意识有所区别，并且与目前学界占主导地位的某些话语意识有着明显的距离。例如，有不少学者把BBS视为一个可以理性、自由地表达意见和思想的公共领域，但我们通过对青少年BBS行为的研究，却发现在实践意识层面，青少年更多地把BBS视为一个情绪释放、调节和发泄的空间，所

① W. J. 赛佛林、J. W. 坦卡德：《传播理论：起源、方法与应用》，北京：华夏出版社2000年版。

谓的自由表达,在他们的实践意识里,主要是情感的自由表达和自由发泄。① 因此我们认为,BBS距离成为某些学者期望的理性话语表达空间,甚至借助这种理性话语表达建构客观的公共领域,还有相当长的路要走。

① 哈贝马斯在谈到电子媒介对公共领域的影响时,强调在电子场域中"公共领域的民主潜能具有暧昧特征"。他认为,"互联网所具有的新东西是,它可以让人以一闪眼的速度在随意的一些私人之间建立一种水平方向的联系。互联网有可能起到一种破坏性作用,因为它会抽离有关一些国家当局的控制。……关键是我们怎样去使用这一在传递信息上已消除时间与空间的交往媒介。它能够创造种种新的联系,在迄今不曾有过的公众领域,建立起文学的、科学的和政治的公众领域,它也能够肢解现有的公众领域,因而使富有意义的联系化为乌有。"(J. 哈贝马斯:《公共领域的结构转型》,曹卫东等译,上海:学林出版社1999年版;《哈贝马斯在京接受〈北京晨报〉记者独家专访:互联网·大众文化·儒家文化·全球化》,http://philosophy.cass.cn/jiaoliu/habeimasi/016.htm,2001年)这种谨慎的态度,比某些简单的技术乐观主义,更有助于我们客观地了解和把握网络公共空间的实质。

第五章

虚实交织的网络游戏世界

根据 CNNIC“第 17 次中国互联网络发展状况统计报告”的数据，在 2005 年底，我国参与网络游戏的用户占所有 1.11 亿上网用户的 33.2%。而据上海艾瑞市场咨询有限公司 2005 年底发布的“17173 第五届中国网络游戏市场调查报告”，国内网络游戏玩家的平均年龄为 24 岁，其中 25 岁以下的网络游戏用户占所有网络游戏用户的 67.84%，在校学生占所有网络游戏用户的 15.88%。如此可见，青少年是国内网络游戏玩家的主体，并且对于相当数量的青少年网民来说，玩网络游戏已经成为他们网络生活最重要的内容之一。

在今天，游戏早已经是社会科学研究的重要议题。对于游戏的多面向意义，社会科学和人文科学的不同学科，如心理学、社会心理学、社会学、教育学、哲学、文化科学都做了大量的探讨。心理学家和社会学家强调，游戏在儿童和青少年的日常生活中占据着相当重要的比重，是儿童和青少年学会遵守社会规则和尝试进行角色扮演活动，从而适应社会，实现社会化的重要途径；心理分析学者则视游戏为自由想象和创造行为，它可以调节人们的情绪、治疗并净化负面经验；教育学家视游戏为一种模拟与替代经验和学习的教育过程和教育手段；而哲学家和文化学者更是强调，游戏构成了人类文化的基本面向,是解释人类文化的基本范畴之一。①

赫伊津哈认为,作为一种文化现象的游戏,是一种超越了生活的当下需要,并把意义传达给生活的行为。这种行为是自主的和自由的,而不是被迫的,这也是游戏的第一个重要特征;游戏的第二个特征是,游戏是有别于日常生活的另一种生活;由此游戏又有了第三个特征,即游戏有其自身的空间,这种游戏空间是有边界的和有限的;游戏的第四个特征是,它将一种暂时的和有限的完美带入不完善和混乱的世界,使其呈现出一种秩序。因此,可以将游戏"称之为一种自由的活动;作为'不严肃的东西'有意识地独立于'平常'生活;但同时又热烈彻底地吸引着游戏者;它是一种与物质利益无关的活动,靠它不能获得利润;按照固定的规则和有秩序的方式,它有其自身特定的时空界限。"②然而,现代媒介文化尤其是互联网络的崛起,在相当程度上改变了人类游戏的形态和面貌,游戏的严肃性开始逐渐转变为一种轻松、娱乐化的游戏态度,并且导致实质空间游戏化,甚至整个世界都开始被游戏化。尤其是在网络游戏中,赫伊津哈所强调的游戏空间与日常生活空间之间的界限开始变得模糊甚至完全消失,网络游戏所建构的,是一个鲍德里亚意义上的"拟像"世界,它不仅取代了真实生活世界,甚至成了比真实生活世界更加真实的生活世界。"我们日常生活的科技改变了我们观察这个世界的方式。……电脑也会促使我们以新的方式建构事物。有了电脑以后,我们可以在一个程式中模拟自然,也可以把自然抛在一边,另建第二个我们想象与抽象能力创造出来的自然。荧幕上出现的事物并无实体。就这个意义而言,荧幕上的生命并

① J. 皮亚杰:《发生认识论原理》,王宪钿等译,北京:商务印书馆 1981 年版;G. H. 米德:《心灵、自我与社会》,赵月瑟译,上海:上海译文出版社 1992 年版;H. -G. 加达默尔:《真理与方法》,洪汉鼎译,上海:上海译文出版社 1992 年版;赫伊津哈:《游戏的人》,多人译,杭州:中国美术学院出版社 1996 年版;陈怡安:《线上游戏的魅力:以重度玩家为例》,台湾:南华大学社会学研究所,2003 年;方永泉:《从"游戏"意义的转折来分析当代游戏文化的特征》,http://web.ed.ntnu.edu.tw/~ycfang/_document/game.doc,2003 年。

② J. 赫伊津哈:《游戏的人》,多人译,杭州:中国美术学院出版社 1996 年版,第 15 页。

无源起与根基。在荧幕上,被视为现实的符号可能取代了真实。”①

正是网络游戏的这种不同于传统游戏的新特性,使人们对网络游戏更多地进行了负面解读。如果说网络在今天是产生社会焦虑的重要原因之一,②那么网络游戏和网吧更是产生这种社会焦虑的焦点。今天的主流社会,对网络游戏持有一种高度焦虑的心态,似乎网络游戏带给青少年的,只有暴力、欺骗、沉溺等负面影响。人们普遍担心,青少年过度参与到网络游戏和网吧生活之中,会造成许多新的社会风险。早在1980年代中,西澳大利亚的一项研究就揭示了当时社会上对电子游戏厅的普遍反感,原因是因为他们认为:(1)电子游戏厅会导致青少年上瘾,并因此对他们造成伤害;(2)会导致青少年逃学,从而影响他们的功课;(3)为了获得玩游戏所需花费,引发青少年的偷窃和欺骗行为;(4)将午餐费和零花钱花费在游戏厅,造成金钱的浪费和不当使用;(5)导致打架和流氓行为的产生。③ 而在今天,无论学界、媒体还是大众,更多地看到的,也同样是网络游戏造成的各种社会问题,例如有人为了玩网络游戏而废寝忘食,不仅影响了正常的学习、工作和休息,甚至亡命网吧或游戏。一些较为悲观的学者认为,网络游戏会引发青少年的网络沉溺,从而造成由于长期过度使用网络而对身体健康产生影响,或排挤其他日常活动及正常休闲活动等不良影响。此外,网络游戏中所充斥的暴力情节与性别刻板印象,也容易对长期浸淫其中又正值模仿期的青少年产生负面影响。国外甚至有学者认为,玩网络游戏可能是在21世纪比吸毒和酗酒更危险和严重的社会问题。④

针对媒体和不少研究者对网络游戏的这种较为负面的解读,也有一些学者指出,这种解读弱智化了游戏玩家。因此,他们试图通过对青少年

① S.特克:《虚拟化身:网路空间的身份认同》,谭天等译,台北:远流出版事业1998年版,第57页。

② G.瓦伦丁、S.L.霍尔韦:《网络少年:青少年的网络和非网络世界》,《解读数字鸿沟:技术殖民与社会分化》,曹荣湘等译,上海:上海三联书店2003年版。

③ J.菲斯克:《解读大众文化》,杨全强译,南京:南京大学出版社2001年版。

④ B.德米克:《网吧,21世纪的“大烟馆”》,《参考消息》2005年9月1日。

网络游戏参与程度、网络游戏动机,以及网络游戏中的人际互动、网络游戏对青少年自我认同的影响等议题的探讨,来把握网络游戏的真实面貌。针对网络游戏动机,张玄桥通过对台湾网络游戏玩家的调查,发现这一群体参与网络游戏的主要动机包括角色扮演、人际互动、自我认同、休闲娱乐及匿名爱情。他还发现,主要的游戏玩家都是男性,年龄则集中在16~25岁之间,学历以大专为主,职业则主要是学生,网络游戏经验以1~3年为主,他们通常对网络游戏有较高的黏着度,参与频率也相当高。而郑朝诚通过质性访谈,发现网络游戏玩家参与游戏的主要动机,包括自我实现、社交、便利以及经济利益四个方面。网络游戏玩家普遍有沉迷经历,会投入相当多的时间与精力在游戏中,花大量时间练功升级,以达到竞争、社交、探索游戏以及获取经济利益等目的。①

网络游戏中的社会互动是网络游戏研究的一个重要内容。Manninen认为,网络游戏不同于传统游戏的地方,在于它可以让许多玩家同时在线参与游戏,并且在游戏中展开互动行为。他以哈贝马斯的交往行为理论作为分析骨架,分析了网络游戏中多个玩家之间的各种互动方式,他们在网络游戏中的相互影响、交流和合作。林鹤玲和郑芳芳通过对青少年网络游戏玩家血盟参与的研究,对网络游戏中的合作行为进行了分析,由此梳理了青少年游戏玩家在网络游戏过程中发展出来的复杂互动机制,说明了网络游戏对于青少年游戏玩家社会网络建构的意义。②

学界在网络游戏研究中特别关注的另一个重要议题,是青少年在网络游戏中的自我认同建构。特克通过对MUD游戏的田野研究,指出网络游戏对于游戏玩家建构平行、多元、去中心化、片断化的后现代自我认同

① 郑朝诚:《在线游戏玩家的游戏行动与意义》,台湾世新大学传播研究所硕士论文,2003年;张玄桥:《角色扮演在线游戏玩家型态之研究》,台湾中国文化大学信息传播研究所硕士论文,2004年。

② T. Manninen, *Interaction Forms and Communicative Actions in Multiplayer Games*, http://www.gamestudies.org/0301/manninen/,2001;林鹤玲、郑芳芳:《在线游戏合作行为与社会组织:以青少年玩家之血盟参与为例》,http://tsa.sinica.edu.tw/Imform/file1/2004meeting/paper/C4-1.pdf,2004年。

的意义。而穆尔认为,网络游戏具有嬉戏的维度,玩家有很大自由来决定自己的行为,因此游戏必然是多线性的,这会导致不同类型的自我建构。在网络游戏世界中,玩家对游戏展示的各种可能性空间的认同,可能会被反思性地运用于自身,从而改变玩家的认同。而嬉戏的自我建构的最大特点,是形塑一个介于统一的自我与多重人格异常两个极端之间的弹性自我。① 侯蓉兰也认为,青少年参与角色扮演网络游戏,自由选择扮演各种角色,可以纾解情绪,并在游戏过程中寻求新的自我认同。在网络游戏世界里,因为没有了现实生活的角色限制,青少年可以尝试预演现实社会的角色与任务,并发现自己的潜力,增加自我认识,这有助于青少年对正向角色的认定,形成自己对未来工作的概念与自我理想。②

关于网络游戏的社会后果,陈俞霖借助访谈对网络游戏行为的研究发现,网络游戏已经成为青少年一种新的休闲方式,而且成为了形塑青少年同辈群体,促进他们的社会化,以及建构和形塑自我认同的一种新的方式和途径。陈怡安认为,网络游戏已经改变了青少年的休闲方式和日常生活作息,满足了青少年的各种需要,甚至导致了真实世界与虚拟世界的交融。而 Fromme 则强调,对网络游戏吸引力的解释不能仅仅考虑媒介的作用,至关重要的是看游戏玩家做了什么。他认为,没有必要对青少年热衷网络游戏过于惊慌,即使青少年对网络游戏十分感兴趣并经常参与,也并不意味着他们会放弃其他的休闲方式,比如户外活动或体育运动。玩网络游戏也并没有使青少年的社会交往减少。当青少年想要释放孤独时,网络游戏的互动性的确相当有吸引力。③

---

① S. 特克:《虚拟化身:网路空间的身份认同》,谭天等译,台北:远流出版事业 1998 年版;J. 穆尔:《从叙事的到超媒体的同一性:在游戏机时代解读狄尔泰和利科》,《学术月刊》2006 年第 5 期。

② 侯蓉兰:《角色扮演网路游戏对少年自我认同的影响》,台湾东海大学社会工作学系硕士论文,2003 年。

③ 陈俞霖:《网路同侪对 N 世代青少年的意义:认同感的追寻》,台湾:南华大学社会学研究所,2003 年;陈怡安:《线上游戏的魅力:以重度玩家为例》,台湾:南华大学社会学研究所,2003 年;J. Fromme, *Computer Games as a Part of Children's Culture*, http://www.gamestudies.org/0301/fromme/,2001.

另外,还有学者尝试建构对网络游戏行为有解释力的分析架构。例如许晋龙以娱乐导向技术接受模型(TAM)为理论基础,借助社会影响(社会规范与认知关键多数)及神迷(flow)经验两个变量,力图对游戏玩家参与在线游戏行为作出解释。他认为,在线游戏是一种娱乐性科技应用,不同于传统以问题解决(problem solving)为导向的信息科技,人们使用娱乐科技通常是为了打发时间(kill time),而不是节省时间(saving time)。①

总之,随着网络游戏的迅速扩张,我们迫切需要面对一个新的社会事实:当青少年在网络游戏中尽情地释放自我,自由地进行沟通,享受网络游戏所带来的无限欢娱时,他们既可能娱乐其中,也可能沉迷其中,既可能遨游其中,也可能迷失其中。在今天,这已经是我们不得不面对的重要社会议题。面对网络游戏,我们需要回答:网络游戏吸引青少年的地方到底在哪里,为什么会有如此之多的青少年热衷于网络游戏? 网络游戏是否对青少年的学习和生活只有负面影响,而没有任何正面的意义? 对网络游戏应该采取什么样的态度? 所有这些议题,都值得我们深入思考。而要回答这些问题,我们必须首先通过实证研究,梳理和描述青少年网络游戏的基本状况,包括网络游戏参与程度、网络游戏的行为结构与行为模式,青少年对网络游戏的认知和感受等。在本章中,我们尝试在分析青少年网络游戏行为特征和行为结构的基础上,借助回归分析,对影响青少年网络游戏行为的因素进行梳理和探讨。

第一节　青少年网络游戏参与状况

在本次调查中,网络游戏部分的有效样本为1633份,其中男性975人,占59.7%,女性658人,占40.3%,样本性别结构与中国互联网络信

---

① 许晋龙:《在线游戏使用者行为研究》,台湾科技大学信息管理系博士论文,2003年。

息中心2006年1月发布的“第17次中国互联网络发展状况统计报告”中的网民性别结构(男性58.7%,女性41.3%)基本一致。从地区分布来看,三省样本大致平衡,分别为甘肃506人,占31.0%,湖南595人,占36.4%,浙江532人,占32.6%。

一、青少年网络游戏参与状况及其个人特征、家庭背景和网络介入程度差异

在本研究中,我们把网络游戏定义为以TCP/IP协议为基础,以网络空间为依托,既可以一人进行也可以多人同时参与的所有在线游戏项目。这种意义上的网络游戏,起源于1970年代末由英国埃塞克大学学生Roy Trubshaw所创造的冒险游戏“泥巴”(multi-user dungeon or dimension, MUD),亦称“多人地下城堡”(Multi-User Dungeon)、“多人世界”(Mult-User Dimension)或“多人对话”(Multi-User Dialogue),是一种可以多人参与,并且使用者可以无限扩张的虚拟连线游戏,其界面以文字为主。① 不同于单机游戏,MUD可以让多个使用者通过连线同时进入游戏场景,每个进入者可以扮演一个甚至多个角色,并与其他角色进行互动,或者创造自己喜欢的空间和环境。② 到1990年代,随着网络技术的不断发展,游戏开发商开始推出2D甚至3D图形界面的网络游戏,包括攻防、益智和角色扮演等多种选择,游戏开始由原来的纯文字界面转变成声光效果俱佳的图形界面。1997年,美商艺电推出的连线游戏“网络创世纪”(Ultima On-line),可以让游戏玩家通过网络随时下载各种游戏情节和地图,创造各种环境,以应对各种游戏状况,成为网络游戏历史上的分水岭。游戏开始从原先功能较为单一的休闲娱乐活动,逐渐扩展为包括聊天、角色扮演、虚拟会议、虚拟社区等多种功能的综合性社会行为。在今天,网络游戏为人们创造了一个具有时空压缩、无边界、开放、自由、匿名等特征

① 黄少华、陈文江:《重塑自我的游戏:网络空间的人际交往》,兰州:兰州大学出版社2002年版。

② 陈怡安:《线上游戏的魅力:以重度玩家为例》,台湾:南华大学社会学研究所,2003年。

的虚实交织的想象世界，让人们能够在其中从事探险、交往、竞争、互动、建构认同等社会行为。正是网络游戏这种丰富的多元化功能，吸引着越来越多的人，尤其是青少年投身其中，尽情玩乐。在今天，对于青少年来说，网络游戏已经是一项参与程度非常高的网络行为，可以说，绝大多数已开始使用网络的青少年，都或多或少地接触过网络游戏。因此，对青少年参与网络游戏的状况进行描述性和解释性研究，有着十分重要的意义。

为了对青少年参与网络游戏的比例有一个基本的了解，我们以最近三个月是否玩过网络游戏为指标，询问了青少年的网络游戏参与状况。结果显示，有 1466 人曾经在最近三个月内不同程度地玩过网络游戏，占本次调查所有有效样本的 89.8%，其中男性 926 人，占 63.2%，女性 540 人，占 36.8%。

进一步考察青少年参与网络游戏状况的个人特征和家庭背景差异，我们发现，在性别分布上，男性网络游戏玩家占男性被访总数的 95.0%，而女性网络游戏玩家则占女性被访总数的 82.1%，男性青少年参与网络游戏的比例比女性青少年要高出一成多，卡方检验 X^2 值为 71.293($P<0.001$)，显示性别差异显著；不同年龄阶段青少年在网络游戏参与比例上，亦存在显著差异($X^2=46.191, P<0.001$)，13～17 岁年龄组青少年参与网络游戏的比例占其样本总数的 94.1%，而 18～24 岁年龄组则占其样本总数的 83.8%，两者同样相差一成多。从家庭背景来看，不同家庭背景下青少年的网络游戏参与状况也有一定差异。从家里是否拥有能上网电脑一项来看，家里没有电脑、有没有连网的电脑和有可以上网的电脑这三类家庭青少年的网络游戏参与比例，分别为 87.0%、92.4% 和 92.8%，卡方检验 X^2 值为 14.515($P<0.001$)，亦有一定差异。

再从网络介入程度来看，青少年参与网络游戏的比例，也存在着一定的网络介入程度差异。具体而言，一般网络使用群体、中度网络使用群体和重度网络使用群体的网络游戏参与比例，分别为 88.2%、90.9% 和 95.8%，卡方检验 X^2 值为 10.917($P<0.01$)，表明网络介入程度越高，参与网络游戏的概率也越高。

二、青少年网络游戏行为类型及其个人特征、家庭背景和网络介入程度差异

由于网络游戏存在多种不同类型,因此,为了对青少年网络游戏行为有较为具体和深入的了解,在初步确定青少年网络游戏的参与状况后,有必要进一步分析青少年主要参与的网络游戏类型有哪些。

随着网络技术的迅速发展,结合声光、动作、影像于一体的网络游戏也处于不断发展之中,借助网络游戏,游戏玩家在网上建构了一个属于自己的虚拟想象世界。目前流行的网络游戏类型多种多样,人们从不同的标准出发,对网络游戏也有着不同的分类。例如,有人把网络游戏区分为社区类网络游戏和竞技类网络游戏两大类。社区类网络游戏是以群体社会生活(包括日常生活、生产、战争、交易、交往等内容)为主题的网络游戏,比如MUD游戏、角色扮演类网络社区游戏、策略对战类网络社区游戏、模拟现实类网络社区游戏等;竞技类网络游戏是以既定规则下的个人或团体竞技为主题的网络游戏,比如棋牌类网络竞技游戏、益智类网络竞技游戏、策略对战类网络竞技游戏、动作类网络竞技游戏、体育类网络竞技游戏等。而从狭义的互联网络概念来讲,人们所说的网络游戏通常是指社区类网络游戏。① 还有人将网络游戏的类型区分为角色扮演类、即时战略类、体育类、策略与战棋类、模拟经营类、益智类等。② 不过,虽然人们对网络游戏类型的划分方式有着一定程度的差异,但也形成了某些较为一致的看法,例如认为从游戏的内容而言,目前最主要的网络游戏类型包括角色扮演游戏和即时战略游戏两大类,这也是最受青少年青睐和喜爱的两类网络游戏。③ 如果再加上一些小品游戏网站提供的下棋、打扑克、桥牌或麻将,以及经营式游戏活动,我们大致上可以将网络游戏的主要类型区分为角色扮演游戏、即时战略游戏、休闲对战游戏和模拟经营

① 鲍文斌、魏诚:《网络游戏》,北京:中国互联网络信息中心,2003年。
② 许行明等:《网络艺术》,北京:北京广播学院出版社2001年版。
③ 陈怡安:《线上游戏的魅力:以重度玩家为例》,台湾:南华大学社会学研究所,2003年。

游戏四大类。中国互联网络信息中心在历次网络发展状况调查中，也把网络游戏的基本类型区分为角色扮演类、即时战略类、模拟经营类、休闲对战类等。所有这些网络游戏，都具有强烈的互动性、娱乐性、耐玩性、探索性、不确定性等特点。简单地说，网络游戏不同于传统游戏的重要特点，就在于它没有固定的程序与确定的结果，游戏玩家可以把自己的喜怒哀乐投射到游戏角色身上，通过提升自己的游戏技能和等级，影响游戏的进程，并且在游戏过程中与其他游戏玩家进行实时互动，从中获得精神上的快乐与感官上的满足。在今天，玩网络游戏已经成为许多青少年宣泄情绪、缓解压力、娱乐身心、塑造自我、实现自我的一种重要方式和途径，这也是网络游戏之所以会广受青少年青睐和欢迎的一个重要原因。①

那么，在上述几种主要的网络游戏类型中，青少年的实际参与情况如何呢？表5.1的统计数据显示，青少年玩得最多的网络游戏，是休闲对战类游戏（如棋牌游戏），占73.5%，其次是即时战略类游戏（如CS），占

表5.1　青少年网络游戏参与状况（N=1466）

	频数	频率（%）
角色扮演类（如传奇、奇迹）	866	59.1
即时战略类（如CS、帝国、红警）	990	67.5
模拟经营类（如大富翁）	688	46.9
休闲对战类（如棋牌游戏）	1077	73.5
其他	304	20.7

① 目前，网络游戏吸引着大量青少年参与其中，对于许多青少年来说，网络游戏已经远不只是一种能够提供愉悦的娱乐工具，而且已经他们成为日常生活的重要内容。也许王菲的一曲《光之翼》（作词：乔靖夫），唱出了许多网络游戏玩家的心声："静静的按下电源开关，屏幕的色彩越来越亮。在虚拟的城市找一个，让心灵休息的地方。塑胶的键盘滴答发响，机器的声音温柔呼唤。抛弃了不完美的肉身，跃出了现实的天窗。张开透明翅膀，朝着月亮飞翔。搜寻最美一个，现世的天堂。越过世界尽头，跟随我的预感。乘着幻想的风，散落无数的光芒。高速的连线传送思想，跳跃的文字透露愿望。安慰的话比亲密拥抱，彷佛更真实的触感。……在网络的海洋找不到，让欲望躲藏的地方。神秘的通道即将开放，渴望的心情兴奋不安。抛弃了太疲倦的肉身，跃出了现实的天窗。飞过夜的尽头，拥抱你的温暖。"

67.5%,接下来依次为角色扮演类游戏(如传奇),占59.1%,模拟经营类游戏(如大富翁),占46.9%,其他网络游戏,占20.7%。

进一步分析青少年参与网络游戏类型的个人特征、家庭电脑状况和网络介入程度差异(表5.2~表5.3),可以发现,青少年参与角色扮演、即时战略、模拟经营和休闲对战这四类网络游戏的比例,存在明显的性别差异。男性青少年参与这四类网络游戏的比例,分别为69.2%、84.2%、42.9%和67.8%,而女性青少年则分别为41.7%、38.9%、53.9%和83.1%,卡方检验 X^2 值分别为107.126、319.848、16.620和41.118($P<0.001$),表明在这几类网络游戏的参与比例上,性别差异显著。而在其他网络游戏上,男性青少年的参与比例为21.0%,女性青少年则为

表5.2 网络游戏类型的性别和年龄差异(%)

	性别		年龄	
	男 (N=926)	女 (N=540)	13~17岁 (N=885)	18~24岁 (N=581)
角色扮演	69.2	41.7	66.8	47.3
即时战略	84.2	38.9	71.1	62.1
模拟经营	42.9	53.9	54.9	34.8
休闲对战	67.8	83.1	69.7	79.2
其他游戏	21.0	20.4	24.5	15.0

表5.3 网络游戏类型的家庭背景和网络介入程度差异(%)

	家庭电脑状况			网络介入程度		
	没有电脑 (N=738)	有不能上网 (N=157)	有且能上网 (N=571)	一般使用 (N=760)	中度使用 (N=491)	重度使用 (N=183)
角色扮演	55.0	60.5	63.9	54.1	59.9	78.1
即时战略	63.3	70.7	72.2	62.9	69.7	80.9
模拟经营	40.1	41.4	57.3	46.4	46.2	50.8
休闲对战	72.9	72.6	74.4	71.6	77.6	69.9
其他游戏	19.1	22.9	22.2	21.6	18.3	21.9

20.4%，卡方检验 X^2 值为 0.070（$P>0.05$），显示没有明显的性别差异。在年龄上，在所有网络游戏类型参与比例上，均存在显著的年龄差异，其中 13～17 岁青少年参与角色扮演、即时战略、模拟经营、休闲对战和其他网络游戏的比例，分别为 66.8%、71.1%、54.9%、69.7% 和 24.5%，而 18～24 岁青少年的参与比例则分别为 47.3%、62.1%、34.8%、79.2% 和 15.0%，均低于 13～17 岁青少年，卡方检验 X^2 值分别为 54.867、12.782、57.165、16.089 和 19.444，均在 $P=0.000$ 水平上统计显著，表明差异显著。

在家庭背景上，从家庭电脑状况来看，青少年参与角色扮演、即时战略和模拟经营网络游戏的比例差异显著。家里没有电脑、有没有联网的电脑和有能上网电脑的青少年参与这三类游戏的比例，分别为角色扮演游戏 55.0%、60.5% 和 63.9%，即时战略游戏 63.3%、70.7% 和 72.2%，模拟经营游戏 40.1%、41.4% 和 57.3%，卡方检验 X^2 值分别为 10.720（$P<0.01$）、12.730（$P<0.01$）和 40.218（$P<0.001$），差异显著。而在休闲对战和其他网络游戏参与比例上，卡方检验 X^2 值分别为 0.453 和 2.441（$P>0.05$），显示没有明显的家庭背景差异。

再从网络介入程度来看，不同网络介入程度的青少年，在角色扮演和即时战略游戏参与程度上存在明显差异，其中角色扮演游戏的参与比例分别为一般网络使用群体 54.1%、中度使用群体 59.9%，重度使用群体 78.1%，而即时战略游戏的参与程度则分别为一般使用群体 62.9%、中度使用群体 69.7%，重度使用群体 80.9%，卡方检验 X^2 值分别为 35.510 和 23.308（$P<0.001$），差异显著。在休闲对战游戏参与程度上也存在一定的网络介入程度差异，分别为一般使用群体 71.6%、中度使用群体 77.6%，重度使用群体 69.9%，卡方检验 X^2 值为 6.843（$P<0.05$）。而模拟经营和其他游戏的卡方检验 X^2 值分别为 1.279 和 0.338（$P>0.05$），表明其网络介入程度差异不显著。

第二节 网络游戏行为动机与行为特征

一、网络游戏参与动机

在今天,网络游戏已经是青少年参与程度很高的一种基本网络行为。那么,为什么会有这么多青少年加入到网络游戏玩家大军中?青少年参与网络游戏的内在动机是什么?为了回答这一问题,我们分别从网络游戏的吸引力和青少年的动机需要两个层面入手进行了测量。

首先,我们从网络游戏本身入手,询问在青少年眼里,网络游戏的魅力究竟在哪里,网络游戏最吸引他们的地方是什么。在问卷中,我们要求青少年在所有列举的选项中选择三项并按重要程度排列,表 5.4 中的相对频率是经过加权处理后获得的统计结果。如表所示,在青少年眼里,网络游戏最重要的吸引力在于:富有挑战性和刺激性(22.1%)、可以在虚拟世界做任何自己想做的事情(16.3%)、具有团队合作和团队竞争的乐趣(14.9%)、能与别人实时互动(13.6%)等。也就是说,网络游戏之所以对青少年有吸引力,首先是因为游戏所具有的流动、不确定、没有终结、

表 5.4 网络游戏的吸引力(N=1466)

	相对频率(%)
富有挑战性和刺激性	22.1
可以在虚拟世界做任何自己想做的事情	16.3
具有团队合作和团队竞争的乐趣	14.9
能与别人实时互动	13.6
参加团队冒险活动	11.7
对抗性较强	11.3
可以充分享受掌握自己命运的快感	8.3
其他	1.8

匿名、即时和互动特性,让青少年能够充分感受网络游戏的挑战性和刺激性,并且同时也让他们获得了一个安全多元的自我展示、自我实现和情感释放空间,让他们平时受到压抑的情感、无法实现的愿望,能够借助游戏充分地释放和发挥出来。"网络游戏很吸引人,让我能表现日常生活中不能展现的一面,游戏让我有了更多的地方表现真实的自己"(男,18岁,高中生,网龄4年)。"角色扮演让我相当自由扮演各种角色,扮演自己喜欢的角色,可以塑造自己喜欢的形象,随心情更换人物的眼睛、鼻子、嘴巴,创造属于自己风格的人物,这就是我觉得游戏对我的吸引力"(女,17岁,高中生,网龄3年)。其次,网络游戏之所以能够吸引青少年,还因为它为青少年提供了一个能够聚集在一起的虚拟世界,青少年能够在其中与他人实时互动,一起分享游戏的乐趣,自由交流游戏经验。"我有一群喜欢一起练功的盟友,大家互相关心,感情特好。每天我都会在网上跟他们聊聊,我很喜欢这份游戏中的感情"(女,19岁,高中生,网龄3年)。

为了更深入地了解网络游戏对青少年的吸引力,我们进一步询问了青少年在选择具体玩某一款网络游戏时考虑的主要因素。在问卷中,我们同样将题目设计为限选三项并要求被访按重要程度进行排序,经过加权处理,计算出每个选项的相对频率。如表5.5的统计数据所示,青少年在具体选择玩某一款网络游戏时,最主要考虑的因素依次为:游戏的好玩程度(25.9%)、有朋友一起玩(17.8%)、朋友推荐(16.8%)、游戏画面和音乐漂亮(13.6%)。这意味着,影响青少年选择网络游戏的因素主要有两个,一是游戏本身的好玩程度和游戏制作是否精美,如跌宕起伏的情节、唯美的游戏画面、悦耳动听的音乐等,都是网络游戏能否吸引青少年的关键因素;二是同辈群体的影响,有朋友一起玩或者因为朋友的推荐,常常是青少年选择某款网络游戏的重要原因。在访谈中,我们也不断听到许多青少年强调,有朋友一起玩和朋友推荐是影响他们选择玩哪一款游戏的主要因素。而且值得注意的是,不少青少年表示,在与朋友一起玩网络游戏的过程中,常常能够感受到许多在家里单独玩游戏时感受不到的东西,而且自己的交往关系网络,有相当一部分是在网络游戏过程中建

表 5.5 影响青少年选择网络游戏的因素(N=1429)

	相对频率(%)
游戏的好玩程度	25.9
有朋友一起玩	17.8
朋友推荐	16.8
游戏画面和音乐漂亮	13.6
游戏服务器容易登陆并且稳定	6.6
游戏的故事性强	5.9
操作简单	5.7
游戏的价格便宜	3.5
客户服务质量高	2.3
游戏的安全程度高	1.3
其他	0.6

立起来的。“我开始玩游戏还不到一年,现在和同学的话题多了很多,而且通过游戏认识了许多朋友,我觉得很好玩。……我们感情都很好,还在游戏时分享自己知道的事情。游戏让我知道了怎样与别人相处。”(男,15岁,初中生,网龄1年)在有些青少年那里,能够在网络游戏过程中与同辈群体进行社会互动,甚至是比游戏本身更重要的吸引他们参与游戏的因素。这意味着,在一部分青少年那里,玩网络游戏可能更多是一种基于同辈群体间相互影响而产生的时尚行为,这部分原本可能不玩网络游戏的青少年,主要是因为同辈群体的影响而参与到网络游戏之中,成为游戏玩家中的一员的。这种现象所包含的社会意义,以及可能引发的行为后果,值得我们做进一步的探讨。

最后,我们从青少年的心理需要入手,询问了他们参与网络游戏的内在动机。按照马斯洛(A. H. Maslow)的需要层次理论,人的需要从低到高包括生理需要、安全需要、爱与归属的需要、尊重的需要和自我实现的需要五个层次。而动机作为行为的内在驱力,促使人们朝向某一目标前进,以满足这些生理或心理上的需要。马斯洛认为,动机大致可以分为三个部分:匮乏的动机、成长的动机和超越的动机。这三种不同的动机,对应着人们的不同需要。与匮乏的动机相对应的需要,包括生理需要、安全需要、爱与归属的需要和尊重的需要,与成长的动机相对应的需要,包括自我实现的需要、知识与理解的需要和审美需要,与超越的动机相对应的则是对高峰体验、高原经验等最高精神价值的追求。参照马斯洛的这种需要动机理论,我们设计了一题,询问青少年参与网络游戏的主要动机。表5.6显示的是经过加权处理的相对频率。如表所示,休闲娱乐、忘掉学习压力和消磨时间是引发青少年玩网络游戏的主要动机,这意味着,青少年主要把网络游戏视为休闲娱乐的工具,通过网络游戏寻求的是一种情感上的满足与慰藉,或者把网络游戏作为逃避学习压力和消磨时间的方式。也就是说,从青少年网络游戏动机所体现出来的需要,主要是马斯洛所说的低层次需要,即与匮乏的动机相对应的需要。在访谈中我们也发现,在学习压力沉重的情形下,有不少青少年将网络游戏作为一种暂时逃避学

表5.6　青少年参与网络游戏的动机(N=1417)

	相对频率(%)
休闲娱乐	30.4
忘掉学习压力	20.3
消磨时间	14.9
结交朋友	8.5
获得社交经验与技巧	4.5
寻找精神寄托	4.6
满足自我实现的愿望	4.6
成为游戏高手,受到别人尊重	4.0
发泄过剩的精力	3.4
追赶时尚	1.9
逃避现实	1.0
出售虚拟物品或高级别ID挣钱	1.2
其他	0.6

习压力、放松心情的方式，或者是想通过网络游戏发泄一下情绪，或者是因为空虚无聊玩一玩游戏打发时间。同时，与他人交往与实现自我，也是相当一部分青少年参与网络游戏的动机。网络游戏所具有的特性，在客观上为青少年提供了一个与同辈群体互动，以及展现在现实中不能展现的自我面向的平台，游戏能够让青少年在虚拟世界中感受到在现实生活中被压抑的自我价值和成就感。“我认为网络游戏之所以对许多人有这样的吸引力，是因为现实中交际的困难，现实生活中的空虚无聊，而网络游戏中提供彼此的互动，加之游戏自身开发的（得）很逼真，很多游戏为玩家提供了现实中不存在的虚拟世界，在这些虚拟世界里，你可以完全自由的（地）表达自己的意志，游戏的规则，很多游戏在设计中就注入了很多等级，玩的时间越久，虚拟的角色的级别就越高，就可以有更大更多的权限和能力，比如游戏中的经验值、力量、虚拟货币、武器装备等等……”（男，23 岁，研究生，网龄 6 年）。“玩游戏的时候会有浑然忘我的感觉，完全忘记了自己在哪里。现实中没有的东西，在游戏中都能见到，那是一种让人很有成就感的玩意，比现实更有乐趣，我自己也乐在其中。这是游戏的魔力，也是我们为之疯狂的原因。”（男，职高生，20 岁，网龄 4 年）

二、青少年网络游戏行为及其个人特征和网络介入程度差异

从青少年的网络游戏动机可知，青少年参与网络游戏，主要是为了休闲娱乐、忘掉学习压力、消磨时间、参与社会交往和实现自我，那么，青少年在玩网络游戏的过程中是通过怎样的行为方式，来达到这些目的的呢？陈怡安曾经根据深度访谈，将青少年在网络游戏中的行为类型区分为社交型使用行为、自我肯定型使用行为和逃避型使用行为。① 我们根据前期的文献探讨和对青少年网络游戏玩家的访谈，列出了 14 个题项，作为具体考察青少年网络游戏行为面向的指标（见表 5.7）。在这 14 项网络

① 陈怡安：《线上游戏的魅力：以重度玩家为例》，台湾：南华大学社会学研究所，2003 年。

表 5.7　青少年在网络游戏中的行为（N＝1466）

	经常（%）	偶尔（%）	从不（%）
通过练级提高自己在游戏中的等级	42.6	31.5	25.9
与朋友一起打装备	35.6	32.6	31.8
在游戏过程中和玩友聊天	35.5	38.3	26.3
加入或组建游戏团队	29.9	34.7	35.5
不断地尝试游戏的各种新玩法	27.2	39.4	33.4
送给团队中的其他玩友游戏币或装备	22.9	36.6	40.5
为获得好装备而 PK	21.1	29.8	49.0
和网络游戏中结识的朋友见面	17.9	8.0	74.1
为所属团队的利益牺牲自己	17.3	39.2	43.5
用欺骗或暴力对付游戏中的仇家	11.3	22.4	66.4
频繁更换所属团队	10.9	29.9	59.1
同时加入敌对双方的组织	8.9	17.5	73.6
和异性角色产生感情	7.5	18.8	73.7
盗取别人的 ID 或装备达到升级的目的	5.9	13.2	81.0

游戏行为中，频率最高的分别为“通过练级提高自己在游戏中的等级”（74.1%）、“在游戏过程中和玩友聊天”（73.8%）、“与朋友一起打装备”（68.2%）、“加入或组建游戏团队”（64.6%）、“不断地尝试游戏的各种新玩法”（66.6%）和“送给团队中的其他玩友游戏币或装备”（59.5%）；而频率较低的分别为“同时加入敌对双方的组织”（26.4%）、“和异性角色产生感情”（26.3%），以及“盗取别人的 ID 或装备达到升级的目的”（19.1%）。

为了简化青少年网络游戏行为的结构，我们尝试通过因子分析方法，提取出有概括力的新因子。因子分析采用主成份分析法，以特征值大于 1 作为选择因子的标准，因子旋转采用正交旋转法中的最大方差旋转法。在进行因子分析之前，我们先计算出所有题项的相关矩阵，分析各题项间的相关关系，并对变量是否适用因子分析进行检验。经计算发现，14 种网络游戏行为之间有着较强的相关关系，经 KMO 检验，其 KMO 值为 0.922，巴特利特球状检验卡方值为 7612.449，自由度为 91，在 0.000 (Sig. = 0.000)水平上统计检验显著，说明适合进行因子分析。通过因子分析，我们将青少年网络游戏行为的 14 种不同形式，简化为两个因子。两个因子的方差贡献率分别为 31.707% 和 20.298%，累积方差贡献率为 52.006%，共同度多数超过或接近 0.5，基本达到了因子分析的要求(见表 5.8)。

表 5.8 青少年网络游戏行为因子分析结果

	交往与自我实现	暴力与逃避行为	共同度
与朋友一起打装备	**.806**	.158	.675
通过练级提高自己在游戏中的等级	**.790**	.151	.646
送给团队中的其他玩友游戏币或装备	**.758**	.185	.609
加入或组建游戏团队	**.758**	.164	.602
在游戏过程中和玩友聊天	**.722**	.098	.531
不断地尝试游戏的各种新玩法	**.633**	.214	.447
为获得好装备而 PK	**.630**	.371	.535
为所属团队的利益牺牲自己	**.610**	.265	.442
盗取别人的 ID 或装备达到升级的目的	.000	**.760**	.578
同时加入敌对双方的组织	.181	**.700**	.522
和异性角色产生感情	.231	**.631**	.452
和网络游戏中结识的朋友见面	.109	**.623**	.401
用欺骗或暴力对付游戏中的仇家	.330	**.576**	.440
频繁更换所属团队	.342	**.532**	.400
特征值	4.439	2.842	
方差解释率(%)	31.707	20.298	
累积方差解释率(%)	31.707	52.006	

最后，我们根据因子的共性，分别为两个因子命名。命名因子 1 为交往与自我实现因子，包括“与朋友一起打装备”、“通过练级提高自己在游

戏中的等级”、“加入或组建游戏团队”等八个题项，主要描述青少年在网络游戏中的人际交往和自我实现活动；命名因子 2 为暴力与逃避行为因子，包括“盗取别人的 ID 或装备达到升级的目的”、“同时加入敌对双方的组织”、“用欺骗或暴力对付游戏中的仇家”等六个题项，主要描述青少年在网络游戏过程中的暴力、欺骗和逃避行为。这两个因子，大致涉及了青少年网络游戏中的人际互动、自我实现、暴力、欺骗和逃避等主要行为面向，因而具有一定的概括性。在简化了青少年网络游戏行为的结构后，我们以因子值系数为权数，计算出各因子的因子值。为了便于分析，我们把青少年网络游戏行为的因子得分转换成为 1 ~ 100 之间的指数（见表 5.9）。

表 5.9　网络游戏行为的均值、中位值、众值与标准差

	交往与自我实现	暴力与逃避行为
均值	48.893	29.167
中位值	49.406	20.808
众值	11.620	20.810
标准差	24.371	19.408
最小值	1.00	1.00
最大值	100.00	100.00

从表 5.9 显示的青少年网络游戏行为因子得分来看，交往与自我实现行为的均值（48.893）明显高于暴力与逃避行为均值（29.167），说明总体而言，青少年在网络游戏中的主要行为取向，是通过游戏进行社会交往，探寻和塑造自我的不同面向。但是，从众值来看，交往与自我实现行为的众值为 11.620，低于暴力与逃避行为众值（20.810）。同时，在访谈中我们也发现，有部分青少年为了在网络游戏中达到自我实现的目的，会采用暴力与欺骗手段，对这一部分青少年的网络游戏行为取向，我们需要特别加以重视。

为了进一步了解青少年网络游戏行为的社会差异，我们分别从个人特征和网络介入程度入手,对它们与网络游戏行为的关系进行具体的考察(见表5.10)。

表5.10 网络游戏行为的个人特征和网络介入程度差异

	性别	年龄	网络介入程度
交往与自我实现	11.600 ***	8.334 ***	46.284 ***
暴力与逃避行为	5.696 ***	-.784	7.087 ***

注:1.性别和年龄为t检验,网络介入程度为F检验

2. * $p<0.05$, ** $p<0.01$, *** $p<0.001$

在个人特征上,就性别来看,男性在交往与自我实现行为、暴力与逃避行为上的平均参与程度均高于女性,t检验显示性别差异显著;就年龄来看,13~17岁青少年在交往与自我实现行为上的参与程度高于18~24岁青少年,且t检验显示,交往与自我实现行为参与程度的年龄差异显著。

再从网络介入程度来看,网络介入程度不同的青少年,在交往与自我实现行为上的参与程度,分别为一般介入程度群体41.767,中度介入程度群体46.777,重度介入程度群体61.274;而在暴力与逃避行为上的平均参与程度,则分别为一般介入程度群体27.336,中度介入程度群体30.075,重度介入程度群体32.818。也就是说,网络介入程度越高,青少年在这两类网络游戏行为上的平均参与程度也越高,说明在青少年网络介入程度与网络游戏行为之间,存在着明显的正相关。F检验显示,青少年网络游戏行为的参与程度,存在明显的网络介入程度差异。

三、青少年网络游戏中的暴力问题

青少年网络游戏中的暴力倾向及其可能引发的后果,是颇受人们关注的问题。有不少学者强调,网络游戏中存在的暴力内容,会对青少年产生各种各样的负面影响。因为在网络游戏中,青少年可以十分容易地扮演杀人者的角色,久而久之,会让青少年对暴力变得麻木,甚至刺激他们

的犯罪欲望,模仿学习游戏中的暴力行为,诱发攻击行为。另外还有学者认为,网络空间的虚实交织特性,会使青少年在网络空间比在现实生活中更容易发生“放纵行为”,结果导致一系列的行为问题如撒谎、孤独、冲动、暴戾、空虚、移情、沉溺等的产生。① 而大众传媒更是强调,网络空间的场域特性,甚至会模糊网络游戏空间与现实生活空间的差别,从而诱发青少年将网络游戏中的暴力行为延伸到现实生活世界中,在现实生活中模仿游戏中的暴力行为。为了具体考察青少年在网络游戏中的暴力倾向及其可能引发的后果,我们尝试从青少年在网络游戏中的暴力行为规模,以及当他们在游戏中遇到挫折时的行为反应两个方面入手,进行初步的分析。

1. 青少年网络游戏中的暴力倾向以及对游戏暴力的认知

网络暴力是因为互联网的崛起而产生的新暴力行为方式,而网络游戏暴力则是网络暴力最主要的表现形式之一。所谓网络暴力,是指那些对个体或群体的安全和健康产生持续伤害的在线行为,这种伤害包括肉体、心理和感情等多个层面。② 有研究显示,青少年较多地接触暴力游戏后,他们的行为和话语会变得比较激烈、具有攻击性,并且会变得不愿意帮助他人;经常接触暴力游戏,会让青少年对暴力变得麻木,还会强化攻击信念,增强控制感,从而增加攻击行为发生的可能性。③ 在网络游戏中,无疑存在着许多暴力场境和暴力内容,但这是否意味着青少年广泛地

---

① 陈怡安:《线上游戏的魅力:以重度玩家为例》,台湾:南华大学社会学研究所,2003 年;B. Kolko & E. Reid, Dissolution and fragmentation: Problems in on-line communities. S. G. Jones, ed., *Cybersociety* 2.0: *Revisiting computer-mediated communication and community*. London: Sage, 1998; A. Joinson, Causes and implications of disinhibited behavior on the internet. J. Gackenbach, ed., *Psychology and the Internet intrapersonal, interpersonal, and transpersonal implications*. San Diego: Academic Press, 1998; M. Aiken & B. Waller, Flaming among first-time group support system users. *Information & Management*. 37, 2000.

② S. C. Herring, The rhetorical dynamics of gender harassment on-line. *The Information Society*, 15(3), 1999.

③ 陈怡安:《线上游戏的魅力:以重度玩家为例》,台湾:南华大学社会学研究所,2003 年;金荣泰:《国中生电子游戏经验与攻击行为、攻击信念之关系研究》,台湾中正大学犯罪防治研究所硕士论文,2001。

接触和参与网络游戏后，必然会导致暴力行为的增加，或者对暴力行为变得麻木？同时，青少年是如何看待网络游戏中的暴力场境和暴力内容的，这种看法对其网络暴力行为又会有什么样的影响？这些都是我们在面对网络游戏时必须认真考虑的问题。

毫无疑问，青少年在参与网络游戏过程中，使用暴力或者涉及暴力的现象是较为常见的。例如分别有11.3%和22.4%的青少年表示自己在网络游戏中会经常或偶尔“用欺骗或暴力对付游戏中的仇家”，有5.9%和13.2%的青少年经常或偶尔以“盗取别人的ID或装备达到升级的目的”。至于一般性的暴力或涉及暴力的行为，其发生比例则更高，例如分别有42.6%和31.5%的青少年表示自己在网络游戏中会经常或偶尔“通过练级提高自己在游戏中的等级”，有35.6%和32.6%的青少年经常或偶尔“与朋友一起打装备”，有21.1%和29.8%的青少年经常或偶尔“为获得好的装备而PK”。而值得注意的是，虽然有不少青少年认为网络游戏中的暴力行为会造成一定的不良后果，例如各有33.5%和33.6%的青少年认为“游戏中的暴力会使玩家对暴力变得麻木”、“网络游戏容易诱发现实生活中的暴力行为”，但也有许多青少年认为，网络游戏中的暴力并不是一件什么大不了的事情，例如有36.1%的青少年认为“游戏中的暴力是虚拟的，不会造成真正的伤害”，另外，各有32.5%、28.0%和26.4%的青少年分别在上述三项上选择了“说不清楚”，而有37.8%的青少年认为“在网络游戏中，不用承担责任和后果”。可见，从总体而言，对于网络游戏中的暴力倾向及其后果，青少年并没有形成清晰的认识和价值判断，这不仅体现在有三成左右的青少年在上述三项上选择了“说不清楚”，而且体现在仍有不少青少年对网络游戏中的暴力行为的实质及其可能造成的后果，并没有形成恰当的认识。

2. 青少年玩网络游戏遭遇挫折时的行为反应

网络游戏会诱发青少年的暴力行为吗？为了分析网络游戏是否会引发更多的暴力行为，在问卷中，我们进一步询问了青少年在网络游戏过程中遭遇挫折时的行为反应。

所谓挫折，包括青少年在网络游戏中遇到的困难以及失败（例如被杀）。首先，我们询问了青少年在游戏过程中遇到困难时一般会采取什么样的行动。从表5.11的统计数据可见，在玩网络游戏过程中遇到困难时，有超过半数的青少年会选择向网友求助（51.8%），或者是向现实生活中的朋友求助（51.2%），有33.3%选择自己在网上找有用信息来解决问题，16.0%选择向游戏管理员求助，另外还有4.5%选择用其他办法解决问题。如果简单地将这些解决问题的途径区分为利用现实生活中的资源和利用网络资源的话，可以发现，利用网络解决在游戏中遇到的困难，已经成为青少年解决问题的主要方式。

表5.11　玩游戏遇到困难时的选择（N＝1417）

	频数	频率（%）
在网上搜索解决问题的信息	472	33.3
向网友求助	734	51.8
向现实生活中的朋友求助	726	51.2
向游戏管理员求助	235	16.0
其他	64	4.5

如果说在网络游戏过程遭遇困难时向谁寻求帮助，只是反映了已经接触网络游戏的青少年在网络游戏行为中的人际支持网络变化，那么，更进一步，从青少年遭遇游戏失败时的行为反应，则可以看出玩网络游戏是否会增加青少年的暴力行为。

表5.12所反映的，是青少年在遭遇游戏失败时的行为反应。面对游戏失败，选择"无所谓，从头开始再玩"的青少年最多，有950人，占66.9%，其次为"找机会报复对方"，共274人，占19.3%，接下来依次为"换一款游戏再玩"（184人，13.0%），"去杀比自己弱小的玩家发泄愤怒"（147人，10.4%），以及"其他"（39人，2.7%）和"从此不再玩游戏"（21人，1.5%）。由此可见，绝大部分青少年在遭遇网络游戏挫折时的心态比较宽松，选择"无所谓，从头开始玩"或者"换一款游戏再玩"，但值得

表5.12　在游戏中遭遇失败时的行为反应（N＝1420）

	频数	频率（%）
无所谓，从头再玩	950	66.9
找机会报复对方	274	19.3
换一款游戏再玩	184	13.0
去杀比自己弱小的玩家发泄愤怒	147	10.4
从此不再玩游戏	21	1.5
其他	39	2.7

注意的是，的确有相当一部分青少年在遭遇游戏挫折时，会产生"找机会报复对方"、"去杀比自己弱小的玩家发泄愤怒"等带有暴力倾向的行为反应。

更值得注意的是，我们在访谈中发现，有不少青少年在遭遇网络游戏挫折时，虽然表现出无所谓的态度，但在特定的情景和条件下，仍有可能诱发暴力行为，甚至有可能引发现实生活中的暴力冲突。一位接受我们访谈的职高学生说："游戏中被杀啊什么的是常有的事，没办法，很气愤，但是又有什么办法？你想要报复，但如果别人比你等级高，装备比你好，你怎么报复？我想，如果要见了真人的话一定会打起来，因为我们这经常发生这样的事。你想要找人帮忙的话，那得有认识的呀，如果没有认识的，不就白忙了吗？就算找人帮忙，如果别人杀你的时候，你掉了装备，就算你再杀他也没用呀……"（男，20岁，职高生，网龄6年）。从这位青少年的叙述中，我们明显能够感觉到，在多数时候，游戏并没有引发暴力行为，是因为匿名的保护，否则，网络游戏的确有可能诱发现实生活中的暴力行为；而且在他眼里，虚拟世界中的暴力行为与现实世界中的暴力行为，已经融合交织在了一起，这种虚实交织的世界观，无疑容易因为虚拟世界的暴力冲突，而诱发现实生活中的暴力行为，这是我们面对青少年网络游戏中的暴力倾向和暴力行为时，不能不加以重视的问题。

第三节　青少年的网络游戏认知

一、青少年网络游戏认知量表的建构

为了比较全面地了解青少年的网络游戏认知,我们采用李克特量表,从完全同意到完全不同意五点尺度,用27题询问了被访青少年的网络游戏认知。其中同意程度较高的题项有“我喜欢游戏中的团队合作精神”(71.6%)、“游戏中的团队竞争很有乐趣”(69.6%)、“与朋友一起练级、打装备和PK很有趣”(68.4%)、“玩游戏能够增强朋友间的感情”(67.0%)、“玩游戏提高了我的反应速度”(66.2%)、“玩游戏锻炼了我的想象力和创造力”(63.2%)等;而同意程度较低的题项有“网络游戏耗费过多时间影响了我的学习”(26.1%)、“游戏使我找到了精神寄托”(31.7%)、“网络游戏容易诱发现实生活中的暴力行为”(33.6%)、“游戏中的朋友关系更纯洁”(36.6%)、“在网络游戏中,不用承担责任和后果”(37.8%)等。根据被访青少年的回答,我们大致可以得出以下结论:(1)在青少年心目中,网络游戏中的社会互动和团队合作精神非常重要,在同意比例最高的五个题项中,有四个题项有关网络游戏中的社会互动和团队合作精神。(2)网络游戏是青少年自我实现与放松的一种重要方式,相关的题项如“我从游戏战绩中获得许多成就感和满足感”、“我喜欢不断玩新游戏带来的新鲜感”、“游戏给我提供了一个彻底忘掉生活压力的地方”、“玩游戏让我在现实生活中的烦恼得到安慰”、“参加游戏中的团队让我有一种归属感”的同意率基本在50%以上。(3)值得注意的是,在相当数量的题项上,有大约2~3成的青少年选择了“说不清楚”,其中超过三成的有“游戏中的暴力会使玩家对暴力变得麻木”(32.5%)、“参加游戏中的团队让我有一种归属感”(32.4%)和“游戏让自己找到了精神寄托”(31.6%),接近三成的则有“增加了我的社会交往经验”

(29.7%)、"我觉得网络游戏中的朋友关系更纯洁"(28.8%)、"角色规范较少,觉得很轻松"(28.7%)、"网络游戏的虚拟性使我无后顾之忧"(28.0%)、"网络游戏容易诱发现实生活中的暴力行为"(28.0%)、"可以满足我征服、超越他人的愿望"(27.6%)、"玩游戏是对现实的逃避"(27.0%)和"玩游戏可以满足我的幻想"(25.9%)等。这意味着,有相当数量的青少年网民对网络游戏的认知还比较模糊。

为了简化青少年网络游戏认知测量指标,我们对游戏认知量表进行了因子分析。因子分析采用主成份分析作为抽取因子的方法,以特征值大于1作为选择因子的标准,采用正交旋转法中的最大方差旋转法作为转轴方法,以降低因子的复杂性。在进行因子分析之前,我们先计算出所有题项的相关矩阵,分析各题项间的相关关系,并对变量是否适用因子分析进行检验。经计算发现,27个题项之间存在着较强的相关关系,而KMO检验表明,KMO值为0.922,巴特利特球状检验的卡方值为11339.875,自由度为351,在0.000(sig=.000)水平上统计检验显著,说明所有题项适合进行因子分析,因此将所有题项均采纳,进入后续的因子分析。第一步因子分析的结果,共析出四个因子,四个因子的累积方差贡献率为46.427。从第一步因子分析结果,我们发现某些量表题项有缺陷,表现在因子负载较低,或者因子负载分布不够明确,因此我们剔除这些有缺陷的题项,包括"与朋友一起练级、打装备和PK很有趣"、"我从游戏战绩中获得许多成就感和满足感"等12题。在剔除这12个题项之后,对剩余的15题进行二次因子分析。因子分析结果共析出特征值大于1的因子四个,所有题项的因子负载均超过0.5,共同度除"玩游戏锻炼了我的想像力和创造力"、"游戏能够增强朋友间的感情"、"游戏中的行为不应受到现实社会规范约束"三题低于0.5以外,其他所有题项都超过0.5。因子分析结果,将原来27题的量表删减至15题,最后净化出四个因子,四个因子的方差贡献率分别为19.160%、16.868%、11.940%和10.746%,累积方差贡献率为58.714%,基本达到了因子分析的要求。

在因子分析基础上,我们通过分析各因子题项间的Cronbach's α系

表 5.13　青少年网络游戏认知因子分析结果

	团队合作	情感慰藉	行为虚拟	诱发暴力	共同度
我喜欢游戏中团队合作的精神	**.820**	.083	.013	−.072	.684
游戏中的团队竞争很有乐趣	**.805**	.113	.088	−.041	.670
玩游戏增加了我的社会交往经验	**.663**	.295	.042	−.040	.530
玩游戏锻炼了我的想象力和创造力	**.652**	.220	.136	.015	.492
玩游戏提高了我的反应速度	**.644**	.258	.161	−.016	.507
游戏中的朋友关系更纯洁	.191	**.712**	.081	−.012	.550
玩游戏让我在现实生活中的烦恼得到安慰	.162	**.710**	.149	−.036	.553
游戏的虚拟性让我无后顾之忧	.054	**.655**	.347	−.086	.560
给我提供了一个彻底忘掉生活压力的地方	.236	**.632**	.230	.013	.508
玩游戏能够增强朋友间的感情	.293	**.619**	−.044	−.010	.471
在游戏中,不用承担责任和后果	−.011	.100	**.772**	−.199	.646
游戏中的暴力是虚拟的,不会造成真正伤害	.113	.135	**.750**	.097	.602
游戏中的行为不应受现实社会规范约束	.218	.229	**.608**	−.004	.469
网络游戏容易诱发现实生活中的暴力行为	−.083	.007	−.014	**.880**	.782
游戏中的暴力会使玩家对暴力变得麻木	−.021	−.080	−.067	**.877**	.781
特征值	2.874	2.530	1.791	1.612	
方差贡献率(%)	19.160	16.868	11.940	10.746	
累积方差贡献率(%)	19.160	36.028	47.968	58.714	

数,进一步对四个因子进行了信度检验,得到各因子的 Cronbach's α 系数依次为:0.8079,0.7564,0.6072,0.7319。从信度分析的结果可以看出,四个因子的 Cronbach's α 信度系数在 0.60 ~ 0.82 之间,总 Cronbach's α 系数为 0.7820,作为一项探索性研究,我们认为该量表具有可以接受的内部一致性。

最后,我们根据各因子的共性,分别为这四个因子命名。命名因子 1 为团队合作因子,包括“我喜欢游戏中团队合作的精神”、“我觉得游戏中的团队竞争很有乐趣”等五个题项,主要描述青少年对网络游戏的团队合作精神与能力提升功能的认知;命名因子 2 为情感慰藉因子,包括“游戏中的朋友关系更纯洁”、“玩游戏让我在现实生活中的烦恼得到安慰”等五个题项，主要描述青少年对玩网络游戏所带来的情感满足和慰藉功能的认知；命名因子3为行为虚拟因子，包括“在游戏中，不用承担责任和后果”、“游戏中的暴力是虚拟的，不会造成真正伤害”等三个题项，主要描述青少年对网络游戏超越现实制约的虚拟特性的认知；命名因子4为诱发暴力因子，包括“网络游戏容易诱发现实生活中的暴力行为”和“游戏中的暴力会使玩家对暴力变得麻木”两个题项，主要描述青少年对网络游戏暴力行为后果的认知。这四个因子，大致概括了青少年对网络游戏中涉及到的社会互动、团队合作、休闲娱乐和暴力行为等主要面向的认知，基本上能够反映青少年对网络游戏及其社会影响的看法。

二、青少年网络游戏认知的个人特征和网络介入程度差异

1. 青少年网络游戏认知得分情况

在简化了青少年网络游戏认知量表的结构后，我们进一步以因子值系数为权数，计算出各因子的因子值。为了便于分析，我们将青少年网络游戏认知的因子值转换为1到100之间的指数。转换后各因子值的均值、标准差、中位值与众值见表5.14。从表5.14的因子得分情况来看，在四个认知因子中，团队合作和情感慰藉因子的均值较高，而行为虚拟和诱发暴力因子的均值相对较低，说明青少年较为倾向于肯定网络游戏的团队合作和情感慰藉作用，而对网络游戏只是一种虚拟行为，以及网络游

表5.14 网络游戏认知的均值、中位值、众值及标准差

	团队合作	情感慰藉	行为虚拟	诱发暴力
均值	60.439	55.268	49.478	48.811
中位值	61.701	55.683	50.604	47.519
众值	44.120	51.620	51.470	47.430
标准差	17.484	16.127	17.436	22.377
最小值	1.00	1.00	1.00	1.000
最大值	100.00	100.00	100.00	100.000

戏容易诱发暴力这样的说法,认知程度相对较低。

2. 青少年网络游戏认知的个人特征和网络介入程度差异

从个人特征来看,青少年在网络游戏认知四个因子上的平均得分,经t检验显示,只有情感慰藉因子均值的性别差异显著,男性的平均得分高于女性,说明男性比女性对网络游戏的情感慰藉功能感受更深;而团队合作、行为虚拟和诱发暴力的因子得分,则并不存在明显的性别差异。在年龄上,t检验显示,13~17岁和18~24岁两个年龄段青少年在团队合作、情感慰藉和诱发暴力认知上差异显著,不过有点出乎我们意料的是,13~17岁青少年在网络游戏诱发暴力认知上的得分更高。

表5.15 网络游戏认知的个人特征和网络介入程度差异

	性别	年龄	网络介入程度
团队合作	.675	5.323***	6.362**
情感慰藉	2.104*	1.982*	8.137***
行为虚拟	1.839	-1.563	5.793**
诱发暴力	1.613	2.639**	4.123*

注:1. 性别和年龄为t检验,网络介入程度为F检验

2. * $p<0.05$, ** $p<0.01$, *** $p<0.001$

最后,从网络介入程度差异来看,网络介入程度越高,在网络游戏的团队合作、情感慰藉、行为虚拟和诱发暴力等维度上的认知得分也越高。这意味着,网络介入程度越高,越倾向于认为网络游戏具有团队合作、情感慰藉、行为虚拟和诱发暴力特征。F检验显示,青少年的网络游戏认知,存在着显著的网络介入程度差异。

第四节 青少年网络游戏行为影响因素分析

通过前面对青少年网络游戏行为的描述性分析,我们得到了两个有

关青少年网络游戏行为的数据：一是青少年是否玩网络游戏，二是玩网络游戏的青少年分别在网络游戏中的交往与自我实现，以及暴力与逃避行为两个面向的参与状况。接下来，我们以这两个描述性数据为因变量，分别建构两个回归模型，来梳理和分析影响青少年网络游戏行为的自变量。

一、青少年网络游戏行为的 Logistic 回归分析

首先，本研究以青少年是否参与网络游戏为因变量，运用 Logistic Regression 方法，来判别个人特征和社会差异中有哪些因素对青少年是否参与网络游戏有显著影响。我们采用向前逐步回归法（forward：Conditional），从所有自变量中筛选出显著自变量。然后，以统计模型形式检验这些自变量各自变化对因变量的作用程度，比较不同自变量对因变量的贡献率大小。

1. 变量介绍

因变量：选择在最近三个月是否玩过网络游戏作为因变量，如果玩过赋值为 1，否则赋值为 0，从而将所有青少年网民区分为玩网络游戏和不玩网络游戏两个群体。

自变量：我们选择个人特征、社会差异、网络介入程度三个方面的因素为自变量。在所有自变量中，年龄、网龄、网络使用频率和上网持续时间等属于定距变量，父母教育程度属于定序变量，我们近似地视为定距变量引入回归方程，而其余变量均为离散变量，因此先对这些离散变量进行虚拟变量处理后引入回归分析。其中性别以女性为参照类，父母亲职业以无固定职业为参照类，家庭电脑状况以家中无电脑为参照类，省份以甘肃省为参照类，城市规模以小城市为参照类，上网地点以在其他地点上网为参照类。

2. 模型的建构与解释

为了筛选出对因变量解释能力较强的显著自变量，并尽量减少自变量间的多重共线性影响，我们采用 Logistic 回归中的向前逐步回归法，建立最优的逐步回归方程，自动筛选出检验显著的自变量（逐步回归概率临

界值0.05进入,0.10剔除)。经过计算,最终模型中保留的自变量有性别、年龄、城市规模(大城市)、上网地点(学校)、上网地点(朋友亲戚家)、网龄、网络使用频率七个,其余自变量均被剔除。

为了排除不显著变量的干扰,我们采用将筛选出来的显著自变量全部进入(Enter)的方法,重新构造因变量与七个显著自变量的Logistic回归方程。统计结果见表5.16。

表5.16 网络游戏行为影响因素Logistic回归分析(N=1567)

自变量	B	S. E.	Wald	df	Sig.	Exp(B)
性别	1.240	.192	41.591	1	.000	3.456
年龄	-.149	.029	27.225	1	.000	.861
城市规模(大城市)	.465	.186	6.242	1	.012	1.592
上网地点(学校)	-.743	.182	16.659	1	.000	.476
上网地点(朋友或亲戚家)	.929	.349	7.081	1	.008	2.533
网龄	.293	.093	10.029	1	.002	1.341
网络使用频率	.158	.080	3.924	1	.048	1.171
(常数)	3.086	.529	33.996	1	.000	21.897

从对模型评价的统计结果来看,模型的-2Log likelihood=856.598,Model Chi-square=145.855,df=7,Sig. =0.000,说明模型整体检验显著。从预测分类表来看,模型整体预测正确率为90.2%。分别来看,七个自变量分别在0.05、0.01和0.001水平上显著,从而肯定了各自变量对于因变量的解释作用。

根据方程输出的发生比率(odds ratio),我们发现,在控制其他变量时,进入回归方程的七个自变量,对青少年是否玩网络游戏有着不同程度的影响。其中男性青少年参与网络游戏的发生比是女性的3.456倍;年龄每增加1岁,参与网络游戏的发生比下降13.9%;大城市青少年参与网络游戏的发生比是小城市青少年的1.592倍;经常在学校上网的青少年参与网络游戏的发生比,比经常在其他地点上网的青少年下降0.524

倍，说明经常在学校上网的青少年参与网络游戏的可能性要低于在其他地方上网，但经常在朋友或亲戚家上网的青少年参与网络游戏的发生比，则要比在其他地点上网的青少年增加1.533倍；从网龄来看，网龄每增加1年，玩网络游戏的发生比就增加0.341倍；最后，在控制其他变量的情况下，青少年每周网络使用频率每增加1次，参与网络游戏的发生比就增加0.171倍。

从最终模型来看，在三组自变量中，青少年个体特征、社会差异和网络介入程度几个方面的因素都包含在其中，表明这几个方面的因素对青少年是否玩网络游戏都有不同程度的影响。也就是说，对青少年是否玩网络游戏的主要影响因素，是性别、年龄、城市规模（大城市）、上网地点（学校、朋友亲戚家）、网龄、网络使用频率，其中年龄和上网地点（学校）对参与网络游戏的影响是负向的，而其他变量对参与网络游戏的影响则是正向的。

由于Logistic回归模型中自变量的回归系数均为偏回归系数，表示在控制其他变量的情况下，各自变量对因变量的单独作用，因此无法直接比较对因变量具有显著作用的自变量的相对作用。为此，我们通过比较各自变量的标准化回归系数，来进一步分析这个问题。根据标准化回归系数计算公式：$\beta_i = (b_i \times S_i) \div (\pi \div \sqrt{3}) \approx (b_i \times S_i) \div 1.8138$①，我们计算出对参与网络游戏影响显著的七个自变量的标准化回归系数（见表5.17）。其中βi为第i个自变量的标准化回归系数，bi为第i个自变量的非标准化回归系数，Si为第i个变量的标准差，$\pi \div \sqrt{3}$为标准Logistic分布的标准差，近似等于1.8138。

通过比较各自变量的标准化回归系数，可以看出，在七个自变量中，对青少年是否参与网络游戏作用最大的是性别和年龄，其次是上网地点（学校和朋友或亲戚家），然后依次是网龄、城市规模（大城市）和网络使用频率。

---

① 郭志刚主编：《社会统计分析方法：SPSS软件应用》，北京：中国人民大学出版社1999年版，第202页。

表 5.17　网络游戏 Logistic 回归自变量的标准化回归系数

自变量	b	S	β
性别	1.240	.491	0.336
年龄	-.149	3.539	-0.291
城市规模(大城市)	.465	.500	0.128
上网地点(学校)	-.743	.474	-0.194
上网地点(朋友或亲戚家)	.929	.377	0.193
网龄	.293	1.105	0.179
网络使用频率	.158	1.162	0.101

二、青少年网络游戏行为的多元回归分析

为了进一步探寻影响青少年网络游戏行为的基本因素，我们分别以网络游戏行为两个因子即交往与自我实现、暴力与逃避行为的综合得分为因变量，以个体特征、社会差异、网络介入程度和网络游戏认知为自变量，进行多元回归分析，以考察网络游戏行为与四组自变量之间是否存在具有统计学意义的线性关系。多元回归分析结果见表 5.18。

分别就表 5.18 的两个回归模型来看，对网络游戏的交往与自我实现行为作用显著的自变量包括性别、年龄、省份(浙江)、上网地点(网吧)、网龄、网络使用频率、上网持续时间，以及网络游戏认知的团队合作因子和情感慰藉因子。其中年龄和省份(浙江)的作用方向是负向的，而其他变量的作用方向则皆为正向。也就是说，与女性相比，男性参与游戏中交往与自我实现行为的概率较高；而年龄越大，则参与的概率越低。与甘肃青少年相比，浙江青少年参与网络游戏中的交往与自我实现行为的概率较低。在上网地点上，在网吧上网的青少年，比在其他地点上网的青少年更多地参与游戏中的交往与自我实现行为；而网龄越长、网络使用频率越高、上网持续时间越久，参与网络游戏中交往与自我实现行为的概率也越高。另外，对网络游戏的团队合作和情感慰藉功能认知得分越高，参与网络游戏中的交往与自我实现行为的概率也越高。这个模型的消减误差比例为 39.7%，说明模型有一定的解释力。

表 5.18 网络游戏行为影响因素多元回归分析(N = 1304)

自变量	交往与自我实现		暴力与逃避行为	
	非标准系数	标准系数	非标准系数	标准系数
性别	11.145 ***	.226	4.320 ***	.108
年龄	-.865 **	-.128	.320	.058
父亲教育程度	-2.279	-.071	-1.752	-.067
母亲教育程度	.961	.036	-1.393 *	-.065
父亲职业(工人与普通职员)	1.284	.027	-1.586	-.040
父亲职业(技术与管理人员)	1.150	.024	.248	.006
母亲职业(工人与普通职员)	.422	.009	1.718	.044
母亲职业(技术与管理人员)	-.059	-.001	3.526 *	.080
家里有电脑但不能上网	-2.249	-.029	1.497	.024
家里有电脑并且能上网	.984	.020	2.268	.058
省份(湖南)	-.141	-.003	1.171	.029
省份(浙江)	-3.718 *	-.074	3.343 *	.081
城市规模(大城市)	-1.757	-.037	-.526	-.014
上网地点(家里)	3.289	.066	-2.423	-.060
上网地点(学校)	.861	.017	.449	.011
上网地点(网吧)	4.344 ***	.091	2.557 *	.065
上网地点(朋友或亲戚家)	-.456	-.008	.422	.009
网龄	1.537 **	.072	-.176	-.010
网络使用频率	1.983 ***	.096	.588	.035
上网持续时间	4.180 ***	.156	.624	.029
团队合作因子	.456 ***	.332	-.135 ***	-.121
情感慰藉因子	.301 ***	.205	.193 ***	.161
行为虚拟因子	-.005	-.004	.162 ***	.146
诱发暴力因子	.044	.041	-.089 ***	-.103
(常数)	-6.820		15.208 **	
R^2	.397		.115	
F	35.036 ***		6.902 ***	

* $p < 0.05$, ** $p < 0.01$, *** $p < 0.001$

在网络游戏的暴力与逃避行为面向回归模型中，影响作用显著的自变量包括性别、母亲教育程度、母亲职业(技术与管理人员)、省份(浙江）、上网地点（网吧），以及网络游戏认知的团队合作因子、情感慰藉因子、行为虚拟因子和诱发暴力因子。其中母亲教育程度与网络游戏认知团队合作因子的作用方向是负向的，而其他变量的作用方向则皆为正向。也就是说，与女性相比，男性参与游戏中暴力与逃避行为的概率较高；母亲教育程度越高，参与游戏中暴力与逃避行为的概率越低；与母亲无固定职业相比，母亲职业为技术与管理人员的青少年参与的概率则较高；与甘肃青少年相比，浙江青少年参与的概率也较高；在网吧上网，比在其他地点上网参与的概率同样较高；对网络游戏的情感慰藉和行为虚拟特征认知得分越高，参与游戏中暴力与逃避行为的可能性也越大，相反，对网络游戏的团队合作和诱发暴力特征认知得分越高，则参与的可能性越小。这个模型的消减误差比例为11.5%。

从自变量角度来看，对网络游戏行为最具解释力的自变量是性别和网络游戏认知。从性别来看，男性参与网络游戏的交往与自我实现行为、暴力与逃避行为的可能性都明显高于女性；从网络游戏认知来看，团队合作和情感慰藉认知因子的解释能力最强。不过，青少年对网络游戏的团队合作精神的认知，对交往与自我实现行为的影响作用是正向的，而对暴力与逃避行为的影响作用则是负向的；而情感慰藉功能认知对网络游戏行为的作用方向，则都是正向的。

第五节　结论与讨论

本章通过对青少年网络游戏行为与游戏认知状况，以及网络游戏行为影响因素的分析，初步梳理了青少年网络游戏行为的行为特征与行为逻辑。通过本章的研究，我们大致可以得出以下几点基本结论：

首先，网络游戏在今天已经是青少年参与程度非常高的一项网络行为，有将近九成的青少年不同程度地玩过至少一种网络游戏，尤其是男性青少年的参与比例更高，占所有男性网络使用者的92.8%，以及所有网络游戏玩家的63.2%。在游戏类型中，除了休闲类的小游戏参与程度达到73.5%以外，青少年参与程度较高的即时战略类和角色扮演类网络游戏，参与比例也都接近或超过六成。从上网动机来看，玩网络游戏也是青少年使用网络的一个主要目的，其相对频率达到了11.8%，在所有上网动机中列第四位。在访谈时，我们听到不少青少年强调他们上网冲浪尤其是在网吧上网冲浪的主要目的，就是为了玩网络游戏。“我现在去网吧主要为了打游戏，电影、新闻都不怎么看，没意思。”（男，22岁，大学生，网龄6年）“我们一天到晚就是上课，只有到了星期六星期天才能出来玩会，憋学校里要老命啊！……我们在网吧就玩游戏，……谁聊天啊，都是虚拟的，但玩游戏就不一样了，你要超过别人，要想升级，就得不停地打”（男，15岁，初中生，网龄3年）。

本研究还发现，青少年在网络游戏行为上性别差异显著。这种差异不仅体现在网络游戏参与比例上男性青少年明显高于女性，而且体现在参与的游戏类型上，女性青少年主要参与的是模拟经营和休闲对战类网络游戏，而男性青少年主要参与的则是即时战略和角色扮演类网络游戏。卡塞尔认为，男孩和女孩玩电脑游戏的主要差别，在于女孩主要把游戏视为实现某种目的的工具，而男孩则完全把游戏视为一种娱乐活动。① 类似的差异也同样存在于网络游戏中。而且值得注意的是，在网络游戏中，像性别这样的现实因素和网络使用、网络游戏认知这样的网络因素已经交织在一起，共同影响着青少年的网络游戏行为。而这种现实因素与网络因素的融合交织，很有可能会反过来改变网络游戏行为中的性别差异状况，对于那些已经参与网络游戏的青少年来说，网络因素可能会弱化游戏行为的性别差异。“女生玩网络游戏？也有玩得好的，事实上我认为女生打网络游戏不一定不如男生，她们中的许多人一旦玩起来，比男生打得还要好，记忆力什么的要好一些，而且比较细心，大学里这种情况很多。但我觉得最初主要是男生在玩网络游戏，男的玩网络游戏的话，他女朋友

---

① 黄育馥、刘霓：《e时代的女性：中外比较研究》，北京：社会科学文献出版社2002年版。

就很有可能玩网络游戏，一起玩吗，有影响的。我觉得这是女生玩网络游戏的主要原因。你去网吧看看就知道，大部分都是男生在打网络游戏，而且容易上瘾。再就是女生玩的游戏和男生玩的游戏都不大一样，通常会玩那种有比较曲折的剧情，或者休闲类的网络游戏，可能更少的涉及暴力、战争这些方面的网络游戏，当然女生玩这些游戏也有玩挺好的。玩游戏多了，女生玩的游戏也会变的……”（男，22岁，大学生，网龄6年）。也就是说，一方面，由于现实因素的作用，女性与男性之间，无论是网络游戏的参与程度，还是网络游戏的参与类型，都存在明显的性别差异。但是另一方面，由于网络因素的介入，性别因素的影响作用有可能会被削弱，随着网络介入程度的不断加深，甚至会导致网络游戏行为的去性别化。

其次，从青少年的网络游戏动机来看，在网络游戏过程中能够结成游戏团队，以及能够在游戏过程中进行人际互动，是青少年参与网络游戏的主要动机，也是网络游戏之所以吸引青少年的主要原因之一。或者说，在玩网络游戏过程中可以参与社会互动，是许多青少年喜欢网络游戏的一个重要原因。而且我们发现，朋友推荐或者是有朋友一起玩，还会直接影响青少年具体选择玩哪款网络游戏。从互动内容来说，在网络游戏过程中结成同盟或团队一起打装备或杀怪，以及在游戏中聊天交流，是最基本的互动内容。费舍尔（S. Fisher）通过对英国电子游戏厅的实证研究，发现青少年去游戏厅不见得一定是为了玩游戏，一个很重要的动机，是因为可以不受成年人的约束与同伴见面和相处。同样，青少年玩网络游戏也可能不只是想玩游戏，而且是想在一起玩游戏。而简金斯（H. Jenkins）更是强调，青少年在电子游戏中形成的经验，建构了一种新的复杂的社会关系，它甚至可能成为青少年在其他社会场所展开社会互动的基础。①

① 林鹤玲、郑芳芳：《在线游戏合作行为与社会组织：以青少年玩家之血盟参与为例》，http://tsa. sinica. edu. tw/ Imform/file1/2004meeting/paper/C4-1. pdf，2004年；J. 菲斯克：《解读大众文化》，杨全强译，南京：南京大学出版社2001年版；H. Jenkins, Complete freedom of movement: Video games as gendered play spaces. J. Cassell & H. Jenkins , eds. , *From Barbie to Mortal Kombat*. Cambridge: The MIT Press, 1998.

另一方面，借助网络游戏实现自我认同重塑，也是青少年参与网络游戏行为的主要动机之一。波斯特认为，网络空间的崛起，引入了对身份进行游戏的种种新可能，使行为主体从时间和空间上脱离了原位。① 网络空间所具有的这种能够方便地实现身份转变的场域特性，为青少年提供了一个他们能够操控的自我认同重塑空间，而网络游戏则是让青少年在其中实现自我认同重塑的主要方式。“在游戏中会有很多人和我一起打怪，我还可以扮演很多自己喜欢的角色，很多在现实中做不到的事情，在游戏中都可以做到。当我完成了不可能的任务时，感觉自己很强，对自己也更有信心。”（男，17 岁，高中生，网龄 4 年）这种自我实现的感受，是许多青少年网络游戏玩家在游戏过程中渴望达到的，有许多青少年为此不惜牺牲休息时间，甚至逃学。穆尔认为，网络游戏之所以有这样的形塑自我认同功能，是因为游戏具有嬉戏的维度。在网络游戏中，一个玩家自己有很大自由来决定行为的结果，因此游戏必然是多线性的，这会导致多元、不确定、流动、零散和碎片化的自我认同建构。② “在嬉戏世界中，玩家与游戏所揭示的各种可能性的空间相认同，可能行动的领域被反思性地运用于自身，与制定的规则相连的各种可能结果的无限性被内化，被挪

① M. 波斯特：《信息方式：后结构主义与社会语境》，范静哗译，北京：商务印书馆 2000 年版。

② 对于被网络游戏所凸显的多元、不确定、流动、零散和碎片化的自我认同建构，悲观主义倾向于认为，稳定和确定自我的衰落，是精神分裂或者说人格紊乱的令人担忧的信号。对此特克强调，“每个时代都会塑造每个时代心理幸福的比喻。不久以前，稳定是极重要的社会价值，并在文化上予以强化。固定的性别角色、重复的劳动，期望只从事一种行业或终身在同一城镇度过，这些一致性观念在‘健康’的定义中扮演关键的角色。但如今这个一成不变的世界已瓦解。在现今的时代中，健康的标准是弹性变化，而非稳定。如今针对新的工作、新的事业方向、新的性别角色、新的科技等，适应环境及改变的能力才是最重要的。”（S. 特克：《虚拟化身：网路空间的身份认同》，谭天等译，台北：远流出版事业 1998 年版，第 365 页）在特克看来，青少年不仅已经在网络游戏中建构了一种可以游走于不同自我面向之间的多元、弹性自我，而且青少年还建构了一种“滑移（slippage）机制”来协调多元自我认同之间的关系。穆尔也强调，多元、嬉戏的自我认同建构，是对网络社会转变在社会和文化生活层面的一种正常、健康的反应（J. 穆尔：《从叙事的到超媒体的同一性：在游戏机时代解读狄尔泰和利科》，《学术月刊》2006 年第 5 期）。

用和吸收,结果改变了玩家的认同。"[①]不过值得注意的是,至少在目前,青少年在网络游戏中对自我实现的追求,总体而言仍处在一个较低的层次和水平上,青少年借助网络游戏寻求的,主要还只是一种情感上的满足、释放与慰藉,甚至只是将网络游戏作为一种逃避学习压力和消磨时间的方式,借助游戏在虚拟世界中短暂地感受在现实生活中被压抑的自我实现和成就满足。

再次,青少年对网络游戏的认知,呈现出三个重要特点:第一,多数青少年倾向于肯定网络游戏中的社会互动与团队合作的重要性,认为这是网络游戏的魅力所在;第二,在许多游戏玩家眼里,网络游戏是实现自我与放松心情的一种重要方式;第三,有不少青少年对网络游戏的认知还较为模糊,并没有形成清晰的价值判断。总体而言,青少年较为倾向于肯定网络游戏的积极作用,尤其是对网络游戏的团队合作、能力提升和情感慰藉作用,有着较高程度的认知。而回归分析结果表明,青少年的网络游戏认知,对网络游戏行为也有着非常显著的影响。在对网络游戏具有统计显著性的影响因素中,除了个人特征因素以外,最主要的影响因素就是网络游戏认知。因此,从培育青少年建构一种恰当的网络游戏观念入手,引导青少年合理地参与网络游戏,应该是一个值得尝试的方法。

最后,网络游戏中的暴力内容,以及青少年在玩网络游戏过程中呈现出来的暴力倾向,是导致社会对网络游戏世界充满焦虑的一个重要原因。的确,许多目前在青少年玩家中风靡的网络游戏,涉及暴力的内容较为常见,而且青少年在网络游戏过程中使用暴力达到升级目的的情况也不鲜见。卡尔弗特(S. L. Calvert)认为,网络技术的出现,使青少年对暴力信息的体验从旁观进入到互动参与,网络技术对青少年暴力行为的影响主要体现在二个方面:(1)暴力信息贯穿于游戏体验的始终,重复并增加了青少年与暴力内容的接触机会;(2)对于新技术中的暴力信息,青少年并不是旁观者,而

① J. 穆尔:《从叙事的到超媒体的同一性:在游戏机时代解读狄尔泰和利科》,《学术月刊》2006 年第 5 期。

是积极的参与者。这种能动性参与,与以前的观看性参与暴力相比,客观上增加了青少年暴力行为发生的可能性,甚至会直接引发现实世界中的暴力。① 而由于青少年阶段是一个敏感期,处于生理心理发展的特殊时期,身体和心理都戏剧性地在发生变化,②因此,网络游戏中的暴力内容和互动性参与游戏中的暴力行为,对青少年的负面影响会比其他人群更加明显和强烈。由于青少年的这些生理和心理特点,过多地接触和参与网络中的游戏互动性参与暴力,会使他们更容易经历、预演,进而结合暴力行为到自己的个人行为之中,从而导致青少年暴力行为的增加。从认知层面来说,虽然多数青少年并不认为网络游戏暴力是虚拟的,而倾向于认为游戏暴力会造成真实的伤害,但是,对包含在网络游戏中的暴力内容,以及较为经常地参与游戏中的暴力行为可能会对自己造成什么样的后果,大多数青少年并未能够形成真正清晰的价值判断。另外,虽然大多数青少年在面对网络游戏中的挫折和失败时,行为反应较为平和宽松,但的确也有相当一部分青少年在遭遇游戏挫折时,会产生"找机会报复对方"、"去杀比自己弱小的玩家发泄愤怒"等带有暴力倾向的行为反应,而且即使是那些表面上看起来作出较为平和反应的网络游戏玩家,其行为反应也有可能只是因为网络空间的身体不在场和匿名特性导致的无奈选择,是因为限于网络的隔离作用无力实现报复的情况下采取的权宜行为反应,而并非真的无所谓。一旦满足某些特定情景或条件,例如共同在场,他们很有可能会转而采取暴力行为,甚至有可能引发现实生活中的暴力冲突。因此,网络游戏中的暴力内容对青少年的心理反应和行为状态会有什么样的影响,网络游戏中的暴力行为是否会引发青少年游戏玩家更多的暴力行为,还需要我们做更进一步的深入讨论。而从社会控制层面来说,适当限制青少年参与网络游戏的类型和时间,以及制定恰当的网络游戏分级标准,对于避免青少年网络游戏中的暴力行为,都是当务之急。

---

① S. L. 卡尔弗特:《信息时代的儿童发展》,张莉等译,北京:商务印书馆 2007 年版,第 65 页。

② D. 波普诺:《社会学》,李强等译,北京:中国人民大学出版社 1999 年版。

第六章

网吧场域与网吧行为

网吧作为伴随互联网迅速发展而出现的新事物，为社会大众提供了一个查询与浏览信息、参与网络游戏、在线聊天或在线娱乐、收发电子邮件等网络活动的综合性信息服务与休闲娱乐场域。对我国许多因为受经济社会发展水平限制而无法在家中或工作、学习地点方便上网的人群来说，是最基本、最便捷、最廉价、最容易获得的上网渠道。换言之，在许多地区经济发展水平还较低，互联网普及程度尚不高，且数字鸿沟仍十分明显的我国，网吧对促进互联网的普及和大众化，有着十分重要的社会作用。

一般认为，全球第一家网吧，于1994年9月在伦敦诞生，作为一个全新的休闲场所，其特色是结合了“餐饮”与“网络”的双重功能。其后，这种经营理念便迅速在纽约、东京等国际大都市蔓延开来。不过，由于当时绝大多数上网者仍以家中或工作场所作为主要的上网地点，因此，网吧在其发展初期，主要的功能仅限于提供一个休闲环境，附带为有上网需求但家里没有电脑的消费者提供上网服务。①

在我国，第一家网吧“实华开网络咖啡屋”于1996年11月15日在北京首都体育馆开张。至2000年，随着网络使用成本的降低和网络游戏业

① 李明芬：《虚拟空间、复合式商业与都市土地使用管制冲突研究：以台北市网路咖啡屋为例》，台湾大学建筑与城乡研究所硕士论文，2000年。

的发展,全国各地网吧数量开始迅速增加。网吧这一上网场所的快速扩张,一方面"对推动信息网络化发挥了积极作用,为在青少年中普及网络知识、拓宽视野、扩大知识面提供了一种便捷的途径。"但另一方面,"'网吧'等互联网上网服务营业场所过多过滥,管理混乱、经营无序,含有不少色情、赌博、暴力、愚昧迷信等内容,对青少年成长和社会稳定起了很坏影响。"①有鉴于此,国务院于2001年4月批准颁布了由信息产业部、公安部、文化部和国家工商局联合制定的《互联网上网服务营业场所管理办法》,开始了对"网吧"等互联网上网服务营业场所的规范管理工作。2002年6月,北京"蓝极速"网吧事件爆发,成为国家有关管理部门进一步强化网吧管理的导火线。2003年4月,文化部发布了《文化部关于加强互联网上网服务营业场所连锁经营管理的通知》,倡导网吧连锁化经营,同时开始对网吧进行清理整顿。2004年2月,文化部、国家工商行政管理总局、公安部、信息产业部、教育部、财政部、国务院法制办公室、中央文明办、共青团中央联合发布《关于开展网吧等互联网上网服务营业场所专项整治的意见》,在全国范围内开展了网吧专项整治活动,进一步加强对网吧的监管,严厉查处接纳未成年人使用网吧的行为,并加大了对违法网吧和违法经营行为的处罚力度。至12月底,共责令停业整顿网吧2.1万家,吊销网络文化经营许可证2131家,取缔无照经营的黑网吧4.7万家。经过整治,至2004年底,全国约有网吧10万余家。② 2005年5月,文化部、国家工商行政管理总局、公安部、信息产业部、教育部、财政部、国务院法制办公室、中央文明办、共青团中央又联合发布《关于进一步深化网吧管理工作的通知》,提出网吧治理要加强行政执法,完善日常管理,构建长效管理机制。

---

① 国务院办公厅:《国务院办公厅关于进一步加强互联网上网服务营业场所管理的通知》,2001年。

② 但据 Viktor Ma 估计,在2004年底,中国大陆约有网吧20多万家,网吧拥有电脑近500万台(iResearch:《2004年中国网吧研究报告》,http://www.iresearch.com.cn/html/online_game/detail_free_id_18325.html,2004年)。

如果说网络在今天已经是社会焦虑产生的重要原因,[①]那么网吧更是产生这种社会焦虑的焦点之一,人们普遍担心青少年使用网吧会造成许多新的风险,并倾向于将青少年在网吧上网视为一种不良的网络使用行为。曾有学者梳理和归纳了学界和媒体对青少年使用网吧的不良后果的分析,包括:(1)青少年因为在网吧玩游戏或聊天而不与家人联络、晚归,甚至逃学和离家出走;(2)青少年在网吧所从事的基本上是玩游戏、聊天等缺乏建设性意义的网络活动;(3)在网吧上网比在其他地点上网更容易引发青少年的网络沉溺,以及浏览色情网站、网络欺骗等偏差行为;(4)网吧容易成为各种现实社会问题的滋生地,青少年聚集在网吧,常常会因此引发暴力、滥交坏朋友等问题。[②] 在国外,甚至有媒体认为,网吧已经成为了21世纪的"大烟馆",它引诱青少年不分昼夜地沉浸于网络游戏,而无视自己的健康和责任。[③] 而社会科学界则对网吧管理进行了大量的研究。例如李明芬通过文献搜集、实地观察及深度访谈,对网吧管理政策与法律定位的研究,邓莉等人通过对网吧管理的国际经验分析,对我国如何加强网吧管理的分析等。[④]

除了对因网吧使用导致的社会问题及其相应的管理措施进行大量的讨论以外,学界对网吧的研究,主要集中在以下两个层面:一是探讨网吧作为一个新的行为场域所呈现的空间特性。例如 Lee 认为,网吧空间的特征,在于将私人空间带入到了公共空间,从而导致公共空间与私人空间的融合,强化了人们的社会互动;流心认为,网络游戏厅是一个现实和虚拟界限模糊,没有钟表时间的即时空间;纪慧怡认为,由实体空间与网络

---

① G. 瓦伦丁、S. L. 霍尔韦:《网络少年:青少年的网络和非网络世界》,《解读数字鸿沟:技术殖民与社会分化》,曹荣湘等译,上海:上海三联书店 2003 年版。

② 郑芳芳:《媒体中的网路与青少年:以平面新闻媒体报道网咖中的青少年为例》,http://inf. cs. nthu. edu. tw/cbmradm/ conference2001/conference2001/read&respond. html,2001 年;陈俞霖:《网路同侪对 N 世代青少年的意义:认同感的追寻》,台湾:南华大学社会学研究所,2003 年。

③ B. 德米克:《网吧,21 世纪的"大烟馆"》,《参考消息》2005 年 9 月 1 日。

④ 李明芬:《虚拟空间、复合式商业与都市土地使用管制冲突研究:以台北市网路咖啡屋为例》,台湾大学建筑与城乡研究所硕士论文,2000 年;邓莉、袁群华:《网吧管理的国际经验借鉴与中国的选择》,《商场现代化》2004 年第 12 期。

空间交织而成的网吧空间，是一个能让使用者彼此互动的休闲空间，与以往的游乐场相比，网吧空间可以在进行即时互动的同时，保有个人空间，并且是一个能满足使用者多样化需要的多元空间，一个真实与虚拟交错、感官与想象交织的世界；简欣瑜借助文献分析和深度访谈，指出网吧是一个虚拟真实的人际互动空间；黄少华则认为，网吧作为上网场所，是一个真实生活空间与虚拟生活空间彼此交织的特殊场所，是一个真实与虚拟同时存在并相互交织的双重空间，真实和虚拟在其中相互渗透、相互指涉、相互交织，想象、真实与虚构相互聚合成为一个虚实交织的世界。①

学界对网吧研究的另一个重要面向，是人们尤其是青少年在网吧场域中的行为特征及其社会影响。有多项研究发现，青少年是使用网吧的主要族群，而他们在网吧场域从事最多的行为，是玩网络游戏和上网聊天。陈怡安认为，网吧与网络游戏有着相互促动的作用，网吧提供了网络游戏的最佳场所，而网络游戏吸引着青少年到网吧消费；同时，网吧也已经成为了青少年形塑同辈群体认同的重要场所，有不少青少年正是为了融入同辈群体，而选择网吧作为自己主要的上网场所。杨可凡从网吧的社会性使用入手，对青少年网吧使用行为进行了深度访谈，研究发现，青少年对网吧的社会性使用，包括结构性使用和关系性使用两个面向，而对网吧的社会性使用，使青少年形成了新的乐趣经验，包括网络游戏乐趣、人际互动乐趣，以及网吧使用行为本身产生的乐趣。纪慧怡通过质化研究，从心理、思想、行为、环境气氛四个方面，对网吧族网吧使用的内在经验意义进行探讨，发现在真实虚拟交融的网吧空间，网吧族的行为以及行为感受已经发生了重要的改变，在网吧空间，因为特殊的场域氛围，青少年的行为举止会变得不拘泥世俗，会更大胆地去实践自己的愿望。周甫

---

① 纪慧怡：《真实与虚拟空间的对话：网咖族的内在经验意义探讨》，台湾世新大学传播研究所硕士论文，2004 年；简欣瑜：《网路咖啡厅的虚拟世界探讨》，台湾中原大学室内设计研究所硕士论文，2004 年；流心：《自我的他性：当代中国的自我谱系》，常姝译，上海：上海人民出版社 2005 年版；黄少华、翟本瑞：《网络社会学：学科定位与议题》，北京：中国社会科学出版社 2006 年版；S. Lee, Private uses in public spaces: A study of internet Café. *New Media & Society*, 1(3), 1999.

亮借助社会交换理论，通过实地观察与深度访谈，发现网吧在青少年的交换行为中，扮演了一个“管道”的角色，不仅为青少年提供了一个虚拟与真实交织的互动空间，而且更提供了一个交换资源并且形塑认同的渠道。而郭良等学者通过对广东南海、河南义马、山东即墨、湖北广水和河北丰南五个小城市网吧使用的个案研究，发现网吧已经成为小城市互联网发展的基本动力，网吧在小城市的网络发育中有着特殊的地位，它不仅充当了普及网络知识的角色，培养了大量网民，而且为青少年提供了休闲场所，网吧甚至是大多数小城市网民最主要的上网场所。同时，作为一个“群体性行为空间”，网吧还引导着青少年的网络行为取向，并且导致网民的行为发生相互影响。①

另外，除了对网吧场域的空间特征和青少年网吧行为的讨论以外，有部分学者对如何测量青少年的网吧态度和网吧行为，也做了一定的尝试性研究，例如林希展和周倩对青少年网吧态度量表的讨论。他们发现，青少年的网吧经验，主要由休闲娱乐、线上游戏及人际互动三个面向构成，青少年普遍认同网吧使用为他们带来的娱乐享受，与朋友共同参与网络游戏的互动感，以及伴随游戏过程而形成的满足与成就感。②

在我国，由于受经济社会发展水平的限制，对许多青少年来说，网吧在目前仍是他们接触网络世界、感受信息时代的重要途径。因此，对青少年的网吧使用状况，以及他们在网吧场域的行为特征，他们对网吧场域的认知与态度，在网吧场域获得的愉悦与经验等问题进行探讨和分析，是网吧研究和青少年网络行为研究不可或缺的重要一环。本章的主要目的，

---

① 陈怡安：《线上游戏的魅力：以重度玩家为例》，台湾：南华大学社会学研究所，2003 年；杨可凡：《网咖使用对青少年的意义研究：传播乐趣经验与社会性使用分析》，http://www.ccu.edu.tw/TANET2001/TANET 2001_Papers/T114.pdf，2001 年；纪慧怡：《真实与虚拟空间的对话：网咖族的内在经验意义探讨》，台湾世新大学传播研究所硕士论文，2004 年；周甫亮：《青少年在网咖中的次文化认同建构初探》，台湾世新大学传播研究所硕士论文，2001 年；郭良、卜卫：《中国 12 城市互联网使用状况及影响调查报告》，北京：中国社会科学院社会发展研究中心，2003 年。

② 林希展、周倩：《青少年网咖态度量表发展与使用之初探》，http://teens.theweb.org.tw/iscenter/conference2002/ thesis/files/20020515234542163.30.22.52.doc，2002 年。

就是尝试通过实证研究,对上述这些问题作出一个基本的梳理和回答。

第一节 青少年网吧使用状况

本次调查有关青少年网吧使用行为与网吧认知部分,共获得有效问卷1619份,其中男性964人,占59.5%,女性655人,占40.5%。样本性别结构与中国互联网络信息中心2006年1月发布的第17次“中国互联网络发展状况统计报告”的性别结构(男性58.7%,女性41.3%)基本一致。从地区分布来看,三省样本大致平衡,分别为甘肃526人,占32.5%,湖南581人,占35.9%,浙江512人,占31.6%。

一、青少年网吧使用状况

在今天,网吧已经成为许多青少年接触网络世界、感受信息时代的重要途径。为了较为全面地了解青少年的网吧介入程度,我们分别根据青少年上网地点、网吧使用频率、网吧使用时间和是否通宵使用网吧等指标,对青少年的网吧使用状况进行了考察。

1. 上网地点

在调查青少年网络使用行为时,我们设计了“你经常在什么地方上网”一题,以测量青少年较为经常性的上网地点。1619份有效问卷中,经常在网吧上网的青少年最多,共922人,占所有有效样本的56.9%,其次是在学校上网,共545人,占33.7%,再次是在家里上网,共517人,占31.9%,在朋友和亲戚家上网的有275人,占17.0%,在其他地点上网的最少,只有47人,占2.9%。这意味着,对大多数青少年来说,网吧是他们接触网络世界、感受信息时代最重要的途径之一。调查数据还显示,青少年的经常性上网地点,存在着明显的地区间差异(见表6.1)。

从表6.1的统计数据可以看出,湖南和甘肃两省青少年在学校和家里上网的比例远低于浙江青少年,而在网吧上网的比例,则明显高于浙江

表 6.1 青少年经常性上网地点的省份间差异

	甘肃		湖南		浙江	
	频数	频率(%)	频数	频率(%)	频数	频率(%)
网吧	359	68.3	421	72.5	142	27.7
学校	165	31.4	159	27.4	221	43.2
家里	145	27.6	166	28.6	206	40.2
朋友或亲戚家	99	18.8	92	15.8	84	16.4
其他	14	2.7	14	2.4	19	3.7

青少年。这种差异,与三省青少年家庭及学校拥有的上网资源差异密切相关。我们的调查数据显示,家庭拥有电脑及电脑联网的程度,在三省之间也存在明显差异,其中浙江青少年家庭拥有能上网电脑的比例为53.9%,而湖南和甘肃两省的比例则分别为30.0%和31.2%。同时,就城市规模而言,大城市青少年家庭能上网电脑的拥有率(44.2%)也明显高于小城市(31.6%)。① 另外,我们在进行问卷调查的过程中,还详细询问了初中和高中部分样本学校的电脑数量及其联网情况,亲身感受到东部地区和中西部地区的中学在上网资源方面的差距。在我们此次调查中,所有浙江省的样本学校不仅都拥有较多数量的电脑,而且电脑已经联网,而在湖南和甘肃,有一些样本学校电脑数量很少,这意味着浙江青少年在学校获得的上网机会,超过湖南和甘肃两省。因此,无论是在家里上网,还是在学校上网,中西部地区和小城市青少年因为受家庭和学校拥有的上网资源的限制,其机会和比例明显低于东部地区和大城市,在这种情

① 相关的调查数据也显示了类似的地区间差异。例如,据中国互联网络信息中心的调查,截止到2004年12月,浙江、湖南、甘肃三省的网民人数和上网电脑数分别为:浙江省网民人数为534万,占全国网民总人数的5.7%,占浙江省总人口的11.4%;上网电脑数为263万台,占全国上网电脑总数的6.3%。湖南省网民人数为312万,占全国网民总人数的3.3%,占湖南省总人口的4.7%;上网电脑数为97万台,占全国上网电脑总数的2.3%。甘肃省网民人数为120万,占全国网民总人数的1.3%,占甘肃省总人口的4.6%;上网电脑数为44万台,占全国上网电脑总数的1.1%。对此一现象的相关理论分析,参见黄少华、翟本瑞:《网络社会学:学科定位与议题》,北京:中国社会科学出版社2006年版。

形下,网吧自然就成为他们接触网络世界最主要、最直接和最现实的途径。

2. 网吧使用频率、时间及通宵使用网吧情况

首先,我们以最近三个月为界,询问了青少年使用网吧的频率。在网吧部分1619份有效问卷中,在最近三个月没有使用过网吧的有344人,占21.2%,使用过网吧的有1275人,占78.8%。在使用过网吧的1275人中,在最近三个月,平均每周使用网吧一次以下的有574人,占45.0%,平均每周使用二次的有327人,占25.6%,平均每周使用三次的有225人,占17.6%,平均每周使用四次的有79人,占6.2%,平均每周使用五次的有27人,占2.1%,平均每周使用六次以上的有43人,占3.4%。这在一定程度上说明了在网吧上网已是不少青少年网络生活的一项重要内容。考虑到我们的实地调查工作是在10月下旬开始进行的,并且询问的是青少年在最近三个月的网络使用状况,而在暑假和"十·一"长假期间,青少年学生可能会比平时更频繁地使用网吧,因此我们接着询问了青少年是否只在节假日才会去网吧上网。结果显示,回答没有确定时间,不论平时或节假日,只要有空就会去网吧的青少年最多,共629人,占50.2%,其次是只在节假日使用网吧,有576人,占46.0%,而只在平时去网吧而节假日不去的青少年最少,只有47人,占3.8%。由此可见,虽然有46.0%的青少年只在节假日才使用网吧,即节假日青少年使用网吧的比例的确比平时更高,但对于另外50.2%的青少年来说,去网吧上网显然已经不只是一种仅限于节假日才有的常态行为了。

在网吧使用时间上,我们借助每次使用网吧持续时间、使用网吧的主要时间段、是否有过通宵使用网吧的经历三个指标,对青少年的网吧使用时间进行了具体的测量。结果显示,青少年在一般情况下,每次使用网吧持续时间二小时的青少年最多,共559人,占44.3%,然后依次为三小时275人,占21.8%,一小时226人,占17.9%,四小时93人,占7.4%,五小时53人,占4.2%,六小时31人,占2.5%,七小时以上26人,占2.1%。而青少年在一天中使用网吧的时间段,以上午为主的105人,占

8.3%,以中午为主的150人,占11.8%,以下午为主的660人,占52.1%,以下午放学后为主的137人,占10.8%,以晚上八、九点以后为主的206人,占16.3%,没有确定时间的8人,占0.6%。

青少年通宵在网吧上网一直是备受人们关注和担忧的问题。长时间甚至通宵使用网吧对青少年的身体健康和学习生活都有很大的负面影响,对此多数青少年也有非常自觉的意识。例如有84.7%的青少年认为长时间使用网吧不利于身体健康,84.6%认为使用网吧会影响学习。在访谈中,我们也常常听到受访者像下面这位学生那样谈及自己通宵使用网吧的经历:“我是从大学一年级的时候才会上网的!大二时迷上了网络游戏,过着和别人不一样的生活!为了省钱,我们白天睡觉,晚上去通宵!课也不上!在网吧玩通宵,上半夜玩得很尽兴,下半夜很累很困,早上离开的时候觉得很没意思,但是第二天晚上还是会去。……我们一起玩游戏的有5个人,而我自制力并不是很强!你知道的,这样就很难控制了!我们先是玩简单的游戏,后来就是网络游戏,直到难以自拔的地步!现在想起来,那是一段噩梦般的岁月,我们过着和人不一样的生活!课也不上!5个人中过了4级(指大学英语4级)的只有3个!而我是最后一次才过的!玩游戏不值得我去浪费青春,现在想起来,因为游戏,我丢了很多珍贵的东西,所以,我不想再去想那些日子!我已经从噩梦醒来,我和我自己说,从良吧,你依然是个好孩子!曾经失去过的,我要把它找回来!半年前,我废了我所有的网络游戏的帐号!……那时上网不是聊QQ,就是玩游戏。呵!渣滓集中营!网吧现在对我来讲,就是一个再不敢涉足的地方,去那儿我会痉挛,会窒息,会感到恶心!它害了我四年!幸运的是我已经觉醒,还有二年半的时间(指完成研究生学业还需要二年半)!对于自制力差的人,尤其是孩子,千万别去那!那是撒旦的微笑!它只会把人带向死亡、思想的空虚和堕落!都说是虚拟世界,我却说去TMD的虚拟,只是精神空虚的幻觉!”(男,24岁,研究生,网龄5年)的确有不少青少年能够意识到长时间、通宵使用网吧对自己的负面影响,但值得注意的是,仍有差不多将近一半(47.0%)的青少年在最近三个月有过通宵使用网吧的经历,与没有通宵使用网吧经历的青少年人数(占53.0%)相差不多。其中相当重要的原因,像下面这位中学生所说的那样,是因为被网吧的特殊氛围所吸引:"要是通宵的话还要去网吧,在家虽然自己想怎么舒服就怎么,没有那样闹挺(腾),但是感受不到在网吧的那种气氛。"(男,19岁,职高生,网龄4年)

二、青少年网吧使用的个人特征、家庭背景与地域差异

为了梳理青少年网吧使用行为的社会差异,或者说,对青少年的网吧使用行为受现实社会差异的影响状况有一个基本的了解,我们从青少年的个人特征、家庭社会经济背景和地域因素入手,来分析青少年网吧使用行为与现实社会差异之间的关联。

1. 青少年网吧使用频率的个人特征、家庭背景和地域差异

表6.2的交互分析显示,青少年网吧使用频率的个人特征差异,体现在性别方面,男性青少年每周使用网吧在1次以下、2次、3次、4次、5次和6次以上的比例分别为41.1%、23.8%、20.4%、8.0%、2.6%和4.1%,而女性青少年的比例则分别为51.2%、28.7%、13.2%、3.3%、1.4%和2.2%,说明男性比女性的网吧使用频率更高。卡方检验X^2值为34.709($P<0.001$),显示差异显著。在访谈中,有受访者谈到:"我和我朋友一起去,那里(指网吧)大多数是男的,特别是晚上包宿,女的更少,通宵女的自己不安全"(男,18,初中毕业,无业,网龄4年);"我们同学去的(得)多的是男生,我们女生呀也去但不痴迷,……男生都是去玩网游"(女,21岁,大学生,网龄3年)。从年龄来看,13~17岁青少年每周使用网吧在1次以下、2次、3次、4次、5次和6次以上的比例分别为50.3%、24.3%、16.6%、4.7%、1.7%和2.4%,而18~24岁青少年的比例则分别为39.3%、27.1%、18.8%、7.9%、2.6%和4.3%,年龄较大的青少年使用网吧更加频繁。卡方检验X^2值为20.274($P<0.001$),显示差异显著。我们在访谈中发现,导致这种差异的一个重要原因,是因为13~17岁青少年基本处于中学阶段,而无论是学校还是家长,一般对在校中学生使用

表 6.2　网吧使用频率的性别和年龄差异（%）

	性别		年龄	
	男（N=783）	女（N=492）	13~17 岁（N=662）	18~24 岁（N=608）
1 次以下	41.1	51.2	50.3	39.3
2 次	23.8	28.7	24.3	27.1
3 次	20.4	13.2	16.6	18.8
4 次	8.0	3.3	4.7	7.9
5 次	2.6	1.4	1.7	2.6
6 次以上	4.1	2.2	2.4	4.3

网吧都有较强的控制，而 18~24 岁的青少年已有相当一部分升入大学学习，相对而言，大学的管理较为宽松，同时自由支配时间也较多，课余和周末去网吧上网几乎成为了相当数量大学生业余生活的重要内容。

表 6.3 的统计数据显示，在家庭背景差异上，每周使用网吧频率在 1 次以下、2 次、3 次、4 次、5 次和 6 次以上的比例分别为：家里没有电脑的青少年 41.3%、27.4%、18.8%、7.6%、2.2%和 2.6%，家里有电脑但不能上网的青少年 42.4%、26.6%、20.1%、5.8%、1.4%和 3.6%，家里有能上网电脑的青少年 52.5%、22.3%、14.8%、3.9%、2.2%和 4.4%，说明家里有能上网电脑的青少年的网吧使用频率，明显低于家里没有电脑，或者虽然家里有电脑但并没有联网的青少年。卡方检验 X^2 值为 22.161

表 6.3　网吧使用频率的家庭背景差异（%）

	没有电脑（N=722）	有不能上网（N=139）	有且能上网（N=413）
1 次以下	41.3	42.4	52.5
2 次	27.4	26.6	22.3
3 次	18.8	20.1	14.8
4 次	7.6	5.8	3.9
5 次	2.2	1.4	2.2
6 次以上	2.6	3.6	4.4

（P<0.05），显示差异显著。

表6.4的统计数据显示，在网吧使用频率的省份差异上，每周使用网吧在1次以下、2次、3次、4次、5次和6次以上的比例分别为：甘肃青少年44.9%、25.2%、17.1%、6.3%、1.7%和4.8%，湖南青少年35.2%、29.3%、22.4%、7.5%、2.3%和3.3%，浙江青少年62.7%、19.9%、9.9%、3.8%、2.4%和1.4%，说明经济越发达地区，青少年使用网吧的频率越低。卡方检验 X^2 值为65.337（P<0.001），显示差异显著。而从城市规模差异来看，每周使用网吧在1次以下、2次、3次、4次、5次和6次以上的比例分别为：大城市青少年46.0%、25.1%、18.0%、5.9%、2.1%和2.9%，小城市青少年44.0%、26.2%、17.3%、6.5%、2.1%和3.9%。卡方检验 X^2 值为1.742（P>0.05），显示差异不显著。

表6.4　网吧使用频率的地域差异（%）

	省份			城市	
	甘肃（N=461）	湖南（N=522）	浙江（N=292）	大城市（N=661）	小城市（N=614）
1次以下	44.9	35.2	62.7	46.0	44.0
2次	25.2	29.3	19.9	25.1	26.2
3次	17.1	22.4	9.9	18.0	17.3
4次	6.3	7.5	3.8	5.9	6.5
5次	1.7	2.3	2.4	2.1	2.1
6次以上	4.8	3.3	1.4	2.9	3.9

2. 青少年网吧使用时间的个人特征、家庭背景和地域差异

从表6.5的统计数据可见，青少年网吧使用时间的个人特征差异，体现在性别方面，男性青少年每次使用网吧在1小时、2小时、3小时、4小时、5小时、6小时和7小时以上的比例分别为16.6%、42.8%、20.4%、8.8%、5.7%、3.1%和2.6%，而女性青少年则分别为19.9%、46.5%、24.0%、5.1%、1.8%、1.4%和1.2%，说明男性青少年每次使用网吧持

表 6.5　网吧使用时间的性别和年龄差异(%)

	性别		年龄	
	男 (N=775)	女 (N=488)	13~17岁 (N=655)	18~24岁 (N=604)
1小时	16.6	19.9	24.0	11.3
2小时	42.8	46.5	42.6	46.0
3小时	20.4	24.0	19.8	24.0
4小时	8.8	5.1	6.0	8.9
5小时	5.7	1.8	4.0	4.3
6小时	3.1	1.4	2.1	2.8
7小时以上	2.6	1.2	1.5	2.6

续时间比女性长。卡方检验 X^2 值为26.367(P<0.001),显示差异显著。从年龄来看,13~17岁青少年每次使用网吧持续时间在1小时、2小时、3小时、4小时、5小时、6小时和7小时以上的比例分别为24.0%、42.6%、19.8%、6.0%、4.0%、2.1%和1.5%,而18~24岁青少年的比例则分别为11.3%、46.0%、24.0%、8.9%、4.3%、2.8%和2.6%,说明13~17岁青少年每次使用网吧持续时间比18~24岁青少年短。卡方检验 X^2 值为38.115(P<0.001),显示差异显著。

表6.6的统计数据显示,在家庭背景差异上,每次使用网吧持续时间在1小时、2小时、3小时、4小时、5小时、6小时和7小时以上的比例分别为:家里没有电脑的青少年15.1%、45.9%、22.7%、7.6%、4.3%、2.8%和1.5%,家里有电脑但并不能上网的青少年20.1%、42.4%、23.7%、5.8%、2.2%、4.3%和1.4%,家里有能上网电脑的青少年22.0%、42.0%、19.5%、7.6%、4.6%、1.2%和3.2%,说明青少年网吧使用持续时间,无论家里是否有电脑,以及电脑能否上网,主要都集中在2~3小时。卡方检验 X^2 值为20.338(P>0.05),也显示差异不显著。

表6.7的统计数据显示,在每次使用网吧持续时间的省份差异上,三

表6.6 网吧使用时间的家庭背景差异(%)

	没有电脑(N=713)	有不能上网(N=139)	有且能上网(N=410)
1 小时	15.1	20.1	22.0
2 小时	45.9	42.4	42.0
3 小时	22.7	23.7	19.5
4 小时	7.6	5.8	7.6
5 小时	4.3	2.2	4.6
6 小时	2.8	4.3	1.2
7 小时以上	1.5	1.4	3.2

表6.7 网吧使用时间的地域差异(%)

	省份			城市	
	甘肃(N=457)	湖南(N=517)	浙江(N=289)	大城市(N=654)	小城市(N=609)
1 小时	14.9	18.6	21.5	18.0	17.7
2 小时	45.3	45.5	40.5	44.3	44.2
3 小时	20.8	22.4	22.1	21.3	22.3
4 小时	9.0	5.8	7.6	6.6	8.2
5 小时	4.2	4.1	4.5	4.7	3.6
6 小时	4.2	1.9	0.7	2.3	2.6
7 小时以上	1.8	1.7	3.1	2.8	1.3

省青少年持续时间在1小时、2小时、3小时、4小时、5小时、6小时和7小时以上的比例分别为:甘肃14.9%、45.3%、20.8%、9.0%、4.2%、4.2%和1.8%,湖南18.6%、45.5%、22.4%、5.8%、4.1%、1.9%和1.7%,浙江21.5%、40.5%、22.1%、7.6%、4.5%、0.7%和3.1%,说明湖南和甘肃两省青少年每次使用网吧持续时间稍长于浙江青少年。卡方检验X^2值为21.116($P<0.05$),显示差异显著。从城市规模来看,大城市青少年每次使用网吧持续时间在1小时、2小时、3小时、4小时、5小时、6小时和7小时以上的比例分别为18.0%、44.3%、21.3%、6.6%、4.7%、2.3%和2.8%,而小城市青少年则分别为17.7%、44.2%、22.3%、8.2%、3.6%、2.6%和1.3%,说明青少年每次使用网吧持续时

间并不存在明显的城市规模差异。卡方检验 X^2 值为 5.601（$P>0.05$），也显示差异不显著。

3. 青少年通宵使用网吧经历的个人特征、家庭背景和地域差异

对青少年是否有通宵使用网吧经历的个人特征、家庭背景和地域差异统计分析数据显示，首先，在性别方面，男性青少年有通宵使用网吧经历的比例为 56.9%，女性则只有 37.9%，男性高出女性 19 个百分点。卡方检验 X^2 值为 41.517（$P<0.001$），显示差异显著。在年龄方面，13～17 岁青少年有通宵使用网吧经历的比例为 35.4%，远低于 18～24 岁青少年 64.8% 的比例。卡方检验 X^2 值为 103.805（$P<0.001$），显示差异显著。

其次，在家庭电脑状况上，家里没有电脑的青少年有通宵使用网吧经历的比例（52.9%）稍高于家里有电脑但不能上网（43.2%），以及家里有能上网电脑的青少年（45.7%）。卡方检验 X^2 值为 7.468（$P<0.05$），显示差异显著。

最后，从地域来看，在省份方面，甘肃、湖南、浙江三省青少年有在网吧通宵上网经历的比例分别为 47.9%、54.5% 和 43.3%，卡方检验 X^2 值为 9.590（$P<0.01$），显示差异显著。在城市规模上，分别为大城市 52.1%，小城市 46.7%，卡方检验 X^2 值为 3.434（$P>0.05$），表明差异不显著。

三、青少年网吧介入程度

与青少年的网络使用程度存在着个体间差异一样，青少年的网吧使用程度也同样存在着个体间差异。因此，我们尝试通过建构一个新的变量“网吧介入程度”，用来分析青少年的网吧使用程度，以及网吧使用程度的个体间差异。我们运用非层次聚类法（Nonhierarchical cluster Method）中的逐步聚类分析（K-mean cluster analysis），将 1275 位网吧使用者，依据最近三个月“使用网吧的频率”和“每次在网吧上网持续时间”两个变量进行聚类，并根据聚类结果将所有网吧使用者区分为网吧介入程度低、中、高三类群体，分别称之为一般网吧使用者、中度网吧使用者和重度网吧使用者。分析初始不预设中心值，由随机选取方式产生中心点，经计算各样本数值与中心点最小距离后再做调整，重复迭代直至各类样本不再变更为止。由于采用两个变量进行聚类，因此聚类时如果样本个案有一个变量为缺省值，则剔除该个案，由此聚类后得到的样本共计 1263 人，其中 906 人为一般网吧使用者，占 71.7%，239 人为中度网吧使用者，占 18.9%，118 人为重度网吧使用者，占 9.3%。具体观察聚类结果，一般网吧使用者在最近三个月使用网吧的频率为平均每周 1.26 次（标准差 0.441），平均每次使用时间 1.88 小时（标准差 0.648），中度网吧使用者在最近三个月使用网吧的频率为平均每周 3.24 次（标准差 1.027），平均每次使用时间 2.66 小时（标准差 0.807），而重度网吧使用者在最近三个月使用网吧的频率为平均每周 2.81 次（标准差 1.644），平均每次使用时间为 5.35 小时（标准差 1.030）。可以看出，不同网吧介入程度者的网吧使用频率和使用时间有显著的差别，其中重度使用者每次使用网吧持续的时间，明显高于一般网吧使用者和中度网吧使用者。这部分重度网吧使用者，大约占所有青少年网吧使用者的将近一成。

为了更进一步了解青少年的网吧介入程度，我们对青少年个人特征、家庭背景和所在地域与其网吧介入程度进行了交互分析。表 6.8 的统计结果显示，从性别来看，男性的网吧介入程度明显高于女性，卡方检验 X^2 值为 36.742（$P<0.001$），显示差异显著。从年龄来看，13～17 岁青少年的网吧介入程度，明显低于 18～24 岁，卡方检验 X^2 值为 14.290（$P<0.001$），也表明差异显著。

表 6.8 网吧介入程度的性别和年龄差异（%）

	性别		年龄	
	男（N=775）	女（N=488）	13～17 岁（N=655）	18～24 岁（N=604）
一般使用	65.7	81.4	76.3	66.9
中度使用	23.4	11.9	15.4	22.7
重度使用	11.0	6.8	8.2	10.4

表6.9的统计结果显示，从家庭背景来看，青少年的网吧介入程度，并没有明显的家庭电脑状况差异，卡方检验 X^2 值为4.967（P>0.05），也表明差异不显著。

表6.9　网吧介入程度的家庭背景差异（%）

	没有电脑（N=713）	有不能上网（N=139）	有且能上网（N=410）
一般使用	70.3	74.1	73.7
中度使用	20.6	18.7	15.9
重度使用	9.1	7.2	10.5

表6.10的统计结果显示，从省份来看，三省青少年网吧一般使用、中度使用和重度使用的比例分别为：甘肃69.6%、21.2%和9.2%，湖南71.6%、21.1%和7.4%，浙江75.4%、11.4%和13.1%。卡方检验 X^2 值为18.693（P<0.001），表明差异显著。而从城市规模来看，青少年网吧介入程度的城市规模差异并不大，卡方检验 X^2 值为0.974（P>0.05），也表明差异不显著。

表6.10　网吧介入程度的地域差异（%）

	省份			城市	
	甘肃（N=457）	湖南（N=517）	浙江（N=289）	大城市（N=654）	小城市（N=609）
一般使用	69.6	71.6	75.4	72.8	70.6
中度使用	21.2	21.1	11.4	17.9	20.0
重度使用	9.2	7.4	13.1	9.3	9.4

综合青少年个人特征、家庭背景、所在地域与网吧介入程度的相关性分析结果，可以发现，青少年网吧介入程度在性别、年龄和省份三个变量上差异显著，而在家庭电脑状况和城市规模上差异不显著。

第二节 网吧使用群体的网络行为

一、网吧场域的空间特征

今天,网络正在成为越来越多的青少年的越来越重要的社会生活空间,由此相应,以网络空间为基础的虚拟生活经验与真实生活经验之间的相互渗透、相互交织,也正在逐渐成为这一部分青少年的共同生活经验,从而导致了传统社会界限的突破及虚实世界的交织。鲍德里亚认为,我们今天已处在一个拟像时代,电脑、信息处理、媒体以及按照拟像符码而形成的社会组织,已经取代了现代社会中生产的地位,成为社会组织的基本原则。与现代社会是一个工业生产社会不同,后现代的拟像社会是一个由模型、符码和控制论所支配的信息与符号社会。符号本身拥有了自己的生命,并建构出一种由模型、符码及符号组成的新社会秩序。在这种拟像社会中,模型与符号构造着经验结构,并销蚀了拟像与真实之间的差别。拟像与真实之间的界限已经内爆,而且拟像变得比现实还要真实,它不再指称自身之外的任何现实,虚实世界之间的界限也因此变得含混、模糊甚至消融。正如贝克所说,今天的人类已生活和行动在一个人造的、建构而成的、超越了现代社会二元区分的世界中,后现代世界是一个超越二分框架的混合世界。① 而这种虚拟与真实交织的后现代景观,正是网吧场域的鲜明特征。作为目前青少年重要的上网场所,网吧是一个实体空间与虚拟空间交织而成的空间。这意味着,网吧已经远不只是一个物理地点,而是一个能快速通向虚拟世界的通道,其意义,恰恰在于使物理地点被拟像化,使人们的行为可以挣脱地理的限制和束缚。也就是说,网吧让地理概念有了全新的含义。对于许多网吧沉迷者来说,网吧指向的,是

① D. 凯尔纳、S. 贝斯特:《后现代理论:批判性的质疑》,张志斌译,北京:中央编译出版社 2001 年版;U. 贝克:《世界风险社会》,吴英姿等译,南京:南京大学出版社 2004 年版。

一个颠覆、解放的世界，是一个能让他们逃避现实世界，重新塑造自我面貌的空间场所。真实和虚拟在其中相互渗透、相互指涉、相互交织，想像、真实与虚构相互聚合成为一个虚实交织的世界，个人由此实现了许多想像的功能。与此同时，网吧还以一种颇为特殊的方式，将传统社会中相互分离的个人空间与公共空间交织到了一起，从而导致公共领域与私人领域的融合，导致原本属于个人的网络使用行为，具有了社会意义的面向，其中最为重要的面向，是为青少年次文化认同的形塑提供了一个重要的渠道和场域，让青少年能在网吧这一虚实交织的环境中交换资源、实现互动、建构社会关系网络，并由此形塑同辈群体间的社会认同。①

那么，网吧这样一个以虚拟与现实、公共空间与个人空间二元交织为基本特征的空间场域，对青少年而言有着什么样的特殊意义呢？本研究发现，首先，网吧对青少年来说，是一个能够获得情感满足的场域。青少年处于特殊的成长时期，对情感互动有着强烈的需求和向往，而网吧作为一个真实与虚拟交织的空间场域，为青少年实现自己的情感满足，提供了一个既虚拟又真实的理想空间，青少年可以在这里忘却生活中的烦恼、痛苦、寂寞，满足游戏和互动的乐趣，因此无数青少年在此驻足，流连忘返。有 50.8% 的青少年觉得使用网吧能让自己心情放松，49.5% 能够通过在网吧上网而让自己忘却生活中的烦恼，46.4% 经常借助在网吧上网来消除寂寞，甚至有 37.8% 的青少年说自己能够借助网吧快速进入一个快乐的世界。在访谈中，有不少青少年表示他们之所以去网吧上网，是因为喜欢网吧的气氛，能够在其中彻底放松自己的心情。“我爸妈都说那不是好地方，要我不要去。问题是我心情不好的时候，还是会想去那里，和朋友聊聊天，打打游戏，就会忘掉不愉快的事情，心情就会好起来，所以我才会去网吧。”（男，16 岁，初中生，网龄 3 年）

---

① N. 尼葛洛庞帝：《数字化生存》，胡泳等译，海口：海南出版社 1996 年版；纪慧怡：《真实与虚拟空间的对话：网咖族的内在经验意义探讨》，台湾世新大学传播研究所硕士论文，2004 年；黄少华、翟本瑞：《网络社会学：学科定位与议题》，北京：中国社会科学出版社 2006 年版；S. Lee, Private uses in public spaces: A study of internet Café. *New Media & Society*, 1(3), 1999.

其次,网吧是一个青少年获得成就满足的场域。玩网络游戏是青少年在网吧最经常参与的网络行为之一,这是因为许多青少年喜欢在虚实交织的网吧世界中,享受由网络游戏带给他们过关或升级后的成就感,享受“自己就是王”,就是世界主宰的感觉;同时,在网吧中因为能与熟悉的朋友共同享受游戏战果,从而进一步强化了网络游戏所带来的成就感。有47.2%的青少年经常能从网吧连线游戏中获得成就感,38.0%的青少年觉得在网吧玩游戏比在家里玩游戏有趣,34.7%能从网吧行为中享受到控制带来的快感,甚至有27.3%的青少年认为自己在网吧玩游戏获得的满足感超过做任何其他事情获得的满足感。“同学多了,玩同一个游戏,要是一起PK的话,喊一声都到了帮忙。而且赢了的话,感觉特爽。有时,谁的装备好,就特羡慕他,练级练得高,可以炫耀说,看看我的,绝对一流,到时整个网吧的人,都会知道,看你。感觉特有成就,就像考试考了一百分。如果是在家里玩的话,不管我练级练得多高,装备有多好,也没有人看得到。……在游戏的世界中,是个弱肉强食的世界,强者就是王,也没有束缚,你努力练级打怪,就会升级,在现实生活中,我再怎么努力学习,也不会,学习还是不好,所以噢,我更愿意在网吧呆着,我打游戏的级别很高,这是不是说我不像老师说的那么笨,对吧……”(男,19岁,职高生,网龄4年)。

最后,网吧也是一个为青少年所喜欢的交往互动场域。网吧的个人空间与公共空间交织特性,使青少年能在其中更方便地结交有共同兴趣的或熟悉或陌生的网友。我们在调查中发现,有58.6%的青少年喜欢和朋友一起到网吧娱乐,47.8%喜欢很多人一起去网吧玩游戏的感觉,42.4%喜欢在网吧和别人联机玩游戏的感觉,甚至有34.4%的青少年曾经借助网吧结识新朋友。在访谈中,一位受访者表示:“现在自己有电脑了,但有时同学聚会,没什么干的,就约在网吧,一起玩联机游戏,大家一起组成一个团队,并肩作战,打赢了一起欢呼,输了再重来。也可以互相交流一下,怎样PK,怎样练级。……在网吧中玩游戏之所以这么风行,我想一个重要的原因是除了玩游戏外,还可以和认识或不认识的人聊天,在网吧和朋友聊天,也蛮有趣的。”(男,22岁,大学生,网龄6年)在网吧空间，青少年可以在游戏中并肩作战，也可以沟通交流，彼此互动，甚至结交陌生网友，增进感情，形塑友谊。

二、青少年网吧使用群体的网络行为特征

1. 青少年网吧使用的行为动机及其网吧介入程度差异

青少年为什么喜欢去网吧上网，或者说，网吧对青少年的吸引力究竟在哪里？有学者从网吧空间和青少年心理需要的角度，分析了青少年的网吧使用动机。例如杨可凡认为，是因为凭借网吧空间创造的虚拟想象世界，青少年获得了一个能够忘却生活烦恼、逃避责任、逃避现实生活压力、发泄痛苦以获得解脱、促进同侪间的人际互动、实现归属感和成就感、实现自我价值的理想空间场域。张毓智的研究发现，网吧电脑设备先进、同侪聚集享有互动乐趣、在不受父母干扰的空间享受打发时间的乐趣，是吸引青少年使用网吧的主要原因。而张膜绍则认为，青少年使用网吧的动机主要有放松心情、纾解压力、快速得知最新消息、无聊时打发时间、和朋友一起玩游戏以及与同伴增加聊天的话题。而从行为动机切入的相关研究则发现，网络游戏和聊天交友是吸引青少年使用网吧的主要行为动机。例如陈雪芬对台北市高中职学生的调查发现，网络游戏、聊天交友和搜寻资料是青少年使用网吧的主要行为动机，与一般其他上网地点不同，网吧主要是一个青少年休闲娱乐交友场所。向阳公益基金会对台湾地区青少年网吧使用经验的调查同样显示，玩在线游戏和上网聊天是青少年主要的网吧使用动机，其比例分别为55.8%和23.1%，而居第三位的找资料则占8.9%。①

---

① 陈雪芬：《高中职学生对网路一夜情心动并行动调查》，http://www.tcc.gov.tw/~tss0742/news890602.htm，1999年；杨可凡：《网咖使用对青少年的意义研究：传播乐趣经验与社会性使用分析》，http://www.ccu.edu.tw/ TANET2001/TANET2001_Papers/T114.pdf，2001年；向阳公益基金会：《e世代青少年网咖经验调查报告》，台北：向阳公益基金会，2001年；张毓智：《网咖使用行为相关因素之探讨：以高雄市网咖使用者为例》，台湾中山大学信息管理学研究所硕士论文，2002年；张膜绍：《高职生选择休闲场所与至网路咖啡厅动机之研究：以嘉义市高级职业学校为例》，台湾朝阳科技大学休闲事业管理系硕士论文，2003年。

我们在调查问卷中，主要侧重于从青少年网吧使用的行为动机面向，测量了青少年的网吧使用动机。从表6.11的统计数据可以看出，吸引青少年去网吧的行为动机，主要是上网聊天、玩网络游戏及在线看电影或听音乐，分别占38.7%、37.7%和33.8%，其他比例超过10.0%的还有上网找资料(22.0%)、浏览网页(17.0%)、收发电子邮件(14.2%)、与在外地上学或工作的朋友联络(14.1%)，以及结交新朋友(10.2%)。我们可以将青少年的网络行为动机，大致区分为工具性行为动机和情感性行为动机两类。工具性行为动机主要包括上网找资料、浏览网页、收发电子邮件、写作业或论文、与外地朋友联络、利用网络购物等，此时网吧主要是一个满足信息资料查询、通讯交流、购物等实用需要的场所；而情感性行为动机则包括上网聊天、玩网络游戏、结交新朋友、参与虚拟社区活动、看电影或听音乐、寻找能见面的异性网友等，此时网吧主要是一个满足情感需要的空间。从表6.11的统计数据不难发现，青少年网吧使用的行为动机，主要偏向情感性行为动机。

表6.11　青少年网吧使用的行为动机(N=1275)

	频数	频率(%)
上网聊天	494	38.7
玩网络游戏	481	37.7
收看或下载电影和音乐	431	33.8
上网找资料	281	22.0
浏览网页	217	17.0
收发电子邮件	181	14.2
与在外地上学或工作的朋友联络	180	14.1
结交新朋友	130	10.2
在网吧写作业或论文	68	5.3
浏览成人网页	36	2.8
寻找能见面的异性网友	35	2.7
其他	30	2.4

为了更具体地了解不同网吧介入程度青少年的网吧使用行为动机是否存在差异，我们进一步分析了青少年网吧使用行为动机与网吧介入程度之间的相关性。从表6.12的统计数据可见，在所有网吧行为动机中，只有玩网络游戏一项，网吧介入程度越高，行为动机强度越强；而且玩网络游戏是网吧中度使用群体和重度使用群体最主要的网吧行为动机，分别比占第二位的行为动机高出18个百分点和21个百分点。由此可见，玩网络游戏的确是青少年网吧使用群体尤其是有着较高网吧介入程度青少年群体最主要的网吧使用行为动机。

表6.12 网吧使用动机和网吧介入程度的关系(%)

	一般使用（N=906）	中度使用（N=239）	重度使用（N=118）
上网聊天	40.3	36.8	32.2
玩网络游戏	31.3	54.8	53.4
收看或下载电影和音乐	34.9	31.8	31.4
上网找资料	24.9	15.1	13.6
浏览网页	16.4	20.1	14.4
收发电子邮件	14.7	13.8	10.2
与在外地上学或工作的朋友联络	14.9	14.6	6.8
结交新朋友	10.3	11.3	7.6
在网吧写作业或论文	6.3	4.2	0.8
浏览成人网页	2.2	4.2	3.4
寻找能见面的异性网友	2.1	5.4	1.7
其他	2.5	2.1	0.8

另外，网吧虚实交织的场域特征所给予青少年的乐趣感受，以及网吧先进的硬件设备，也是吸引青少年在网吧上网的重要因素。就网吧的空间场域特征而言，有50.8%的青少年喜欢在网吧上网是因为网吧能让自己心情放松，49.5%的青少年是因为网吧能让自己忘却生活中的烦恼，

46.5%是因为网吧可以让自己不受父母干扰尽情地娱乐,46.4%是因为网吧让自己有一个消除寂寞的地方,37.8%是因为网吧能让自己快速地进入一个快乐的世界,28.6%是因为网吧有一种让人浑然忘我的气氛。从网吧的硬件配置而言,有74.0%的青少年使用网吧是因为网吧宽带节省上网时间,57.2%是因为网吧的电脑配置好,48.5%是因为网吧收费便宜。由此可见,网吧的特殊环境氛围,以及网吧在硬件配置上的优势,也是吸引青少年到网吧上网的重要原因。

2. 网吧使用群体的网络行为

正如吉登斯所说,行为的时空场景,作为渗透于行为过程的关键因素,形塑着行为者可以实施的行为种类。① 网吧空间作为一个能够满足青少年情感、交往和自我实现成就需要的休闲娱乐和互动场域,有其特殊的时空特性。我们假设,这种特殊的时空特性,对青少年的网络行为特征和行为类型会产生明显的影响。我们通过比较网吧使用群体与非网吧使用群体的网络行为,来阐明不同上网场所对青少年网络行为的影响,以及不同网吧介入程度青少年的网络行为差异。

由表6.13可知,网吧使用群体与非网吧使用群体的网络行为,虽然都集中在看电影或听音乐、聊天交友、玩网络游戏、使用搜索引擎找资料和浏览新闻等行为类型上,但是,与非网吧使用群体比较而言,网吧使用者参与聊天交友和玩网络游戏等情感性网络行为的比例明显较高,而非网吧使用群体则在使用搜索引擎找资料和浏览新闻等工具性网络行为的参与程度上高于网吧使用群体。可见,与网吧使用群体相比较,非网吧使用群体参与工具性网络行为的比例更高,而网吧使用群体则以参与情感性网络行为为主。“去网吧除了聊天,就是玩游戏,我们男生主要是玩游戏,……利用网吧学习?大家都在玩,也没有心思学啊!我看去网吧就是去玩的、休闲的。去学习让人看了以为有病,自己在那里也不自在啊。或

① A.吉登斯:《社会的构成:结构化理论大纲》,李康等译,北京:三联书店1998年版;B.S.特纳:《BLACKWELL社会理论指南》,李康译,上海:上海人民出版社2003年版。

表 6.13　网吧使用群体与非网吧使用群体网络行为差异

	网吧使用群体（N＝1261）		非网吧使用群体（N＝337）	
	频数	频率%	频数	频率%
收看或下载电影和音乐	700	55.5	186	55.2
聊天交友	668	53.0	136	40.4
玩网络游戏	550	43.6	116	34.4
使用搜索引擎找资料	414	32.8	159	47.2
浏览新闻	394	31.2	137	40.7
下载软件或文档	294	23.3	144	42.7
在 BBS 发贴、读帖或回帖	218	17.3	66	19.6
参加远程教学与网络学习	100	7.9	40	11.9
浏览成人网页	44	3.5	11	3.3
参加虚拟社区活动	51	4.0	10	3.0
用网络发手机短信	37	2.9	5	1.5
其他	17	1.3	6	1.8

许那种人也可能有，但在我们同学中是稀缺的动物。”（男，22 岁，大学生，网龄 6 年）“去网吧一个最大的就是网络游戏之类的，其次就是聊天、找美女和帅哥，我主要就是去玩游戏和看电影。”（男，19 岁，高中生，网龄 4 年）“我和同学去网吧就是看电视剧和聊天，你不知道，我们寝室的都迷上了韩剧，寝室又没有电视。再说在网吧看连续剧，想看多少就看多少，很爽啊。有时，放假回家了，也喜欢去网吧看电影，那有最新的片子，也不像电视每天一集，快等死人了。”（女，21 岁，大学生，网龄 3 年）可见，虽然网吧被有关管理机构定位为向社会公众提供信息浏览、信息查询、网络休闲、收发电子邮件等综合性信息服务的场所，但从青少年在网吧场域实际参与的网络行为来看，网吧对青少年来说显然主要是一个综合性的休闲娱乐场所，利用网吧进行网络学习、查找资料等信息性行为的青少年所占

比例微乎其微，而对玩网络游戏、进行网络聊天、收看电影或听音乐等休闲娱乐活动，在青少年网吧使用群体中则可以说是趋之若鹜。

为了进一步了解网吧场域对青少年网络行为的影响，我们对网吧使用群体具体参与的网络行为类型，与网吧介入程度进行了交互分析。从表6.14的统计数据可以看出，网吧介入程度不同的群体，其网络行为尤其是情感性网络行为的参与程度，存在着明显的差异。一个基本的趋势是：在收看或下载电影和音乐、聊天交友、玩网络游戏等情感性网络行为上，网吧介入程度越高，参与的比例也越高；而在使用搜索引擎找资料、浏览新闻等工具性网络行为的参与程度上，则不存在明显的网吧介入程度差异。在重度网吧介入群体中，以收看或下载电影和音乐的参与比例最高，为65.3%，列第二和第三位的则分别为玩网络游戏（62.7%）和聊天交友（56.8%），这三种网络行为的参与程度，明显高于其他网络行为。

表6.14　网吧行为与网吧介入程度的关系

	一般（N=895）		中度（N=237）		重度（N=118）	
	频数	频率%	频数	频率%	频数	频率%
收看或下载电影和音乐	494	55.2	121	51.1	77	65.3
聊天交友	458	51.2	138	58.2	67	56.8
玩网络游戏	337	37.7	134	56.5	74	62.7
使用搜索引擎找资料	312	34.9	60	25.3	38	32.2
浏览新闻	292	32.6	57	24.1	41	34.7
下载软件或文档	205	22.9	56	23.6	32	27.1
在BBS发贴、读帖或回帖	141	15.8	42	17.7	33	28.0
参加远程教学与网络学习	83	9.3	12	5.1	5	4.2
参加虚拟社区活动	36	4.0	9	3.8	6	5.1
用网络发手机短信	29	3.2	4	1.7	4	3.4
浏览成人网页	25	2.8	13	5.5	5	4.2
其他	11	1.2	6	2.5	0	0

第三节　青少年的网吧认知

一、青少年网吧认知量表的建构

对青少年网吧认知的测量，我们采用的是李克特五点尺度量表，用35题询问了被访者对网吧的认知。根据被访青少年的回答，我们大致可以得出以下结论：(1)有相当一部分青少年对网吧场域有着较高程度的认同。虽然社会、学校、媒体和家长对网吧多有指责，但不少青少年却把网吧视为一个正当的休闲娱乐场所(49.3%)。有59.1%的青少年认为常去网吧上网并不是一件坏事，57.2%的青少年上网吧的主要原因是因为网吧的电脑配置好，51.4%觉得自己在网吧学到了很多新东西，31.0%强调网吧对青少年的影响主要是正面的。(2)青少年对于网吧给自己带来的乐趣和情感满足，有着较高程度的肯定。这些乐趣和情感满足，主要来自于网吧空间的情景特征，以及玩网络游戏、与他人交往互动等网吧的关系性或者说情感性使用行为。一方面，网吧空间所特有的虚拟与现实、个人空间与公共空间二元交织的场景特征，使青少年能够享受到虚拟实境的自由感和参与感。有57.2%的青少年在无聊时会借助网吧打发时间，50.8%的青少年感觉在网吧能让自己心情放松，49.5%的青少年认为网吧能让自己忘却生活中的烦恼，46.5%强调网吧可以让自己不受父母干扰尽情地娱乐，46.4%认为网吧是一个消除寂寞的好地方。另外有37.8%的青少年觉得网吧能让自己快速地进入一个快乐的世界，28.6%觉得网吧有一种能让人浑然忘我的气氛。另一方面，在网吧场域中进行的网络游戏、交往互动等社会行为，也带给青少年不少的互动乐趣和成就、情感满足。有42.4%的青少年表示很喜欢在网吧和别人联机玩游戏的感觉，39.3%的青少年能从网吧的游戏战绩中获得成就感，34.7%曾经从网吧游戏中享受到由控制带来的快感，甚至有27.3%青少年强调在网吧玩游戏带给自己的满足感超过做其他任何事情。另外，分别有58.6%和47.8%的青少年喜欢和朋友一起到网吧上网娱乐，以及与很多人一起在网吧玩游戏的感觉。由此可见，青少年在相当程度上将网吧视为一个打发时间、与他人互动、消除寂寞、放松心情的消遣娱乐场所。(3)与对网吧认知的其他面向比较而言，青少年对网吧场域存在的各种社会问题及其可能引发的不良后果，认知程度较高。有84.7%的青少年认为长时间使用网吧不利于身体健康，84.6%认为网吧会引发青少年逃学，从而影响学习，78.7%认为网吧会导致青少年沉溺于网络游戏，73.6%认为网吧会导致青少年沉溺于网上聊天，72.5%认为网吧使青少年的网络行为得不到有效监督，71.8%认为网吧使青少年容易接触成人网站等不良内容，65.6%认为网吧容易引发青少年聚众闹事，60.3%认为在网吧容易结交坏朋友。

在对青少年网吧认知量表进行描述性频率统计的基础上，为了简化测量指标，我们进一步对量表进行了因子分析。因子分析采用主成份分析作为抽取因子的方法，以特征值大于1作为选择因子的标准，采用正交旋转法中的最大方差旋转法作为转轴方法，以降低因子的复杂性。在进行因子分析之前，我们先计算出相关矩阵，以观测变量之间的相关关系，并对相关矩阵进行检验。经计算发现，原问卷35题之间存在着较强的相关关系，KMO检验表明，其KMO值为0.945，巴特利特球状检验的卡方值为17037.279，自由度(df)为378，在0.000(Sig. = .000)水平上统计检验显著，说明所有指标适合进行因子分析。因此将所有题项均采纳，进入后续的因子分析。第一步因子分析结果，共析出六个因子，六个因子的累积方差贡献率为59.095%。其中“在网吧上网或玩游戏比在家里更有趣”、“到网吧上网让我学到许多新东西”、“一想到要去网吧我就很兴奋”、“我喜欢在网吧中结识新朋友”、“我觉得没有去过网吧是件很落伍的事情”、“网吧的环境有一种让人浑然忘我的气氛”、“我觉得网吧对青少年的影响主要是正面的”七个题项的因子负载小于0.5，因此将这七个题项剔除。然后将剩余28个题项，进行二次因子分析，因子分析结果共析出特征值大于1的因子五个,五个因子的方差贡献率分别为15.127%、14.678%、14.577%、8.948%和7.220%,累积方差贡献率为60.549%,共同度除“不去网吧会让我和同学没话可说”和“无聊时去网吧可以帮我打发时间”两项接近0.5以外,其他所有题项都超过0.5,基本上达到了因子分析的要求(见表6.15)。在此基础上,我们通过分析各因子题项间的Cronbach‘s α系数,进一步对五个因子进行了信度检验。得到各因子Cronbach’s α系数依次为:0.7616、0.8452、0.9458、0.7320、0.9096,五个因子的Cronbach’s α信度系数在0.73~0.94之间,总Cronbach’s α系数为0.9140。作为一项探索性研究,我们认为量表具有较高的信度即内在一致性。

最后,我们根据每个因子的共性,分别为五个因子命名。命名因子1为沉迷倾向因子,包含“如果不去网吧,我没有什么其他事情可做”等七个题项,主要描述青少年对网吧在其日常生活中的重要性的认知,同时也在一定程度上反映了青少年对网吧的沉迷程度;命名因子2为情感满足因子,包含“网吧能让我暂时忘却生活中的烦恼”等七个题项,主要描述网吧带给青少年的情感满足,我们发现,在青少年眼里,网吧俨然已经成为一个可以让自己忘却学习与生活中的烦恼、消除寂寞、放松心情的场域;命名因子3为成就满足因子,包含“我喜欢在网吧和别人联机玩游戏的感觉”等七个题项,主要描述青少年使用网吧尤其是在网吧玩游戏所产生的成就满足,以及与同伴借助网吧游戏所体验到的互动快感;命名因子4为正面形象因子,包含“去网吧上网并不会影响我的学业和工作”等四个题项,主要描述青少年对使用网吧对自己的学习和生活的正面影响的认识;命名因子5为硬件环境因子,包含“电脑配置好是吸引我去网吧的主要原因”等三个题项,主要描述青少年对网吧的硬件配置及网吧环境的认同程度。这五个因子,大致概括了青少年网吧使用行为中的网吧沉溺、网络游戏、人际交往及休闲娱乐等主要行为面向,基本上能够反映青少年网吧使用群体对网吧以及网吧的社会影响的认知,或者说,基本上呈现了青少年网吧使用群体视野中的网吧形象。

表 6.15 青少年网吧认知因子分析结果

	沉迷倾向	情感满足	成就满足	正面形象	硬件环境	共同度
如果不去网吧,我没有什么其他事情可做	**.802**	.188	.169	-.013	-.012	.703
如果可能,我会花更多的时间去网吧	**.779**	.178	.138	.047	.059	.658
我曾经为了去网吧逃学或请假	**.759**	.027	.187	-.067	.089	.611
如果没有事,我想一整天都呆在网吧	**.716**	.297	.165	.071	.013	.621
不去网吧会让我和同学没话可说	**.600**	.201	.277	-.048	.096	.483
去网吧已成为我日常生活的一部分	**.569**	.180	.165	.356	.178	.534
我有许多朋友是在网吧认识的	**.514**	.195	.470	-.078	.123	.543
网吧能让我暂时忘却生活中的烦恼	.166	**.794**	.152	.096	.062	.693
网吧能让我快速进入一个快乐的世界	.245	**.735**	.266	.034	.120	.687
当我有烦恼时,网吧是我首先想去的地方	.319	**.694**	.152	-.024	.222	.648
网吧是我消除寂寞的好地方	.188	**.683**	.207	.026	.276	.630
网吧让我心情放松	.065	**.623**	.336	.232	.060	.548
无聊时去网吧可以帮我打发时间	.100	**.621**	.193	.196	.012	.471
网吧能让我不受别人干扰,尽情娱乐	.193	**.621**	.246	.178	.126	.524
我喜欢在网吧和别人联机玩游戏的感觉	.171	.176	**.766**	.091	.128	.678
我喜欢很多人一起去网吧玩游戏的感觉	.111	.183	**.739**	.175	.072	.630
我经常从网吧的游戏战绩中获得成就感	.253	.242	**.682**	.025	.132	.594
在网吧玩游戏让我享受到控制带来的快感	.305	.276	**.682**	.028	.126	.651
在网吧玩游戏获得的满足超过做其他事情	.428	.270	**.624**	-.046	.139	.664
我喜欢和朋友谈论有关网吧的话题	.346	.191	**.593**	.039	.103	.503
我喜欢和朋友一起到网吧娱乐	-.002	.290	**.592**	.344	-.021	.555
去网吧上网并不会影响我的学业和工作	-.019	.022	-.063	**.776**	.113	.621
我认为自己能控制使用网吧的时间	-.262	.074	.059	**.729**	.049	.597
我觉得常去网吧并不是一件坏事	.125	.184	.157	**.690**	.134	.560
我认为网吧是一个正当的休闲娱乐场所	.217	.178	.202	**.606**	.154	.507
电脑配置好是吸引我去网吧的主要原因	.137	.071	.142	.102	**.777**	.665
网吧宽带让我节省时间、快速使用网络	-.026	.146	.137	.250	**.763**	.680
网吧便宜的收费使我不必购买昂贵的电脑	.138	.269	.094	.094	**.681**	.570
特征值	4.235	4.110	4.082	2.505	2.021	
方差贡献率(%)	15.127	14.678	14.577	8.948	7.220	
累积方差贡献率(%)	15.127	29.804	44.382	53.330	60.549	

二、青少年网吧认知的个人特征和网吧介入程度差异

1. 青少年网吧认知得分情况

在借助因子分析简化了青少年网吧认知结构后，为了对青少年的网吧认知有更具体的认识，我们以因子值系数为权数，计算出各因子的因子值。由因子分析得到的因子值是一个标准化值（均值为0，标准差为1），为了便于分析，我们将青少年的网吧认知因子值转换成1～100之间的指数。转换后各因子值的均值、中位值、众值和标准差见表6.16。从表6.16的统计数据来看，青少年网吧认知五个因子的平均得分，正面形象因子（62.240）与硬件环境因子（61.250）最高，成就满足因子（54.820）与情感满足因子（54.293）其次，而沉迷倾向因子（40.397）最低。这意味着，青少年对网吧的环境和正面形象，有着较高程度的认知；而且网吧的确也带给了青少年相当程度上的成就满足和情感满足。相对而言，青少年在沉迷倾向因子上的均值较低，且从标准差来看，个体间得分差异最大。

表6.16　网吧认知的均值、中位值、众值与标准差

	沉迷倾向	情感满足	成就满足	正面形象	硬件环境
均值	40.397	54.293	54.820	62.240	61.250
中位值	37.041	54.503	55.733	63.833	62.840
众值	60.025	49.960	53.664	50.734	51.859
标准差	19.218	16.687	16.614	16.945	15.577
最小值	1.00	1.00	1.00	1.00	1.00
最大值	100.00	100.00	100.00	100.00	100.00

2. 青少年网吧认知的个人特征和网吧介入程度差异

从青少年网吧认知五个因子的均值来看，除了在正面形象认知上女性青少年得分高于男性以外，在其他因子上女性得分均低于男性。t检验显示，青少年在沉迷倾向、成就满足和正面形象认知面向上存在显著的性别差

异,其中男性在网吧沉迷倾向和成就满足认知因子上的均值高于女性,意味着男性比较能够从网吧游戏中享受到控制带来的乐趣,从网吧游戏中获得快感和成就感,对网吧的依赖和迷恋程度也高于女性。女性的网吧正面形象认知得分高于男性,意味着女性比男性更倾向给予网吧正面的评价。

从网吧认知的年龄差异来看,18~24岁青少年除在成就满足因子上的均值低于13~17岁以外,在其余网吧认知因子上的均值,均高于13~17岁青少年。这意味着,13~17岁青少年比18~24岁青少年更能够从网吧游戏中获得成就满足感,而18~24岁青少年对网吧的正面形象和硬件环境评价更高,但也更沉迷网吧。t检验显示,除情感满足因子年龄差异不显著以外,在沉溺倾向、成就满足、正面形象和硬件环境认知面向上,年龄差异都非常显著。

表6.17 网吧认知的个人特征和网吧介入程度差异

	性别	年龄	网吧介入程度
沉迷倾向	4.515***	-3.598***	25.484***
情感满足	1.522	-.807	8.464***
成就满足	11.963***	6.821***	16.713***
正面形象	-3.104***	-4.490***	.292
硬件环境	.252	-5.062***	3.289*

注:1.性别和年龄为t检验,网吧介入程度为F检验

2. * $p<0.05$, ** $p<0.01$, *** $p<0.001$

对青少年网吧认知的网吧介入程度差异分析显示,一般及中度网吧使用者在网吧正面形象认知上均值较高,显示他们比网吧重度使用者更倾向给予网吧场域正面和积极的评价。但F检验表明,对网吧正面形象认知的网吧介入程度差异并不显著。而在对网吧的沉迷倾向、情感满足、成就满足和硬件环境认知面向上,则网吧中度及重度使用者的均值较高,说明他们比网吧一般使用者更能够从网吧使用中获得情感满足和成就满足,并且对网吧的沉迷程度也更高,且F检验显示差异显著。

第四节　青少年网吧行为影响因素分析

一、青少年网吧使用行为的 Logistic 回归分析

在对青少年网吧使用行为进行描述性分析时，我们曾以青少年是否在最近三个月内使用过网吧为指标，测量了青少年的网吧使用状况。接下来，我们以这一描述性数据为因变量，运用 Logistic Regression 方法，建构一个回归模型，来梳理和分析有可能影响青少年网吧使用行为的自变量。在模型中，我们分别加入了个人特征、社会差异和网络介入程度共三组变量作为自变量。为了判别这三个方面的因素中有哪些因素对青少年是否使用网吧有显著影响，我们首先采用向前逐步回归法，从所有自变量中筛选出显著自变量。然后再以统计模型形式检验这些自变量各自变化对因变量的作用程度，比较不同自变量对因变量的贡献率大小。

1. 变量介绍

因变量：选择在最近三个月内是否使用过网吧作为因变量，如果使用过网吧，赋值为 1，否则赋值为 0，以此把所有青少年网民区分为网吧使用者和非网吧使用者两个群体。

自变量：我们选择个人特征、社会差异及网络介入程度三个方面的因素为自变量。在所有自变量中，年龄、网龄、网络使用频率和上网持续时间等变量属于定距变量，父母教育程度属于定序变量，我们近似地视为定距变量引入回归方程，而其余变量均为离散变量，因此先对这些离散变量进行虚拟变量处理后再引入回归分析。其中性别以女性为参照类，父母亲职业以无固定职业为参照类，家庭电脑状况以家中无电脑为参照类，省份以甘肃省为参照类，城市规模以小城市为参照类，上网地点以在其他地点上网为参照类。

2. 模型的建构与解释

为了筛选出对因变量解释能力较强的显著自变量，并尽量减少自变量间的多重共线性影响，我们采用 Logistic 回归中的向前逐步回归法，建立最优的逐步回归方程，自动筛选出检验显著的自变量（逐步回归概率临界值 0.05 进入，0.10 剔除）。经过计算，在最终模型中保留的自变量有年龄、家里有电脑但不能上网、家里有电脑且能上网、省份（浙江）、上网持续时间五个变量，其余变量均被剔除。

为了排除不显著变量的干扰，我们采用将筛选出来的显著自变量全部进入（Enter）的方法，重新构造因变量与五个显著自变量的 Logistic 回归方程。统计结果见表 6.18。

表 6.18　网吧使用行为影响因素 Logistic 回归分析（N = 1400）

自变量	B	S. E.	Wald	df	Sig.	Exp（B）
年龄	.141	.024	34.929	1	.000	1.151
家里有电脑但不能上网	-.622	.279	4.974	1	.026	.537
家里有电脑且能上网	-.954	.165	33.498	1	.000	.385
省份（浙江）	-1.998	.160	156.388	1	.000	.136
上网持续时间	.543	.095	32.706	1	.000	1.721
（常数）	-.454	.421	1.162	1	.281	.635

从对模型评价的统计结果来看，模型的 -2Log likelihood 为 1116.154，自由度（df）为 5，在 0.000（Sig. = .000）水平上统计显著，说明模型整体检验显著。从预测分类表来看，模型整体预测正确率为 82.9%。分别来看，五个自变量除“家里有电脑但不能上网”在 0.05 水平上显著外，其余均在 0.000 水平上统计显著，从而肯定了各自变量对因变量的解释作用。

根据方程输出的发生比率（odds ratio），我们发现，在控制其他变量时，进入回归方程的五个自变量，对青少年是否使用网吧有着不同程度的影响。其中年龄每增加 1 岁,使用网吧的发生比就增加 0.151 倍,家里有电脑但不能上网的青少年使用网吧的发生比,与家里没有电脑的青少年相比,下降 0.463 倍,家里有电脑且能上网的青少年使用网吧的发生比,与家里没有电脑的青少年相比,下降 0.615 倍,浙江青少年使用网吧的发生比,与甘肃青少年相比下降了 0.864 倍,而平均上网持续时间每增加 1 个小时,使用网吧的发生比就增加 0.721 倍。这意味着,在 13 ~ 24 岁年龄段的青少年中,年龄越大,使用网吧的可能性也越大,这可能与我们的调查对象主要是在校学生有关,因为在校大学生多远离家庭在外求学,网吧使用的概率自然较高。而家里拥有电脑及家里的电脑能够上网的青少年,使用网吧的比例远低于家里没有电脑的青少年。其他相关研究也表明,青少年家庭是否拥有上网资源,与其使用网吧的概率呈负相关,即家庭拥有上网资源的青少年,使用网吧的概率较低。① 这一特点,同样在青少年网吧使用程度的省份差异上得到反映,与甘肃青少年相比,浙江青少年拥有的家庭和学校上网资源较为丰富,因而其网吧使用的发生比,比甘肃青少年下降了 0.864 倍。而平均上网持续时间越长,意味着网络介入程度越高,而网络介入程度越高的青少年人群,使用网吧的概率也越高,这也合乎我们平常的观察和媒体、学者的相关分析。

从最终模型来看,青少年个体特征、社会差异和网络介入程度三个方面的因素都包含其中,表明这三个方面的因素对青少年是否使用网吧都有不同程度的影响。具体而言,影响青少年是否使用网吧的主要因素,包括年龄、家里有电脑但不能上网、家里有电脑且能上网、省份(浙江)、每次上网持续时间,其中年龄和每次上网持续时间对网吧使用的影响方向是正向的,而家里有电脑但不能上网、家里有电脑并且能上网、省份(浙江)对网吧使用的影响方向则是负向的。

由于 Logistic 回归模型中自变量的回归系数均为偏回归系数,表示在控

① 卜卫、刘晓红:《2003 年北京、上海、广州、成都、长沙、西宁、呼和浩特青少年互联网采用、使用及其影响的调查报告》,北京:中国社会科学院新闻与传播研究所,2003 年。

制其他变量的情况下,各自变量对因变量的单独作用,因此无法直接比较对因变量具有显著作用的自变量的相对作用。为此,我们通过比较各自变量的标准化回归系数,来进一步分析这个问题。根据标准化回归系数计算公式:$\beta_i=(b_i \times S_i)\div(\pi \div \sqrt{3}) \approx (b_i \times S_i)\div 1.8138$,[①]我们计算出对使用网吧影响显著的五个自变量的标准化回归系数(见表6.19)。其中 β_i 为第 i 个自变量的标准化回归系数,b_i 为第 i 个自变量的非标准化回归系数,S_i 为第 i 个变量的标准差,$\pi \div \sqrt{3}$为标准 Logistic 分布的标准差,近似等于1.8138。

表6.19 网吧使用行为 Logistic 回归自变量的标准化回归系数

自变量	b	S	β
年龄	.141	3.526	0.274
家里有电脑但不能上网	-.622	.306	-0.105
家里有电脑且能上网	-.954	.483	-0.254
省份(浙江)	-1.998	.465	-0.512
上网持续时间	.543	.876	0.262

通过比较各自变量的标准化回归系数,可以看出,在五个自变量中,对青少年是否使用网吧作用最大的是省份(浙江),其次是年龄,然后依次是上网持续时间、家里有电脑且能上网、家里有电脑但不能上网。

二、青少年网吧使用群体网络行为的多元回归分析

1. 变量介绍

在对青少年的网吧使用行为进行逻辑回归分析的基础上,我们进一步对青少年网吧使用群体的网络行为进行线性回归分析。回归分析以网吧使用群体的网络行为因子得分作为因变量,以个体特征、社会差异(包括家庭

① 郭志刚主编:《社会统计分析方法:SPSS 软件应用》,北京:中国人民大学出版社1999年版,第202页。

社会经济地位和所在地域)、网吧介入程度、网吧认知等作为自变量。

为了获得作为因变量的青少年网吧行为变量,我们运用因子分析方法,对网吧使用群体的网络行为测量结果进行简化,以提取出有概括力的新因子。因子分析采用主成份分析法,以特征值大于1作为选择因子的标准,因子旋转采用正交旋转法中的最大方差旋转法。在进行因子分析之前,我们先计算出所有题项的相关矩阵,分析各题项间的相关关系,并对变量是否适用因子分析进行检验。经KMO检验,KMO值为0.575,巴特利特球状检验的卡方值为429.922,自由度为66,在0.000(Sig. = 0.000)水平上统计检验显著,说明可以进行因子分析。通过因子分析,我们将青少年网吧行为的12种具体形式,简化为五种基本形式。五个因子的方差贡献率分别为12.457%、10.629%、9.773%、9.657%和9.524%,累积方差贡献率为52.041%,共同度都接近或超过0.5,基本达到了因子分析的要求(见表6.20)。

表6.20　青少年网吧行为因子分析结果

	信息搜寻	工具利用	娱乐交友	沟通学习	色情及其他	共同度
使用搜索引擎找资料	**.665**	.235	-.010	-.028	-.102	.509
浏览新闻	**.622**	.104	.036	.088	.005	.407
玩网络游戏	**-.617**	.390	.116	-.026	-.035	.548
在BBS发贴、读帖或回帖	.045	**.737**	.072	.007	.034	.552
下载软件或文档	.364	**.517**	.061	-.092	.108	.423
参加虚拟社区活动	-.060	**.470**	-.349	.305	-.086	.447
收看或下载电影和音乐	.184	-.015	**.772**	.046	-.005	.632
聊天交友	-.304	.100	**.628**	-.003	-.081	.503
用网络发手机短信	-.061	.091	.156	**.733**	.143	.594
参加远程教学与网络学习	.124	-.061	-.105	**.638**	-.092	.446
浏览成人网站	.004	-.010	-.021	.246	**.738**	.606
其他	-.041	.066	-.037	-.202	**.728**	.578
特征值	1.495	1.276	1.173	1.159	1.143	
方差贡献率(%)	12.457	10.629	9.773	9.657	9.524	
累积方差贡献率(%)	12.457	23.087	32.860	42.517	52.041	

根据因子的共性,我们分别为五个因子命名,依次命名为信息搜寻因子、工具利用因子、娱乐交友因子、沟通学习因子和色情及其他因子。为了便于分析和说明,我们将因子值转换为1~100之间的指数。转换后各因子值的均值、标准差、中位值与众值见表6.21。从均值来看,在青少年网吧行为中,娱乐交友行为的参与程度最高,信息搜寻行为其次,接下来依次为沟通学习行为、工具利用行为和色情及其他行为。也就是说,青少年在网吧场域参与程度最高的网络行为,是情感性行为,信息搜寻行为的参与程度也较高。相对而言,像工具利用和网络学习这样的工具性行为的参与程度,则基本上处在一个较低的水平。

表6.21　网吧行为的均值、中位值、众值与标准差

	信息搜寻	工具利用	娱乐交友	沟通学习	色情及其他
均值	44.709	24.538	58.097	27.333	13.339
中位值	42.099	20.888	57.979	24.486	11.727
众值	19.120	20.890	77.860	24.960	10.830
标准差	21.109	16.315	17.648	10.933	9.494
最小值	1.00	1.00	1.00	1.00	1.00
最大值	100.00	100.00	100.00	100.00	100.00

2. 模型的建构与解释

表6.22的模型用线性回归分析检验了青少年的网吧行为与其个人特征、社会差异、网吧介入程度及网吧认知之间的关系。从统计数据我们可以发现,与不同类型网吧行为关系显著的自变量并不相同。对网吧信息搜寻行为作用显著的自变量有年龄、父亲教育程度、家里有电脑且能上网、省份(湖南、浙江)、网吧使用频率、网吧使用持续时间、网吧认知的沉迷倾向因子、情感满足因子、成就满足因子和正面形象因子。其中网吧使用频率、网吧使用持续时间、网吧认知的沉迷倾向因子、情感满足因子和成就满足因子与信息行为呈负相关关系。这意味着,网吧使用频率越高、

表 6.22　网吧行为影响因素多元回归分析（N = 965）

自变量	信息搜寻	工具利用	娱乐交友	沟通学习	色情其他
性别	-1.301 (-.030)	2.334 * (.069)	-5.214 *** (-.147)	.125 (.006)	2.716 *** (.140)
年龄	2.219 *** (.365)	-.068 (-.014)	-.208 (-.042)	-.245 * (-.085)	.233 * (.086)
父亲教育程度	2.502 * (.085)	.083 (.004)	.687 (.029)	.240 (.017)	.349 (.027)
母亲教育程度	.524 (.017)	.123 (.005)	-1.785 (-.072)	-.602 (-.042)	.513 (.038)
父亲职业（工人和普通职员）	-3.653 (-.085)	-1.509 (-.045)	4.484 * (.127)	-.305 (-.015)	1.220 (.063)
父亲职业（技术和管理人员）	-3.145 (-.073)	1.159 (.034)	1.452 (.041)	-.100 (-.005)	1.418 (.074)
母亲职业（工人和普通职员）	-1.560 (-.036)	1.912 (.057)	-2.435 (-.069)	.771 (.038)	-.427 (-.022)
母亲职业（技术和管理人员）	.918 (.019)	4.341 (.114)	.267 (.007)	1.018 (.044)	-.509 (-.023)
家里有电脑但不能上网	1.055 (.016)	1.138 (.022)	-1.203 (-.022)	-.858 (-.027)	.497 (.017)
家里有电脑且能上网	4.306 ** (.096)	5.025 *** (.143)	1.751 (.048)	1.436 (.067)	.570 (.028)
省份（湖南）	3.807 ** (.088)	-.595 (-.018)	-.482 (-.014)	-1.627 * (-.080)	.854 (.044)
省份（浙江）	4.135 * (.083)	.692 (.018)	.168 (.004)	-2.379 * (-.100)	.702 (.031)
城市规模（大城市）	1.593 (.038)	1.320 (.040)	.437 (.013)	1.027 (.051)	-.378 (-.020)
网龄	.176 (.013)	1.987 *** (.188)	.235 (.021)	.022 (.003)	.210 (.035)
网吧使用频率	-2.187 *** (-.127)	.579 (.043)	-.681 (-.048)	-.208 (-.026)	.022 (.003)
网吧使用持续时间	-1.088 * (-.065)	.596 (.046)	1.852 *** (.135)	-.338 (-.043)	-.075 (-.010)
沉迷倾向因子	-.105 ** (-.095)	.001 (.002)	-.038 (-.041)	.002 (.004)	-.008 (-.017)
情感满足因子	-.085 * (-.067)	-.049 (-.049)	.097 ** (.093)	-.004 (-.006)	-.016 (-.027)

自变量	信息搜寻	工具利用	娱乐交友	沟通学习	色情其他
成就满足因子	−.144*** (−.118)	.122*** (.128)	.047 (.047)	−.004 (−.006)	−.018 (−.034)
正面形象因子	.097* (.076)	.058 (.058)	.085* (.081)	.013 (.022)	.005 (.009)
硬件环境因子	.042 (.031)	.072* (.068)	−.001 (−.001)	.032 (.049)	−.026 (−.043)
(常数)	13.819*	−1.776	49.654***	30.423***	7.538*
R^2	.248	.170	.067	.032	.035
F	14.499***	9.008***	3.184***	1.460	1.606*

注:1. 表内数据分别为非标准化回归系数和标准化回归系数,其中括号内的数据为标准化回归系数

2. * $p<0.05$, ** $p<0.01$, *** $p<0.001$

每次使用持续的时间越长,参与信息行为的可能性就越低;网吧沉迷倾向、情感满足与成就满足认知程度越高,参与信息行为的概率也越低。相反,年龄越大、父亲教育程度越高、家里有能上网电脑的青少年,参与信息搜寻行为的可能性越大;相比于甘肃青少年,湖南和浙江青少年参与信息搜寻行为的比例也较高;同时,越认同网吧的正面形象,参与信息搜寻行为的可能性也随之增加。这一模型的削减误差比例为24.8%。

对网吧工具利用行为作用显著的自变量有性别、家里有电脑且能上网、网龄、网吧认知的成就满足因子和硬件环境因子,且所有自变量与工具利用行为均呈正相关。也就是说,青少年在网吧认知的成就满足因子和硬件环境因子上得分越高,则参与工具利用行为的可能性越大;同时,男性较女性、家里有能上网电脑较家里没有电脑的青少年、网龄较长的青少年,参与工具利用行为的程度也较高。这一模型的削减误差比例为17.0%。

对网吧娱乐交友行为作用显著的自变量有性别、父亲职业(工人与普通职员)、网吧使用持续时间,以及网吧认知的情感满足因子和正面形象因子。其中性别与娱乐交友行为呈负相关,也就是说,男性较女性较少参与娱乐交友行为。而父亲职业为工人和普通职员的青少年,比父亲无固

定职业的青少年参与娱乐交友行为的可能性高。同时,每次网吧使用持续时间越长,对网吧的情感满足和正面形象认知程度越高,参与网吧娱乐交友行为的可能性也越大。这一模型的削减误差比例为6.7%。

对沟通学习行为作用显著的自变量只有年龄和省份(湖南、浙江),并且皆为负相关。也就是说,年龄越大,参与沟通学习行为的比例越低,与甘肃青少年相比,湖南和浙江青少年参与沟通学习行为的比例也较低。对色情及其他行为作用显著的自变量也只有两个,即性别和年龄这两个个人特征变量,且皆为正相关。也就是说,男性较女性参与色情及其他行为的比例较高,而年龄越大,参与的比例也越高。这两个模型的削减误差比例均较低,分别为3.2%和3.5%,模型的解释能力并不显著,并且沟通学习行为模型没有能够通过显著性检验。

从自变量角度来看,在青少年网吧行为线性回归模型中,对各因变量作用程度较大的自变量分别为:在信息搜寻行为模型中,作用程度较大的自变量为年龄、网吧使用频率和网吧认知的成就满足因子;在工具利用行为模型中,作用程度较大的自变量为网龄、家里有能上网电脑及网吧认知的成就满足因子;在娱乐交友行为模型中,作用程度较大的自变量为性别和每次网吧使用持续时间;在沟通学习行为模型中,作用程度较大的自变量为省份;在色情及其他行为模型中,作用程度较大的自变量为性别。

第五节　结论与讨论

基于本章对青少年网吧行为与网吧认知的研究,我们大致可以得出以下几点结论:

首先,以最近三个月内的网吧使用情况来看,有78.8%的青少年或多或少地使用过网吧(这其中,有9.3%属于重度网吧使用者),可见网吧对今天不少城市青少年来说,已经是展开网络活动的重要场所,使用网吧也已经成为日常生活的重要内容。据中国互联网络信息中心2006年1

月发布的第17次“中国互联网络发展状况统计报告”的数据，截至2005年底，我国24岁以下的青少年网民约有5738.8万，占所有网民人数的51.7%；职业为学生的网民约3896万，占所有网民人数的35.1%。若按78.8%的比例估算这两类群体的网吧使用状况，将是一个相当庞大的数字。① 如果再结合网吧使用频率和使用时间来看，大约有一成青少年有着较高的网吧介入程度，属于网吧重度使用群体。这一群体的网吧使用频率达到了每周平均2.81次，每次平均使用时间更是长达5.3小时，因此，很容易引发诸如网吧沉溺、网吧游戏沉溺，以及为了去网吧上网而逃学这样的现象（在我们的调查中，有16.8%即272名学生对“我曾经为了去网吧逃学或请假”作了肯定的回答）。因此，如何引导青少年合理使用网吧，避免因为高频率或长时间甚至通宵使用网吧而引发网吧沉溺或网络游戏沉溺，从而造成对青少年的身心伤害，在今天已经是一个需要全社会加以高度重视的问题。考虑到家里是否拥有电脑，以及是否经常长时间使用网络，是影响青少年是否使用网吧的主要因素，因此从这两个方面切入，改善青少年的上网条件，控制青少年的上网时间，是引导青少年合理使用网吧的有效途径。

其次，在今天，网吧对于青少年来说，已经成为一个具有多重意义的全新行为场域。网吧不仅是青少年重要的休闲娱乐和交往互动场域，而且已成为青少年获得情感满足和成就满足的重要场域。无论是打发业余时间，消除寂寞，还是进行在线娱乐，放松心情；无论是释放现实生活压力，重塑自我形象，还是拓展社会交往，展现控制能力，青少年都能在网吧场域通过网络游戏和聊天交友得以实现。对于许多青少年来说，网吧作为重要的上网场所，其象征的已远不只是一个物理地点，而是一个能快速通向快乐的虚拟世界的便捷通道。尤其对于沉迷网吧的青少年来说，网吧指向的，更是一个颠覆、解放的世界，是一个能让他们逃避现实世界，重

① 需要说明的是，在此次调查中，有263个样本来自网吧，因此，事实上这种推论并不成立。我们在这里仍这样叙述，只是想指出问题可能具有的严重程度。

新塑造自我认同的空间场域。真实和虚拟在其中相互渗透、相互指涉、相互交织，想象、真实与虚构相互聚合成为一个虚实、公私交织的世界，青少年因此在网吧场域实现了许多梦想，获得了许多情感与成就的满足。“其实我的家也有电脑，男生中间玩游戏的非常多，但家里父母限制，在学校晚上 11 点就熄灯了，有的人就私自拉电线偷着玩，但怕妨碍其他同学休息也怕被学校发现，所以不能有大的举动，感觉十分不爽。学校的机房也可以玩，尽管门口写着禁止玩游戏，但通宵上机的时候没人管你，而且还便宜才 10 元钱，但机位太少，所以只好跑到网吧来玩。这里可以一群人联线玩游戏，又可以大声呼喝，烟雾弥漫，后面有人支招，闹哄哄的，十分过瘾。而且还有很多奇形怪状的人，在做莫名其妙的事。”①这就是网吧场域对青少年的吸引力为什么如此之大的原因所在。

再次，上网聊天、玩网络游戏、收看或下载电影和音乐、上网找资料，是吸引青少年使用网吧的主要行为动机。这意味着，青少年网吧使用的行为动机，主要偏向情感性行为。进一步从青少年网吧使用群体实际参与的网络行为来看，同样是收看或下载电影和音乐、聊天交友、玩网络游戏和找资料这几项参与程度最高，尤其是玩网络游戏、聊天交友和收看或下载电影和音乐等情感性网络行为，网吧使用青少年群体的参与程度，远远高于非网吧使用青少年群体，而且网吧介入程度越高，参与程度也越高；而找资料等工具性网络行为的参与程度，则远低于非网吧使用群体，而且网吧介入程度越高，参与程度越低。这意味着，网吧使用群体实际参与的网络行为，与非网吧使用群体相比，更偏向于情感性行为，而且网吧介入程度越高，情感性行为的参与程度也越高。青少年在网吧场域的这种行为取向，值得引起关注。因为网吧作为一个公私交织的行为场域，更加凸显了网络行为的公共行为面向。② 也就是说，在作为“群体性行为空

① 林伟等：《网络游戏对青少年的影响报告》，http://www.fzsf.net/Article/Print.asp?ArticleID=677，2003 年。

② 黄少华、翟本瑞：《网络社会学：学科定位与议题》，北京：中国社会科学出版社 2006 年版；S. Lee, Private uses in public spaces: A study of internet Café. *New Media & Society*, 1(3), 1999.

间”的网吧空间，青少年网吧使用群体的网络行为会发生更加明显的相互影响，甚至会影响到青少年在其他上网场所的网络行为取向，从而导致网吧使用群体的网络行为，过于偏向情感性行为，造成青少年不能很好地利用网络丰富的信息资源及其他社会资源。

最后，为了测量青少年的网吧认知，本研究建构了包括沉迷倾向、情感满足、成就满足、正面形象和硬件环境五个因子的网吧认知量表。这一量表大体上概括了青少年在网吧场域从事的主要行为类型，如网络游戏、人际交往、休闲娱乐及网吧沉迷等，而且一定程度上反映了青少年认知和感受中的网吧场域特征，因此可以帮助我们更好地理解为什么网吧会对青少年有这么大的吸引力，为什么会有相当数量的青少年沉迷网吧。同时，本研究发现，性别是影响青少年网吧认知的一个重要因素。男性在沉迷倾向与成就满足认知面向上的平均得分，都明显高于女性，而女性仅在网吧正面形象认知一项上的平均得分高于男性。也就是说，男性青少年较多在网吧空间参与网络游戏行为，并且能够从中感受到由网吧游戏所带来的成就感与满足感，男性也比女性更喜欢与同伴一起去网吧或者谈论有关网吧的事情。同时，男性对网吧的沉迷程度也明显高于女性，许多男性青少年只要没有事情做就会想到去网吧，并且认为使用网吧已经成为自己日常生活中的一件重要事情，无法做到长时间不去网吧。不过有点出乎预料的是，较少使用网吧的女性青少年，在网吧正面形象认知上的平均得分，却明显高于男性，这其中包含的意义，值得我们进一步思考。本研究还发现，不同网吧介入程度的青少年，在网吧认知的沉迷倾向、情感满足、成就满足和硬件环境面向上的平均得分，都存在着明显的差异，网吧介入程度较高的青少年，在这几项上的均值也相对较高。这意味着，在网吧介入程度与网吧认知之间，存在着明显的正相关。或者说，网吧介入程度较高的青少年，网吧沉迷倾向也较为明显，使用网吧获得的情感满足与成就满足也较多，对网吧的硬件环境也更认同。

第七章

网络沉溺:虚拟世界的现实问题

互联网的诞生和蓬勃发展,无疑是20世纪下半叶最值得载入史册的事件之一。它一经产生,就以迅雷不及掩耳之势在人类社会蔓延和渗透,革命性地重塑人们的生产方式、生活方式和思维方式。越来越多的人开始进入到"一切皆有可能"的网络世界中倘佯、游弋,享受着它的海量信息和便捷沟通。生活在这样一个多姿多彩的网络时代,青少年在心理、行为、意识、价值观以及次文化认同等层面,与他们的父辈相比,都发生着巨大的变化。互联网对青少年的生活和学习有着许多正面、积极的影响与启发,但几乎在青少年享受网络所带来的各种便利和乐趣的同时,也面临着一系列值得深入反思的新行为问题,这些问题给其正常的学习、生活和交往带来了新的风险。网络沉溺便是其中最为引人注目的行为问题之一。

今天,随着网络使用的日益普及,青少年网络沉溺问题已引起了人们越来越多的关注。诸如"如何帮助青少年戒网"、"如何把孩子从网络中解救出来"之类的话题也日渐升温,有些地方甚至成立了"戒网瘾训练营"等旨在帮助青少年摆脱网络沉溺的机构。2005年初,北京心理咨询中心发布消息称:该中心在贵阳、南京等地的抽样调查发现,长期上网、沉湎于网络游戏的青少年,其智力会受到很大损害,导致智商下降到同龄人的标准水平线以下。① 与此同时,学界也从心理学、病理学、教育学、社会

---

① 郭紫纯、谢丁:《专家称沉溺网络降智商》,http://www.okxr.com/news/temp/20050107/20050107143315296.shtml,2005年。

学等视角,对网络沉溺做了大量的理论探讨和实证研究。从研究内容来看,迄今为止的相关讨论,主要集中在网络沉溺的概念和诊断指标、导致青少年网络沉溺的原因以及矫正对策等几个方面。

1. 网络沉溺的概念和诊断指标

网络沉溺研究源于美国。1994 年,美国精神病医生 Ivan Goldberg 依据美国精神病学会《精神疾病诊断与统计手册》第四版(DSM-IV)中关于药物依赖的诊断标准,宣布发现了一种新的心理障碍,并把它命名为“网络沉溺障碍”(Internet Addiction Disorder,IAD),以此来解释一种影响到网络沉溺者日常生活的网络使用失控行为,如牺牲睡眠时间、耽误工作或忽视人际关系等。① 1996 年,Kimberly S. Young 依据该手册中关于病理性赌博(Pathological Gambling Disorder)的诊断标准,又发展出“病理性互联网使用”(Pathological Internet use,PIU)的概念,将其看作是一种“无沉溺物质作用下的冲动控制障碍”。② 目前常用的术语还有“网络沉溺”(Internet Addiction,IA)、“网络依赖”(Internet Dependency,ID)、“网络行为依赖”(Internet Behavior Dependence,IBD)、“在线沉溺”(Online Addiction,OA)等等。但这些概念的内涵基本相同,就是指由重复使用网络所导致的一种慢性或周期性的着迷状态,并带来难以抗拒的再度使用欲望;同时还会产生想要增加使用时间的张力与耐受性、克制、退瘾等现象,对于上网所带来的快感会产生心理与生理上的依赖。③ 也就是说,凡是过度使用、误用或滥用网络,导致个人社交与身心健康受影响的网络行为,即属于网络沉溺行为。Young 还依据病理性赌博的具体诊断标准,建构了诊断网络沉溺的具体指标,包括:是否着迷于网络活动,下线后仍然

① J. Gackenbach, *Psychology and the Internet Intrapersonal, Interpersonal, and Transpersonal implications.* Academic Press, 1998.

② K. S. Young, *Internet addiction: The emergence of a new clinical disorder.* Paper presented at the 104th annual meeting of the American Psychological Association, August 11, 1996. Toronto, Canada, 1996.

③ 周荣、周倩:《网络上瘾现象、网络使用行为与传播快感经验之相关性初探》,《中华传播学会 1997 年学刊》,1997 年。

想着上网的情景或期待下一次上网?想控制、减少或停止使用互联网的努力是否一再失败?为了达到满意,是否感觉需要延长上网时间?减少或停止使用互联网的时候,是否感觉沮丧或烦躁不安?花在网上的时间是否总比预期的要长?是否因为使用互联网而使自己的人际关系、工作、教育或就业机会受到了影响?是否对家人、治疗医生或其他人隐瞒了自己对互联网的着迷程度?是否将上网当作一种逃避问题或释放焦虑不安情绪(如无助、内疚、焦虑、沮丧)的方式?如果被调查者对这些问题的肯定回答达到或超过五个,便可以诊断为网络沉溺者,反之则是非网络沉溺者。① Young 的网络沉溺诊断指标提出后,得到了广泛的认同和借鉴。在有些实证研究中,学者还根据具体研究需要,引入不同的视角,对此诊断指标略作修改和调整。如 Suler 认为,网络沉溺的临床症状是:为了有更多时间上网而明显改变生活形态,减少一般身体运动,忽视个人健康;为了上网而减少睡眠等重要的生命活动,因为上网减少社交从而造成朋友关系疏远,因为上网忽视了家庭及朋友,忽略了职业及个人义务。②

2. 青少年网络沉溺的成因

对此,学界的研究主要集中在网络空间特性,青少年自身的特点及家庭、学校和社会因素的影响等几个方面。③ 比较一致的看法是认为,网络空间的多媒体、匿名、互动和逃避现实性特点,是导致青少年网络沉溺的重要因素;而青少年对新事物敏感且容易接受,努力寻求自我认同并付诸

---

① K. S. Young, *Internet addiction: The emergence of a new clinical disorder*. Paper presented at the 104th annual meeting of the American Psychological Association, August 11, 1996. Toronto, Canada, 1996; Internet addiction: Evaluation and treatment. *Student BMJ*, 7, 1999.

② J. Suler, *Computer and Cyberspace Addiction*. http://www.rider.edu/users/suler/psycyber/cybaddict.html, 1998.

③ K. S. Young, Internet addiction: Evaluation and treatment. *Student BMJ*, 7, 1999;彭阳:《青少年网络沉溺的形成原因及预防对策》,《零陵学院学报》2003 年第 1 期;龙菲:《青少年上网沉溺的原因浅探》,《青少年犯罪问题》2003 年第 1 期;程亮:《青少年网络沉溺的心理机制及其矫治》,《当代教育科学》2003 年第 25 期;彭淑芸、饶培伦、杨锦洲:《网络沉迷要素关联性模型之建构与分析》,台湾《师大学报人文与社会类》2004 年第 2 期;蔡珮:《复合媒介的成瘾现象探讨》,《资讯社会研究》第 8 期,2005 年。

实施,好奇心强,渴望友谊和交流,但自制力相对较弱的自身特征,使他们面对丰富多彩的网络世界时,很容易通过网络游戏获得自我实现的成就感,通过网上聊天找到倾诉的对象,当他们在这个神奇的虚拟世界获得在现实生活中无法得到的快乐和满足后,自然希望能够不断重复这种快乐和满足,从而导致网络沉溺;从社会因素来看,媒体不恰当的引导和网吧管理的薄弱和混乱,也是导致青少年网络沉溺发生的重要原因。

3. 青少年网络沉溺的预防和矫正对策

多数研究强调,青少年网络沉溺的预防和矫正,必须从网吧管理到青少年自身管理,再到家长、学校、政府管理通盘考虑,形成一个全方位的立体防护网络。在社会层面,要加快相关立法和建立网络伦理,净化网络环境,取缔非法网站,整顿网吧的不法经营。青少年自身则要积极培养健全的人格,培养广泛的兴趣爱好和个人适应能力,学会合理宣泄,正确面对网络世界,不可沉溺于网上娱乐,不可接触网上色情内容,要有意识地控制自己的上网时间,培养自制力。在家庭和学校层面,要为青少年营造良好的生活学习环境,及时纠正青少年的不良网络行为习惯,引导其正确使用互联网;对那些已经有网络沉溺倾向的青少年要晓之以理、动之以情,帮助他们走出困境;学校和家长应经常沟通,形成有效的管理和预防机制。

综合来看,目前国内外学界对青少年网络沉溺行为的研究已取得了不少成果,但是在研究视野上多局限于心理学领域,并且存在重复研究多,创新研究少等问题,网络沉溺的测量工具也还有待进一步完善,因此,有必要进一步拓展理论视野,从社会学角度,对青少年网络沉溺行为进行实证考察,探索新的网络沉溺测量方法,梳理影响青少年网络沉溺行为的个人及社会因素。本章试图以此为目的,梳理青少年网络沉溺的规模、特征和具体表现类型,建构青少年网络沉溺量表,探究影响青少年网络沉溺行为的主要因素。

第一节　青少年网络沉溺基本状况

本次调查网络沉溺部分获得的有效样本为1546份,其中男性920人,占59.5%,女性626人,占40.5%,样本性别结构与中国互联网络信息中心2006年1月发布的第17次“中国互联网络发展状况统计报告”中的网民性别结构(男性58.7%,女性41.3%)基本一致。从地区分布来看,三省样本大致平衡,分别为甘肃500人,占32.3%、湖南559人,占36.2%、浙江487人,占31.5%。

一、青少年网络沉溺规模及其个人特征、家庭背景和地域差异

沉溺是现代社会生活中的一个重要社会问题。吉登斯从社会学视角分析了沉溺行为的基本特征,包括高峰体验、自我沉醉、个人平常生活和行为的暂停、暂时放弃日常生活的自我认同、丧失的自我感被羞愧感和悔恨感所代替、作为一种特别经验在其发作时其他东西都无济于事、解脱或束缚得更紧。① 具体到网络沉溺行为,Kimberly S. Young 把网络沉溺界定为一种因过度使用网络,而对网络产生心理依赖的自我控制失常行为。Griffiths 也认为,网络沉溺是一种与电脑沉溺、游戏沉溺、电视沉溺等类似的科技性沉溺,即一种不涉入药物依赖,而是因为人机互动而导致的行为性沉溺。为了对青少年的网络沉溺行为有一个定性判断,我们以 Young 诊断网络沉溺的八个指标作为测量工具,通过对青少年在这八个指标上的回答进行赋值(赋值方法为“是=1,否=0”,其理论取值范围为[0,8]),将每个个案在这八项上的得分相加,获得其“网络沉溺得分”。然

① A.吉登斯:《亲密关系的变革:现代社会中的性、爱和爱欲》,陈永国等译,北京:社会科学文献出版社2001年版。

后，根据被访者的网络沉溺得分，将他们区分为两组，得分等于及大于5分的样本为一组，属于“网络沉溺群体”，而其他样本则为“非网络沉溺群体”。结果显示，在1546个有效样本中，网络沉溺者为158人，占10.2%，在95%置信度下的置信区间为9.43%～10.97%。这一比例，比中国青少年网络协会2005年底发布的《中国青少年网瘾数据报告》中所报告的青少年网络沉溺比例（13.2%）低三个百分点。

进一步分析青少年网络沉溺群体的个体特征、家庭背景和地域差异（见表7.1～7.2），我们发现，在性别差异上，男性青少年网络沉溺者119人，占男性被访总数的12.9%，女性网络沉溺者39人，占女性被访总数的6.2%，男性青少年的网络沉溺比例比女性高出6.7个百分点，卡方检验X^2值为18.25（$P<0.001$），显示差异显著。在访谈中我们也了解到，在中学生中，与女生相比，男生一般接触网络的年龄更小，使用网络的频率更高，使用时间也更长。而相关的研究也一再证实，网络使用频率和上网持续时间，与网络沉溺之间存在着密切的正相关，网络使用频率越高、使用时间越长，越容易产生沉溺行为。男性使用网络的时间明显高于女性，因此也就比女性更容易产生网络沉溺行为。① 在年龄差异上，18～24岁青少年的网络沉溺比例为11.5%，高出13～17岁2.3个百分点，但卡方检验X^2值为2.17（$P>0.05$），表明差异不显著。这与相关的研究如中国青少年网络协会2005年底发布的《中国青少年网瘾数据报告》的调查结果有所不同。造成这种差别的一个重要原因，是因为我们的样本是在校学生。在各类在校学生中，相对而言，大学生可以自由支配的时间较多，其网络使用频率与使用时间也高于中学生，而中学生因为学业和升学压力较重，且老师家长管教严格，在时间分配上受到较多管制，导致年龄稍大的大学生比中学生的网络介入程度更高（参见第二章第一节），因此

① K. S. Young, *What makes the Internet addictive: Potential explanations for pathological Internet use.* Paper presented at the annual meeting of the American Psychological Association, Chicago, IL, 1997；卢丽卉：《台北地区高中职学生网络成瘾行为及其相关背景因素之探讨》，台湾政治大学教育学系研究所硕士论文，2002年。

表 7.1　网络沉溺的个人和家庭电脑状况差异(%)

	性别		年龄		家庭电脑状况		
	男（N=920）	女（N=626）	13~17岁（N=868）	18~24岁（N=678）	没有电脑（N=799）	有不能上网（N=161）	有且能上网（N=586）
网络沉溺	12.9	6.2	9.2	11.5	9.5	14.3	10.1
非网络沉溺	87.1	93.8	90.8	88.5	90.5	85.7	89.9

表 7.2　网络沉溺的地域差异(%)

	省份			城市	
	甘肃（N=500）	湖南（N=559）	浙江（N=487）	大城市（N=810）	小城市（N=736）
网络沉溺	10.4	12.5	7.4	9.1	11.4
非网络沉溺	89.6	87.5	92.6	90.9	88.6

也有可能比中学生有更高的网络沉溺比例。

表 7.1 的统计结果还显示,在家庭电脑状况一项上,有超过一半的网络沉溺者家里拥有电脑,而这些有电脑的家庭,大部分都安装了上网设施。比较来看,家里没有电脑的青少年的网络沉溺比例(9.5%),与家里有电脑但不能上网(14.3%),以及家里有电脑并且能上网的青少年(10.1%)存在一定的差异,但卡方检验 X^2 值为 3.352($P>0.05$),表明差异不显著。已有的相关研究也证实,家庭社会经济地位不同的青少年,其网络沉溺比例并没有显著的差异。① 我们猜测,造成这种现象的一个重要原因,是目前在城市地区,青少年即使受家庭经济条件限制而无法在家里上网,也非常容易通过其他途径例如网吧接触和使用网络,因此,有着不同社会经济地位的家庭,其子女都能够方便地接触网络,因而也就都有可能产生网络沉溺问题。

① 卢丽卉:《台北地区高中职学生网络成瘾行为及其相关背景因素之探讨》,台湾政治大学教育学系研究所硕士论文,2002 年。

表7.2的数据显示,从地域来看,在省份差异上,三省青少年网络沉溺比例最高的是湖南,其网络沉溺比例占该省样本的12.5%,高出总体网络沉溺比例(10.2%)2.3个百分点;其次是甘肃,青少年网络沉溺比例为10.4%,大致与总体比例持平;比例最低的是浙江,青少年网络沉溺比例为7.4%,低于总体2.8个百分点。卡方检验 X^2 值为7.49($P<0.05$),表明三省青少年网络沉溺比例有一定差异。而在城市规模差异上,分别有9.1%的大城市青少年和11.4%的小城市青少年属于网络沉溺者,表明青少年的网络沉溺比例,存在一定的城市规模差异,但卡方检验 X^2 值为2.18($P>0.05$),表明这种差异并不显著。

另外,根据青少年的自我陈述,大多数网络沉溺青少年的家长,对子女的上网情况并没有多少了解,只有大约18.5%的网络沉溺者家长对子女的上网情况有程度不同的了解。我们在访谈中也了解到,有不少网络沉溺者家庭在经济上较为宽裕,对孩子很大方,但却没时间管孩子,不了解孩子究竟在网络中做什么。一位吉林的高中男生说:"他们(父母)知道什么啊?我妈成天就知道打麻将,我爸在北京呢。我妈每天给我20块饭钱,我全扔网吧了。我一次跑到外地跟网友见面,只说是学校组织的旅游,我妈就给了我500,嘿嘿……"①(男,16岁,高中生,网龄4年)。还有一位天津的女大学生说:"我不住校,也没有男友,所以常常在家上网,聊聊天,泡泡社区,查点资料。……父母不懂什么网络,还以为我在学习呢"(女,21岁,大学生,网龄4年)。

二、青少年网络沉溺量表建构与网络沉溺倾向测量

依据Kimberly S. Young建构的包括八个具体指标的网络沉溺诊断指标,我们将所有被访青少年区分为网络沉溺者与非沉溺者两类。在此基础上,为了对所有被访青少年的网络沉溺倾向进行更进一步的量化测量,我们尝试在Young提出的网络沉溺测量指标基础上,从青少年网络使用

① 本章中的访谈对象,皆为网络沉溺青少年。

行为特征以及网络使用对现实生活的影响这两个基本维度(具体包括网络耐受性、网络使用时间控制能力、强迫性网络使用、网络戒断症状、网络使用所造成的人际关系问题和健康问题等内容)入手,建构一组用于测量青少年网络沉溺倾向的指标,并在此基础上运用因子分析方法,对项目进行检查和筛选,将其简化为几个基本因子。

1. 青少年网络沉溺量表的建构

在问卷中,我们从青少年的网络使用行为特征,以及网络使用对现实生活世界中的学习、交往、健康的影响这两个基本维度入手,设计了一组题项,对青少年的网络沉溺倾向进行测量。该组题项的频数和频率见表7.3。

表7.3　网络沉溺行为和行为后果(N=1546)

	频数	频率(%)
上网让我忘掉了生活和学习中的烦恼	708	45.8
花在网上的时间总比预期的要长	613	39.7
因为上网学习成绩变得越来越差	396	25.6
家人或朋友抱怨自己上网时间太长	382	24.7
经常因为上网导致缺钱花	379	24.5
全神贯注于网络活动,下线后仍想着网上的事情	370	23.9
因为上网睡眠休息时间大幅度减少	348	22.5
多次尝试减少上网时间,但总是失败	302	19.5
上网时总想不停地聊天,无法自制	280	18.1
不在线时,总是想着尽快回到网上聊天	280	18.1
向家人和朋友说谎,隐瞒自己对网络的着迷程度	279	18.0
需要花越来越多的时间在网上才能得到满足	262	16.9
因上网导致学习成绩或效率下降,仍经常上网	255	16.5
回家后想做的第一件事就是上网	229	14.8
减少或停止使用网络时,会觉得沮丧和烦躁不安	229	14.8
经常因为上网与父母发生争吵	207	13.4
上网影响了我与家人和朋友的关系	192	12.4
长时间呆在网吧不回家	180	11.6
因为上网而与现实中的朋友疏远	168	10.9
当我停止聊天时,会变得烦躁或心神不宁	139	9.0
离家出走与网友见面	96	6.2

在这些网络沉溺测量项目上，有的项目发生比例较高，如"上网使我忘掉了生活和学习中的烦恼"，共有708位青少年作了肯定回答，占被访对象的45.8%，其他如对"花在网上的时间总比预期的要长"、"因为上网学习成绩变得越来越差"等题项作出肯定回答的比例也较高，而有的项目发生比例则较低，如"当我停止聊天时，会变得烦躁或心神不宁"、"离家出走与网友见面"，肯定回答频率均在10%以下。

为了简化测量项目，我们采用主成份分析法作为抽取因子的方法，对上述21个测量指标进行了因子分析。在进行因子分析之前，我们先计算出相关矩阵，以观测这些指标之间的相关关系，并对相关矩阵进行检验。经计算发现，KMO值为0.933，巴特利特球状检验的卡方值为8372.313，自由度(df)为210，在0.000(Sig=.000)水平上统计检验显著，表明这些题项适合进行因子分析。因此将所有题项均采纳，进入后续的因子分析。在因子分析中，我们以特征值大于1作为选择因子的标准，采用正交旋转法中的最大方差旋转法作为转轴方法，以降低因子的复杂性。第一步因子分析的结果，共析出四个因子，四个因子的累积方差贡献率为45.821%。根据旋转后各题项的因子负载，我们剔除了因子负载小于0.5的11个题项，然后将剩余的10个题项进行再次因子分析，这10个题项最终被简化为表征网络沉溺倾向的三个因子。其方差贡献率分别为25.361%、17.591%、12.908%，累积方差贡献率55.860%，共同度除"因为上网而与现实中的朋友疏远"一项为0.499以外，其余都在0.5以上，基本上达到了因子分析的要求(见表7.4)。在此基础上，我们通过分析各因子题项间的一致性系数(Cronbach's α)，进一步对这三个因子进行了信度检验。得到各因子Cronbac's α系数值依次为:0.7499、0.6233和0.6043，总Cronbach's α系数值为0.7341，说明该量表具有可以接受的信度。

最后，根据每个因子所包含的具体内容，我们分别将三个因子命名为现实问题因子、上网欲望因子和心灵慰藉因子。现实问题因子包含"因上网导致学习成绩或效率下降，仍经常上网"等五个题项，描述使用网络对青少年学习、生活与人际交往的影响；上网欲望因子包含"上网时我总想

表 7.4　青少年网络沉溺倾向因子分析结果

	现实问题	上网欲望	心灵慰藉	共同度
因上网导致学习成绩或效率下降,仍经常上网	**.747**	.049	.205	.602
因为上网而影响了与家人和朋友的关系	**.732**	.164	-.005	.563
因为上网学习成绩变得越来越差	**.695**	.091	.118	.505
多次尝试减少上网时间,但总是失败	**.625**	.135	.327	.516
因为上网而与现实中的朋友疏远	**.623**	.262	-.206	.499
上网时我总想不停地聊天,无法自制	.136	**.781**	.109	.640
当我停止聊天时,会变得烦躁或心神不宁	.216	**.745**	-.135	.619
不在线时,总是想着尽快回到网上聊天	.085	**.666**	.313	.549
上网让我忘掉了生活和学习中的烦恼	-.049	.160	**.745**	.582
花在网上的时间总比预期的要长	.326	-.017	**.635**	.509
特征值	2.537	1.759	1.292	
方差贡献率(%)	25.361	17.591	12.908	
累积方差贡献率(%)	25.361	42.952	55.860	

不停地聊天,无法自制”等三个题项,描述青少年使用网络的欲望及行为特征;心灵慰藉因子包含“上网让我忘掉了生活和学习中的烦恼”等两个题项,描述网络对于青少年的安慰和逃避价值。这三个因子,涉及了青少年的网络使用行为特征、网络使用对青少年现实生活、学习和健康的影响两个基本面向,具有一定程度的概括性。

2. 青少年的网络沉溺倾向

在简化了网络沉溺测量指标后,我们进一步以因子值系数为权数,计算出各因子的因子值。同时,为了把青少年网络沉溺倾向综合成一个变量来表示,我们又以各因子的方差贡献率为权数,把三个因子的因子值分别乘以其方差贡献率后相加,计算出网络沉溺的综合得分,作为青少年网络沉溺倾向得分,即:青少年网络沉溺倾向 = 现实问题因子值 ×0.25361 + 上网欲望因子值 ×0.17591 + 心灵慰藉因子值 ×0.12908。为了便于分析,我们将因子值转换为 1 ~ 100 之间的指数,各因子值的具体分布情况见表 7.5。

表 7.5 青少年网络沉溺倾向得分分布情况(%)(N=1546)

	现实问题	上网欲望	心灵慰藉	沉溺倾向
1.00~20.00	55.0	71.3	2.1	62.4
20.01~40.00	25.0	14.5	32.6	20.4
40.01~60.00	10.1	8.5	19.3	10.2
60.01~80.00	6.7	4.3	37.0	5.6
80.01~100.00	3.2	1.5	9.1	1.5

从表 7.5 可见,多数青少年的网络沉溺倾向得分在 60 分以下,超过 60 分的只有 7.1%,有 62.4% 的青少年得分在 20 分以下。从现实问题、上网欲望和心灵慰藉三个因子得分来看,现实问题和上网欲望因子得分超过 60 分也都不到 10%,超过半数的青少年得分在 20 分以下,而心灵慰藉因子得分在 60 分以上的青少年则高达 46.1%,20 分以下的只有 2.1%。这意味着,能够让自己"忘掉生活和学习中的烦恼",是青少年留恋网络空间、"花在网上的时间总比预期的时间长"的重要原因。进一步从均值、中位值和众值来看(见表 7.6),与现实问题和上网欲望因子相比,青少年在心灵慰藉因子上的均值、中位值和众值也明显偏高,分别为 55.487 分、56.197 分和 37.660 分。

表 7.6 网络沉溺倾向的均值、中位值、众值及标准差

	现实问题	上网欲望	心灵慰藉	沉溺倾向
均值	28.687	24.333	55.487	20.630
中位值	19.848	17.896	56.197	12.767
众值	19.850	17.900	37.660	1.000
标准差	19.411	16.742	18.294	21.261
最小值	1.00	1.00	1.00	1.00
最大值	100.00	100.00	100.00	100.00

第二节　网络沉溺群体的网络行为

根据国内外已有的相关研究,网络沉溺群体与非沉溺群体的网络行为存在着一定程度的差异。① 在本节中,我们尝试通过青少年网络沉溺群体与非沉溺群体的网络行为的比较分析,对网络沉溺群体的网络行为特征进行具体描述,并在此基础上对网络沉溺行为的主要类型进行简单的梳理。

一、青少年网络沉溺群体的网络使用行为

首先,国内外已有大量的研究,证明了网络沉溺群体与非沉溺群体的网络使用行为,存在着一定程度的差异。② 为了具体梳理这种差异,我们

① S. 特克:《虚拟化身:网路空间的身份认同》,谭天等译,台北:远流出版事业 1998 年版;周荣、周倩:《网络上瘾现象、网络使用行为与传播快感经验之相关性初探》,《中华传播学会 1997 年学刊》,1997 年;韩佩凌:《台湾中学生网络使用者特性、网络使用行为、心理特性对网络沉迷现象之影响》,台湾师范大学教育心理与辅导研究所硕士论文,2000 年;王澄华:《人格特质与网络人际互动对网络成瘾之影响》,台湾辅仁大学心理研究所硕士论文,2001 年;中国青少年网络协会:《中国青少年网瘾数据报告》,http://www.sociology.cass.cn/shxw/shwt/P020051125303700461858.pdf,2005 年;K. S. Young, *Internet addiction: The emergence of a new clinical disorder.* Paper presented at the 104th annual meeting of the American Psychological Association, August 11, 1996. Toronto, Canada, 1996, *Caught in the net: How to recognize the signs of Internet addiction and a winning strategy for recovery.* New York: John Wiley & Sons, Inc, 1998, Internet addiction: A New Clinical Phenomenon and Its Consequences. *American Behavioral Scientist*, 48(4), 2004;J. M. Morahan-Martin & P. Schumacher, Incidence and correlates of pathological Internet use among college students. *Computers in Human Behavior*, 16(1), 1997;K. Scherer, College life on-line: Healthy and unhealthy Internet use. *The Journal of College Student Development*, 38, 1997.

② 周荣、周倩:《网络上瘾现象、网络使用行为与传播快感经验之相关性初探》,《中华传播学会 1997 年学刊》,1997 年;韩佩凌:《台湾中学生网络使用者特性、网络使用行为、心理特性对网络沉迷现象之影响》,台湾师范大学教育心理与辅导研究所硕士论文,2000 年;K. S. Young Internet addiction: A New Clinical Phenomenon and Its Consequences. *American Behavioral Scientist*, 48(4), 2004;J. M. Morahan-Martin & P. Schumacher, Incidence and correlates of pathological Internet use among college students. *Computers in Human Behavior*, 16(1), 1997.

依据上网地点、上网方式，以及网络使用频率、时间等指标，比较网络沉溺群体与非沉溺群体的网络使用行为。

1. 网络沉溺群体与非沉溺群体的上网地点差异

表7.7是青少年网络沉溺群体与非沉溺群体上网地点的分布情况，考虑到青少年经常性上网地点可能不止一处，此题设计为多选题。

表7.7 网络沉溺群体与非沉溺群体的上网地点差异

	沉溺群体（N=158）		非沉溺群体（N=1366）	
	频数	频率%	频数	频率%
网吧	126	79.7	714	52.3
学校	40	25.3	500	36.6
家里	37	23.4	458	33.5
亲戚朋友家	11	7.0	245	17.9
其他	4	2.5	42	3.1

总体来看，网吧是青少年最主要的上网地点，其次是在学校和家里。进一步比较网络沉溺群体与非沉溺群体之间的差异，我们发现，有近八成网络沉溺者选择网吧作为自己经常上网的地点，而非沉溺群体经常在网吧上网的百分比只有52.3%。与之相反，非网络沉溺群体经常在学校、家里或朋友亲戚家上网的比例，均分别高出网络沉溺群体大约10个百分点。可见，相对于非沉溺群体，网络沉溺群体的上网地点较为单一，并且主要集中在网吧。卡方检验网络沉溺群体与非沉溺群体在上网地点上的X^2值分别为：网吧43.22（$P<0.001$）、学校7.92（$P<0.01$）、家里6.37（$P<0.05$）、亲戚朋友家12.22（$P<0.001$）、其他地点0.145（$P>0.05$），显示除其他地点外，两类群体在上网地点上差异显著。

青少年网络沉溺群体之所以偏爱在网吧上网，其主要原因，除了在网吧上网更能获得情感满足和成就满足，更方便与他人互动外，还因为觉得在网吧上网气氛好，自由自在。在网络沉溺群体中，有84.6%认为“网吧能让我不受别人干扰,尽情娱乐”,75.2%认为“网吧让我心情放松”,72.4%觉得“网吧的环境让人有一种浑然忘我的气氛”。在访谈中我们也发现,尽管有些学生在学校或家里上网非常方便,但仍喜欢到网吧上网,因为他们觉得在学校或家里上网,有老师和家长“明里暗里监视着”,感觉不到上网的轻松和随意,“没干什么却跟作贼似的”,而在网吧却没人管,无拘无束,“只要你掏钱,想玩多久玩多久,想玩什么玩什么,……那似乎是现实世界之外的一个所在,让我完全忘记了学习和生活中的一切不快。”(女,17岁,高中生,网龄5年)

网吧之所以对网络沉溺者有着特殊的吸引力,另一个重要原因是在网吧上网容易获得同伴之间的归属感和认同感。有许多网络沉溺者“喜欢很多人一起去网吧玩游戏的感觉”(80.4%),并且承认自己“有许多朋友都是在网吧中认识的”(67.7%)。同时,因为有许多同学会去网吧上网,因此他们觉得“不去网吧是件很落伍的事情”(73.1%),“不去网吧会使我与同学没话可说”(63.4%)。许多青少年去网吧,就是为了寻找一种归属感和认同感。有一位网络游戏沉溺者说:“我主要是去玩网游。我喜欢去同一个网吧,那里有很多一起玩的人,一开始并没见过面,但你一上线大家很客气地在网上跟你打招呼,老朋友一样,那种感觉挺不错的,有点志同道合吧。后来渐渐地有些人成了我现实中的朋友。……我觉得网吧很好玩,因为朋友多,就好玩啊。”(男,16岁,初中生,网龄3年)

青少年网络沉溺者喜欢在网吧上网的再一个原因,是网吧的硬件设备相对较好,电脑配置高,网速快,耳麦、摄像头等设备一应俱全,不少沉溺网络的青少年觉得在网吧无论是聊天或是玩游戏都特别过瘾。有78.8%的网络沉溺者承认,“电脑配置好是吸引我去网吧的主要原因”,85.5%认为“网吧的宽带让我能节省时间,快速地使用网络”,81.7%认为“在网吧上网或玩游戏比在家里更有趣”。

另外,我们在网吧调查时还观察到,不少网吧经营者为了招徕顾客,争先恐后地为上网者提供多种“软件”服务,除了随时提供上网技巧指导外,很多网吧还提供饮食和休息场地。一位网名“婉心格格”的网络沉溺者在接受访谈时说："饿了提供方便面那是常有的事，有时候也可以让他们（指网吧管理人员）叫外卖。还可以住那儿。:）我们学校女生宿舍楼是晚上12点关楼门，严得很，12点以后回去得有系里证明才能进。所以我们聊得晚了就干脆不回了，在网吧过一夜。虽说网吧住宿条件不怎么好，但是便宜啊，老板也热情，早上有课还能让他们叫醒，呵呵，感觉挺温馨的！"（女，21岁，大学生，网龄3年）在一些网络沉溺者眼里，网吧俨然成了一个"温暖的家"。青少年若自我控制能力较差，很容易迷恋其中，沉溺于网络世界而无法自拔。

2. 网络沉溺群体与非沉溺群体的上网方式差异

由于近年来宽带网的迅速发展，加上有相当数量的青少年主要在网吧和学校上网，因此，虽然网络沉溺群体宽带上网的比例略高于非沉溺群体，而电话拨号上网的比例略低于非沉溺群体，但总体差别不大，主要都是以宽带接入方式上网。手机上网作为一种新的上网方式，由于受内容和价格的限制，并未受到青少年尤其是网络沉溺群体的青睐。卡方检验也表明，在上网方式上，X^2 值为1.806（$P > 0.05$），显示青少年网络沉溺群体与非沉溺群体之间的差异并不显著。

表7.8 网络沉溺群体与非沉溺群体的上网方式差异

	沉溺群体（N=158）		非沉溺群体（N=1366）	
	频数	频率%	频数	频率%
宽带上网	143	90.5	1182	86.5
电话拨号上网	5	3.2	65	4.8
手机上网	1	0.6	11	0.8
不知道	9	5.7	103	7.5

3. 网络沉溺群体与非沉溺群体的网络介入程度差异

在人们的印象中，青少年网络沉溺者是一些"成天手握鼠标，眼盯屏幕，在网络世界或喜或忧，甚至不思茶饭"的问题孩子。有关调查也表明,相对于一般网民,网络沉溺者的网络使用频率更高,上网持续时间更长。① 我们的调查结果显示,青少年网络沉溺群体与非沉溺群体在网龄一项上并没有明显差异,网络沉溺群体的网龄在2年以内、3~4年和5年以上三类上的比例分别为30.4%、39.2%和30.4%,而非沉溺群体则分别为32.5%、38.4%和29.1%,卡方检验 X^2 值为0.306($P > 0.05$),表明差异不显著。但是,在网络使用频率和上网持续时间上,与非沉溺群体相比,网络沉溺群体的网络使用频率更高,上网持续时间更长。从网络使用频率来看,网络沉溺群体超过一半(56.8%)每周使用网络的频率在4次以上,只有一成左右每周上网在2次以内,而非沉溺群体则主要集中在3次以内(58.6%)。卡方检验 X^2 值为21.975($P < 0.001$),表明差异显著。从每次上网持续时间来看,网络沉溺群体的上网持续时间在1小时以内、1~2小时以内、2~3小时以内、3~4小时以内和4小时以上的比例分别为5.7%、34.2%、36.1%、11.4%和12.7%,而非沉溺群体的比例则分别为13.0%、42.8%、33.6%、6.8%和3.8%,网络沉溺群体的上网持续时间明显比非沉溺群体更长。卡方检验 X^2 值为36.887($P < 0.001$),表明差异显著。

表7.9 网络沉溺群体与非沉溺群体的网络介入程度差异

	沉溺群体(N=155)		非沉溺群体(N=1358)	
	频数	频率%	频数	频率%
一般使用者	57	36.8	763	56.2
中度使用者	63	40.6	456	33.6
重度使用者	35	22.6	139	10.2

① 韩佩凌:《台湾中学生网络使用者特性、网络使用行为、心理特性对网络沉迷现象之影响》,台湾师范大学教育心理与辅导研究所硕士论文,2000年;王澄华:《人格特质与网络人际互动对网络成瘾之影响》,台湾辅仁大学心理研究所硕士论文,2001年;K. S. Young Internet addiction: A New Clinical Phenomenon and Its Consequences. *American Behavioral Scientist*, 48(4), 2004; K. Scherer, College life on-line: Healthy and unhealthy Internet use. *The Journal of College Student Development*, 38, 1997.

从表7.9可见,网络沉溺群体与非沉溺群体的网络介入程度有着明显的差异。网络沉溺群体的网络介入程度,分别为一般使用者占36.8%、中度使用者占40.6%、重度使用者占22.6%,而非网络沉溺群体的网络介入程度,则分别为一般使用者占56.2%、中度使用者占33.6%、重度使用者占10.2%。卡方检验 X^2 值为30.133($P < 0.001$),也肯定了这种差异的显著性。这意味着,网络沉溺群体比非沉溺群体有着更高的网络介入程度,或者说,较高的网络介入程度与网络沉溺之间,的确存在着显著的正相关。

二、青少年网络沉溺群体的网络行为特征

1. 网络沉溺群体与非沉溺群体的上网动机差异

通过分析上网动机预测网络行为,是研究网络行为的一个重要途径,这是因为上网动机是预测网民网络行为的一个很好的指标。① 在问卷中,我们设计了"你上网的主要动机是什么"一题,用来测量青少年的上网动机,包括查找资料、玩网络游戏、聊天交友等,要求在给出的选项中最多选三个,并按重要程度进行排序。在这些项目中,有些项目被选中的比例较高,如有36.8%的青少年将查找资料作为自己最重要的上网动机(另有8.4%和9.3%的青少年分别将之列为第二和第三重要的上网动机),有的则比例很低,如仅有0.8%的青少年将发表自己的看法视为最重要的上网动机(另有1.4%和1.9%的青少年分别将之列为第二和第三重要的上网动机)。为了比较网络沉溺群体与非沉溺群体的上网动机差异,通过对调查数据进行加权统计,得到表7.10的相对频率。

表7.10的统计结果显示,网络沉溺群体与非沉溺群体的网络行为动机,从总体来看大致相仿,都相对集中在"查找资料"、"玩网络游戏"、"聊天交友"和"收看或下载电影和音乐"等几项上。不过,这两类群体的上网动机也存在一定的差异,主要体现在:非网络沉溺群体的行为动机更偏

① 金兼斌:《我国城市家庭的上网意向研究》,杭州:浙江大学出版社2002年版,第78页。

表7.10　网络沉溺群体与非沉溺群体的上网动机差异(%)

	沉溺群体(N=142)	非沉溺群体(N=1310)
查找资料	22.4	26.7
玩网络游戏	18.7	11.0
聊天交友	13.8	14.2
收看或下载电影和音乐	9.9	12.4
打发时间	6.4	5.1
跟随周围朋友上网	6.1	4.7
与朋友和家人联络	4.6	8.1
逃避现实中的问题	4.3	1.2
觉得新鲜好玩	4.2	3.7
浏览新闻	4.1	3.6
学习需要	2.4	7.5
发表自己的看法	1.6	1.0
实现自己在现实中无法实现的愿望	1.1	0.4
其他	0.5	0.3

向于网络的工具性使用,如在"查找资料"、"与朋友和家人联络"、"学习需要"等行为动机上,非网络沉溺群体的比例均高于沉溺群体;相反,网络沉溺群体在"玩网络游戏"、"逃避现实中的问题"等娱乐性和情感性行为动机上的比例,明显高于非沉溺群体。

2. 网络沉溺群体与非沉溺群体的网络行为差异

目前已有不少研究,证实了互动性较强的网络行为与网络沉溺之间有着较高的相关性,如网络聊天和网络游戏行为,而搜寻信息及互动性相对较弱的网络行为如使用电子邮件、浏览网页等,与网络沉溺之间的相关性相对较低。如Young的研究发现,网络沉溺者最经常参与的网络行为,以具有较高人际互动性的网络项目为主,依次为聊天室(35%)、MUD(28%)、新闻组(15%)和电子邮件(13%),而非沉溺者所从事的网络行为,则以信息搜寻为主,如电子邮件(30%)、浏览网页(25%)和数据库(24%)。而Morahan-Martin & Schumacher的研究发现,网络沉溺群体往往比非沉溺群体花更多的时间玩网络游戏，如角色扮演游戏。①

为了具体比较青少年网络沉溺群体与非沉溺群体的网络行为差异，我们分别对两类青少年的网络行为和经常浏览的网站类型进行了比较(见表7.11～表7.13)。

表7.11 网络沉溺群体与非沉溺群体的网络行为差异

	沉溺群体(N=156)		非沉溺群体(N=1362)	
	频数	频率%	频数	频率%
收看或下载电影和音乐	93	59.6	757	55.6
聊天交友	89	57.1	670	49.2
玩网络游戏	74	47.4	575	42.2
使用搜索引擎找资料	54	34.6	500	36.7
浏览新闻	48	30.8	464	34.1
下载软件或文档	34	21.8	395	29.0
在BBS发贴、读帖或回帖	26	16.7	257	18.9
参加远程教学与网络学习	6	3.8	127	9.3
参加虚拟社区活动	5	3.2	52	3.8
浏览成人网站	4	2.6	49	3.6
用网络发手机短信	2	1.3	42	3.1
其他	4	2.6	19	1.4

表7.12 网络沉溺群体网络行为均值、中位值、众值及标准差

	信息搜寻	工具利用	沟通学习	娱乐交友	色情及其他
均值	47.828	34.758	23.521	52.202	16.473
中位值	46.877	27.066	21.994	50.428	14.743
众值	46.880	18.550	21.030	66.860	15.050
标准差	19.622	18.048	7.503	13.953	11.049
最小值	14.030	10.920	3.150	20.960	4.160
最大值	96.900	100.000	57.050	94.360	99.670

① K. S. Young, Internet addiction: A New Clinical Phenomenon and Its Consequences. *American Behavioral Scientist*, 48(4), 2004; J. M. Morahan-Martin & P. Schumacher, Incidence and correlates of pathological Internet use among college students. *Computers in Human Behavior*, 16(1), 1997.

表 7.13 网络沉溺群体与非沉溺群体浏览网站的差异

	沉溺群体(N=155)		非沉溺群体(N=1368)	
	频数	频率%	频数	频率%
游戏网站	83	53.5	492	36.0
搜索引擎	57	36.8	510	37.3
影视娱乐网站	54	34.8	561	41.0
聊天交友网站	36	23.2	292	21.3
体育网站	34	21.9	301	22.0
校园网	32	20.6	425	31.1
软件下载网站	32	20.6	276	20.2
门户网站	28	18.1	315	23.0
个人网站	19	12.3	123	9.0
新闻媒体网站	17	11.0	191	14.0
青少年教育网站	16	10.3	140	10.2
旅游网站	14	9.0	76	5.6
女性网站	13	8.4	56	4.1
购物网站	10	6.5	65	4.8
星座血型算命网站	10	6.5	193	14.1
成人网站	8	5.2	47	3.4
政府的公共服务网站	6	3.9	38	2.8
其他	2	1.3	40	2.9

如表 7.11 所示,与上网动机基本对应,无论是网络沉溺群体还是非沉溺群体,参与程度较高的网络行为均为"收看或下载电影和音乐"、"玩网络游戏"、"聊天交友"、"使用搜索引擎找资料",所不同的是,在动机中最重要的"查找资料"一项,在网络沉溺群体与非沉溺群体的实际网络行为中,均被挤到了第四的位置。在访谈中我们也发现,青少年往往是抱着查找资料的目的上网,但一旦进入功能强大、能满足人们多重需要的网络世界,其实际网络行为往往会偏离最初的上网动机,不由自主地转向游戏交友等娱乐性、情感性网络行为。

同时,我们的研究也证实了互动性较强的网络行为与网络沉溺之间有着较高的相关性,网络沉溺群体参与网络游戏的比例高于非沉溺群体,也比非沉溺群体更热衷于网络交友,甚至因为网络交友出现了一系列的问题,例如有34.2%的网络沉溺者因为上网而“与现实中的朋友疏远”(非沉溺者为8.1%),24.7%的网络沉溺者“离家出走与网友见面”(非沉溺者为4.0%),40.5%的网络沉溺者曾经“结识了一些给自己带来麻烦的网友”(非沉溺者为16.9%)。而在工具性、信息性网络行为,如“使用搜索引擎找资料”、“浏览新闻”、“参加远程教学与网络学习”、“下载软件或文档”等行为上,网络沉溺群体的参与比例则普遍低于非沉溺群体。

为了进一步了解青少年网络沉溺群体的网络行为,我们根据对网络沉溺群体的网络行为因子分析结果①,以因子值系数为权数,计算出其在网络行为各因子上的因子值。从表7.12可见,青少年网络沉溺群体在娱乐交友和信息搜寻行为因子上的平均得分较高,而在工具利用、沟通学习和色情及其他行为因子上的平均得分较低。与非网络沉溺群体的网络行为因子得分相比,网络沉溺群体在娱乐交友和工具利用行为上的因子得分较高,在信息搜寻行为因子上的得分较低,而在沟通学习和色情及其他行为因子上的得分相近。

接下来,我们进一步分析了网络沉溺群体与非沉溺群体的网络浏览行为差异。从表7.13可以看出,在网络沉溺群体经常浏览的网站中,像游戏网站(53.5%),聊天交友网站(23.2%)之类的互动性网站占有较高的比例。由此可见,虽然青少年网络使用者都比较喜欢玩网络游戏,但网络沉溺群体往往比非沉溺群体更主动地浏览和寻找新的游戏项目或新的交往对象。而对像校园网这样的工具信息类网站的浏览率,网络沉溺群体比

---

① 因子分析采用主成份分析作为抽取因子的方法,以特征值大于1作为选择因子的标准,采用正交旋转法中的最大方差旋转法作为转轴方法。运用KMO测度和巴特利特球状检验检测变量之间的相关性。其中KMO值为0.574,巴特利特球状检验卡方值为496.383,自由度(df)为66,在0.000(Sig. = .000)水平上统计检验显著。因子分析结果共析出特征值大于1的因子五个,我们根据各因子的共性,分别命名为信息搜寻、工具利用、沟通学习、娱乐交友和色情及其他,五个因子的方差贡献率分别为11.924%、10.769%、9.847%、9.676%和9.202%,累积方差贡献为51.419%。

非沉溺群体低差不多一成。另外,在像搜索引擎的使用比例上,虽然两类群体间的差异不大,但在访谈中我们发现,这两类群体使用搜索引擎所寻找的内容却往往有明显的差异,前者更多地用搜索引擎找寻游戏、交友等互动性、娱乐性信息,而后者则更多地用于找寻学习资料和新闻类信息。

Morahan-Martin & Schumacher 的研究还发现,网络沉溺者比非沉溺者从事的网络行为更加多元化;而据中国青少年网络协会 2005 年底发布的调查报告,网络沉溺群体参与的网络行为类型较非沉溺群体更加单一。不过我们的调查并未证实这两种对立结论中的任何一种。通过对网络沉溺群体与非沉溺群体网络行为广泛度的比较分析,我们并未发现这两类群体之间存在明显差异。网络沉溺群体经常参与的网络行为在四项以下的占 80.5%,五项以上的占 19.5%,而非沉溺群体的比例则分别为 81.6% 和 18.4%,卡方检验 X^2 值为 0.937($P > 0.05$),也表明差异不显著。

三、青少年网络沉溺的主要类型及其行为特征

由于网络是一个融合了不同媒介的复合媒介,是一个混淆和模糊了信息、交往、娱乐、游戏、商业等不同行为符码的新行为场域,①因此青少年在网络空间的沉溺行为,也相应地呈现出一种相互交织的面貌。Suler 将网络沉溺分为两种类型,一种是社会型网络沉溺,沉溺者使用网络的目的,是利用网络与他人互动,并借助这种虚拟关系,在无需真实呈现全部自我人格的前提下,实现与社会的连接,透过这种虚拟关系满足被关怀的需要;另一种是非社会型网络沉溺,沉溺者的目的并不是展开与他人之间的互动,而是沉溺于网络游戏、信息搜寻等,这种类型的网络沉溺者使用网络只是为了逃避生活中的不足,重新形塑自我认同、自尊及自我价值。② 也有研究者从青少年网络沉溺行为的行为取向或行为特征入手,把网络沉溺区分为交往沉溺(沉迷于通过 QQ、聊天室等场域进行人际互

① M. 卡斯特:《网络社会的崛起》,夏铸九等译,北京:社会科学文献出版社 2003 年版。

② J. Suler, *Why is the thing eating my life*? http://www.rider.edu/suler/psycyber/eatlife.htm,1996.

动而不能自拔,将网上的朋友看得比现实生活中的亲人和朋友更重要,最为典型的表现就是“网恋”)、游戏沉溺(花大量时间玩网络游戏,视游戏中的自我角色比日常生活中的自我角色更加重要,为了提升自己在游戏中的等级或装备而废寝忘食、通宵达旦)、色情沉溺(热衷于浏览并下载色情图片、视频、音频、文字,沉迷于成人话题聊天室)、信息沉溺(不能自制地花大量时间浏览、搜寻、下载与收集各种对自己的学习或生活并没有多大意义的资料或数据,以致降低了学习效率和生活质量)、网吧沉溺(沉迷于网吧的氛围及其所提供的网络游戏等服务而不能自拔)、电脑沉溺(因为对电脑知识的兴趣而沉溺于电脑程序,对那些新软件有强烈的兴趣,迷恋网络技术包括黑客技术,热衷于自建和发布个人网页或网站)和其他网络强迫行为(强迫性地参与网上讨论、在 BBS 大量灌水以及参与并沉迷于网络赌博、拍卖、购物等在线活动)等类型。①

1. 网络沉溺类型及其个人特征和网络介入程度差异

为了对青少年不同类型网络沉溺状况有一个大致的了解,我们同样根据 Young 的网络沉溺诊断指标,发展出分别针对网络游戏沉溺和网吧沉溺的测量量表,对这两种主要的网络沉溺行为分别进行测量。结果显示,在两种网络沉溺类型中,网吧沉溺比例较低,占 8.5%,而网络游戏沉溺比例较高,达 12.0%。② 这一结果,与国内外已有的相关研究结果也基本一致。③

---

① K. S. Young, *Caught in the net: How to recognize the signs of Internet addiction and a winning strategy for recovery*. New York: John Wiley & Sons, Inc, 1998;文军等:《网络阴影:网络问题与对策》,贵阳:贵州人民出版社 2002 年版;魏宁:《网络成瘾:虚拟空间对青少年的挑战及对策》,《北京教育》2003 年第 7 ~ 8 期。

② 本研究测量青少年网络沉溺三个量表的有效问卷数分别为:网络沉溺量表 1546 份,网络游戏沉溺量表 1362 份,网吧沉溺量表 1224 份。

③ 周荣、周倩:《网络上瘾现象、网络使用行为与传播快感经验之相关性初探》,《中华传播学会 1997 年学刊》,1997 年;韩佩凌:《台湾中学生网络使用者特性、网络使用行为、心理特性对网络沉迷现象之影响》,台湾师范大学教育心理与辅导研究所硕士论文,2000 年;J. M. Morahan-Martin & P. Schumacher, Incidence and correlates of pathological Internet use among college students. *Computers in Human Behavior*, 16(1), 1997.

表7.14比较了网络游戏沉溺和网吧沉溺的个体特征差异。结果显示,在两类网络沉溺上,男性的比例都明显高于女性,尤其是网络游戏沉溺比例性别差异更大,卡方检验网络游戏沉溺 X^2 值为35.898($P < 0.001$),网吧沉溺 X^2 值为21.253($P < 0.001$),均差异显著。从年龄来看,18~24岁青少年在网络游戏沉溺和网吧沉溺比例上都低于13~17岁青少年,不过卡方检验差异均不显著。

表7.14 两类网络沉溺比例的个体特征差异(%)

	性别		年龄	
	男	女	13~17岁	18~24岁
游戏沉溺	15.1	4.7	11.5	10.7
网吧沉溺	11.4	3.8	8.8	8.2

从表7.15的统计结果可见,网络介入程度越高,网络游戏沉溺和网吧沉溺的比例也越高。卡方检验网络游戏沉溺($X^2 = 37.394$, $P < 0.001$)和网吧沉溺($X^2 = 21.11$, $P < 0.001$)的网络介入程度差异均十分显著。

表7.15 两类网络沉溺比例的网络介入程度差异(%)

	一般使用	中度使用	重度使用
游戏沉溺	7.2	13.6	22.8
网吧沉溺	5.6	10.4	16.6

2. 两类网络沉溺群体的上网动机比较

比较两类网络沉溺群体的上网动机,可以发现,他们都把玩网络游戏、查找资料和聊天交友视为最重要的上网动机,所不同的只是三者的重要程度排列次序不同。表7.16显示的是对两类网络沉溺群体的上网动机进行加权处理后的相对频率。

3. 两类网络沉溺群体的网络行为比较

从表7.17的统计结果可以看出,两类网络沉溺群体经常参与的网络

表 7.16 两类网络沉溺群体的上网动机比较(%)

游戏沉溺(N=154)		网吧沉溺(N=92)	
网络游戏	20.8	查找资料	20.1
查找资料	20.5	聊天交友	19.5
聊天交友	14.5	网络游戏	17.8

表 7.17 两类网络沉溺群体的网络行为比较(%)

	游戏沉溺(N=158)	网吧沉溺(N=103)
玩网络游戏	87.3	78.3
聊天交友	63.7	63.4
收看或下载电影和音乐	44.4	47.6
下载软件或文档	29.0	25.2
浏览新闻	24.1	30.1
使用搜索引擎找资料	21.0	27.2
在 BBS 发贴、读帖和回帖	21.0	20.4
浏览成人网站	6.8	3.9
参加远程教学与网络学习	6.8	10.7
参加虚拟社区活动	6.2	4.9
用网络发手机短信	3.7	2.9
其他	0.6	15.5

行为也较为一致,无论是网络游戏沉溺群体,还是网吧沉溺群体,均以"网络游戏"、"聊天交友"和"收看或下载电影和音乐"三项网络行为的经常性参与程度最高,差别只不过体现在参与比例有所不同,其中网络游戏沉溺群体经常参与网络游戏的比例为 87.3%,而网吧沉溺群体经常参与网络游戏的比例则为 78.3%。

由此可见,虽然两类网络沉溺群体的网络行为偏好有一定差异,但由于网络是一个混淆和模糊了信息、交往、娱乐、游戏、商业等不同行为符码的复合性行为场域,因此青少年网民能够在其中方便地同时参与不同的网络活动,从而导致其网络行为呈现出相当程度的一致性。同时,虽然我们的调查并未发现网络沉溺群体与非沉溺群体在网络行为广泛度上有明显差异,但两类网络沉溺群体的网络行为都具有着一定的广泛度,则是不争的事实。这也在相当程度上意味着,对网络沉溺者来说,网络空间的吸引力是全方位的。有着一定的网络行为广泛度,是所有具有网络沉溺倾向的青少年网民的共同行为特征。

第三节 网络沉溺群体的网络认知与感受

吉登斯强调,认知能力是人类行为的显著特征,认知能力的核心是人们对于行为场域和社会规则的实践意识和话语意识。① 而建构主义则强调,人们对世界的概念性表述,制约和形塑着其社会行为。按照这样的理论视角,青少年的网络行为,在相当程度上也是由其对网络世界的认知所组织和形塑的。因此,对青少年网络沉溺群体的网络认知进行分析,有助于我们更深入地了解其网络行为。

一、对网络的整体印象

为了直观、形象地测量青少年对网络的整体印象,我们在问卷中依照现实生活中的行为场景,设计了一组题项,让青少年从中选出他们认为“最像”的三项,用以测量他们心目中的网络形象。表 7.18 是网络沉溺群体与非沉溺群体的网络整体印象相对频率比较。

从表 7.18 的统计数据来看,网络沉溺群体与非沉溺群体对网络的整体感受非常接近,多数都将网络视为一个“娱乐场所”、“知识场所”、“沟通和互动场所”,以及“自我实现场所”。但比较而言,非沉溺群体视网络为知识场所的比例更高,而沉溺群体则更倾向于将网络比喻为一个休闲娱乐和实现自我的场所。

---

① A. 吉登斯:《社会的构成:结构化理论大纲》,李康等译,北京:三联书店 1998 年版。

表 7.18 网络沉溺群体与非沉溺群体对网络的整体印象差异(%)

	沉溺群体(N=153)	非沉溺群体(N=1369)
像游乐场那样的休闲娱乐场所	25.2	22.4
像图书馆那样的知识场所	17.1	23.9
一个人际沟通和互动的场所	14.5	15.8
一个可以任我操纵的空间	9.9	9.8
一个能真正表达自我的地方	7.4	5.9
像会议室那样的聚会场所	7.1	6.5
一个可以生活在其中的真实世界	7.1	3.1
像商场那样的购物场所	6.6	4.6
像学校那样的学习场所	4.8	7.4
其他	0.2	0.5

为了更细致具体地考察青少年对网络的认知,我们进一步比较了网络沉溺群体与非沉溺群体对网络行为的感知差异(见表7.19)。结果显示,网络沉溺群体对网络空间的虚拟性、时空压缩等的感受程度,明显高于非沉溺群体,例如有95.5%的网络沉溺者感觉"上网时时间过得很快"(非沉溺群体的比例为74.3%),78.1%的网络沉溺者"经常在网上同时做两件以上的事情"(非沉溺群体的比例为58.9%),69.7%的网络沉溺者"上网时感觉距离消失了"(非沉溺群体的比例为40.0%),68.4%的网络沉溺者觉得"自己在网上的活动不受身体所处场所的限制"(非沉溺群体的比例为51.4%),52.3%的网络沉溺者承认自己"曾尝试在网上做现实中不敢做的事情"(非沉溺群体的比例为31.7%),43.2%的网络沉溺者承认"现实生活中的事情对我在网上做什么影响很小"(非沉溺群体的比例为36.4%)。可见,对网络沉溺者来说,网络更像是他们生活的另一重空间,他们在其中重新形塑和建构着自我的不同面向,这进一步证实了网络沉溺群体更倾向于将网络视为一个表达自我与重塑自我的场域。①

① 黄少华、陈文江:《重塑自我的游戏:网络空间的人际交往》,兰州:兰州大学出版社2002年版。

表 7.19　网络沉溺群体与非沉溺群体的网络行为感受差异

	沉溺群体(N=155)		非沉溺群体(N=1391)	
	频数	频率%	频数	频率%
上网时我常常觉得时间过得很快	148	95.5	1034	74.3
我在网上做不同的事情时对网络的感受不同	135	87.1	933	67.1
我经常在网上同时做两件以上的事情	121	78.1	819	58.9
上网时我感觉距离消失了	108	69.7	556	40.0
自己的活动不受身体所处场所的限制	106	68.4	715	51.4
使用网络找人和资料的感觉像寻宝一样	88	56.8	451	32.4
我曾尝试在网上做现实中不敢做的事情	81	52.3	441	31.7
我经常在网上同时扮演两个以上角色	67	43.2	586	42.1
网络让我能随时在不同的场景之间转换	67	43.2	645	46.4
我在网上的活动经常没有明确的方向和目的	67	43.2	345	24.8
现实生活中的事情对我在网上做什么影响很小	67	43.2	506	36.4

二、上网时最担心的问题

从表 7.20 的统计数据来看,网络沉溺群体与非沉溺群体在上网时最担心的问题分布,都较为广泛且差异不大。通过按照重要程度排序进行加权处理,网络沉溺群体上网时最担心的问题超过 10% 的有"电脑病毒"、"色情信息"、"黑客入侵"、"上网成瘾"和"找不到对自己有用的信息"五项,而非沉溺群体上网时最担心的问题超过 10% 的有"电脑病毒"、"色情信息"和"找不到对自己有用的信息"三项。可以看出,网络沉溺群体与非沉溺群体上网时所担心的问题虽有差别,但这种差别并不是很大。而值得注意的是,网络沉溺群体对因上网而产生问题的担忧程度甚至比非沉溺群体更高,并且网络沉溺群体对"上网成瘾"的担忧也比非沉溺群体更高。

为了深入了解网络沉溺群体所担心的网络问题,我们选择了一些网络沉溺者进行了访谈。结果发现,几乎所有被访青少年都很担心自己会

表 7.20 网络沉溺群体与非沉溺群体最担心的网络问题差异(%)

	沉溺群体(N=157)	非沉溺群体(N=1365)
电脑病毒	19.0	18.4
色情信息	11.9	13.2
黑客入侵	11.0	8.6
上网成瘾	10.7	9.7
找不到对自己有用的信息	10.0	12.8
虚假信息误导	9.1	9.5
家长干涉	8.5	4.7
网上性骚扰	7.3	8.2
结识不良网友	6.6	8.5
暴露隐私	5.8	6.1
其他	0.0	0.4

上网成瘾,有些青少年更为知道自己已经网络沉溺,但仍无法克制上网欲望而忧心忡忡。“就像吸了毒一样,我明知道这样下去我完了,我肯定考不上重点大学了,可我就是想去(网吧)。”(女,17 岁,高中生,网龄 5 年)“一开始玩我就怕上瘾,真的,可真就离不开了。……后来我下决心戒了一段网,……可是不行啊,我老惦记着我在 QQ 里的好友还有江湖上的家,学也学不下去,就又上线了。”(男,14 岁,初中生,网龄 2 年)可见,不少网络沉溺者的心态是很矛盾的:一方面,他们陶醉于网络世界所带来的快乐,另一方面,却因为自己沉溺其中而深深自责和担忧;一方面,他们表面上显得不服家长约束,甚至经常因为上网而与父母发生争执,另一方面,却又对家长的干涉很敏感,向家长隐瞒自己上网的真实情况。①

① 调查显示,在网络沉溺群体中,有 47.5% 的青少年曾经因为上网而“与父母发生争吵”,而非沉溺群体这一比例则只有 9.4%,另有 71.5% 的网络沉溺者会“向家人和朋友说谎,隐瞒自己对网络的着迷程度”,而只有 12.0% 的非沉溺者会这样做。

三、青少年网络沉溺群体的网络认知状况

为了具体了解青少年网络沉溺群体的网络认知状况,我们对网络沉溺群体的网络认知进行了因子分析。① 根据因子分析结果,我们以因子值系数为权数,计算出网络沉溺群体在网络认知各因子上的得分状况。为了便于说明,我们将因子得分转换为 1 ~ 100 的指数,统计结果见表 7.21。

表 7.21 网络沉溺群体网络认知的均值、中位值、众值及标准差

	沟通交流	社会问题	能力提升	信息焦虑
均值	60.772	57.931	53.836	48.964
中位值	60.797	57.601	56.110	49.247
众值	58.936	69.185	59.680	67.480
标准差	16.950	16.675	15.221	18.345
最小值	5.641	15.876	13.229	6.002
最大值	94.783	93.638	100.000	86.395

表 7.20 的统计数据显示,青少年网络沉溺群体的网络认知,在沟通交流因子上的平均得分最高,然后依次为社会问题因子、能力提升因子和信息焦虑因子。与非沉溺群体相比,网络沉溺群体除了在社会问题因子上的得分较高外,在沟通交流、能力提升和信息焦虑三个因子上的得分均

① 因子分析采用主成份分析作为抽取因子的方法,以特征值大于 1 作为选择因子的标准,采用正交旋转法中的最大方差旋转法作为转轴方法。运用 KMO 测度和巴特利特球状检验检测了变量之间的相关性。其中 KMO 值为 0.868,巴特利特球状检验的卡方值为 10602.42,自由度(df)为 351,在 0.000(Sig. = .000)水平上统计检验显著。因子分析共析出特征值大于 1 的因子四个,我们根据各因子的共性,分别命名为沟通交流、社会问题、能力提升和信息焦虑,四个因子的方差贡献率分别为 18.433%、15.680%、11.951% 和 10.656%,累积方差贡献率为 56.720%。Cronbach's α 信度检验各因子的 Cronbach's α 系数分别为 0.7773、0.7468、0.7427 和 0.5962,总 Cronbach's α 系数为 0.7638。

低于非沉溺群体。但是,从频数统计来看,网络沉溺群体对网络正面作用的认知,如“能促进信息流通”、“方便人际沟通与联络”、“丰富了青少年的课余生活”、“增加商品销售渠道”等的同意率都超过了70%,即使最低的“能够提高青少年的学习兴趣”、“可以获得免费软件和资料,有利于信息共享”等的同意率,也分别达到了62.1%和59.2%;而对网络负面作用的认知,如“网络容易导致色情和暴力信息泛滥”、“会让人变得过于依赖网络”、“会导致垃圾信息泛滥”等最高三项的同意率分别为55.4%、57.1%和47.5%,而最低一项“信息太多,加重人们的学习和工作负担”的同意率为36.1%。可见,即使是网络沉溺群体,也更倾向于肯定网络的积极影响。

第四节　青少年网络沉溺行为影响因素分析

通过前面对青少年网络沉溺行为的分析,我们获得了两个有关青少年网络沉溺的描述性数据:一是青少年网民的网络沉溺规模;二是青少年网民在网络沉溺倾向量表上的得分水平。下面,我们以这两个描述性数据为因变量,分别建构两个回归模型,来梳理和分离出对青少年网络沉溺影响显著的自变量。在回归模型中,我们加入了个人特征、社会差异、网络介入程度及网络认知共四组自变量。

一、青少年网络沉溺的 Logistic 回归分析

我们首先以青少年是否网络沉溺为因变量,运用 Logistic Regression 方法,来判别上述四个方面的因素中,有哪些因素对青少年网络沉溺影响显著。为了鉴别出作用显著的自变量,我们采用向前逐步回归法,从所有自变量中筛选出显著自变量。然后,以统计模型形式检验这些自变量各自变化对因变量的作用程度,分析不同自变量对因变量的贡献率大小。

1. 变量介绍

因变量:选择“是否网络沉溺”作为因变量。具体而言,我们根据Young的诊断标准,建立一个赋值为1(网络沉溺者)和0(非沉溺者)的二分类变量,从而将所有青少年网民区分为网络沉溺和非网络沉溺两个群体。

自变量:我们选择个人特征、社会差异、网络介入程度及网络认知四个方面的因素为自变量。在所有自变量中,年龄、网龄、网络使用频率、上网持续时间和网络认知因子各变量属于定距变量,父母教育程度属于定序变量,我们近似地视为定距变量引入回归方程,而其余变量均为离散变量,因此先对这些离散变量进行虚拟变量处理后再引入回归分析。其中性别以女性为参照类,父母亲职业以无固定职业为参照类,家庭电脑状况以家里无电脑为参照类,省份以甘肃省为参照类,城市规模以小城市为参照类,上网地点以在其他地点上网为参照类。

2. 模型的建构与解释

为了筛选出对因变量解释能力较强的显著自变量,并尽量减少自变量间多重共线性影响,我们采用Logistic回归中的向前逐步回归法,建立最优的逐步回归方程,自动筛选出检验显著的自变量(逐步回归概率临界值0.05进入,0.10剔除)。经过计算,最终模型中保留的自变量有性别、省份(湖南)、城市规模(大城市)、上网地点(学校、网吧、朋友或亲戚家)、网络使用频率和上网持续时间,其余自变量均被剔除。为了排除不显著变量的干扰,我们将筛选出来的显著自变量采用全部进入(Enter)的方法,重新构造因变量与八个显著自变量的Logistic回归方程。统计输出结果见表7.22。

从对模型评价的统计结果来看,模型的-2Log likelihood为690.873,Model Chi-square为109.883,自由度(df)为8,在0.000(Sig. =.000)水平上统计显著。从预测分类表来看,模型分类预测正确率为90.0%。分别来看,八个自变量均在0.05、0.01或0.001水平上统计显著,从而肯定了各自变量对于因变量的解释作用。

表 7.22 网络沉溺影响因素 Logistic 回归分析(N = 1235)

自变量	B	S. E.	Wald	df	Sig.	Exp(B)
性别	.742	.229	10.490	1	.001	2.100
省份(湖南)	.605	.204	8.824	1	.003	1.832
城市规模(大城市)	-.439	.204	4.634	1	.031	.644
上网地点(学校)	-.542	.236	5.263	1	.022	.582
上网地点(网吧)	1.129	.239	22.232	1	.000	3.092
上网地点(朋友或亲戚家)	-1.071	.385	7.729	1	.005	.343
网络使用频率	.266	.100	7.048	1	.008	1.304
上网持续时间	.457	.110	17.365	1	.000	1.580
(常数)	-4.884	.459	113.312	1	.000	.008

根据方程输出的发生比率(odds ratio),我们发现,在控制其他变量时,进入回归方程的八个自变量,对青少年网络沉溺有程度不同的影响。其中在个人特征方面,性别因素对网络沉溺影响显著,男性青少年网络沉溺的发生概率是女性的2.1倍。从社会差异来看,湖南青少年网络沉溺的发生概率是甘肃的1.832倍,大城市青少年是小城市青少年的64.4%。从网络介入程度来看,经常在网吧上网网络沉溺发生概率是经常在其他地点上网的3.092倍,而经常在学校及朋友亲戚家上网则分别是在其他地点上网的58.2%和34.3%。而网络使用频率和上网持续时间每增加一个单位,网络沉溺的发生概率分别增加0.304倍和0.58倍。

从最终模型来看,青少年个人特征、社会差异、网络介入程度和网络认知这四组自变量,除作为社会差异变量的家庭背景变量和网络认知变量没有进入最终模型,因此对网络沉溺的影响不显著外,其他自变量组都对网络沉溺有显著影响。

由于 Logistic 回归模型中自变量的回归系数均为偏回归系数,表示在控制其他变量的情况下,各自变量对因变量的单独作用,因此无法直接比较八个自变量的相对作用。为此,我们通过比较各自变量的标准化回归系数,来进一步分析这个问题。根据标准化回归系数计算公式:$\beta_i = (b_i \times S_i) \div (\pi \div \sqrt{3}) \approx (b_i \times S_i) \div 1.8138$,[①]我们计算出各自变量的标准化回归系数(见表7.22)。其中β_i为第i个自变量的标准化回归系数,b_i为第i个自变量的非标准化回归系数,S_i为第i个变量的标准差,$\pi \div \sqrt{3}$为标准Logistic分布的标准差,近似等于1.8138。

从表7.23可以看出,经常在网吧上网对青少年网络沉溺的影响最大,然后依次是在朋友或亲戚家上网、上网持续时间、性别、网络使用频率、省份(湖南)、在学校上网,作用最小的是城市规模(大城市)。

表7.23　网络沉溺Logistic回归自变量的标准化回归系数

自变量	b	S	β
性别	.742	.491	.201
省份(湖南)	.605	.481	.160
城市规模(大城市)	-.439	.500	-.121
上网地点(学校)	-.542	.479	-.143
上网地点(网吧)	1.129	.498	.310
上网地点(朋友或亲戚家)	-1.071	.374	-.221
网络使用频率	.266	1.152	.169
上网持续时间	.457	.875	.220

二、青少年网络沉溺倾向的多元回归分析

为了探寻青少年网络沉溺倾向的影响因素,我们进一步以网络沉溺倾向综合得分为因变量,以青少年个体特征、社会差异、网络介入程度和网络认知因子得分为自变量,进行多元回归分析。回归结果见表7.24。

① 郭志刚主编:《社会统计分析方法:SPSS软件应用》,北京:中国人民大学出版社1999年版,第202页。

表 7.24 网络沉溺倾向影响因素多元回归分析(N=1231)

自变量	非标准系数	标准系数
性别	.104 ***	.157
年龄	-.004	-.039
父亲教育程度	.011	.032
母亲教育程度	.004	.011
父亲职业(工人与普通职员)	.008	.011
父亲职业(技术与管理人员)	-.026	-.039
母亲职业(工人与普通职员)	-.012	-.018
母亲职业(技术与管理人员)	-.020	-.027
家里有电脑但不能上网	-.015	-.014
家里有电脑并且能上网	-.024	-.036
省份(湖南)	.019	.027
省份(浙江)	-.028	-.041
城市规模(大城市)	-.040 *	-.061
上网地点(家里)	-.072 ***	-.104
上网地点(学校)	-.045 *	-.067
上网地点(网吧)	.025	.038
上网地点(朋友或亲戚家)	-.019	-.022
网龄	.006	.019
网络使用频率	.018 *	.063
上网持续时间	.078 ***	.206
沟通交流因子	-.001	-.028
社会问题因子	.002 ***	.091
能力提升因子	2.523E-05	.001
信息焦虑因子	-1.190E-05	-.001
(常数)	-.216 *	
R^2	.120	
F	6.881 ***	

* $p<0.05$, ** $p<0.01$, *** $p<0.001$

表7.24的模型用线性回归分析检验了青少年网络沉溺倾向与个人特征、社会差异、网络介入程度及网络认知之间的关系。从回归结果可以发现,对青少年网络沉溺倾向影响显著的自变量包括性别、城市规模(大城市)、上网地点(家里、学校)、网络使用频率、上网持续时间,以及网络认知中的社会问题因子。其中城市规模(大城市)、上网地点(家里和学校)对青少年网络沉溺倾向的作用方向是负向的,也就是说,相比小城市青少年和在其他地点上网,大城市青少年、经常在家里和学校上网的青少年网络沉溺倾向较低。而其他变量对网络沉溺倾向的作用方向皆为正向,也就是说,男性较女性网络沉溺倾向较高;网络使用频率越高,上网持续时间越长,在社会问题认知因子上得分越高,网络沉溺倾向也越明显。这其中,上网持续时间的影响最大(0.206),性别因素也具有较强的解释力(0.157),其他变量对青少年网络沉溺倾向的解释力,从大到小依次为在家里上网(-0.104)、网络社会问题认知因子(0.091)、在学校上网(-0.067)、网络使用频率(0.063)和城市规模(-0.061)。综合来看,青少年个人特征、社会差异、网络介入程度和网络认知这四组自变量都对网络沉溺倾向有影响,但其中作为社会差异变量的家庭背景作用不显著。该模型的消减误差比例为12.0%。

进一步综合分析青少年网络沉溺的逻辑回归和多元回归两个解释模型,我们可以发现,两个模型中自变量与因变量之间的关系,呈现出相当程度的一致性。在青少年个人特征因素中,性别始终起作用并且作用显著,而年龄因素不起作用(不过,这可能是因为我们的调查对象仅限于在校青少年造成的,换言之,在13~24岁这个年龄段,年龄差异不显著);在代表社会差异的两组变量中,只有地域起一定的作用,所有家庭背景因素则都不起作用;而包括上网地点、网络使用频率和上网持续时间在内的网络介入程度的影响作用最为显著。这意味着,导致青少年网络沉溺最主要的因素,是网络使用状况。

第五节 结论与讨论

本章在分析青少年网络沉溺规模的基础上，进一步对网络沉溺的基本类型进行了界定和梳理；同时尝试建构了一个青少年网络沉溺量表，并借助这一量表对青少年网络沉溺倾向进行了测量；在分析青少年网络沉溺群体的网络行为特征基础上，建构了两个网络沉溺行为解释模型。概括地说，通过本章的研究，我们大致可以得出以下几点结论：

首先，根据 Young 的网络沉溺诊断指标，我们发现在 13～24 岁青少年网络使用者中，网络沉溺青少年的比例约为 10.2%，说明青少年网络沉溺在今天已经是一个不可忽视的社会问题。通过对网络沉溺群体的性别、年龄、家庭背景和地域差异的分析，我们发现，男性青少年的网络沉溺比例明显高于女性，而湖南和甘肃两省青少年的网络沉溺比例要稍高于浙江，但在年龄、家庭电脑状况、城市规模等方面，青少年网络沉溺比例并没有明显的差异，这进一步表明青少年网络沉溺在今天已经不是只局限于某一类人群或地域，而是具有一定程度普遍性的社会问题了。通过分析网络沉溺因子得分状况，本研究还发现，青少年在网络沉溺的心灵慰藉因子上得分较高，而且在网络沉溺倾向得分上差异较大。从网络沉溺类型来看，网络游戏沉溺比例较高，但网络游戏沉溺和网吧沉溺往往交织在一起，甚至有不少网络沉溺青少年同时具有两种网络沉溺症状。

其次，在网络行为上，网络沉溺群体与非沉溺群体表现出一定程度的行为差异。在网络使用行为上，与非沉溺群体相比，网络沉溺群体更经常在网吧上网，其网络介入程度也明显高于非沉溺群体；在上网动机上，相对于非网络沉溺群体，网络沉溺群体更倾向于“玩网络游戏”、“逃避现实中的问题”等娱乐性和情感性网络使用，而非沉溺群体则更倾向于“查找资料”、“与朋友和家人联络”等工具性和实用性网络使用，同时，网络沉溺群体往往比非沉溺群体对网络抱有更多的情感期待，如“实现在现实中无法实现的愿望”等;在实际参与的网络行为上,网络沉溺群体参与“玩网络游戏”、“聊天交友”、“收看或下载电影和音乐”等娱乐性和情感性行为的比例,也明显高于非沉溺群体。

再次,网络沉溺群体与非沉溺群体对网络空间的整体感受也非常接近,多数倾向于把网络空间视为一个“娱乐场所”、“知识场所”、“沟通和互动场所”,以及“自我实现场所”。但相对而言,非沉溺群体视网络为知识场所的比例更高,而沉溺群体则更倾向于将网络比喻为一个休闲娱乐和实现自我的场所。对于网络沉溺者来说,网络更像是另一重生活空间,他们在其中重新形塑和建构着自我的不同面向。同时,无论是网络沉溺群体还是非沉溺群体,都倾向于肯定网络对社会的积极影响。值得注意的是,网络沉溺群体对待网络的心态充满着矛盾,一方面,他们陶醉和沉浸于网络所形塑的虚拟世界带来的快感,另一方面,却深深担忧自己会沉溺其中而不能自拔;一方面,表面上显得不服家长约束,甚至经常因为上网而与父母发生争执,另一方面,却又对家长的干涉很敏感,向家长隐瞒自己上网的真实情况。

最后,综合分析青少年网络沉溺行为的两个解释模型,我们发现,现实因素、网络使用因素和网络认知因素都对网络沉溺有显著影响。不过比较而言,个人特征、家庭背景、地域和网络认知对网络沉溺的影响作用,除性别和地域因素作用显著以外,其他因素的作用并不明显,而与此不同,网络使用因素,包括上网地点、网络使用频率和上网持续时间,都对网络沉溺影响显著。这意味着,网络使用状况是影响青少年网络沉溺的最主要因素。具体而言,网络使用频率越高、上网持续时间越长、越是经常在网吧上网,网络沉溺的可能性就越大。本研究认为,网络因素被凸显出来成为影响青少年网络沉溺的关键因素,在相当程度上是因为,网络作为一个流动空间,打破了现实世界的时空界限。“一旦连上了网,那就是网络的世界了,哪里有什么地域划分啊,有的只是这个聊天室和那个聊天室的区别。无论现实情况中我身在哪里,只要连上网,看到听到经历到的都是一样的。”(男,22岁,大学生,网龄5年)这种空间感受,自然会削弱现实因素的影响力，而网络使用行为的作用则被凸显了出来。

与国内外同类研究相比，我们的研究有不少类似的发现。例如，国内外有关调查一再证明，网络介入程度与网络沉溺行为之间存在着显著的正相关，相对于一般网民，网络沉溺者的网络使用频率更高，上网持续时间更长。① 我们的调查结果也显示，具有网络沉溺行为症状的青少年，其网络使用频率和上网持续时间都明显高于非网络沉溺者。又如，我们的调查证明了网络沉溺与经常在网吧上网之间存在着正相关；而在网络行为上，网络沉溺群体比非沉溺群体更倾向于从事"玩网络游戏"、"聊天交友"、"收看或下载电影和音乐"等娱乐性和情感性行为。② 但是，我们的研究也有一些与国内外同类研究不同的发现，例如 Morahan-Martin & Schumacher 在其研究中，发现网络沉溺群体有着比非沉溺群体更高的网络行为广泛度，而据中国青少年网络协会 2005 年底发布的调查报告，网络沉溺群体参与的网络行为类型较非沉溺群体更加单一，我们的研究则与这两个结论都不同，我们发现网络沉溺群体与非沉溺群体在网络行为广泛度上并不存在显著的差异。

基于对青少年网络沉溺行为及其影响因素的上述分析，我们认为，对青少年网络沉溺行为进行有效的社会控制，至少需要考虑以下几个方面的问题：首先，从网络沉溺行为控制的目标群体来说，应该把重点放到男性青少年身上，因为男性青少年网络沉溺的比例高出女性一倍以上。其次，控制上网地点是一个预防青少年网络沉溺发生的有效措施。分析结果显示，上网地点对网络沉溺行为和沉溺倾向有显著的影响，经常在网吧

① S. 特克：《虚拟化身：网路空间的身份认同》，谭天等译，台北：远流出版事业 1998 年版；韩佩凌：《台湾中学生网络使用者特性、网络使用行为、心理特性对网络沉迷现象之影响》，台湾师范大学教育心理与辅导研究所硕士论文，2000 年；王澄华：《人格特质与网络人际互动对网络成瘾之影响》，台湾辅仁大学心理研究所硕士论文，2001 年；K. S. Young Internet addiction：A New Clinical Phenomenon and Its Consequences. *American Behavioral Scientist*, 48(4), 2004；K. Scherer, College life on-line：Healthy and unhealthy Internet use. *The Journal of College Student Development*, 38, 1997.

② 中国青少年网络协会：《中国青少年网瘾数据报告》，http://www.sociology.cass.cn/shxw/shwt/P020051125303700461858.pdf，2005 年。

上网与网络沉溺之间存在正相关关系,而在学校、家里、朋友或亲戚家上网则对网络沉溺有抑制作用。因此,需要一方面严格控制青少年使用网吧的频率,同时,在学校等有人监控的场所多设置上网设施,以方便青少年使用网络。再次,由于较高的网络使用频率和长时间持续上网是引发青少年网络沉溺的一个重要原因,因此,适当控制青少年的网络使用频率和网络使用时间,也是预防青少年网络沉溺的一个有效措施。最后,青少年的网络认知,也对网络沉溺有一定程度的影响,因此,对青少年进行必要的网络素养教育,培养合理的网络行为意识,增强自我控制能力,也是预防和控制青少年网络沉溺的有效措施之一。

第八章

结论与建议

目前,使用网络已经成为极大多数城市青少年日常生活的重要内容。深入分析青少年网络行为的行为结构和行为逻辑,提出青少年网络行为社会控制的政策建议,对构建和谐的网络空间和网络行为秩序,促进青少年身心健康发展,有着十分重要的理论价值和现实意义,也是本研究的主要目的。因此在最后,我们基于前面各章的讨论,简要总结一下本研究中具有学术价值和政策意义的主要发现,并在此基础上提出青少年网络行为社会控制的政策建议。

第一节 研究发现

一、主要研究发现

1. 网络介入程度与社会差异的新面向

社会差异和社会分层是社会学分析社会结构的一个重要视角。① 本研究发现,青少年在网络使用行为或者说网络介入程度上的差异,已经成

① D. 波普诺:《社会学》,李强等译,北京:中国人民大学出版社 2000 年版;郑杭生、李路路等:《当代中国城市社会结构:现状与趋势》,北京:中国人民大学出版社 2004 年版;D. 格伦斯基:《社会分层》,王俊等译,北京:华夏出版社 2006 年版。

为网络时代青少年社会差异一个新的重要面向，它不仅使社会差异呈现出新的面貌和特征，而且已经对青少年的网络行为产生了实际的影响，成为影响青少年网络行为的关键因素。

借助对网络介入程度与青少年个人特征、家庭背景和所在地域的回归分析，本研究发现，青少年的网络介入程度差异，在一定程度上复制、延续和再生产了现实生活中既有的社会分层和地域差异。也就是说，青少年网络介入程度作为一种新的社会差异，并没有改变现实社会生活中已有社会差异的实质和形成逻辑，在网络空间，青少年的现实社会差异，通过网络介入程度差异被延续、复制和再生产了出来。然而，研究也发现，现实社会分层和地域差异与青少年网络介入程度差异之间的关系，也并非简单的一一对应关系。一方面，现实生活中既有的家庭社会经济地位和地域差异，仍然是影响青少年网络介入程度的重要因素，它们构成了青少年网络使用的“结构性机会差异”，[①]具有较高家庭社会经济地位或者生活在社会经济发达地区和大城市的青少年，有可能享受更多的网络资源，从而造成他们与生活在经济贫困家庭、社会经济欠发达地区和小城市青少年之间在网络使用上的社会不平等；但另一方面，我们也发现，虽然网络介入程度与青少年的家庭社会经济地位、所在地域等现实社会差异之间存在着一定程度的关联，但是在许多具体变量如父母教育程度、母亲职业等变量上，这种相关性在统计上并不显著。造成这一结果的原因较为复杂，但是对网络使用行为的回归分析表明，网吧作为一个青少年能够便捷、经济地使用的上网场所，对于消解这种关联和制约，显然起着重要的作用。网吧的意义，在于为那些因为经济条件限制而无法在家里或学校方便上网的青少年，提供了一个方便、经济地接触和使用网络的基本渠道，从而在一定程度上抑制和削弱了家庭社会经济地位及地区差异对青少年网络使用行为的制约，导致现实社会差异与网络介入程度之间的关

① P. Norris, *Digital divide? Civic engagement, information poverty and the internet Worldwide.* Cambridge: Cambridge University Press, 2001.

联逻辑发生改变甚至某种程度的断裂。因此可以说,网络介入程度一方面延续、复制和再生产了现实生活中既有的社会分层和地域差异,另一方面,由于网吧使用因素的介入,网络介入程度与现实社会分层和地域差异之间并不完全重叠,甚至出现了一定程度的"断裂"。

关于青少年网络介入程度与现实社会差异关系的这一发现表明,网络介入程度是一个在一定程度上超越了传统社会分层维度的新社会分层维度,因此,对于已经使用网络的社会或社会群体来说,网络介入程度是我们分析社会差异时,必须加以特别考量的一个新社会差异面向或者说新社会分层因素。① 更进一步来看,由于网络介入程度这一关键变量的介入,青少年的网络行为也将会发生实质性的改变。因此,网络介入程度也是分析和把握青少年网络行为逻辑时,所必须认真考量和分析的重要影响因素。

2. 网络空间建构与青少年网络行为结构转变

"时空结构是社会的基本结构,或基础性结构,它参与形成和建构了社会的生产和再生产结构(物质的和文化的,如马克思和布迪厄等人所研究过的),以及形形色色的制度结构和观念结构(如社会学家通常所研究的)",②也是制约和形塑社会行为的基础结构。社会学强调,时空结构不只是人们进行社会行为的环境和场所,而且是社会行为的内在构成因素,作为渗透于社会行为过程中的关键因素,时间与空间形塑了行动者可以实施的行为种类。正如吉登斯的结构化理论所强调的那样,时间和空间是社会行为的建构因素,应该从社会系统在时空伸延方面的构成方式来理解和把握社会行为,而不应只把社会时空仅仅视为社会行为的环境。在不同的社会时空中,人们的社会行为会呈现出不同的形式、特点和逻辑。同时结构化理论强调,在社会行为与社会时空之间存在着复杂的相互作用,行为者在社会时空中的行为本身,会再生产出使行为成为可能的

① 邱泽奇:《数码区隔与中国社会》,《网络传播与社会发展》,北京:北京广播学院出版社 2001 年版。

② 景天魁:《中国社会发展的时空结构》,《社会学研究》1999 年第 6 期。

社会时空,不断地重建和转变社会时空。

互联网作为一个复合媒介或者说复合空间,在时空结构上已经呈现出一些全新的社会特性和社会逻辑。作为一个建基于网络技术范式,受网络化逻辑支配的新社会时空,网络正在形塑新的行为结构与行为逻辑。卡斯特强调,网络信息技术范式"彻底转变了人类生活的基本向度:空间与时间。地域性解体脱离了文化、历史、地理的意义,并重新整合进功能性的网络或意象拼贴之中,导致流动空间取代了地方空间。当过去、现在与未来都可以在同一则信息里被预先设定而彼此互动时,时间也在这个新沟通系统里被消除了。流动空间(space of flows)与无时间之时间(timeless time)乃是新文化的物质基础,超越并包纳了历史传递之再现系统的多种状态。"①卡斯特尝试运用流动空间与无时间之时间概念,来具体解释网络社会在时空结构上的这种转变。基于卡斯特的研究,我们认为,网络在时空结构上正在逐渐丧失工业社会时空的本质性特征,开始凸显出某些新的社会特性,我们简要地将这种新的时空特性概括为时空结构的二元交织。② 青少年网络行为所呈现出来的独特行为特征,正是由于出现了二元交织的网络时空结构这一关键变量所致。由于互联网的推动,日常社会生活中有着确定物理和社会边界的区域化行为场所,正越来越被在物理地点缺场的虚拟场所所取代,从而造成场所边界的模糊甚至消失,人们在网络空间的行为,也因此成为一种发生在边界之上或者说跨越边界的活动。以青少年网络互动行为为例,正如本研究所显示,网络的影响显然不只是提高了社会互动效率和扩展了互动范围这样简单,更重要的在于,网络改变了青少年的互动行为结构,借助互联网,青少年不需要面对面接触,就能够建构和维持社会关系网络。

具体而言,由于网络空间的崛起,青少年的互动行为发生了多面向的

① M. 卡斯特:《网络社会的崛起》,夏铸九等译,北京:社会科学文献出版社 2003 年版,第 465 页。

② 黄少华、翟本瑞:《网络社会学:学科定位与议题》,北京:中国社会科学出版社 2006 年版。

结构转变:(1)网络为青少年提供了一个超越面对面互动的匿名互动场域。借助这一互动空间,青少年不仅可以维持与延续现实生活中的社会互动,而且可以发展出新的与陌生人之间的社会互动,并且这种由网络所建构的互动网络,能够像现实社会网络那样为青少年提供实质性的社会支持。(2)网络空间不仅是一个社会互动场域,而且是一个自我呈现场域,它充分结合了社会互动的两大功能:互动性和自我呈现。网络空间的结构性特征,导致物理地点与社会地点相脱勾,物理地点在网络行为中的作用被削弱,青少年因此能够在网络互动中更加开放地呈现自我,通过操控自我呈现,有选择地展现自我面貌,甚至重新塑造新的自我。这种自我呈现,因为网络空间的场域特性而变得多元、流动和不确定,而且网络介入程度越高,自我呈现的这种后现代特征体现得越充分。(3)在网络空间,由于身体不在场和匿名,因此青少年的社会互动呈现出一种高自我暴露(self disclosure)的特征,以前只是作为私人话题的个人情感、内心感受,在网络空间却成了可以公开讨论的话题,而且这种公开讨论已经不再与共同在场联系在一起。这意味着,在网络交往中,私人空间与公共空间的界限已经开始变得非常模糊,而与此同时,公开场域与公共领域之间,却发生了结构性的分离。(4)在网络互动中,共同的兴趣成了取代现实社会关系纽带的新关系纽带,网络互动由此而凸显了格兰诺维特所说的弱关系特征。不过,与格兰诺维特发现弱关系的力量在于提供信息不同,在网络互动中,弱关系的力量更多地在于为青少年提供情感支持。因此也可以说,网络互动更类似于吉登斯所说的"纯粹关系"(pure relationship)。主导青少年在网络空间这一交往场域的基本互动原则,已不再是获得资源和收益,而是追求互动本身的快乐。(5)在现实社会生活中,人们之间的信任是建立在彼此熟悉和确信的基础上的,但由于网络交往更像是一场陌生人之间的互动游戏,从而在客观上增加了网络空间的风险性,日常生活中的信任基础,在网络空间已丧失了作用,而网络交往认知因素则被凸显出来,成为影响青少年网络人际信任的关键因素。

如果说网络空间形塑了青少年网络行为的基本结构,青少年的网络行为由此而呈现出诸多新的行为特征,那么青少年在网络空间的行为,又反过来形塑着网络空间的基本结构和面貌。正是由于网民的实际参与,网络空间的结构特征在短短的十余年间发生了巨大的改变,网络空间从最初单一的信息空间,到今天已经转变成为一个几乎与社会生活所有面向都密切相关的复合空间。本研究发现,网络空间的建构,并不仅仅由网络技术所决定,青少年实际参与的网络行为,对于网络空间的空间特性形塑,起着更加关键的作用。以 BBS 为例,人们一般倾向于认为,与 QQ、MSN 等实时聊天空间不同,BBS 非实时互动场域更像是一个讨论性的网络公共领域。然而本研究却发现,有相当数量的青少年却把网络空间视为一个公私交织的社会互动平台,在 BBS 空间被青少年讨论和关注得最多的,是往日被人们视为次要的、难登大雅之堂的个人情感和内心感受。青少年对 BBS 空间的这种个人化使用,导致 BBS 在事实上变成了一个公私交织的空间,甚至变成了一个私人化的情感表达和情感发泄空间。这意味着:网络空间的空间特征,在相当程度上是由青少年的网络行为形塑、建构和转换的。正是因为青少年实际参与的网络行为的社会特性,建构、形塑和转换着网络空间的空间结构和空间特性。因此,在考察网络空间如何影响和制约青少年网络行为的同时,有必要考察青少年如何通过自己的行为建构和转变着网络空间。只有这样,我们才能对青少年网络行为的实质和意义,有一个完整、全面的分析和了解。

概括地说,本研究关于网络空间建构与青少年网络行为结构转变的发现,表明了网络行为与网络空间是一种相互建构的关系。也就是说,一方面,网络空间是引发青少年网络行为转变的关键变量(但并非唯一的决定因素,技术决定论是对两者关系的误读);另一方面,面对网络空间,青少年是主动的行为者,他们按照自己的理解,积极地介入和参与到网络世界之中,而并非被动地接受网络的影响。网络世界则因为青少年的实际参与,由技术世界而变成了一个具体、生动的社会生活世界。

3. 青少年网络行为逻辑的断裂

本研究借助 Logistic 回归分析和多元线性回归分析,对青少年个人特征、社会差异、网络介入程度、网络认知与其网络行为的相关性，进行了具体的统计分析，目的在于揭示青少年网络行为的基本行为逻辑。分析结果表明，父母职业、教育程度、家庭电脑状况等现实社会分层，以及地域差异对青少年网络行为尤其是网络使用行为，有着一定程度的影响，但这种影响的强度，在多数变量上并不显著。比较而言，个人特征和网络介入程度对网络行为的影响，则被明显地凸显了出来，成为影响网络行为最主要的因素。这意味着，网络空间的介入，虽然没有完全消解现实社会差异对网络行为的影响，但却无疑导致了其影响力的下降，而个人特征和网络使用因素的影响力，则被显著地凸显了出来。一方面，在网络空间，网络介入程度取代社会差异等现实社会因素，成了影响青少年网络行为的关键因素；另一方面，网络空间对青少年网络行为的影响程度，又因为青少年的个体差异而有所不同。在网络空间，青少年并不是一个网络影响的被动接受者，而是一个主动的网络行动者。

具体分析青少年个人特征和网络介入程度对网络行为的影响，我们可以发现一个基本特点：多数自变量对不同类型网络行为的作用方向和作用程度有着明显的差别，呈现出一种不确定、多元化、碎片化的特征。例如与女性比较，男性与网络信息搜寻行为、娱乐交友行为之间呈现出一种负相关关系，而与工具利用行为和色情及其他行为之间则呈正相关关系；又如，在网吧上网与信息搜寻行为和工具利用行为呈负相关，而与娱乐交友行为则呈正相关。我们认为，出现这种情况，除了反映测量指标可能存在缺陷外，更有可能是因为网络的崛起，凸显了另一个重要的社会事实：青少年在网络空间的行为逻辑已经发生了一定程度的断裂，开始呈现出一种跨越传统社会边界，以及个人化、多元化和碎片化的特征。换言之，网络空间作为新的行为场域的凸显，对青少年的社会行为来说，意味着一个新的关键变量的介入，它已经或多或少地导致了青少年在网络空间的行为方式的转变，导致青少年网络行为开始呈现出多元化、碎片化、不确定等后现代特征，或者说，呈现出一种超文本式的行为逻辑。与现实社会行为相比，这是一种新的行为逻辑，因此可以说，青少年的网络行为已经与现实社会行为发生了某种程度的结构断裂(breaking)。

4. 网络认知及其与网络行为的相关性

由于网络认知是一个复杂、多维的体系,因此需要建构一个包含多个维度的指标体系加以测量。在本研究中,我们将青少年的网络认知,从内容上具体界定为对网络空间的感知、网络行为感受,以及对网络的社会影响的认知三个基本维度;而在测量层次上,主要包括吉登斯所说的行为者的话语意识(discursive consciousness)和实践意识(practiocal consciousness)两个层面。研究显示,相比于个人特征、社会差异和网络介入程度与网络行为的关系,青少年网络认知与网络行为之间的关系,呈现出更为复杂的情形。

关于青少年的网络认知,本研究发现,一个重要特点是,青少年网民普遍倾向于把网络视为一个知识场所、休闲娱乐场所和社会交往平台,并且视为一个不受身体约束、可以重塑自我面貌和自我认同的行为空间。研究还发现,有着不同个人特征和网络介入程度的青少年,无论是在话语意识层面,还是在实践意识层面,基本上倾向于肯定网络的正面价值和积极作用。不过,在话语意识层面,青少年对网络的积极作用和消极作用认知得分差别并不显著,相比而言,在实践意识层面,青少年更倾向于肯定网络的积极作用。这意味着,受社会主流意识对电脑与网络好恶交织的认知与价值观念影响,在话语意识层面,青少年的网络认知也呈现出一种好恶交织的特征,而在更多基于自己的网络行为感受的实践意识层面,青少年对网络的认知,相对而言更为正面和积极。同时,在网络介入程度不同的青少年眼里,网络的社会面貌和社会意义也有所不同,对一般网络使用者来说,网络主要是一个获取信息的渠道,而对那些重度网络使用者来说,网络则更像是一个娱乐交友和休闲场域。

关于网络认知与网络行为的关系,本研究借助回归分析发现,青少年话语意识层面的网络认知,与网络行为的相关性在统计上基本不显著;相反,实践意识层面的网络认知,则与网络行为存在着显著的统计相关性。也就是说,青少年关于网络的话语意识,多不会直接对网络行为发生显著影响,而他们在实际使用网络过程中建构的网络认知,即有关网络情景和网络行为的实践意识,则会明显影响其网络行为。造成这种结果的原因较为复杂,但其中一个重要原因,很有可能是因为青少年关于网络的话语意识,主要是来自媒体、学校或者家庭教育的主流话语,因而对青少年来说更多地只是一种外在的知识而已,而他们对作为行为场域的网络空间的具体认知,则是基于自己的网络行为感受而建构的实践意识,是一种内在的行为经验,因而与其网络行为存在着显著的相关性。此外,另一个值得注意的原因,可能是因为网络空间的去边界、去地域、二元交织的时空特性,引发了青少年网络认知和价值观念的改变,网络认知开始呈现出一种不确定、碎片化、多元性、相对性及个体化、感性化特征,而网络价值观念则呈现出价值主体不确定、价值观念碎片化、价值规范多元化、价值标准相对化以及个体化感性价值凸显等特征。这种"超文本"式网络认知和后现代价值观,有可能打断网络认知与网络行为之间的线性逻辑联系,使网络认知与网络行为的关联呈现出复杂多元的面貌。未来对网络认知的测量,应该更侧重于实践意识层面,进一步梳理青少年基于不同网络场域和网络行为的网络认知与感受,并在此基础上分析网络认知的不同侧面与不同类型的网络行为之间的具体关联。

5. 关于网吧行为和网络游戏行为的发现

在今天,网吧对于青少年来说,已经不仅是一个重要的休闲娱乐和社会互动场域,而且是一个重要的获得情感满足和成就满足的场域。无论是打发业余时间、消除寂寞、进行在线娱乐、放松心情,还是释放现实生活压力、重塑自我形象、拓展社会交往、展现自我控制能力,青少年都能在网吧场域借助网络游戏和聊天交友等网络行为得以实现。对许多青少年来说,网吧作为重要的上网场所,其象征的已远不只是一个物理地点,而且是一个能快速通向快乐的虚拟世界的便捷通道,一个具有多重意义的全新行为场域。对许多沉迷网吧的青少年来说,网吧指向的,更是一个颠覆、解放的世界,是一个能让他们逃避现实世界,重新塑造自我认同的空间场域。真实和虚拟在其中相互渗透、相互指涉、相互交织,想象、真实与虚构相互聚合成为一个虚实、公私交织的世界,青少年因此而在网吧场域实现了许多梦想,获得了许多情感与成就满足。这是网吧场域为什么对青少年有着如此巨大吸引力的原因所在。我们发现,在最近三个月内,有78.8%的青少年或多或少地使用过网吧(这其中,有9.3%属于重度网吧使用者),可见网吧对今天的许多城市青少年来说,已经是展开网络活动的重要场所,使用网吧也已经成为日常生活的重要内容。而上网聊天、玩网络游戏、在线看电影或听音乐,以及上网找资料,是吸引青少年使用网吧的主要行为动机。这意味着,青少年使用网吧的行为动机,主要偏向情感性行为。本研究还发现,青少年实际参与的网吧行为,以在线看电影和听音乐、聊天交友、玩网络游戏和找资料这几项参与程度最高,尤其是玩网络游戏、聊天交友和在线看电影和听音乐三项,网吧介入程度越高,其参与的程度也越高;而找资料一项,则刚好相反,网吧介入程度越高,参与程度则越低。这意味着,青少年实际参与的网吧行为,主要是情感性行为,而且网吧介入程度越高,越是倾向于参与情感性行为。青少年网吧使用的这种行为取向,值得引起关注。因为网吧作为一个公私交织的行为场域,使网络行为具有更加明显的公共行为面向。也就是说,在网吧空间,青少年的网络行为会发生明显的相互影响,甚至会影响到青少年在其他上网场所的网络行为取向,从而导致网吧使用群体的网络行为,过于偏向情感性行为,以致青少年不能更好、更充分地利用网络丰富的信息资源及其他社会资源。因此,如何引导青少年合理使用网吧,在今天已经是一个需要全社会加以高度重视的问题。

与网吧行为类似,网络游戏在今天也是青少年参与程度非常高的一项网络行为,有将近九成使用网络的城市青少年,不同程度地玩过至少一种网络游戏,尤其男性青少年的参与比例更高。从网络游戏动机来看,在网络游戏过程中能够结成游戏团队,能够在游戏过程中进行人际互动,以及借助网络游戏实现自我认同重塑,是青少年参与网络游戏的主要动机,也是网络游戏之所以吸引青少年的主要原因。而且我们发现,朋友推荐或者是有朋友一起玩,还会直接影响青少年具体选择玩哪款网络游戏。

从互动内容来说，在网络游戏过程中结成同盟或团队一起打装备或杀怪，以及在游戏中聊天交流，是最基本的互动内容。同时，网络游戏引入了对身份进行游戏的种种新可能，为青少年提供了一个他们能够操控的自我认同重塑空间，是青少年实现自我认同重塑的重要方式之一。而网络游戏之所以有这样的形塑自我认同功能，是因为网络游戏具有嬉戏的维度。在网络游戏中，一个玩家有很大自由来自己决定行为的结果，因此游戏必然是多线性的，借助这种多线性的网络游戏，青少年能够十分容易地实现多元、不确定、流动、零散和碎片化的自我认同建构。不过值得注意的是，目前青少年在网络游戏中对自我实现的追求，总体而言仍处在一个较低的层次和水平，青少年借助网络游戏寻求的，主要还只是一种情感上的满足、释放与慰藉，甚至只是将网络游戏作为一种逃避学习压力和消磨时间的方式，借助游戏在虚拟世界中短暂地感受在现实生活中被压抑的自我实现和成就满足感。这意味着，如何提升青少年在网络游戏中的社会互动和自我认同层次，是一个需要加以重视的全新社会问题。

6. 网络公共空间与私人空间界限的消解

网络空间的崛起，不仅造成了物理地点与社会“地点”的分离，使人们的社会互动不再依赖身体的共同在场，人们的社会经验也不再局限于由地理位置所界定的共同体，而且打破了社会空间界限，跨越了以物理场所为基础的空间边界，导致了一种全新的跨越社会边界的网络行为的凸显。而这种社会行为的结构性转变，甚至有可能引发社会结构的转型。

基于网络空间的技术特性，人们一般倾向于认为，类似像 QQ、MSN 这样的实时聊天场域，主要是一种私人互动空间，而像 BBS 则主要是一种公共行为和公共话语空间。但是，我们的调查结果却并不支持这样的推论。本研究对青少年在这两种不同类型的网络场域中的互动话题的调查结果表明，虽然青少年在实时聊天场域和 BBS 空间中的互动行为有不同特点，在实时聊天空间中，青少年主要谈论的话题是个人的兴趣爱好、生活、学习和情感，而在 BBS 互动空间中，青少年更多谈论的话题是社会问题和个人心情。但总体而言，这种差异背后所体现出来的，是一个共同的趋向，这就是：公共空间与私人空间之间的界限开始变得模糊甚至被消解，无论是实时聊天场域还是BBS互动空间，都呈现出公共空间与私人空间二元交织的空间特征。对于这一趋向所包含的社会意义和社会后果，值得做更进一步的深入思考。

鉴于BBS空间的技术特性，有不少学者倾向于把BBS视为一个可以理性、自由地表达意见和思想的公共领域，但通过对青少年的BBS行为意识的分析，我们却发现，在青少年的实践意识层面，更多地把BBS视为一个情绪释放、调节和发泄的空间。青少年在BBS空间的自由表达，主要是情感的自由表达和自由发泄。从这一角度而言，BBS距离成为某些学者期望的理性话语表达空间，甚至借助这种理性话语表达建构客观的公共领域，还有相当长的路要走。这也意味着，在网络空间作为公共空间（公开场域）与公共领域之间，存在着明显的结构性分离。

7. 对青少年的网络沉溺与网络暴力等网络行为问题需要认真关注

本研究根据Young的网络沉溺诊断标准，发现在13～24岁的青少年网络使用者中，网络沉溺青少年的比例约为10.2%，表明青少年网络沉溺在今天已经是一个不可忽视的社会问题。从网络沉溺的具体类型来看，网络游戏沉溺比例最高，但网络游戏沉溺和网吧沉溺往往混杂交织在一起，有些青少年甚至同时具有两种类型的网络沉溺行为症状。与非沉溺群体相比较，网络沉溺群体在网络使用行为上的特点是：更喜欢在网吧上网，网络介入程度也明显高于非沉溺群体；在上网动机上的特点是：更倾向于“玩网络游戏”、“逃避现实中的问题”等娱乐性和情感性网络使用，对网络抱有更多的期待；在网络行为上的特点是：在“玩网络游戏”、“聊天交友”、“收看或下载电影或音乐”等娱乐性和情感性行为上的参与程度较高。

借助Logistic回归和多元线性回归分析，本研究还发现，个人特征、现实社会差异和网络介入程度对青少年网络沉溺都有不同程度的影响，但比较而言，个人特征、家庭背景、地域和网络认知对网络沉溺的影响作用，除性别和地域因素作用显著以外，其他因素的作用并不明显，而网络介入程度对网络沉溺倾向的影响在统计上最为显著，网络使用频率越高、每次上网持续时间越长、越是经常在网吧上网，网络沉溺发生的概率也就越高。这在相当程度上是因为，网络作为一个流动的、无时间的空间，打破了现实世界的时空界限，从而削弱了现实社会差异对青少年网络行为的影响程度，相反，网络介入程度作为体现网络空间影响力的因素，对网络行为的影响作用，被明显地凸显了出来。

网络游戏中的暴力内容，以及青少年在玩网络游戏过程中呈现出来的暴力行为倾向，是导致人们对网络游戏世界充满焦虑的一个重要原因。的确，许多目前在青少年玩家中风靡的网络游戏，涉及暴力的内容较为常见，而且青少年在网络游戏过程中使用暴力达到升级目的的情况也不鲜见。卡尔弗特（S. L. Calvert）认为，网络技术的出现，使青少年对暴力信息的体验从旁观进入到互动参与，网络技术对青少年暴力行为的影响体现在二个方面：（1）暴力信息贯穿于游戏体验的始终，重复并增加了青少年与暴力内容的接触机会；（2）对于新技术中的暴力信息，青少年并不是旁观者，而是积极的参与者。这种能动性参与，与以前只是观看性地参与暴力相比，客观上增加了青少年暴力行为发生的可能性，甚至会直接引发现实世界中的暴力。① 本研究发现，虽然多数青少年并不认为网络游戏暴力是虚拟的，而倾向于肯定游戏暴力会造成真实的伤害，但是，对包含在网络游戏中的暴力内容，以及经常参与游戏中的暴力行为可能会对自己造成什么样的后果，大多数青少年并未能够形成真正清晰的价值判断。另外，虽然大多数青少年在面对网络游戏中的挫折和失败时，行为反应较为平和宽松，但的确也有一部分青少年在遭遇游戏挫折时，会产生"找机会报复对方"、"去杀比自己弱小的玩家发泄愤怒"等带有暴力倾向的行为反应，而且即使是那些表面上看起来作出平和反应的网络游戏玩家，其反应也有可能只是因为网络空间的身体不在场和匿名特性导致的无奈选

① S. L. 卡尔弗特：《信息时代的儿童发展》，张莉等译，北京：商务印书馆2007年版，第65页。

择,是因为限于网络的隔离作用无力实现报复的情况下采取的权宜行为反应,而并非真的无所谓。一旦满足某些特定情景或条件,例如共同在场,他们中的某些人很有可能会转而采取暴力行为,甚至有可能引发现实生活中的真实暴力冲突。因此,网络游戏中的暴力内容对青少年的心理反应和行为状态的影响,以及网络游戏中的暴力行为引发青少年游戏玩家更多的暴力行为的可能性,都需要我们加以认真的关注。

二、网络社会学:网络时代社会学新理论视野的建构①

本研究的主要发现,已在一定程度上揭示了一个新的社会事实:因为网络空间的凸显和网络使用的普及,社会学在今天必须面对许多前所未有的新社会经验。这些新社会经验,对经典社会学所使用的概念范畴乃至理论解释架构都提出了重大的挑战,社会学家必须尝试建构新的概念和思考方向,取代或融合传统的社会学概念和思考方向,以拓展社会学的思想空间,重建社会学的想像力。正如国际社会学协会(ISA)前主席 A. 马蒂尼利(Alberto Martinelli)在 2002 年 ISA 第 15 届年会上的主席发言所说,我们在"今天所面临的基本的社会学问题:我们用什么概念工具来描述、解释、说明和预测 21 世纪的社会世界。……全球化要求我们从根本上重新规定社会学传统中的主要概念。"面对全球化、网络社会、风险社会、消费社会等"深刻而彻底的社会转型",社会学在今天迫切需要建构"新概念、新理论和新叙述"。② 卡斯特也强调,网络社会议题的重要性在于:"我们置身新世界,我们需要新的理解"。③

贝克认为,由于生活形式的全球化、多元化与个人化已经成为当今西方社会的基本特征,因此经典社会学的基本理论和概念,面临着强烈的挑

① 有关此一议题的详细讨论,参见黄少华、翟本瑞:《网络社会学:学科定位与议题》,北京:中国社会科学出版社 2006 年版。

② A. 马蒂尼利:《市场、政府、共同体与全球管理》,《社会学研究》2003 年第 3 期。

③ M. 卡斯特:《网络社会的崛起》,夏铸九等译,北京:社会科学文献出版社 2003 年版,第 4 页。

战。在他看来，经典社会学的理论概念，内在地包含着三个基本原则：(1)社会学观念植根于民族国家这个“集装箱”中，因此有着明显的地域局限；(2)强调个人由其所处的环境决定，因此家庭、阶级、组织乃至民族概念，便成为我们分析个人社会生活的基本概念；(3)相信社会是不断进化的，因此持有一种明显的进化论偏见。他强调，在今天，这三个基本原则已遇到了前所未有的挑战。第一，“集装箱”的想法因为全球化进程而成了问题；第二，由于个体化进程的日益深入，人们对集体的依赖已变得非常脆弱；第三，由于科技加速进步，世界已进入风险社会；第四，信息技术与世界市场联手，内在地侵蚀了劳动社会的概念。面对当今社会的深刻变迁，经典社会学的一些基本概念如阶级、阶层、收入、教育等，已无力恰当解释实际生活中发生的新社会现象与社会问题，而变成了僵死的概念，其社会分析架构，面对当今社会多变与异质的特征，也丧失了充分掌握与解释的能力。① 例如，经典社会学中涂尔干对社会分工及韦伯对科层组织的研究，目的都在于探讨当时社会结构中个人与社会的关系，以及个人的存在状态。在今日社会生活形式逐渐步入全球化、多元化与个人化的趋势下，经典社会学的这些理论分析架构，是否仍有掌握现实社会生活脉络的解释力，已经变成一个需要我们认真面对和重新思考的问题。

在对经典社会学范式构成基本挑战的社会事实中，由于互联网崛起而形成的新社会经验，无疑是极为重要的一个方面。互联网的崛起，可以说是20世纪下半叶最具经济技术影响与科学文化意义的社会事件。它不仅为人们提供了交往与传播的新技术、新方法和新媒介，而且为人们提供了一个全新的开放式交往与行为场域，并极有可能由此导致人类社会在经济、政治和文化层面上的结构转型与重构。在目前，互联网已经对人类社会生活的诸多方面构成了强烈的冲击，而且在可以预见的将来，这种冲击还将继续存在与扩展。在网络世界，“人类以往的社会结构提供给人们的安全感和生活的连续性都将不复存在，变化和不确定性是这一时代

① U. 贝克、J. 威尔姆斯：《自由与资本主义》，路国林译，杭州：浙江人民出版社2001年版。

人类生活的主题"。[1] 相对于经典社会学的解释框架,互联网可以说是一个具有革命性意义的新概念。面对网络这一新的社会生活场域,调整和改变社会学的理论视野与问题意识,已是当务之急。利奥塔(Jean-Francois Lyotard)强调:"了解社会,今天比过去任何时候都更需要首先选择向社会发问的方式。"[2]而网络社会学对社会学可能具有的理论贡献,正在于对网络社会这一新的社会生活场域的追问,有助于建构新的向社会发问的方式。从这一意义来说,网络社会学已不再仅仅是社会学的一个分支学科,作为一种知识形态,网络社会学的发问和研究方式,极有可能建构一幅新的社会图景,一种新的社会学理论视野,从而将社会学带入一个新的领域,并由此建构社会学研究的新范式。

正如吉登斯所说:"社会理论的任务之一,就是对人的社会活动和具有能动作用的行动者的性质作出理论概括,这些都有助于经验研究。""社会理论的探求者们首先应该关注的,是重新构造有关人的存在与行为、社会再生产与社会转型的概念"。[3] 在目前,网络社会学研究的重点,也应该放在如何理解和解释网络社会行为及其与网络社会结构的互构上。或者说,面对网络空间所呈现的独特社会特性,建构一个有深厚理论思考和实证研究作支撑的概念分析架构,以解释网络社会的社会行为和社会结构,是目前网络社会学研究所面临的主要挑战,也是网络社会学研究所需要突破的重心所在。这一突破的社会学后果,可能会是一种新社会学研究范式的确立。依照这一思路,我们认为,目前网络社会学的研究,应该围绕以下基本议题展开:(1)网络社会的社会行为和社会结构。例如青少年在网络空间的社会行为,已开始呈现出一种跨越传统社会边界,以及个人化、多元化和碎片化的特征,这在社会行为层面意味着什么,

① 陈立辉:《互联网与社会组织模式重塑:一场正在进行的深刻社会变迁》,《社会学研究》1998 年第 6 期。

② J.-F. 利奥塔:《后现代状态:关于知识的报告》,车槿山译,北京:三联书店 1997 年版,第 26 页。

③ A. 吉登斯:《社会的构成:结构化理论大纲》,李康等译,北京:三联书店 1998 年版,第 36、39 页。

对社会结构变化会造成什么影响,需要我们从理论上作出深入的分析和梳理。(2)网络社会的结构性风险及其社会问题。网络社会是一个内在地包含着结构性风险的风险社会,互联网在重塑人类社会行为和社会结构模式的同时,也引发了一系列新的社会问题,例如网络人际信任问题、网络游戏中的暴力问题、网络沉溺问题等。它们呈现出比现实生活更加明显的风险特征,也需要我们在理论上做进一步的分析和梳理。(3)网络生活世界与现实生活世界的交互影响。今天,网络正在成为越来越多青少年的越来越重要的社会生活空间,与此相应,以网络空间为基础的虚拟生活经验与真实生活经验的相互渗透、相互交织,也正在逐渐成为这一部分青少年的共同生活经验,从而导致了社会界限的突破及虚实世界的交织。例如青少年在网络世界的虚拟交往,不仅建构了新的虚拟社会关系网络,而且这种虚拟社会关系网络,正在成为青少年情感支持和社会支持的重要基础,同时,青少年的网络交往,与他们的现实社会交往也正发生着日益明显的交互影响,这都应该是网络社会学研究的重要议题。

第二节 政策建议

互联网的崛起,曾被许多评论家视为一个“美丽新世界”的诞生,认为网络将推动人类社会走向一个完美的世界,“网络就是新生活”。① 但是,从本研究我们也不难发现,网络世界并非一个完美的世界,尽管网络已在相当程度上造福于人类社会,但与此同时,数字鸿沟、网络暴力、网络沉溺等网络行为问题,也时时刻刻在威胁着青少年的网络化生存。因此,对青少年的网络社会行为进行恰当的社会控制,着力形塑一个有序、美好的和谐网络世界,在今天已经是摆在全社会面前的一个不容忽视的重要社会议题。

① D. H. 罗思曼:《网络就是新生活》,郭启新等译,南京:江苏人民出版社 1999 年版。

一、网络社会的结构性风险与青少年网络行为社会控制的困境

卡斯特认为,以信息技术为核心的技术革命,正在加速重构社会的物质基础,重塑我们的生活场景,从而形塑一个以信息和知识为基础的网络社会。这一以信息和知识为基础的社会,因为包含着巨大的不确定性,因此在本质上是一个风险社会。所谓风险,按照贝克的说法,是指在与未来结果的可能性关系中被评价的危险程度,是一种与可能性和不确定性密切相关的存在。① 当我们称一个社会为风险社会的时候,就意味着在这一社会中,这种可能性和不确定性已经具有了一种结构性的特征。换言之,风险已不再外在于社会,而是社会结构中的内在构成因素。网络社会正是这样一个内在地包含着可能性和不确定性结构的社会形态,其风险性主要根源于以下几个方面:(1)在网络社会,信息和知识取代能源而成为社会行为的关键要素,成为重新塑造社会结构的基本力量。而"更多、更完美的知识正在成为新风险的来源"。② 这是因为,现代社会生活的反思性特征,使信息和知识开始呈现出一个新的关键性特征,就是信息和知识本身包含了巨大的可能性、不确定性和多变性,③它在促进社会关联达到一个前所未有的高度的同时,也在相当程度上加重了社会网络的脆弱性。(2)网络社会的风险性,还根源于网络社会不同于现实社会的独特时空特性。网络社会在时空上具有跨地域和即时性特点,卡斯特从理论上将之概括为"流动空间"和"无时间之时间"。网络打破了传统社会的时空限制,将距离和时间压缩到零,并且通过脱域机制把社会关系从地方性场景中抽离出来,在无限延伸的全球时空中再嵌入。这意味着,网络时空具有一种拼贴画效应,不同的时间和空间可以在同一个平面或维度存在,人们的行为已越来越不依赖于特定的地点和时间,这在客观上增加了

① U. 贝克、A. 吉登斯、S. 拉什:《自反性现代化》,赵文书译,北京:商务印书馆 2001 年版。
② U. 贝克:《世界风险社会》,吴英姿等译,南京:南京大学出版社 2004 年版,第 181 页。
③ A. 吉登斯:《现代性的后果》,黄平译,南京:译林出版社,2000 年版。

社会结构的风险性。(3)人们在网络空间的社会行为所具有的匿名和身体不在场特点,也是构成网络社会风险的一个重要原因。在网络空间,人们在现实社会生活中的社会面貌是不在场的,这种行为主体虚位,对网络社会的影响是深远的。仅就对网络社会交往的影响而言,就有可能导致诸如身份识别困难、人际信任危机、因交往对象不确定和多变而导致交往无法深入、多界面生存造成的压力与角色认同困难、交往伦理相对化、现实社会交往淡化等多重社会后果。

网络社会的这种结构性风险,使青少年网络行为的社会控制面临着巨大的困境与挑战。首先,从社会结构层面来说,网络时空结构的二元交织、去中心、去边界、时空拼贴特征,使社会控制失去了确定的社会边界和社会结构基础,导致已往以物理地点控制为基础的社会控制机制被动摇甚至颠覆。网络空间的崛起,导致了物理地点与社会"地点"的分离,使人们的社会互动能够超越物理地点的限制,不依赖于身体的共同在场而展开。人们的社会经验也不再局限于由地理位置所界定的共同体,而能够跨越以物理场所为基础的空间边界。由此,公共空间与私人空间之间的界限开始变得模糊甚至消解,无论是实时互动场域还是延时互动空间,网络空间都呈现出公共空间与私人空间二元交织的空间特征。尤其值得注意的是,网吧作为一个深受青少年喜爱的上网场所,对许多青少年来说,已远不只是一个物理地点,其象征的是一个能快速通向快乐的虚拟世界的便捷通道,一个具有多重意义的全新社会生活场域。对许多沉迷网吧的青少年来说,网吧指向的,更是一个颠覆、解放的世界,是一个能让他们逃避现实世界,重新塑造自我认同的空间场域。真实和虚拟在其中相互渗透、相互指涉、相互交织,想像、真实与虚构相互聚合成为一个虚实、公私交织的世界,青少年因此而在网吧场域实现了许多梦想,获得了许多情感与成就满足。面对青少年在这样一个二元交织、去中心、去边界、时空拼贴的空间场域中展开的网络行为,如何实施有效的社会控制,无疑是一个全新的课题。

其次,从行为层面来说,网络行为主体的身体不在场、身份不确定和虚位化,使社会控制失去了确定的物理对象,导致以往以行为者为控制对象的社会控制方式丧失了效果。网络空间作为新的行为场域的崛起，意味着一个新的影响行为的重要变量的介入，它导致了一种全新的跨越各种原有社会边界的新行为逻辑的凸显。本研究发现，与现实社会行为相比，青少年在网络空间的行为逻辑已经发生了一定程度的断裂，呈现出跨越边界、多元化、碎片化、不确定等后现代特征，或者说，呈现出一种"超文本"式的行为逻辑。同时，青少年在网络空间呈现的自我面貌，也具有多元、平行、去中心、流动和碎片化的特征，而且网络介入程度越高，自我呈现的这种后现代特征体现得越充分。面对这种后现代式的网络行为逻辑和网络自我呈现，如何实现有效的社会控制，同样迫切需要我们在社会控制框架、措施和方法等层面进行创新。

再次，从认知层面来说，青少年网络认知的一个重要特点，是普遍倾向于把网络视为一个知识场所、休闲娱乐场所和社会交往平台，并且视为一个不受身体约束、可以重塑自我面貌和自我认同的行为空间。本研究还发现，有着不同个人特征和网络介入程度的青少年，无论是在话语意识层面，还是在实践意识层面，基本上倾向于肯定网络的正面价值和积极作用。比较而言，青少年对网络的负面影响显得认知不足。以对网络游戏中的暴力内容和暴力行为认知为例，虽然多数青少年并不认为网络游戏暴力是虚拟的，而倾向于认为游戏暴力会造成真实的伤害，但是，对包含在网络游戏中的暴力内容，以及较为经常地参与游戏中的暴力行为可能会对自己造成什么样的影响，大多数青少年并未能够形成清晰的价值判断。总体而言，以不确定、碎片化、多元性、相对性、个体化、感性化为基本特征的"超文本"式网络认知，和以价值主体不确定、价值观念碎片化、价值规范多元化、价值标准相对化、个体化感性价值凸显等为基本特征的后现代价值观，构成了青少年网络认知的基本面貌。因此，如何有效地培养青少年形成健康向上的网络认知，如何有效提升青少年的网络素养，同样是网络行为控制必须面对的一个新的难题。

此外，现实社会分层和地域差异在青少年网络使用行为中的延续和再生产，"数字鸿沟"作为社会分层新维度的凸显，也都是青少年网络行为社会控制所必须面对的重要议题。

总之，与传统的社会风险相比，像网络风险这种由人类匿名行为和信息技术引发的人为风险，无论在起源上还是在后果上，都包含着更加明显的未知和不确定因素，以致我们现有的社会控制规则和措施不能有效地加以化解。[①] 正是由于网络的这种结构性风险特征，导致借助技术、法律、道德以及日常控制等原有的社会控制方式对网络行为的社会控制，面临一种悖论或失效的处境。[②] 因此，对青少年网络行为进行社会控制，需要我们在控制取向、原则、规则和方法等各个面向进行创新。唯其如此，才能构建能够真正应对网络社会结构特征，以及青少年网络行为结构与行为逻辑的网络行为社会控制模式。

二、青少年网络行为社会控制的目标与原则

在2007年1月23日以"世界网络技术发展和我国网络文化建设与管理"为内容的中央政治局第38次集体学习时，胡锦涛强调，加强网络文化建设和管理，充分发挥互联网在我国社会主义文化建设中的重要作用，有利于提高全民族的思想道德素质和科学文化素质，有利于扩大宣传思想工作的阵地，有利于扩大社会主义精神文明的辐射力和感染力，有利于增强我国的软实力。必须以积极的态度、创新的精神，大力发展和传播健康向上的网络文化，切实把互联网建设好、利用好、管理好。他指出，能否积极利用和有效管理互联网，能否真正使互联网成为传播社会主义先进文化的新途径、公共文化服务的新平台、人们健康精神文化生活的新空间，关系到社会主义文化事业和文化产业的健康发展，关系到国家文化信息安全和国家长治久安，关系到中国特色社会主义事业的全局。加强我国网络文化建设和管理，必须从中国特色社会主义事业总体布局和文化发展战略出发，坚持以邓小平理论和"三个代表"重要思想为指导，全面贯彻落实科学发展观，按照发展

---

① A. 吉登斯：《社会学》，赵旭东等译，北京：北京大学出版社2003年版。

② 童星、严新明：《网络社会控制的悖论》，《社会科学研究》2003年第2期。

社会主义先进文化的要求，坚持积极利用、大力发展、科学管理，以先进技术传播先进文化，促进和谐文化建设，更好地满足人民群众日益增长的精神文化需要，为全面建设小康社会提供有力的思想保证和舆论支持。[①] 党中央关于加强网络文化建设和管理的这一基本方针，对青少年网络行为社会控制目标与原则的制定，具有重要的指导意义。

1. 青少年网络行为社会控制的基本目标

首先，青少年网络行为社会控制的主要目标，是构建和谐的网络空间和网络行为秩序。实现社会和谐，建设美好社会，始终是人类孜孜以求的一个社会理想。根据马克思主义基本原理和我国社会主义建设的实践经验，以及新世纪新阶段我国经济社会发展的新要求和我国社会出现的新趋势新特点，党中央适时地提出了构建社会主义和谐社会的目标。[②] 胡锦涛指出，社会主义和谐社会应该是民主法治、公平正义、诚信友爱、充满活力、安定有序、人与自然和谐相处的社会。和谐社会最重要的特征，就是人与人的和谐，和谐社会就是人与社会之间关系协调、人与人之间关系融洽的社会。我们认为，这从指导思想上确立了青少年网络行为社会控制的基本目标，即构建和谐的网络空间和网络行为秩序。而为了实现这一目标，迫切需要"加强对互联网等的应用和管理，理顺管理体制，倡导文明办网、文明上网，使各类新兴媒体成为促进社会和谐的重要阵地。"[③]

构建和谐的网络秩序，有助于社会创造力的充分发挥和涌流。具体而言，构建和谐的网络秩序，应该包括两方面的基本内容：一是构建和谐的网络空间和网络行为秩序。由于网络社会是一个包含着内在结构性风险的社会，存在着诸如青少年网络沉溺和网络暴力等行为问题，因此，青少年网络行为社会控制的重要目标之一，是控制网络空间的风险，预防和

---

① 《胡锦涛：以创新的精神加强网络文化建设和管理》，http://news.xinhuanet.com/politics/2007-01/24/content_5648188.htm

② 《中共中央关于加强党的执政能力建设的决定》，北京：人民出版社 2004 年版。

③ 《中共中央关于构建社会主义和谐社会若干重大问题的决定》，《人民日报》2006 年 10 月 19 日。

消除网络空间的各种问题行为，以构建和谐的网络空间和网络行为秩序。二是构建和谐的网络世界与现实生活世界关系秩序。青少年在网络空间的虚拟生活经验与真实生活经验相互渗透，正在导致虚拟世界与现实生活世界之间社会界限的突破与交织，因此，青少年网络行为社会控制的另一个重要目标，是引导青少年和谐地协调其网络生活与现实生活的关系，从而推动网络成为促进社会和谐的重要阵地。

其次，培养和提升青少年的网络素养，促进青少年健康成长，增强社会创新能力，也是青少年网络行为社会控制的重要目标。创新是一个民族进步的灵魂，是一个国家兴旺发达的不竭动力。在21世纪，信息化、网络化和全球化程度和能力，已经成为衡量一个社会的创新能力的核心所在，①因此，培养和提升青少年的信息能力和网络素养，不仅关系到青少年能否恰当地使用互联网，借助互联网提升自己的综合能力，而且关系到中华民族创新力的延续和提升。因此，对青少年网络行为进行社会控制的基本目标，不应该是限制甚至禁止青少年接触和使用网络，而应该把控制的目标放在培育和提升青少年的网络素养，从而增强社会在未来的创新能力。

所谓青少年的网络素养，是指青少年借助网络接近、分析、评估、创造信息，以及建构和扩展虚拟社会关系网络的综合能力。具体而言，网络素养包括对网络媒介的认知和评价能力，接近和使用网络的能力，分析、评估和批判网络信息的能力，创造性地利用网络进行信息处理的能力，对网络使用行为进行自我管理的能力，借助网络发展自我意识、网络安全意识和网络道德素养的能力，利用网络与他人进行社会互动、共享信息、建构社会关系网络的能力；构建合理、科学的网络认知和网络使用意识的能力等各个方面。对青少年进行网络素养教育，提升其网络素养，不仅是避免青少年网络沉溺、网络暴力等网络行为问题发生，促进青少年健康成长的有效保证，而且对于青少年合理、恰当、有效使用网络，提升社会在未来的

① M.卡斯特：《网络社会的崛起》，夏铸九等译，北京：社会科学文献出版社2003年版。

创新能力,也有重要的意义。

2. 青少年网络行为社会控制的基本原则

构建社会主义和谐社会所遵循的原则,也是青少年网络行为社会控制所必须遵循的基本原则。

首先,青少年网络行为社会控制必须遵循以人为本的原则。对青少年网络行为进行社会控制,目的是为了提升青少年的网络使用水平和网络素养,让青少年更好地利用网络,更好地借助网络满足交往、娱乐、学习等多面向的物质生活和文化生活需要,从而促进青少年的健康、全面发展,构建和谐有序的网络空间和网络行为秩序。

其次,青少年网络行为社会控制必须坚持科学发展的观念。对青少年网络行为进行社会控制的重要目标之一,是为了消除网络使用上的社会差异和不平等,创造安全方便的上网环境,让不同家庭背景和地域的青少年都能够安全、方便地使用网络,以提高青少年的网络使用能力和信息处理水平,并在此基础上构建公平正义、诚信友爱、充满活力、安定有序的网络空间秩序。

再次,青少年网络行为社会控制必须坚持法治原则。依法治国,建设社会主义法治国家,是构建社会主义和谐社会的重要内容。对包括青少年网络行为社会控制在内的网络治理,也应该坚持法治理念和法治原则,必须推进对网络治理的法制化和规范化,借助法治力量形塑和谐有序的网络空间与网络行为秩序。

最后,青少年网络行为社会控制必须坚持政府主导与社会共同参与的原则。青少年网络行为的社会控制是一个复杂的系统工程,因此需要构建一个完善的,包括政府管理与协调、社会约束与协调、社群自治和协调、个人自我管理与协调机制的社会治理和社会协调制度,从而形成一个促进网络和谐人人有责、和谐网络秩序人人共享的生动局面。

三、青少年网络行为社会控制的基本措施和方法

吉登斯强调,社会学对人类行为作出理论概括的意义,在于监督并借

此控制社会再生产的一般化条件。① 同样,对青少年网络行为进行社会学理论概括的重要意义之一,也在于制定有效、可操作的网络行为管理制度与规范体系,从而实现对青少年网络行为的有效社会控制,消除网络对青少年的负面影响。

社会控制最初是美国社会学家罗斯(Edward A. Ross)提出来的一个概念。从社会学的视角来看,社会控制意味着社会通过各种机制或手段对人们的社会行为进行约束,从而达到维持社会秩序、保持社会和谐稳定的目的。也就是说,社会控制的实质是维持社会秩序与社会和谐。而社会控制的主要工具和手段,是借助共享的价值观、有效的制度和组织、统一的行为规范(包括法律、规则、习惯、传统等),通过外在的强制和内在的认同两个主要机制,达到约束行为、维持相互依赖、保持沟通、推进不同社会群体和社会成员相互合作的目的,从而维持社会秩序和社会和谐。② 而如前所述,青少年网络行为社会控制面临的主要问题,从社会结构层面来说,是网络时空结构的去中心、去边界、时空拼贴特征,使社会控制失去了确定的社会边界和社会结构基础;从行为层面来说,是网络行为主体的身体不在场、匿名、身份不确定和虚位化,使社会控制失去了明确的控制对象;从认知层面来说,是青少年对网络的负面影响认知不足,其网络认知呈现出"超文本"式的后现代特征,而且其网络素养总体处于较低的水准。这都意味着,面对青少年网络行为的结构变化所可能引发的结构性风险和问题,我们必须调整甚至重建青少年网络行为社会控制体系。而这种社会控制体系的重建,应该以化解上述行为控制难题作为基本的切入点。例如,面对网络时空结构的二元交织、去中心、去边界、时空拼贴、流动、不确定特征对青少年网络行为的影响,重建网络行为的社会时空边界便是关键所在。福柯(M. Foucault)强调,现代社会在本质上一个规训社会。他以对社会空间和社会时间的分析为基本视角,详细梳理了空间

① A. 吉登斯:《社会的构成:结构化理论大纲》,李康等译,北京:三联书店 1998 年版。

② D. 波普诺:《社会学》,李强等译,北京:中国人民大学出版社 2000 年版;李路路:《社会变迁:风险与社会控制》,《中国人民大学学报》2004 年第 2 期。

和时间与规训机制的关系，强调人们是通过对空间和时间的操控来实现对社会行为的规训的。他以全景敞视建筑为例，详细分析了在一个封闭的空间场域中，纪律如何通过对空间和时间的细密安排和分配，最终实现对行为的有效控制。① 这意味着，建构和形塑行为的社会时空边界，是纪律发挥作用的前提，也是规训机制的实质，而建构社会行为时空边界的目的，是对行为者进行定位和控制。同样，要对青少年的网络行为实施有效的社会控制，关键也在于如何在二元交织、去中心、去边界、时空拼贴的网络空间重建行为的社会时空边界，从而实现对网络行为者的规训和社会控制。而借助制度建设、风险管理和复合治理等社会控制方法，可以帮助我们在网络空间重建行为的时空边界。又如，本研究发现，网络认知和网络意识是影响青少年网络行为的一个重要因素，而面对青少年网络认知呈现出来的"超文本"式认知状况和碎片化的后现代价值观，加强网络素养教育，构建合理、正确的网络认知和网络使用意识，是一个有效的方法。再如，本研究发现，网络空间尤其是网吧和网络游戏空间，目前已经成为青少年释放压力、逃避现实的重要场域，而青少年在这一场域中展开的社会行为，已经引发了一定程度的网络沉溺、网络游戏暴力等网络行为问题，而且网络介入程度越高，网络沉溺、网络游戏暴力等网络行为问题发生的概率也越高。而努力改变青少年的生存状态，有效引导其需要满足场域，从过于单一地依赖网络空间转移到网络世界与现实世界并存，从而减少和控制青少年使用网络的时间和地点，可以在一定程度上缓解青少年网络沉溺、网络游戏暴力等网络行为问题的发生。

基于本研究的发现，我们认为，对青少年网络行为的社会控制，应着重采用以下几个方面的措施和方法：

1. 加强制度建设，构建青少年网络行为的社会时空边界

自互联网进入国门伊始，我国政府就十分重视互联网的管理问题，在信息安全、域名管理、网络新闻发布等方面推出了一系列措施。近年来，

① M. 福柯：《规训与惩罚》，刘北成等译，北京：三联书店 1999 年版。

中央政府更适时地提出了加快建立法律规范、行政监管、行业自律、技术保障相结合的管理体制目标。[①] 青少年作为我国目前网络使用的主要族群,是形塑网络空间的主要力量,因此,加强能够切实针对青少年网络行为管理的制度建设,创新网络管理体制,应该是网络行为社会控制的重中之重。但是,目前我国针对青少年网络行为的管理制度,仍较为分散和零碎,无法为青少年网络行为的社会控制提供有效的制度和法律基础。有鉴于此,我们认为,在青少年网络行为管理制度建设方面,目前迫切需要展开的关键工作,一是为青少年的网络行为设置明确的制度边界,包括网络使用的时空边界,如上网地点、上网时间等;二是制定能够保障网络公共行为空间秩序的制度,对青少年参与 BBS、QQ 和博客等网络空间的方式和程度进行一定的规范和监控;三是从制度上界定青少年网络行为的责任边界,强化青少年的网络行为责任承担意识。另外,需要特别注意的一点,是青少年正处于成长发育中的敏感期,其生理和心理特点与其他年龄阶段相比,具有一定的特殊性,因此相关的政策制度需要能够切实针对青少年的生理和心理特点。总之,政府需要针对青少年的生理心理特点,构建积极有效的管理制度,妥善规划青少年的网络使用渠道,适度规范与约束青少年的网络行为,并强化对恰当的网络使用观念和网络道德观念的倡导。网络管理制度建设之所以是网络行为社会控制的关键所在,是因为适度的、稳定的制度,是规范人类行为的重要力量,[②]制度的作用,在于它能够为人类行为确立评价标准和行为导向。网络管理制度建设的意义,也正在于为青少年网络行为确立行为标准和行为导向,从而最大限度地明确青少年网络行为的社会边界,降低青少年网络行为的不确定性。与此同时,政府还应该针对与青少年网络行为相关的领域如互联网服务行业,制定合理的法律制度和规则(例如,对青少年网吧使用的年龄和时间等做出恰当的法律规定,对网络游戏进行分级管理,对面向不同年龄阶

---

① 中宣部理论局:《理论热点面对面 2006》,北京:学习出版社、人民出版社 2006 年版。

② 柯武刚、史漫飞:《制度经济学:社会秩序与公共政策》,韩朝华译,北京:商务印书馆 2000 年版。

段青少年的游戏软件的暴力程度制订规则等),以规范其为青少年网络使用提供的服务内容与方式,从而最大程度地防范青少年网络沉溺、网络暴力、网络犯罪等网络行为问题的滋生。

鉴于目前我国的数字鸿沟现状,以及青少年网络使用行为中普遍存在的不平等情形,在加强制度建设时,政府需要特别重视社会公平,在制度上重视保护弱势青少年的上网权利,并努力创造条件,为青少年特别是弱势青少年提供方便、廉价、容易获得的上网场所。但是,需要强调的是,如果提供给青少年的是一个完全不设限的网络使用场所,反而可能会使青少年无法自制,最后的结果是让青少年只蒙其害却未受其利。因此,在适度发展像网吧这样的网络使用场所的同时,必须对其加强管理,从制度层面对青少年使用网络的场所、频率、时长和时段进行适当的界定,并以此为基础强化监管和控制,并同时在像学校、社区活动中心、图书馆这样的公共场所设置更多的上网设施,这无论对于建构青少年网络行为的时空边界,还是对于帮助青少年合理、适度地使用网络,都会有所助益。美国政府在1990年代,曾分别由教育部和商务部国家通信及信息委员会主导和资助,推动社区科技中心(Community Technology Center)和社区使用中心(Commumity Acess Centers)计划,目的在于让青少年和弱势群体能够通过公立学校、图书馆以及社区中心,获得使用网络的机会。这一计划的实施,曾迅速推动了美国社会的网络普及,改善了族群、城乡、收入、性别等之间的数字鸿沟。我们认为,这种由政府推动的网络普及计划,不仅能够有效地改善青少年尤其是经济不发达地区青少年的上网条件,而且也有助于提升青少年的网络素养,化解青少年过度使用网吧和网络沉溺等网络行为问题,值得我们借鉴和参考。

另外要强调的是,为了真正实现通过制度建设为青少年网络行为设置时空边界的目标,政府在加强制度建设的同时,同样需要加强网络行为控制技术的研发。胡锦涛强调,网络文化建设和管理,要从加强规划、完善制度、规范管理、充实队伍等方面采取措施,加强信息产业发展与网络文化发展的统筹协调。① 对于像网络这样的技术空间，制度控制的最终落实，需要有技术的支持与保障。如果没有技术保障，对网络行为者及其网络行为的时空边界的制度控制往往就会落空。

2. 强化对青少年网络行为的风险管理

卡斯特认为，“管理网络的机构必须建立在源自于因特网的开放性和合作的原则之上”。② 面对网络社会的二元交织、去中心、去边界、时空拼贴特征，以及网络行为主体的身体不在场、匿名、身份不确定和虚位化状态，风险管理（risk management）是实现对青少年网络行为有效社会控制的基本策略。吉登斯认为，风险社会的一个重要特征，就是其危险不受时间、空间和社会的限制，因此，仅仅局限于对“特定地点”的预防以“管理”社会风险，虽然在管制技术上比较有效，但并没有涉及问题的根本，它只是把问题行为转移到了其他地点而已，并且导致某些类型的人被排斥在公共空间之外，以此将公共空间改造成为“安全气泡”。③ 在吉登斯看来，这种做法只是转移问题而并没有真正解决问题，应该把风险管理的重点放在预防而不是简单的禁止和排斥。因此在对青少年网络行为的社会控制上，为了达到加强社会管理的目的，重要的工作是要创新社会管理体制，以真正实现风险管理的目标。例如，面对青少年网吧使用中的问题行为，我们不应该简单依赖把青少年排除在网吧以外，甚至将网吧统统取缔的办法来解决问题。本研究发现，网吧在目前的确存在着引发网络沉溺和网络暴力等危害青少年健康成长的问题，但作为一个为社会大众提供查询与浏览信息、参与网络游戏、在线聊天、在线娱乐、收发电子邮件等网络活动的综合性信息服务与休闲娱乐场所，网吧为满足网络时代人们多样化的文化生活需求提供了新的渠道，为人际互动提供了便捷的方式，为

---

① 《胡锦涛：以创新的精神加强网络文化建设和管理》，http://news.xinhuanet.com/politics/2007-01/24/content_5648188.htm

② M. 卡斯特：《网络星河：对互联网、商业和社会的反思》，郑波等译，北京：社会科学文献出版社2007年版，第33页。

③ A. 吉登斯：《社会学》，赵旭东等译，北京：北京大学出版社2003年版，第280页。

休闲娱乐提供了新的空间。尤其是对我国许多因为受经济社会发展水平限制而无法在家里或工作、学习地点方便上网的青少年来说，网吧在目前是他们接触网络世界、感受信息时代最基本、最便捷、最廉价、最容易获得的渠道，甚至是唯一的渠道。我们的研究结果显示，网吧对于消除各种现实社会差异对青少年网络使用行为的限制，促进互联网的普及和大众化，消除数字鸿沟，的确有着十分重要的社会作用。因此，面对网吧的负面影响，合理的态度应该是一方面加强对网吧场所的风险管理，例如在社区成立类似"老年义务网吧监督队"这样的业余网吧监督组织，对社区及其周围的网吧进行不定期的随机检查，而不是简单地将网吧取缔关门了事；另一方面，积极创造条件，为青少年特别是弱势青少年提供方便、廉价、容易获得、健康的网络使用场所，例如在学校、公共图书馆以及社区活动中心，设置更多的上网场所和上网设施，以便为青少年提供廉价甚至免费的上网场所，并且在其中配备一定数量的网络辅导员，为青少年提供上网指导。

我们认为，风险管理是对类似网吧这样的网络使用场所，以及青少年网络行为进行社会控制的合理选择。所谓风险管理，是一种将问题、危险和不确定性控制在安全边界之内的控制方式。也就是说，青少年网络行为风险管理的关键在于，构筑一条安全的网络行为社会边界。为此，首先在制度层面，要加强网络行为管理制度建设，通过制度建设构建青少年网络行为的安全社会边界；其次，在实际操作层面，则要加强监管，以确保这种安全边界得以维护而不被破坏。需要特别注意的是，在制度建设层面，对例如网吧场所的风险管理，不能只考虑网吧本身，而且要进一步考虑整个网络空间场域。目前青少年在网吧场域的网络行为，主要以玩网络游戏、网络聊天等情感性行为为主，因此对网吧的风险管理，还需要进一步延伸到软件和内容服务商那里，从源头上解决网络游戏等网络文化产品的管理问题，只有这样，才能真正解决网吧场所的管理问题。

风险管理要解决的另一个重要问题，是由于网络行为主体的身体不在场、匿名、身份不确定和虚位化导致的青少年网络行为风险。面对类似网络游戏暴力、网络沉溺等对青少年有明显负面影响的网络社会问题，加强对网吧甚至网络空间的空间治理只是问题的一个方面，另一个重要方面，是要同时加强对青少年行为主体的社会控制。其中的关键，是要建立起网络空间虚拟行为主体与现实世界中的物理主体之间的社会关联，从而实现虚拟行为主体的“主体责任定位”。①

3. 创新社会管理体制，对青少年在网络空间的社会行为进行复合治理

迪肯（P. Dicken）认为：“互联网引起了一些特别棘手的管制问题。作为一个‘不知道边界’和被声称‘无场所’的媒介，它涉及到一些诸如谁来管制网站的难题。”②网络空间的无边界、无场所特征，意味着只依靠政府的力量对网络空间进行有效管理是不现实的。要实现对青少年网络行为的有效社会控制，需要“创新社会管理体制，整合社会管理资源”。而构建网络治理的理念，对青少年在网络空间的社会行为进行复合治理，是一种合理的整合社会管理资源的政策选择。20 世纪末，治理（governance）作为一种不同于统治（government）的新社会控制理念，开始在社会公共事务管理中占居显著的地位。治理概念的关键，是强调社会秩序不能由外部强加，而是“要依靠多种进行统治的以及互相发生影响的行为者的互动”，其核心观点包括：治理意味着一系列来自政府但又不限于政府的社会公共机构和行为者；在为社会问题寻求解决方案的过程中存在着界限和责任方面的模糊性；在涉及集体行为的各个社会公共机构之间存在着

① 采用网络实名制是目前一些学者在这一问题上提出的主要政策思路。本研究认为，对于采用网络实名制所可能带来的政策风险，尚需进行认真的评估。需要特别注意的是，采用网络实名制，与采用手机实名制可能会有不同的政策后果。因为虽然手机与网络一样，在相当程度形塑了一个新的行为空间，但是与手机主要是一种熟人之间的通讯工具不同，网络互动具有公领域、弱关系、陌生人互动的特点，它不仅是一个维持熟人互动的平台，更是一个建构陌生人互动的空间；同时，网络行为的身体不在场和匿名特征，对于建构陌生人之间的虚拟信任，以及缓冲虚拟暴力行为向现实生活的延伸，都有不同程度的作用。因此在采用网络实名制之前，对采用实名制所可能增加的管理成本，以及可能造成的积极与消极后果，一定要进行认真的理论分析和技术、政策评估。

② P. 迪肯：《全球性转变：重塑 21 世纪的全球经济地图》，刘卫东等译，北京：商务印书馆 2007 年版，第 405 页。

权力依赖；参与者最终将形成一个自主的网络；办好事情的能力并不仅限于政府的权力和权威，还存在着其他的管理方法和技术。而治理的基本目标，是在各种不同制度关系中运用权力去引导、规范和控制公民的各种社会行为，以最大限度地增进公共利益。① 因为网络空间具有无边界、无场所等特征，因此有必要把这种社会治理理念引入到对青少年网络行为的社会控制之中。为此，首先要做的工作，是整合相关的互联网管理机构与管理资源，简化管理程序。目前，在对网络的管理制度设置上，采用的是不同部门协同管理的模式，这种管理模式看起来各部门分工明确，但是在实际操作中面临诸多问题。以对网吧的管理为例，按 2002 年颁布的《互联网上网服务营业场所管理条例》，文化行政部门负责网吧的设立审批，并负责对依法设立的网吧经营活动的监督管理；工商行政管理部门负责对网吧登记注册和营业执照的管理，并依法查处取缔无照经营的黑网吧；公安机关负责对网吧的信息网络安全、治安及消防安全的监督管理；电信管理等其他有关部门在各自职责范围内，对网吧分别实施有关监督管理。从管理体制上说，这种多部门协同管理模式，看似严密，为网吧管理编织了一张大网，但事实上却并不能做到责、权、利明确，因而要真正做到协同管理相当困难，而且还可能导致有利益和权力时争着管，而有责任时却相互推诿的现象。② 虽然可以借助专项治理方式，由文化、公安、工

① 俞可平主编：《治理与善治》，北京：社会科学文献出版社 2000 年版。

② 例如，我们在对 L 市文化局负责网络文化市场管理的 L 处长进行访谈时，他强调网络文化市场管理的诸多问题，源于各部门之间过于明确的分工造成实际监管上的困难：“娱乐场所它是一个实体，而网络是一个虚拟世界。我们有时候到网吧检查未成年人上网，经常遇到这样的情况，我们从外貌上看他是一个未成年人，可他自己却坚持说是成年人，并有实名卡。这样工作人员对他的实际年龄产生了怀疑，那我们应该怎样判定他的真实年龄呢？主要依据就是身份证，但我们文化部门又没有权力检查居民的身份证，按照法律规定只有公安机关才有权力检查居民的身份证。……再说了，老依靠检查，我们的力量和精力也远远不够。”网吧管理部门之间的不协调，有时候还会造成管理的重复和混乱。“例如在安装网络安全软件时，我们文化部门为网吧安装了‘净网先锋’，公安机关为网吧安装了实名卡软件，本来一套软件就已经够用了，这样一来既影响了网速，又增加了网吧业主的成本，还加重了网民的负担。这主要是因为我们之间没有协调好。”（访谈时间：2005 年 1 月 24 日下午）

商等部门联手对网吧进行定期监管和整治，并常常能够在短时间内取得较好的效果，但这终究不是治本之策。因此，需要创新对网吧的管理体制和管理模式。而解决多部门管理协调困难的一个有效办法，就是整合政府的管理机构与管理资源，将公安、文化、工商等管理网吧的机构合理组合起来，“坚持依法管理、科学管理、有效管理，综合运用法律、行政、经济、技术、思想教育、行业自律等手段，加快形成依法监管、行业自律、社会监督、规范有序的互联网信息传播秩序”，①最大限度地实现对网吧的有效管理，这同时也有助于简化网吧管理的程序。

另一方面，运用社会治理理念对青少年网络行为进行社会控制，还意味着政府应该积极引导社会力量参与到网络管理中来，并加强政府与社会之间的沟通与协商。贝克非常强调营造公共领域对于风险管理的重要性，因为风险管理不能仅仅依靠单一的机构和力量。同样，要实现对青少年网络行为的有效社会控制，构建和维护和谐的网络社会秩序，也需要“整合社会管理资源，提高社会管理水平，健全党委领导、政府负责、社会协同、公众参与的社会管理格局。”②也就是说，要有效实现对青少年网络行为的社会治理，维护网络空间秩序，保障网络世界和谐发展，需要政府和社会共同参与、充分沟通和协商。按照治理理论，任何一个机构，无论是政府还是公共组织，都不可能拥有足够的知识和资源，独自解决所有问题，因此治理需要政府与社会之间的持续互动，而政府在治理过程中的主要任务，是组合(composition)、协调(coordination)、合作(collaboration)、领航(steering)、整合(integration)与管制(regulation)。政府在治理中上述作用的发挥，需要社会力量的广泛参与。政府与社会的共同参与，是治理理念得以实现的基础。仅仅依赖政府的管理，要对青少年网络行为状况作出及时、准确的判断，对青少年网络行为问题作出快速的反应和治理，是

---

① 《胡锦涛：以创新的精神加强网络文化建设和管理》，http://news.xinhuanet.com/politics/2007-01/24/content_5648188.htm

② 《中共中央关于构建社会主义和谐社会若干重大问题的决定》，《人民日报》2006年10月19日。

有相当难度的，这在客观上需要社会力量介入管理，保持政府理念与社会认知、政府强制与社会协调、国家利益与社会价值、应急政策与长效治理、政府责任与社会责任、制度建设与技术保障之间的良性配合与协调，而这有赖于政府与社会之间的有效配合、对话与协商(negotiation)机制的构建。面对日益全球化、个人化且存在“断裂”风险的网络世界，政府与社会之间畅通的沟通、交流与协商，对于保持整个社会的相互依赖，形成共同的社会目标，具有越来越重要的意义，甚至直接决定着社会控制的有效性。例如，解决未成年人进入网吧问题，就需要政府、家庭、学校和社会组织的共同努力，全社会应齐抓共建，真正构建起以政府为核心、以学校为重点、以家庭为基础、以青少年为主体的网络行为社会控制系统。需要强调的是，在这一过程中，社会必须服从政府的权威与政策指导，以避免政策执行的错位，从而保障和维护和谐的网络空间和网络行为秩序。

4. 加强青少年的网络素养教育

加强青少年的网络素养教育，是对青少年网络行为进行有效社会控制的治本之策。本研究发现，青少年的网络认知尤其是实践意识，对其网络行为有着重要的影响。因此，对青少年网络行为的社会控制，在采用法律控制、行政控制、技术控制等刚性控制手段的同时，还有必要采用道德控制、教育控制、舆论控制等软性控制手段，以此引导青少年确立正确的网络认知和网络意识。而且由于网络空间是一个身体不在场的匿名空间，因此，为了让上述这些以身体控制为基础的社会控制手段，在以身体不在场和匿名为特征的网络行为场域能够起作用，强化对青少年网民的网络素养教育，提升青少年的网络使用能力和层次，构建合理、科学的网络观念和网络意识，应该是最为基础性的工作。

网络素养教育是媒介素养教育在网络时代的表现与提升。作为我们提出网络素养教育理念的理论基础，媒介素养教育最初是由英国学者在20世纪30年代提出来的。在1980年代以后，由于联合国教科文组织的介入，在英国、澳大利亚、法国、加拿大、芬兰、挪威、瑞典、瑞士等国家，媒介素养教育已先后被列入正式教育课程。媒介素养教育的核心，是培养青少年正确使用和有效利用媒介的能力，即通过媒介素养教育，让青少年了解媒介及其包含的信息对自己的意义，认识自己的需求，并学会利用媒介来满足自己的需求，建设性地利用媒介促进自己的发展和成长。[①] 而网络素养教育的概念，则进一步扩展了媒介素养教育概念的内涵。网络素养的内容，包括接近和使用网络的能力；对网络使用行为进行自我管理的能力；分析、辨别和评价网络信息内容的能力；创造性地利用网络搜寻和表达信息的意识和能力；利用网络与他人进行互动，共享信息，建构社会网络的能力；借助网络满足自己需要的能力；在网络空间实现自我、发展自我的能力；构建合理、科学的网络观念和网络使用意识的能力等等。本研究发现，目前我国青少年的网络素养，无论是在接近、使用、搜寻、表达网络信息层面，还是在利用网络构建共享信息和人际互动网络，实现自我发展层面，以及在养成合理、科学的网络使用意识层面，总体表现都不尽如人意，都处在一个较低的水准上，因此，迫切需要提升青少年在这几个方面的网络素养。为此，一方面要充分发挥学校教育的作用，推动学校开设网络素养教育课程；另一方面，则需要从青少年的日常生活入手，训练他们如何恰当地使用网络，而在这一方面，引导家长积极参与，充分发挥家庭培育的作用，具有十分重要的意义。我们认为，积极的网络素养教育，而不是简单的消极防堵，才是实现对青少年网络行为有效社会控制的治本之策。网络素养教育不仅能让青少年有效地获取信息，创造性地使用和共享信息，而且还能让青少年获得借助网络发展自我，积累人际交往经验，建构具有实质性的社会和情感支持作用的社会网络的能力。

建构一个在社会中占主导地位，包括意识形态、道德理念、生活理念及生活观念等内容的共享价值观，并且让这一价值观内化于大多数社会成员之中，是实现有效社会控制的重要手段之一，因为共享价值观作为社会行为的基本目标、规范和选择标准，具有行为定向的作用。胡锦涛强调，加强网络文化建设和管理，“要坚持社会主义先进文化的发展方向，

① 丁未：《社会结构与媒介效果：知沟现象研究》，上海：复旦大学出版社 2003 年版。

唱响网上思想文化的主旋律，努力宣传科学真理、传播先进文化、倡导科学精神、塑造美好心灵、弘扬社会正气。……要加强网上思想舆论阵地建设，掌握网上舆论主导权，提高网上引导水平，讲求引导艺术，积极运用新技术，加大正面宣传力度，形成积极向上的主流舆论。……要倡导文明办网、文明上网，净化网络环境，努力营造文明健康、积极向上的网络文化氛围，营造共建共享的精神家园。”①尤其是在“超文本”式网络认知，和后现代价值观占主导地位的网络空间，社会主义共享价值观的建构，对青少年网络行为的社会控制显得尤为重要和迫切。因此，在青少年网络素养教育中，要注重培养青少年的社会主义共享价值观，培养青少年对社会制度和行为规则的认同感，养成良好的网络道德认知能力、判断能力和网络道德情感，并将其内化为自我意识，而这也是保障青少年网络行为社会控制获得良好效果的重要基础。这种认同感和道德感的养成，对青少年形成以制度认同为基础的认同框架（framework of identity），进而为其网络行为确立社会秩序和边界，有着至关重要的作用。

5. 改变青少年的生存状态，有效引导需要满足场域转移

要实现对青少年网络行为的有效社会控制，除了上述措施以外，改变青少年的生存状态，减轻其学习压力，对青少年尤其是那些网络重度使用青少年也十分重要。在接触和使用网络时，青少年并不是被动的接受者，而是一个有着内在需要和动机的积极行动者。青少年使用网络，常常是为了满足自己的某种需要如交往需要、娱乐需要、忘掉烦恼摆脱生活压力的需要、打发时间的需要、自我实现的需要等。例如，本研究发现，青少年玩网络游戏，主要是为了满足休闲娱乐、忘掉学习压力、消磨时间和结交朋友的需要。也就是说，青少年借助网络游戏满足的需要，主要是马斯洛（A. H. Maslow）所说的低层次需要，即与匮乏的动机相对应的需要。要有效实现对青少年网络行为的社会控制，就必须充分了解青少年的生存状

① 《胡锦涛：以创新的精神加强网络文化建设和管理》，http://news.xinhuanet.com/politics/2007-01/24/content_5648188.htm

态和内在需要。在目前,青少年之所以把网络空间作为自己主要的需要满足场域,是因为面对巨大的学习压力和社会压力,以及日益激烈的社会竞争,需要一个缓解情绪、释放压力的场所,而网吧和网络游戏形塑的虚实交织的网络空间,在一定程度上能够满足和释放青少年的这种需要。因此,要真正解决青少年网络行为控制问题,除了加强对网络行为的管理以外,还需要解决他们在现实生活中面临的各种个人及社会问题。只有减轻青少年的学习和社会生活压力,并且为其创造一个快乐成长的客观环境,才能从根本上减少青少年借助网吧和网络游戏释放压力、逃避现实的现象。从某种意义上说,青少年之所以会沉迷网络世界,相当程度上是因为他们的需要在现实生活世界得不到有效满足和释放。因此,政府、社会和学校等相关部门,应采取疏导的方法,通过提供和开放更多健康、正当的课外休闲、娱乐和学习技能场所,帮助青少年把注意力从网吧、网络游戏分散和转移到其他有益、健康的休闲娱乐活动,从而改变青少年过于依赖网吧和网络游戏满足自己的休闲娱乐和情感需求的状况,达到有效控制青少年网络使用行为,弱化和降低青少年对网络的过度依赖的目的。

总之,要消除网络对青少年的负面影响,对青少年网络行为进行有效的社会控制,关键不在于限制青少年接触和使用网络,甚至强迫他们与网络隔绝,而在于通过制度建设、风险管理、共同治理、网络素养教育、需要满足场域转移等措施和方法,构建网络行为的社会时空边界,将网络行为风险控制在这种安全的时空边界以内,并促使青少年逐渐确立科学的共享网络价值观念和网络行为准则。网络在未来所可能产生的社会后果,在相当程度上取决于我们能够在多大程度对青少年网络行为进行有效的社会控制和社会引导。同时,一个健全的社会,必须有勇气让青少年自己来面对这个虚拟的网络世界,并引导他们积极、健康地参与这个世界。唯其如此,才能更加智慧地面对网络,更有成效地从网络世界获益。

参考文献

巴雷特,N.,《数字化犯罪》,郝海洋译,沈阳:辽宁教育出版社,1998

白淑英,《基于BBS的网络交往特征》,《数字化与人文精神》,上海:上海三联书店,2003

白淑英,《网上人际信任的建立机制》,《学术交流》第3期,2003

鲍曼,G.,《全球化:人类的后果》,郭国良等译,北京:商务印书馆,2001

贝克,U.,《世界风险社会》,吴英姿等译,南京:南京大学出版社,2004

贝克,U.,《风险社会》,何博文译,南京:译林出版社,2004

贝克,U.、A.吉登斯、S.拉什,《自反性现代化》,赵文书译,北京:商务印书馆,2001

贝克,U.、J.威尔姆斯,《自由与资本主义》,路国林译,杭州:浙江人民出版社,2001

伯纳斯-李T.,《编织万维网》,张宇宏等译,上海:上海译文出版社,1999

边燕杰、李煜,《中国城市家庭的社会网络资本》,《清华社会学评论》第2辑,2000

波普诺,D.,《社会学》,李强等译,北京:中国人民大学出版社,2000

波斯特,M.,《信息方式:后结构主义与社会语境》,范静哗译,北京:商务印书馆,2000

波斯特，M.，《第二媒介时代》，范静哗译，南京：南京大学出版社，2000

卜卫、刘晓红，《2003年北京、上海、广州、成都、长沙、西宁、呼和浩特青少年互联网采用、使用及其影响的调查报告》，北京：中国社会科学院新闻与传播研究所，2003

布朗，J. S.、P. 杜奎德，《信息的社会层面》，王铁成等译，北京：商务印书馆，2003

蔡芬媛，《网路虚拟和区域形成：MUD之初探性研究》，台湾交通大学传播研究所硕士论文，1996

蔡珮，《复合媒介的成瘾现象探讨》，《资讯社会研究》第8期，2005

曹荣湘编，《解读数字鸿沟：技术殖民与社会分化》，上海：上海三联书店，2003

曹树金、胡岷，《国外网络信息查寻行为研究进展》，《国家图书馆学刊》第2期，2002

巢乃鹏，《网络受众心理行为研究：一种信息查寻的研究》，北京：新华出版社，2002

陈佳靖，《网路情色的符号地景》，《资讯社会研究》第3期，2002

陈佳靖，《网路空间·人际关系：线上线下·生活世界》，《资讯社会研究》第4期，2003

陈金英，《网路使用习性、网路交友期望与社交焦虑之分析》，《资讯社会研究》第7期，2004

陈竞存、陈之虎，《从“青少年网上行为研究”看本地网上群组的形成》，《青年研究学报》第2期，1998

陈立辉，《互联网与社会组织模式重塑：一场正在进行的深刻社会变迁》，《社会学研究》第6期，1998

陈庆峰，《从心流(flow)理论探讨在线游戏参与者之网路使用行为》，台湾南华大学信息管理学系硕士论文，2001

陈祥、蔡裕仁，《资讯寻求行为与阅读情境差异性之探索》，《资讯社

会研究》第 8 期,2005

陈俞霖,《网路同侪对 N 世代青少年的意义:认同感的追寻》,台湾:南华大学社会学研究所,2003

陈怡安,《线上游戏的魅力:以重度玩家为例》,台湾:南华大学社会学研究所,2003

崔嵬,《在虚拟与现实之间:一塌糊涂 BBS 虚拟社区研究》,北京大学社会学系硕士论文,2001

戴维森,F. J.,《太阳、基因组与互联网》,覃方明译,北京:三联书店,2000

德威利斯,R. F.,《量表编制:理论与应用》,魏勇刚等译,重庆:重庆大学出版社,2004

邓小昭,《因特网用户信息检索与浏览行为研究》,《情报杂志》第 6 期,2003

丁未,《社会结构与媒介效果:知沟现象研究》,上海:复旦大学出版社,2003

董家豪,《网路使用者参与网路游戏行为之研究》,台湾南华大学信息管理研究所硕士论文,2001

方永泉,《从"游戏"意义的转折来分析当代游戏文化的特征》,http://web. ed. ntnu. edu. tw/ ~ ycfang/_document/game. doc,2003

菲斯克,J.,《解读大众文化》,杨全强译,南京:南京大学出版社,2001

冯鹏志,《网络行动的规定与特征:网络社会学的分析起点》,《学术界》第 2 期,2001

风笑天,《社会学研究方法》,北京:中国人民大学出版社,2001

风笑天,《现代社会调查方法》,武汉:华中科技大学出版社,2002

福柯,M.,《规训与惩罚》,刘北成等译,北京:三联书店,1999

傅仰止,《电脑网路中的人际关系:以电子邮件传递为例》,http://www. ios. sinica. edu. tw/pages/seminar/infotec2/info2 - 9. htm,1998

盖茨,B.,《未来之路》,辜正坤等译,北京:北京大学出版社,1996

冈特利特，D.，《网络研究：数字化时代媒介研究的重新定向》，彭兰等译，北京：新华出版社，2004

格伦斯基，D.，《社会分层》，王俊等译，北京：华夏出版社，2006

龚洪训，《“虚拟世界”的真实表述：以北京大学一塌糊涂BBS为例》，北京大学社会学系硕士论文，2001

顾忠华，《韦伯的社会行动理论》，《韦伯作品集Ⅶ》，顾忠华译，桂林：广西师范大学出版社，2005

郭良、卜卫，《中国12城市互联网使用状况及影响调查报告》，北京：中国社会科学院社会发展研究中心，2003

郭茂灿，《虚拟社区中的规则及其服从：以天涯社区为例》，《社会学研究》第2期，2004

郭茂灿，《国内互联网研究述评》，《中国社会学年鉴(1999—2002)》，北京：社会科学文献出版社，2004

郭玉锦、王欢，《网络社会学》，北京：中国人民大学出版社，2005

郭志刚主编，《社会统计分析方法：SPSS软件应用》，北京：中国人民大学出版社，1999

哈贝马斯，J.，《公共领域的结构转型》，曹卫东等译，上海：学林出版社，1999

哈贝马斯，J.，《哈贝马斯在京接受〈北京晨报〉记者独家专访：互联网·大众文化·儒家文化·全球化》，http://philosophy.cass.cn/jiaoliu/habeimasi/016.htm，2001

海姆，M.，《从界面到网络空间：虚拟实在的形而上学》，金吾伦等译，上海：上海科技教育出版社，2000

韩佩凌，《台湾中学生网路使用者特性、网路使用行为、心理特性对网路沉迷现象之影响》，台湾师范大学教育心理与辅导研究所硕士论文，2000

何明升，《叩开网络化生存之门》，北京：中国社会科学出版社，2005

赫伊津哈，J.，《游戏的人》，多人译，杭州：中国美术学院出版社，1996

侯蓉兰,《角色扮演网路游戏对少年自我认同的影响》,台湾东海大学社会工作学系硕士论文,2003

胡鞍钢、周绍杰,《新的全球贫富差距:日益扩大的“数字鸿沟”》,《中国社会科学》第3期,2002

胡敏琪,《从网路援交现象省思主体消失与主体建构提论》,《资讯社会研究》第5期,2003

华莱士,《互联网心理学》,谢影等译,北京:中国轻工业出版社,2001

黄厚铭,《虚拟社区中的身份认同与信任》,台湾大学社会学研究所博士论文,2001

黄少华、陈文江,《重塑自我的游戏:网络空间的人际交往》,兰州:兰州大学出版社,2002

黄少华、韩瑞霞,《BBS研究现状:一个社会学元分析》,《兰州大学学报》第1期,2005

黄少华、翟本瑞,《网络社会学:学科定位与议题》,北京:中国社会科学出版社,2006

黄雅慧,《虚拟世界的真实人生:线上游戏成瘾现象及其相关因素探究》,台湾世新大学传播所硕士论文,2004

黄育馥、刘霓,《e时代的女性:中外比较研究》,北京:社会科学文献出版社,2002

吉登斯,A.,《社会的构成:结构化理论大纲》,李康等译,北京:三联书店,1998

吉登斯,A.,《现代性与自我认同:现代晚期的自我与社会》,赵旭东等译,北京:三联书店,1998

吉登斯,A.,《现代性的后果》,黄平译,南京:译林出版社,2000

吉登斯,A.,《亲密关系的变革:现代社会中的性、爱和爱欲》,陈永国等译,北京:社会科学文献出版社,2001

吉登斯,A.,《社会学》,赵旭东等译,北京:北京大学出版社,2003

纪慧怡,《真实与虚拟空间的对话:网咖族的内在经验意义探讨》,台

湾世新大学传播研究所硕士论文,2004

简欣瑜,《网路咖啡厅的虚拟世界探讨》,台湾中原大学室内设计研究所硕士论文,2004

金兼斌,《我国城市家庭的上网意向研究》,杭州:浙江大学出版社,2002

金文朝、金锺吉,《数字鸿沟的批判性再检讨》,《学习与探索》第1期,2005

卡斯特,M.,《流动空间:资讯化社会的空间理论》,王志弘译,《城市与设计学报》第1期,1997

卡斯特,M.,《信息化城市》,崔保国等译,南京:江苏人民出版社,2001

卡斯特,M.,《网络社会的崛起》,夏铸九等译,北京:社会科学文献出版社,2003

卡斯特,M.,《认同的力量》,夏铸九等译,北京:社会科学文献出版社,2003

卡斯特,M.,《千年终结》,夏铸九等译,北京:社会科学文献出版社,2003

卡斯特,M.,等,《因特网的未来:一切都将再次发生变化》,《国外社会科学文摘》第2期,2001

凯尔纳,D.,S.贝斯特,《后现代理论:批判性的质疑》,张志斌译,北京:中央编译出版社,2001

柯武刚、史漫飞,《制度经济学:社会秩序与公共政策》,韩朝华译,北京:商务印书馆,2000

柯惠新、沈浩,《调查研究中的统计分析法》,北京:中国传媒大学出版社,2005

乔登,T.,《网际权力:网路空间与网际网路的文化与政治》,江静之译,台北:韦伯文化事业出版社,2001

莱文森,P.,《数字麦克卢汉:信息化新纪元指南》,何道宽译,北京:

社会科学文献出版社,2001

赖晓黎,《资讯的共享与交换:黑客文化的历史、场景与社会意涵》,台湾大学社会学研究所博士论文,2002

赖晓黎,《网路的礼物文化》,《资讯社会研究》第6期,2004

李逢坚,《青少年网路聊天室使用文化之研究》,http://www.sinica.edu.tw/~tsa/old/paper/2001-5-1.doc,2001

李路路,《社会变迁:风险与社会控制》,《中国人民大学学报》第2期,2004

李培林、李强、孙立平等,《中国社会分层》,北京:社会科学文献出版社,2004

李沛良,《社会研究的统计应用》,北京:社会科学文献出版社,2002

李书宁,《网络用户信息行为研究》,《图书馆学研究》第7期,2004

李曜安,《儿童与青少年的媒体使用经验:在网路出现之后》,台湾清华大学社会学研究所硕士论文,2004

李一,《网络行为失范及其社会控制》,南京大学社会学系博士论文,2005

李英明,《网路社会学》,台北:扬智文化事业股份有限公司,2000

利奥塔,J.-F.,《后现代状态:关于知识的报告》,车槿山译,北京:三联书店,1997

联合国大会决议,《到2000年及其后世界青年行动纲领》(A/50/728),http://www.acyf.org.cn/c_doc/doc/29.htm,1999

廖凯弘、杨台恩,《PChome个人新闻台长对网路媒体之认知图像初探》,《新闻学研究》第76期,2003

林鹤玲、郑芳芳,《在线游戏合作行为与社会组织:以青少年玩家之血盟参与为例》,http://tsa.sinica.edu.tw/Imform/file1/2004meeting/paper/C4-1.pdf,2004

林南,《社会资本:关于社会结构与行动的理论》,上海:上海人民出版社,2005

林珊如,《图书馆使用者浏览行为之研究:浏览结果及影响因素之分析》,《图书资讯学刊》第15期,2000

林珊如,《网路使用者特性与资讯行为研究趋势之探讨》,《图书资讯学刊》第17期,2002

林珊如,《大学教师网路阅读行为之初探》,《图书资讯学刊》第1期,2003

林珊如、刘旨峰、袁贤铭,《中学生网际网路态度问卷之发展及效度考验:以北部高级职业学校为例》,http://www.ccu.edu.tw/TANET2001/schedule/paper_abs/J102.html,2001

林希展、周倩,《青少年网咖态度量表发展与使用之初探》,http://teens.theweb.org.tw/iscenter/conference2002/thesis/files/20020515234542163.30.22.52.doc,2002

刘华芹,《天涯虚拟社区:互联网上基于文本的社会互动研究》,北京:民族出版社,2005

刘能,《人口学分布、社会福利水平分析:中国15~24岁青少年的社会发展概况》,《青年研究》第4期,2005

刘中起、风笑天,《青少年基于OICQ网际互动的基本结构研究:对武汉、黄石、鄂州、赤壁四市的调查》,《社会》第10期,2003

刘幼琍等,《台湾个人宽窄频网路使用行为之研究》,《资讯社会研究》第5期,2003

流心,《自我的他性:当代中国的自我谱系》,常姝译,上海:上海人民出版社,2005

卢丽卉,《台北地区高中职学生网路成瘾行为及其相关背景因素之探讨》,台湾政治大学教育学系研究所硕士论文,2002

卢曼,N.,《信任:一个社会复杂性的简化机制》,瞿铁鹏等译,上海:上海人民出版社,2005

骆少康、方文昌、魏志鸿、汪志坚,《线上游戏使用者之实体人际关系与社交焦虑研究》,http://www.ckitc.edu.tw/~net/tanet2003/pdf/G3/

9740. PDF,2003

马蒂尼利,A.,《市场、政府、共同体与全球管理》,《社会学研究》第 3 期,2003

麦克卢汉,M.,《理解媒介:论人的延伸》,何道宽译,北京:商务印书馆,2001

梅罗维茨,J.,《消失的地域:电子媒介对社会行为的影响》,肖志军译,北京:清华大学出版社,2002

孟威,《网络互动:意义诠释与规则探讨》,北京:经济管理出版社,2004

米切尔,W. J.,《比特之城:空间、场所、信息高速公路》,范海燕等译,北京:三联书店,1999

米切尔,W. J.,《伊托邦:数字时代的城市生活》,吴启迪等译,上海:上海科技教育出版社,2001

穆尔,J.,《从叙事的到超媒体的同一性:在游戏机时代解读狄尔泰和利科》,《学术月刊》第 5 期,2006

尼葛洛庞帝,N.,《数字化生存》,胡泳等译,海口:海南出版社,1996

欧德萨,C.,《虚拟性爱》,张玉芬译,台北:新新闻文化事业股份有限公司,1998

欧贞延,《GO TO CYBERLOVR:从网路看亲密关系的转变》,台湾南华大学教育社会学研究所硕士论文,2004

帕金翰,D.,《儿童之死》,张建中译,北京:华夏出版社,2005

彭兰,《中国网络媒体的第一个十年》,北京:清华大学出版社,2005

彭淑芸、饶培伦、杨锦洲,《网路沉迷要素关联性模型之建构与分析》,台湾《师大学报》第 2 期,2004

皮亚杰,J.,《儿童心理学》,吴福元译,北京:商务印书馆,1980

皮亚杰,J.,《发生认识论原理》,王宪钿等译,北京:商务印书馆,1981

邱承君,《网志、网志活动与网志世界》,《资讯社会研究》第 10 期,2006

邱泽奇,《数码区隔与中国社会》,《网络传播与社会发展》,北京:北京广播学院出版社。

戎易、黎加厚,2002,《中学生网络信息行为的调查研究》,《电化教育研究》第1期,2001

施依萍,《台湾网路使用行为之研究:网路素养资讯观层面之分析》,台湾中正大学电讯传播研究所硕士论文,1997

史洛卡,M.,《虚拟入侵:网际空间与科技对现实之冲击》,张义东译,台北:远流出版事业股份有限公司,1998

苏国勋,《全球化背景下的文化冲突与共生》,《中国社会学》第四卷,2005

苏健华、黄少华,《网路调查方法资料汇整》,《资讯社会研究》第8期,2005

泰普斯科特,D.,《数字化成长:网络世代的崛起》,陈晓开等译,长春:东北财经大学出版社,1999

汤普森,J. B.,《意识形态与现代文化》,高铦等译,南京:译林出版社,2005

陶慧娟,《网路交友互动分析:网路人际关系的虚幻与真实》,台湾世新大学传播研究所硕士论文,2004

特克,S.,《虚拟化身:网路空间的身份认同》,谭天等译,台北:远流出版事业股份有限公司,1998

特纳,B. S.,《BLACKWELL社会理论指南》,李康译,上海:上海人民出版社,2003

童星等,《网络与社会交往》,贵阳:贵州人民出版社,2002

童星、严新明,《网络社会控制的悖论》,《社会科学研究》第2期,2003

屠忠俊、吴廷俊,《网络新闻传播导论》,武汉:华中科技大学出版社,2002

汪明峰,《互联网使用与中国城市化:"数字鸿沟"的空间层面》,《社

会学研究》第 6 期,2005

王甘,《摇篮论坛:网上母亲社区》,《转型社会中的中国妇女》,北京:中国社会科学出版社,2004

王澄华,《人格特质与网路人际互动对网路成瘾之影响》,台湾辅仁大学心理研究所硕士论文,2001

王焕琛、柯华葳,《青少年心理学》,台北:心理出版社,2000

王家茗,《网路书写动机与意义之探讨:以明日报个人新闻台为例》,台湾世新大学传播研究所硕士论文,2001

王绍光、刘欣,《信任的基础:一种理性的解释》,《社会学研究》第 3 期,2002

王水雄,《网络互动的社会学分析》,《北大新闻与传播评论》第 1 辑,2004

王卫东,《关于互联网方法和行为的研究》,中国人民大学社会学系博士论文,2003

王志弘,《技术中介的人与自我:网际空间、分身组态与记忆装置》,《资讯社会研究》第 3 期,2002

韦伯,W.,《社会科学方法论》,朱红文等译,北京:中国人民大学出版社,1992

魏晨,《论网络社区的社会角色和行动》,《徐州师范大学学报》第 2 期,2001

温伯格,D.,《小块松散组合》,李坤等译,北京:中信出版社,2003

文军等,《网络阴影:网络问题与对策》,贵阳:贵州人民出版社,2002

沃特斯,M.,《现代社会学理论》,杨善华等译,北京:华夏出版社,2000

吴齐殷、蔡博方、李文杰,《网民研究:特征与网路社会行为》,http://140.109.196.10/pages/seminar/infotec4/5 ~2. doc,2002

吴齐殷、庄庭瑞,《超连结网络分析:一项分析网路社会结构的新方法》,《资讯社会研究》第 6 期,2004

吴声毅、林凤钗,《Yes or No? 线上游戏经验之相关议题研究》,《资讯社会研究》第 7 期,2004

吴姝蒨,《“电脑中介传播”信道的“虚拟人际关系”:探访“电子布告栏”中情感关系的组成与发展》,http://www. ios. sinica. edu. tw/pages/seminar/itst/seminar/seminar3/wu_shu_qian. htm,1999

吴筱玫,《网路传播概论》,台北:智胜文化事业有限公司,2003

吴筱玫,《解析 MUD 之空间与时间文化》,《新闻学研究》第 76 期,2003

向阳基金会,《e 世代青少年网咖经验调查报告》,台北:向阳公益基金会,2001

西尔弗斯通,R.,《电视与日常生活》,陶庆梅译,南京:江苏人民出版社,2004

许晋龙,《在线游戏使用者行为研究》,台湾科技大学信息管理系博士论文,2003

杨,T. S.,《网虫综合症:网瘾的症状与康复策略》,毛英明等译,上海:上海译文出版社,2000

杨伯溆,《因特网与社会:论网络对当代西方社会及国际传播的影响》,武汉:华中科技大学出版社,2003

杨可凡,《网咖使用对青少年的意义研究:传播乐趣经验与社会性使用分析》,http://www. ccu. edu. tw/TANET2001/TANET2001 _ Papers/T114. pdf,2001

杨雪冬等,《风险社会与秩序重建》,北京:社会科学文献出版社,2006

杨中芳、彭泗清,《中国人人际信任的概念化:一个人际关系的观点》,《社会学研究》第 2 期,1999

俞可平主编,《治理与善治》,北京:社会科学文献出版社,2000

曾国屏、李正风等,《赛博空间的哲学探索》,北京:清华大学出版社,2002

曾坚朋,《虚拟环境:对"网恋"现象的伦理分析》,《社会学》第2期,2003

曾淑芬,《社会公平与数字落差讨论》,http://www.iis.sinica.edu.tw/2001-digital-divide-workshop/seminar,2002

翟本端,《社会与教育:迎接资讯时代的教育社会学反省》,台北:扬智文化事业股份有限公司,2000

翟本瑞,《网路文化》,台北:扬智文化事业股份有限公司,2001

翟本瑞,《连线文化》,台湾:南华大学社会学研究所,2002

詹明信,《晚期资本主义的文化逻辑》,张旭东译,北京:三联书店,1997

张德仪,《WWW使用者之浏览行为与心理探究》,台湾中正大学企业管理系硕士论文,2000

张维安主编,《网路与社会》,台北:清华大学出版社,2004

张玄桥,《角色扮演在线游戏玩家型态之研究》,台湾中国文化大学信息传播研究所硕士论文,2004

张彦,《计算机犯罪的多因素分析与犯罪社会学的发展》,《社会学研究》第5期,2003

张郁蔚,《网路超文本阅读之探讨》,《图书资讯学刊》第4期,2004

张毓智,《网咖使用行为相关因素之探讨:以高雄市网咖使用者为例》,台湾中山大学信息管理学研究所硕士论文,2002

张膜绍,《高职生选择休闲场所与至网路咖啡厅动机之研究:以嘉义市高级职业学校为例》,台湾朝阳科技大学休闲事业管理系硕士论文,2003

赵光正,《网际网路浏览行为之研究》,台湾政治大学资讯管理学系硕士论文,2001

郑朝诚,《在线游戏玩家的游戏行动与意义》,台湾世新大学传播研究所硕士论文,2003

郑杭生、李路路等,《当代中国城市社会结构:现状与趋势》,北京:中

国人民大学出版社,2004

郑陆霖、林鹤玲,《社运在网际网路上的展现:台湾社会运动网站的联网分析》,《台湾社会学》第2期,2001

中国青年政治学院“中国青少年政策研究”课题组,《中国青少年政策报告》,北京:中国青年出版社,2000

中国青少年网络协会,《中国青少年网瘾数据报告》,http://www.sociology.cass.cn/shxw/shwt/P020051125303700461858.pdf,2005

中宣部理论局,《理论热点面对面2006》,北京:学习出版社、人民出版社,2006

周林,《大学生网络行为偏好研究》,上海师范大学教育科学学院硕士论文,2005

周倩、方紫薇、方凤琪,《高中师生对BBS的认知与态度研究》,http://www.ckitc.edu.tw/~net/tanet2003/pdf/G3/9843.pdf,2003

周荣、周倩,《网路上瘾现象、网路使用行为与传播快感经验之相关性初探》,《中华传播学会1997年学刊》,1997

周晓虹,《现代社会心理学:多维视野中的社会行为研究》,上海:上海人民出版社,1997

朱美慧,《我国大专学生个人特性、网路使用行为与网路成瘾关系之研究》,台湾大叶大学资讯管理研究所硕士论文,2000

CNNIC,《中国区域互联网络发展状况分析报告》,2005(4)

CNNIC,《第17次中国互联网络发展状况统计报告》,2006(1)

Graham,G.,《网路的哲学省思》,江淑琳译,台北:韦伯文化国际出版有限公司,2003

Gwinnell,《爱上电子情人》,何修宜译,台北:商周出版社,1999

iResearch,《2004年中国网吧研究报告》,http://www.iresearch.com.cn/html/online_game/detail_free_id_18325.html,2004

Slevin,J.,《网际网路与社会》,王乐成等译,台北:弘智文化事业有限公司,2002

Aiken, M. & B. Waller, Flaming among first-time group support system users. *Information & Management*, 37, 2000

Altheide, D. L., *An ecology of communication*. New York: Aldine de Gruyter, 1995

Anderson, R. H. & T. K. Bikson et al., *Universal Access to E-Mail Feasability and societal Implications*. CA: RAND, 1995

Anderson, C. A. & B. J. Bushman, Effects of violent video games on aggressive behavior, aggressive cognition, aggressive affect, physiological arousal, and prosocial behavior: A meta-analytic review of the scientific literature. *Psychological Science*, 12(5), 2001

Barlow, J. P., *A Declaration of the Independence of Cyberspace*. http://www.eff.org/~barlow/Declaration-Final.html, 1996

Benedikt, M., *Cyberspace: First Steps*. Cambridge MA: The MIT Press, 1994

Beniger, J. R., Who shall control cyberspace? L. Srate., R. Jacobson & S. B. Gibson, eds. *Communication and Cyberspace: Social Interaction in an Electronic Environment Cresskill*. NJ: Hampton, 1996

Birnie, S. A. & P. Horvath, Psychological Predictors of Internet Social Communication. *Journal of Computer-Mediated Communication*, 7(4), 2002

Browning G., *Electronic Democracy: Using the Internet to Influence American Politics*. Wilton CT: Pemberton, 1996

Camp, J. & Y. T. Chien, The Internet as public space: Concepts, issues and implications in public policy. *Computers and Society*, 9, 2000

Castells, M., Toward a Sociology of the Network Society. *Contemporary Sociology*, 29(5), 2000

Catledge, L. D. & J. E. Pitkow, *Characterizing Browsing Strategies in the World-Wide Web*. http://www.igd.fhg.de/archive/1995_www95/papers/

80/userpatterns/UserPatterns. Paper4. formatted. html, 1995

Charlton, J. P. , A factor-analytic investigation of computer "addiction" and engagement. *British Journal of Psychology*, 93 ,2002

Choo, W. C. et al. , *Information Seeking on the Web : An Integrated Model of Browsing and Searching.* http://www. firstmonday. dk/issues/issue5_2/choo/ ,2000

Constant, D. , S. kiesler & L. Sproull, The Kindness of Strangers: The Usefulness of Electronic Weak Ties for Technical Advice. *Organization Science*, 7(2) , 1996

Cooper, M. N. , *Does the Digtal Divide Still Exist? Bush Administration Shrugs, But Evidence says 'Yes'.* http://www. comsumerfed. org/DigitalDivideReport20020530. pdf, 2002

DiMaggio, P. & E. Hargittai, et al. , Social Implications of The Internet. *Annual Review of Sociology.* 27 ,2001

DiMaggio, P. & E. Hargittai, et al. , *From the "Digital Divide" to digital inequality: studying Internet use as penetration increases.* Work. Pap, Ctr. for Arts Cult. Policy Stud, Princeton Univ. , 2001

Fidel, R. , & D. Soergel, Factors Affecting Online Bibliographic Retrieval: A Conceptual Framework for Research. *Journal of the American Society for Information Science*, 34(4) ,1983

Flanagin, A. J. & M. J. Metzger, Internet use in the contemporary medina environment. *Human Communication Research*, 27(1) ,2001

Fromme, J. , *Computer Games as a Part of Children's Culture*, http://www. gamestudies. org/0301/fromme/ ,2001

Garton ,L. & B. Wellman, Studying Online Social Networks. *Journal of Computer-Mediated Communication*, 3(1) , 1997

Griffiths, M. , Internet addiction: does it really exist? J. Gackenbach, ed. , *Psychology and the Internet.* San Diego: Academic Press, 1998

Haddon, L. , Social exclusion and information and communication technologies. *New Media & Society*, 2(4), 2000

Haraway, D. ,A Cyborg Manifesto: Science, Technology, and Socialist-Feminism in the Late Twentieth Century. *Simians, Cyborgs and Women: The Reinvention of Nature.* New York: Routledge,1991

Hargittai,E. , Radio's lessons for the Internet. *Communications of the ACM*, (1), 2000

Harvey, D. , *The Condition of Postmodernity: An Enquiry into the Origins of Cultural Change.* Oxford: Blackwell Publishers Ltd,1990

Hauben,M. & R. Hauben, *Netizens: on the history and impact of Usenet and the Internet.* CA: IEEE Computer Society Press,1997

Herring, S. C. , The rhetorical dynamics of gender harassment on-line. *The Information Society*, 15(3), 1999

Hill,K. A. , & J. E. Hughes, *Cyberpolitics: citizen Activism in the Age of the Internet.* MD: Rowman & Littlefield,1998

Holloway, S. L. & G. Valentine, *Cyberkids: Children in the Information Age.* London: Routledge,2003

Howard, P. E. , L. Rainie & S. Jones, Days and nights on the Internet: The impact of a diffusing technology. *American Behavioral Scientist*, 45 (3), 2001

Jansen, B. , A. Spink & T. Saracevic, Real life, real users and real needs: A study and analysis of user queries on the Web. *Information Processing & Management*, 36,2000

Jenkins, H. ,Complete freedom of movement: Video games as gendered play spaces. J. Cassell H. & Jenkins ,eds. , *From Barbie to Mortal Kombat.* Cambridge: The MIT Press, 1998

Joinson, A. , Causes and implications of disinhibited behavior on the internet. J. Gackenbach, ed. , *Psychology and the Internet intrapersonal*, *interpersonal, and transpersonal implications*. San Diego: Academic Press, 1998

Jones, S. G. ed., *Cybersociety: Computer-mediated communication and community*. London: Sage, 1995

Jones, S. G. ed., *Virtual culture: Identity and communication in cybersociety*. London: Sage, 1997

Jones, S. G. ed., *Cybersociety 2. 0: Revisiting computer-mediated communication and community*. London: Sage, 1998

Kiesler, S. & L. Sproull, Group decision making and communication technology. *Organizational Behavior and Human Decision Processes*, 52, 1992

Kiesler, S. et al., Internet Evolution and Social Impact. *It & Society*, 1 (1), 2002

Kraut, R. et al., Internet paradox: A Social technology that reduces Social involvement and psychological well-being? *American Psychologist*, 53 (9), 1998

Lee, S., Private uses in public spaces: A study of internet Café. *New Media & Society*, 1(3), 1999

Leiner, B. et al., *A Brief History of Internet*. http://www.isoc.org/internet/history/leiner#leiner, 1998

Lesko, N., Denaturalizing adolescence: The politics of contemporary representations. *Youth and Society*, 28(2), 1996

Lessig, L., *Code and Other Laws of Cyberspace*. New York: Basic, 1999

Levy, P., *Cyberculture*. Paris: Editions Odile Jacob, 1997

Light, A., The influence of context on users' response to websites. *The New Review of Information Behaviour Research*, 2, 2001

Lindstrom, P. B., The Internet: Nielsen's longitudinal research on behavioral changes in use of this counterintuitive medium. *Journal of Media Economics*, 10(2), 1997

Manninen , T. , *Interaction Forms and Communicative Actions in Multiplayer Games*, http://www.gamestudies.org/0301/manninen/,2001

McQuail, D. , *Mass Communication Theory: An Introduction.* London: Sage Publications, 1987

Miller, C. R. & D. Shepherd, *Blogging as Social Action: A Genre Analysis of the Weblog.* http:// blog.lib.umn.edu/blogosphere/blogging_as_social_action_a_genre_analysis_of_the_weblog.html,2004

Miller, H. , *The presentation of self in electronic life: Goffman on the Internet.* http://ess.ntu.ac.uk/soc/miller/cyberpsych/goffman.htm,1995

Mindich, D. T. Z. , The future of the Internet: A historical perspective. *Journalism & Mass Communication Quarterly*, 75(1), 1998

Morahan-Martin, J. M. & P. Schumacher, Incidence and correlates of pathological Internet use among college students. *Computers in Human Behavior*, 16(1), 1997

Murray, J. H. , *Hamlet on the holodeck: The future of narrative in cyberspace.* Cambridge: The MIT Press, 1997

Navarro-Prieto, R. , M. Scaife & Y. Rogers, Cognitive Strategies in Web Searching. Presented at the 5th Conference of Human Factors & the Web. http://zing.ncsl.nist.gov/hfweb/proceedings/navarro-prieto/index.html,1999

Nie, N. H. & L. Erbring, *Internet and Society.* CA :Stanford University Press, 2000

Norris, P. , *Digital divide? Civic engagement, information poverty and the internet Worldwide.* Cambridge: Cambridge University Press, 2001

OECD, *Understanding the Digital Divide.* http://www.oecd.org/dataoecd/38/57/1888451.pdf,2001

Owen, B. M. , *The Internet Challenge to Television.* Cambridge: Harvard University Press, 1999

Parks, M. R. & K. Floyd, Making friends in Cyberspace. *Journal of Computer-Mediated Communication*, 1(4), 1996

Pitkow, J. E. & C. M. Kehoe, *Federal Trade Commission Public Workshop on Consumer Information Privacy*. http://www-static. cc. gatech. edu/gvu/user_surveys/papers/ 1997-05-ftc-privacy-supplement. pdf, 1997

Poster, M., Postmodern Virtualities. M. Featherstone & R. Burrows, eds., *Cyberspace/Cyberbodies/Cyberpunk: Cultures of Technological Embodiment*, London: Sage Publications, 1995

Reid, E., *Electropolis: Communication and Community on Internet Relay Chat Honours Dissertation*. University of Melbourne, 1991

Rheingold, H., *The Virtual Community: Homesteading on the Electronic Frontier*. New York: Addison-Wesley, 1994

Rice, R. E. & G. Love, Electronic emotion: Socioemotional content in a computer-mediated communication network. *Communication Research*, 14 (1), 1987

Russel, B. W. & A. C. Caryl, Aggression, competition and computer games: Computer and human opponents. *Computers in Human Behavior*, 18, 2002

Scherer, K., College life on-line: Healthy and unhealthy Internet use. *The Journal of College Student Development*, 38, 1997

Shen, T.-C., Hypertext for younger readers: Promises and challenges. 《嘉义师院学报》第 12 期, 1998

Shklovski, I., S. Kiesler & R. Kraut, *The Internet and Social Interaction: A Meta-analysis and Critique of Studies*, 1995-2003. http://www. cs. cmu. edu/ ~ kraut/RKraut. site. files/articles/Shklovski04-InternetUseSocialRleationships -meta-analysis. pdf, 2005

Smith, A. & P. Kollock. eds., *Communities in Cyberspace*. London: Routledge, 1999

Soukup, C., Building a theory of multimedia CMC. *New Media and Society*, 2(4),2000

Sproull, L. & S. Faraj, Atheism, sex, and databases: The net as a social technology. S. Kiesler, ed., *Culture of the Internet.* Lawrence Erlbaum Associates, 1997

Suler, J., *Why is the thing eating my life?* http://www.rider.edu/suler/psycyber/eatlife.htm,1996

Suler, J., *Computer and Cyberspace Addiction.* http://www.rider.edu/users/suler/psycyber/cybaddict.html,1998

Suler, J., *Cyberspace as Psychological Space.* http://www.rider.edu/suler/psycyber/psychspace.html,1999

Tichenor, P. J., G. A. Donohue, and C. N. Olien, Mass Media Flow and Differential Growth in Knowledge. *Public Opinion Quarterly*, 2,1970

UCLA Center for Communication Policy, *The UCLA Internet report* 2001: *Surveying the digital future.* http://ccp.ucla.edu/pages/internet-report,2001

Valentine, G., Children should be seen and not heard-the production and transgression of adult's public space. *Urban Geography*, 17,1996

Walther, J. B., Interpersonal effects in computer-mediated interaction: A relational perspective. *Communication Research*, 19,1992

Walther, J. B., Computer-mediated communication: impersonal, interpersonal and hyperpersonal interaction. *Communication Research*, 23(1),1996

Webster, C., *The World Wide Web: The Great Equalizer of the Internet.* http://www.pcinews.com/buissness/pci/hp/columns/equalizer.html,1995

Webster, F., *Theories of the Information Society.* New York: Routledge,1995

Wellman, B. et al., Computer networks as social networks: collaborative work, telework, and virtual community. *Annual Review of Sociology*,

22, 1996

Wellman, B. , An Electronic Group is Virtually a Social Network. S. Kiesler, ed. , *Culture of the Internet.* Lawrence Erlbaum Associates, 1997

Wellman, B. , *Physical place and cyberplace: Changing portals and the rise of networked individualism.* Int. J. Urban Regional Res. Forthcoming, 2001

Wellman, B. & C. Haythornthwaite. eds. , *The Internet in Everyday Life.* Oxford: Blackwell Publishers Ltd, 2002

Yeh, Y. C. & J. D. Luo, Are Virtual Social Relationships Independent from Reality? *Journal of Cyber Culture and Information Society*, 1(1), 2001

Young, K. S. , *Internet addiction: The emergence of a new clinical disorder.* Paper presented at the 104th annual meeting of the American Psychological Association, August 11, 1996. Toronto, Canada, 1996

Young, K. S. , *Caught in the net: How to recognize the signs of Internet addiction and a winning strategy for recovery.* New York: John Wiley & Sons, Inc, 1998

Young, K. S. , Internet addiction: A New Clinical Phenomenon and Its Consequences. *American Behavioral Scientist*, 48(4), 2004

Zuboff, S. , *In the Age of the Smart Machine: The Future of work and Power.* New York: Basic, 1998

附录

青少年网络行为调查问卷

亲爱的青少年朋友：

你好！我们是兰州大学“青少年网络行为研究”课题组的成员，正在进行的是关于青少年网络使用状况的问卷调查。你是我们按照严格的科学抽样选定的调查对象。为了让人们真实地了解青少年的网络使用情况，请你依照自己的实际情况作答，所有问题的答案都没有对错之分。调查是匿名的，对于你提供的所有个人资料，我们会根据国家有关法规予以保密，不会对你个人造成任何不便，敬请放心。

非常感谢你的支持！敬祝学业进步！生活快乐！

“青少年网络行为研究”课题组

2004 年 10 月

第一部分　基本情况

1. 你的性别：

(1)男　　　　　　(2)女

2. 你是哪一年出生的？

19 ______年

3. 你父母的文化程度是：

	父亲	母亲
小学及以下		
初中		
高中/中专/技校		
大专/本科		
研究生及以上		

4. 你父母所在的单位属于什么类型?

	父亲	母亲
党政机关		
事业单位/学校		
国有/集体企业		
三资/私营企业		
个体户		
自由职业者		
其他(请写明)		

5. 你父母目前从事的工作是:

	父亲	母亲
单位负责人		
管理人员		
技术人员/教师		
普通职员/工人		
私营企业主		
个体户户主		
自由职业者		
下岗/离退休人员		
无业/打零工		
其他(请写明)		

6. 你家里有几台电脑?

⑴ 2 台以上　⑵ 1 台　⑶没有(选⑶的跳过下一题接着回答)

7. 你家里的电脑是否能上网?

⑴能　⑵不能

8. 从你第一次上网到今天大约已有多少年?

⑴不到 1 年　⑵ 1 年　⑶ 2 年　⑷ 3 年　⑸ 4 年

⑹ 5 年　⑺ 6 年　⑻ 7 年以上

⑼从没上过网(从没有上过网的同学请停止回答)

9. 在最近三个月中,你平均每周使用网络大约有几次?

⑴ 1 次　⑵ 2 次　⑶ 3 次　⑷ 4 次　⑸ 5 次以上

10. 你每次上网一般持续多长时间?

⑴ 1 小时以内　⑵ 1 ~ 2 小时以内　⑶ 2 ~ 3 小时以内

⑷ 3 ~ 4 小时以内　⑸ 4 小时以上

11. 你经常在什么地方上网?(可多选)

⑴家里　⑵学校　⑶网吧

⑷朋友或亲戚家　⑸其他(请写明)______

12. 你目前主要用哪种方式上网?

⑴电话拨号上网　⑵宽带上网　⑶手机上网　⑷不知道

13. 你上网的主要目的是什么?(最多选三项,按重要程度排列:____、____、____)

⑴查找资料　⑵觉得新鲜好玩

⑶聊天交友　⑷跟随周围朋友上网

⑸学习需要　⑹打发时间

⑺逃避现实生活中的问题　⑻与朋友和家人联络

⑼玩网络游戏　⑽发表自己的看法

⑾收看或下载电影和音乐　⑿浏览新闻

⒀实现自己在现实中无法实现的愿望

⒁其他(请写明)______

14. 你最近三个月在网上经常参与的活动有哪些？(可多选)

⑴浏览新闻　⑵下载软件或文档

⑶使用搜索引擎找资料　⑷聊天交友

⑸参加虚拟社区活动　⑹收看或下载电影和音乐

⑺玩网络游戏　⑻远程教学与网络学习

⑼在 BBS 发帖、读贴或回帖　⑽浏览成人网站

⑾用网络发手机短信　⑿其他(请写明)________

15. 最近三个月你经常浏览哪些类型的网站？(可多选)

⑴搜索引擎　⑵软件下载网站

⑶游戏网站　⑷门户网站(如新浪、网易)

⑸旅游网站　⑹校园网

⑺女性网站　⑻新闻媒体网站(如人民网)

⑼体育网站　⑽影视娱乐网站

⑾购物网站　⑿政府的公共服务网站

⒀个人网站　⒁青少年教育网站

⒂聊天交友网站　⒃星座血型算命网站

⒄成人网站　⒅其他(请写明)________

16. 你父母是否了解你的上网情况？

⑴非常了解　⑵知道一些　⑶基本不清楚　⑷完全不清楚

17. 你在网上有几个网名？

⑴ 1 个　⑵ 2～4 个　⑶ 5～7 个

⑷ 8 个以上　⑸没有(选⑸的跳过下一题接着回答)

18. 你在选择自己的网名时主要考虑的因素是什么？(最多选三项，按重要程度排列：______、______、______)

⑴可爱好听　⑵使用方便

⑶体现自己的个性和能力　⑷没有什么特别的原因

⑸新鲜有趣　⑹反映自己的内心欲望

⑺其他(请写明)________

第二部分　网络交往

1. 你在网上主要通过哪些方式与他人交往？（可多选）

⑴电子邮件　⑵BBS　⑶实时通讯软件（如 QQ、MSN）

⑷聊天室　⑸新闻组　⑹网络游戏

⑺其他（请写明）__________

2. 你在网上交往的对象主要是哪些人？（可多选）

⑴家人和亲戚　⑵在网上偶然碰到的陌生人

⑶现实生活中熟悉的周围朋友　⑷网上认识的朋友

⑸在外地学习或工作的朋友

3. 在选择网上交往对象时，你比较看重对方的哪些方面？（可多选）

⑴与自己的兴趣爱好相同　⑵说话幽默

⑶与自己对问题的看法相近　⑷性格好，容易接触

⑸网名好听　⑹性别（①同性；②异性）

⑺有学问，知识丰富　⑻年龄（①比自己大；②比自己小；③同龄）

⑼机智健谈　⑽无所谓

⑾其他（请写明）__________

4. 在最近三个月中，你平均每周通过网络联系或互动至少一次的网友有几位？

⑴没有　⑵ 5 位以下　⑶ 6 ~ 10 位　⑷ 11 ~ 15 位　⑸ 16 位以上

5. 你在网上是否经常变换交往的对象？

⑴总是与几位固定的网友交谈　⑵聊天对象相对固定

⑶经常更换聊天对象　⑷每次都找陌生人聊天

⑸遇到谁就和谁聊

6. 你上网交友的主要动机是什么？（最多选三项，按重要程度排列：______、______、______）

⑴找人聊天，打发时间 ⑵结交新朋友
⑶追赶潮流 ⑷与熟悉的朋友联络
⑸扩展自己的见识 ⑹交流信息
⑺消除寂寞 ⑻向他人倾诉或发泄情绪
⑼获得别人的认可 ⑽其他（请写明）______

7. 网络聊天吸引你的地方是什么？（最多选三项，按重要程度排列：______、______、______）

⑴有一种神秘和新鲜感 ⑵能不受时间和地点限制与他人交谈
⑶隐蔽和匿名性好 ⑷容易获得情感支持
⑸想聊就聊，不想聊可以马上离开 ⑹什么话题都可以聊
⑺没有压力，轻松 ⑻能借助聊天获得最新的流行信息
⑼能获得和别人斗嘴的乐趣 ⑽其他（请写明）______

8. 你在网上聊天的主要话题是什么？（最多选三项，按重要程度排列：______、______、______）

⑴自己感兴趣的问题，如音乐、足球等 ⑵生活中的情感或爱情
⑶自己的理想或将来 ⑷没什么固定话题，无话不谈
⑸聊生活中的琐事 ⑹学习或生活中遇到的各种问题
⑺其他（请写明）______

9. 你是否在网络聊天时经常使用下列网络语言？

	经常使用	偶尔使用	从来不用
数字符号（如 886、456）	1	2	3
表情符号（如 .0^/、^-^）	1	2	3
英文缩写（如 3Q、GG）	1	2	3
网络用语（如恐龙、楼上）	1	2	3
谐音（如斑竹、偶）	1	2	3

10. 你使用网络语言的主要原因是什么？（可多选）

⑴与网友沟通方便 ⑵简洁方便，灵活形象
⑶展现自己的个性 ⑷时髦有趣

⑸表达内心的愿望　　⑹塑造自己在网上的形象
⑺不用会被别人笑话　　⑻有人情味
⑼标新立异　　⑽其他(请写明)______

11. 你在 BBS 上的行为习惯是什么?
⑴偶尔浏览　　⑵经常浏览但不发言
⑶经常以注册名发言　　⑷偶尔以游客身份发言
⑸偶尔以注册名发言　　⑹从没用过 BBS

12. 如果你在 BBS 发过言,你发言的内容一般是什么类型的?
⑴就社会问题发表自己的意见　　⑵随便跟贴灌水
⑶抒发个人心情　　⑷寻求别人的帮助

13. 当你在网上分别与⑴在网上认识不久的陌生网友和⑵已交往一段时间的熟悉网友交往时,是否会:

	(1)陌生网友		(2)熟悉网友	
	会	不会	会	不会
向对方倾诉自己的烦恼或心事	1	2	1	2
在对方情绪低落时倾听和安慰对方	1	2	1	2
寄钱给对方,让他帮自己买东西	1	2	1	2
耐心回答对方的询问	1	2	1	2
接受对方的邀请与其见面	1	2	1	2
把自己的游戏账号借给对方	1	2	1	2

14. 在使用互联网后,你与家人和朋友相处的时间是否有变化?

	减少了	增加了	没有改变
与家人相处的时间	1	2	3
与朋友相处的时间	1	2	3

15. 在使用互联网后,你与家人和朋友的关系是否有变化?

	变差了	变好了	没有改变
与家人的关系	1	2	3
与朋友的关系	1	2	3

16. 你如何看待网络交友？请根据你的同意程度作答：

	完全同意	有些同意	说不清楚	不太同意	很不同意
能结交到志同道合的朋友	1	2	3	4	5
不必暴露自己的真实身份	1	2	3	4	5
可以随时终止交往，而不需负任何责任	1	2	3	4	5
交往不受时间和空间的限制	1	2	3	4	5
能很好地保护自己的个人空间	1	2	3	4	5
缺少表情和情绪信息，交往缺乏诚意	1	2	3	4	5
缺少信任，交往无法深入	1	2	3	4	5
同时与多人交谈让我觉得很有乐趣	1	2	3	4	5
容易受到欺骗，我不敢尝试在网上交友	1	2	3	4	5
网上聊天比面对面交谈让我更轻松自在	1	2	3	4	5
网络聊天增加沟通乐趣，拉近与朋友的关系	1	2	3	4	5
网络世界比现实世界更容易找到知音	1	2	3	4	5
网友与现实生活中的朋友是不一样的	1	2	3	4	5
网友见面会破坏双方的印象，反而伤害感情	1	2	3	4	5
网友见面会使网络特有的神秘感荡然无存	1	2	3	4	5
在聊天时使用表情符号，显得年轻有趣	1	2	3	4	5
网络扩展了我的交往范围	1	2	3	4	5
网上聊天时使用化名更能体现我的个性	1	2	3	4	5
匿名方便我在网上塑造新的自我形象	1	2	3	4	5
能随时找到聊天的网友	1	2	3	4	5
在我寂寞和想倾诉时容易找到倾听的人	1	2	3	4	5
网上认识的朋友不可靠	1	2	3	4	5
提高了自己在现实生活中的交友技巧	1	2	3	4	5

第三部分　网络游戏

1. 在最近三个月，你玩下列游戏的频率如何？

	经常玩	偶尔玩	从不玩
角色扮演类（如传奇、奇迹）	1	2	3
即时战略类（如 CS、帝国、红警）	1	2	3
模拟经营类（如大富翁）	1	2	3
休闲对战类（如棋牌游戏）	1	2	3
其他（请写明）：	1	2	3

（注意：没有玩过上述所有网络游戏的直接跳至第四部分接着回答）

2. 网络游戏最吸引你的地方是什么？（最多选三项，按重要程度排列：______、______、______）

⑴对抗性较强

⑵能与别人实时互动

⑶可以在虚拟世界做任何自己想做的事情

⑷参加团队冒险活动

⑸富有挑战性和刺激性

⑹具有团队合作和团队竞争的乐趣

⑺可以充分享受掌握自己命运的快感

⑻其他（请写明）______________

3. 影响你选择玩哪款网络游戏的主要因素是什么？（最多选三项，按重要程度排列：______、______、______）

⑴游戏的好玩程度　　⑵朋友推荐

⑶游戏服务器容易登录并且稳定　　⑷有朋友一起玩

⑸游戏的价格便宜　　⑹游戏画面和音乐漂亮

⑺客户服务质量高　　⑻游戏的故事性强

(9)操作简单　　(10)游戏的安全程度高(如不会被人偷去虚拟物品)

(11)其他(请写明)______________

4. 你玩网络游戏的主要目的是什么?(最多选三项,按重要程度排列:______、______、______)

(1)发泄过剩的精力　　(2)消磨时间

(3)忘掉学习压力　　(4)寻找精神寄托

(5)休闲娱乐　　(6)结交朋友

(7)获得社交经验与技巧　　(8)追赶时尚

(9)出售虚拟物品或高级别 ID 挣钱　　(10)满足自我实现的愿望

(11)逃避现实　　(12)成为游戏高手,受到别人尊重

(13)其他(请写明)______________

5. 你在玩游戏时是否参与下列活动?

	经常	偶尔	没有
通过练级提高自己在游戏中的等级	1	2	3
为获得好装备而 PK	1	2	3
加入或组建游戏团队	1	2	3
用欺骗或暴力对付游戏中的仇家	1	2	3
与朋友一起打装备	1	2	3
送给团队中的其他玩友游戏币或装备	1	2	3
和异性角色产生感情	1	2	3
为所属团队的利益牺牲自己	1	2	3
在游戏过程和玩友聊天	1	2	3
频繁更换所属团队	1	2	3
同时加入敌对双方的组织	1	2	3
盗取别人的 ID 或装备达到升级的目的	1	2	3
不断地尝试游戏的各种新玩法	1	2	3
和网络游戏中结识的朋友见面	1	2	3

6. 当你在游戏中遇到困难时，你一般的做法是什么？（可多选）

⑴在网上搜索解决问题的信息　⑵向网友求助

⑶向现实生活中的朋友求助　⑷向游戏管理员求助

⑸其他（请写明）________

7. 如果你在游戏中遭遇失败（如被杀、扮演的角色失败），你会采取什么措施？（可多选）

⑴找机会报复对方　⑵无所谓，从头再玩

⑶去杀比自己弱小的玩家发泄愤怒　⑷从此不再玩游戏

⑸换一款游戏再玩　⑹其他（请写明）________

8. 你是否因为玩网络游戏而发生过下述情形？

	经常	偶尔	没有
经常挂念游戏中尚待处理的事物	1	2	3
为了玩游戏而拒绝朋友的邀请	1	2	3
不在线时，总是想着尽快回到网上玩游戏	1	2	3
需要不断增加玩游戏的时间才能得到满足	1	2	3
当我停止玩游戏时，会变得烦躁或心神不定	1	2	3
玩游戏使我忘掉了生活和学习中的烦恼	1	2	3
尝试减少玩游戏的时间，但总是无法做到	1	2	3
如果一天不玩游戏，我会变得心情烦躁	1	2	3

9. 你是否同意下面这些关于网络游戏的说法？

	完全同意	有些同意	说不清楚	不太同意	很不同意
玩游戏能够增强朋友间的感情	1	2	3	4	5
与朋友一起练级、打装备和 PK 很有趣	1	2	3	4	5
我喜欢游戏失败后可以不断重来的感觉	1	2	3	4	5
玩游戏让我在现实生活中的烦恼得到安慰	1	2	3	4	5
游戏的虚拟性让我无后顾之忧	1	2	3	4	5
游戏中的朋友关系更纯洁	1	2	3	4	5
我从游戏战绩中获得许多成就感和满足感	1	2	3	4	5

	完全同意	有些同意	说不清楚	不太同意	很不同意
给我提供了一个彻底忘掉生活压力的地方	1	2	3	4	5
玩游戏提高了我的反应速度	1	2	3	4	5
玩网络游戏耗费过多时间影响了我的学习	1	2	3	4	5
玩游戏是对现实的逃避	1	2	3	4	5
玩网络游戏可以满足我的幻想	1	2	3	4	5
角色规范较少,觉得很轻松	1	2	3	4	5
我喜欢不断玩新游戏带来的新鲜感	1	2	3	4	5
可以满足我征服、超越他人的愿望	1	2	3	4	5
玩游戏锻炼了我的想像力和创造力	1	2	3	4	5
游戏让我能超越时间、地点的限制与他人交往	1	2	3	4	5
游戏中的行为不应受现实社会规范约束	1	2	3	4	5
我喜欢游戏中团队合作的精神	1	2	3	4	5
游戏中的团队竞争很有乐趣	1	2	3	4	5
玩游戏增加了我的社会交往经验	1	2	3	4	5
游戏中的暴力是虚拟的,不会造成真正伤害	1	2	3	4	5
网络游戏让我找到了精神寄托	1	2	3	4	5
网络游戏容易诱发现实生活中的暴力行为	1	2	3	4	5
游戏中的暴力会使玩家对暴力变得麻木	1	2	3	4	5
在游戏中,不用承担责任和后果	1	2	3	4	5
参加游戏中的团队让我有一种归属感	1	2	3	4	5

第四部分　网吧使用

1. 在最近三个月中,你平均每周去网吧的次数大概有几次?

⑴不到1次　⑵1次　⑶2次　⑷3次　⑸4次　⑹5次

(7) 6 次以上　(8)没有去过(没有去过网吧的直接跳至第五部分接着回答)

2. 你每次去网吧一般会呆多长时间?

(1) 1 小时　(2) 2 小时　(3) 3 小时　(4) 4 小时

(5) 5 小时　(6) 6 小时　(7) 7 小时以上

3. 你去网吧的时间通常是:

(1)只有平时去,节假日不去　(2)只有节假日去,平时不去

(3)不论平时或节假日,只要有空就去

4. 你去网吧的时间段以下列哪一个居多?

(1)上午　(2)中午　(3)下午　(4)下午放学后

(5)晚上八、九点以后　(6)没有确定的时间,有空就去

5. 你有过在网吧玩通宵的经历吗?

(1)有　(2)没有

6. 吸引你到网吧上网的是下列哪些活动?(可多选)

(1)上网找资料　(2)浏览网页

(3)与在外地学习或工作的朋友联络　(4)上网聊天

(5)玩网络游戏　(6)收看或下载电影和音乐

(7)浏览成人网页　(8)在网吧写作业或论文

(9)寻找能见面的异性网友　(10)收发电子邮件

(11)结交新朋友　(12)其他(请写明)________

7. 你觉得目前网吧是否存在下列现象?(可多选)

(1)会引发青少年逃学

(2)容易引发青少年聚众闹事

(3)使青少年的网络行为得不到有效监督

(4)导致青少年长时间沉迷于网上聊天

(5)使青少年容易结交坏朋友

(6)导致青少年长时间沉迷于玩网络游戏

(7)使青少年容易接触到成人网站

(8)长时间使用网吧不利于身体健康

8.下列说法是否符合你使用网吧的感受?

	完全符合	有些符合	说不清楚	不太符合	很不符合
电脑配置好是吸引我去网吧的主要原因	1	2	3	4	5
网吧宽带让我能节省时间,快速使用网络	1	2	3	4	5
网吧便宜的收费使我不必购买昂贵的电脑	1	2	3	4	5
网吧是我消除寂寞的好地方	1	2	3	4	5
当我有烦恼时,网吧是我首先想去的地方	1	2	3	4	5
网吧能让我暂时忘却生活中的烦恼	1	2	3	4	5
网吧能让我快速进入一个快乐的世界	1	2	3	4	5
无聊时去网吧可以帮我打发时间	1	2	3	4	5
网吧能让我不受别人干扰,尽情娱乐	1	2	3	4	5
在网吧上网或玩游戏比在家里更有趣	1	2	3	4	5
网吧让我心情放松	1	2	3	4	5
到网吧上网让我学到许多新东西	1	2	3	4	5
一想到要去网吧我就很兴奋	1	2	3	4	5
我喜欢在网吧中结识新朋友	1	2	3	4	5
我喜欢和朋友一起到网吧娱乐	1	2	3	4	5
我喜欢很多人一起去网吧玩游戏的感觉	1	2	3	4	5
我喜欢和朋友谈论有关网吧的话题	1	2	3	4	5
我有许多朋友都是在网吧中认识的	1	2	3	4	5
我经常从网吧的游戏战绩中获得成就感	1	2	3	4	5
在网吧玩游戏获得的满足超过做其他事情	1	2	3	4	5
我喜欢在网吧中和别人联机玩游戏的感觉	1	2	3	4	5
在网吧玩游戏让我享受到控制带来的快感	1	2	3	4	5
我觉得没去过网吧是件很落伍的事情	1	2	3	4	5
不去网吧会让我和同学没话可说	1	2	3	4	5
网吧的环境有一种让人浑然忘我的气氛	1	2	3	4	5
我觉得网吧对青少年的影响主要是正面的	1	2	3	4	5
我认为网吧是一个正当的休闲娱乐场所	1	2	3	4	5
我觉得常去网吧并不是一件坏事	1	2	3	4	5
我认为自已能控制使用网吧的时间	1	2	3	4	5
去网吧上网并不会影响我的学业和工作	1	2	3	4	5
去网吧已成为我日常生活的一部分	1	2	3	4	5
如果没事,我很想一整天都呆在网吧	1	2	3	4	5
如果不去网吧,我没有其他什么事情可做	1	2	3	4	5
我曾经为了去网吧逃学或请假	1	2	3	4	5
如果可能,我会花更多的时间去网吧	1	2	3	4	5

第五部分　网络信息行为

1. 在最近三个月中，你是否利用互联网从事过以下这些活动？（可多选）

⑴查找资料　⑵上传或下载文件

⑶浏览网页　⑷在 BBS 发帖、读贴或回帖

⑸参加远程教学与网络学习　⑹与别人交换和共享信息

⑺使用代理软件处理信息　⑻建设和维护个人主页

⑼其他（请写明）＿＿＿＿＿＿＿＿

2. 你最主要使用哪种方式查找资料？

⑴上网查找　⑵去图书馆查找

⑶咨询朋友、老师或同学　⑷查书或杂志、报纸

3. 你上网查找信息时，通常首先考虑使用哪种方式？

⑴搜索引擎　⑵门户网站分类表

⑶从自己熟悉的网站链接　⑷在线数据库

⑸不一定，会尝试各种方法

4. 你上网查找信息时，是否经常借助超文本浏览？

⑴经常使用　⑵偶尔使用

⑶从来不用（选⑶的跳过下一题接着回答）

5. 在借助超文本浏览查找信息时，你是否出现过迷路现象？

⑴经常出现　⑵偶尔出现　⑶从未出现

6. 如果在网上查找信息遇到困难（如迷路、信息太分散等），你通常的做法是什么？

⑴停止所有查找活动　⑵继续在网上查找

⑶寻求网友帮助　⑷寻求朋友、老师或同学帮助

⑸查书或去图书馆查找

7. 你是否使用过下面这些信息代理软件？（可多选）

(1)在线翻译软件　　(2)邮件代理软件
(3)文件或图片管理软件　　(4)都没有用过
(5)其他(请填答)________

8. 你觉得 BBS 作为一个说话场所具有下述特点吗?(可多选)
(1)能方便找到兴趣爱好相同的讨论者　　(2)制造了大量的垃圾信息
(3)有助于对问题进行深入讨论　　(4)能无所顾忌的畅所欲言

9. 你是否同意下面这些关于互联网对知识影响的说法?

	完全同意	有些同意	说不清楚	不太同意	很不同意
能方便地获得大量信息	1	2	3	4	5
能有效地获得自己感兴趣的信息	1	2	3	4	5
能不受时间地点限制快捷地获得信息	1	2	3	4	5
有效地扩展了自己的知识面	1	2	3	4	5
信息太多,让我没有时间阅读和消化	1	2	3	4	5
常会引发我的好奇心,有一种寻宝的乐趣	1	2	3	4	5
容易链接到相关资料或网站	1	2	3	4	5
使阅读和使用变得方便快捷	1	2	3	4	5
信息内容庞杂,有用信息少	1	2	3	4	5
常被其他信息吸引,忘记自己原来的目的	1	2	3	4	5
获得的信息不精确	1	2	3	4	5
提高了自己的认知能力	1	2	3	4	5
能帮助自己克服知识背景的局限	1	2	3	4	5
对使用者的技术要求太高,限制了使用	1	2	3	4	5
能摆脱单调的信息查找工作	1	2	3	4	5
使信息处理工作变得简单、有效率	1	2	3	4	5
方便查找辅导资料	1	2	3	4	5
会削弱记忆能力	1	2	3	4	5
学习效率提高了	1	2	3	4	5
提高了认知和思考能力	1	2	3	4	5
扩展了信息来源	1	2	3	4	5
使学习变得主动	1	2	3	4	5
促进对学习内容的理解	1	2	3	4	5
有助于与他人交流学习心得	1	2	3	4	5
使学习像娱乐一样快乐	1	2	3	4	5
相关信息太多,觉得学习有压力	1	2	3	4	5

第六部分　对网络的认识

1. 你认为网络最像什么？（最多选三项，按重要程度排列：____、____、____）
   (1)像图书馆那样的知识场所　(2)一个人际沟通和互动场所
   (3)像会议室那样的聚会场所　(4)像游乐场那样的休闲娱乐场所
   (5)像商场那样的购物场所　(6)像学校那样的学习场所
   (7)一个可以生活在其中的真实世界　(8)一个可以任我操纵的空间
   (9)一个能真正表达自我的地方　(10)其他（请写明）________

2. 你上网时最担心的问题是什么？（最多选三项，按重要程度排列：____、____、____）
   (1)色情信息　(2)虚假信息误导
   (3)网上性骚扰　(4)找不到对自己有用的信息
   (5)黑客入侵　(6)结识不良网友
   (7)电脑病毒　(8)家长干涉
   (9)暴露隐私　(10)上网成瘾
   (11)其他（请写明）________

3. 你是否同意下面这些关于网络对社会生活影响的说法？

	完全同意	有些同意	说不清楚	不太同意	很不同意
能结交更多的新朋友	1	2	3	4	5
为老百姓提供了自由发布信息的渠道	1	2	3	4	5
促进信息流通	1	2	3	4	5
方便人们买到自己需要的东西	1	2	3	4	5
可以获得免费软件和资料，有利于信息共享	1	2	3	4	5
容易让人分心，影响学习和工作	1	2	3	4	5
容易结交不好的朋友	1	2	3	4	5

	完全同意	有些同意	说不清楚	不太同意	很不同意
容易暴露隐私,个人隐私没保障	1	2	3	4	5
容易导致色情和暴力信息泛滥	1	2	3	4	5
会让人变得过于依赖网络	1	2	3	4	5
会让人变得越来越孤独,不适应社会	1	2	3	4	5
会导致垃圾信息泛滥	1	2	3	4	5
信息太多,加重人们的学习和工作负担	1	2	3	4	5
有助于凝聚社会共识	1	2	3	4	5
方便人际沟通与联络	1	2	3	4	5
会导致色情和暴力行为更加严重	1	2	3	4	5
会导致社会道德水准下降	1	2	3	4	5
增加商品销售渠道	1	2	3	4	5
促进社会资源共享	1	2	3	4	5
会造成信任危机	1	2	3	4	5
有助于人们解决生活中的实际问题	1	2	3	4	5
丰富了青少年的课余生活	1	2	3	4	5
能提高青少年的学习兴趣	1	2	3	4	5
网络是一个与现实社会平行的新生活空间	1	2	3	4	5
会导致流言泛滥	1	2	3	4	5
网络语言会破坏语言的纯洁和规范	1	2	3	4	5
网络语言是一种有活力的语言	1	2	3	4	5

4. 下面的说法是否符合你的上网感受?

	完全符合	有些符合	说不清楚	不太符合	很不符合
我曾尝试在网上做现实中不敢做的事情	1	2	3	4	5
我经常在网上同时扮演两个以上角色	1	2	3	4	5
网络让我能随时在不同的场景之间转换	1	2	3	4	5

	完全符合	有些符合	说不清楚	不太符合	很不符合
自己的活动不再受身体所处的场所限制	1	2	3	4	5
上网时我感觉距离消失了	1	2	3	4	5
我在网上的活动经常没有明确的方向和目的	1	2	3	4	5
使用网络找人或资料的感觉像寻宝一样	1	2	3	4	5
我在网上做不同的事情时对网络的感受不同	1	2	3	4	5
现实生活中的事情对我在网上做什么影响很小	1	2	3	4	5
我经常在网上同时做两件以上的事情	1	2	3	4	5
上网时我常常觉得时间过得很快	1	2	3	4	5

5. 你是否因为上网出现过以下情况？

	有	没有
上网时总想不停地聊天，无法自制	1	2
不在线时，总是想着尽快回到网上聊天	1	2
当我停止聊天时，会变得烦躁或心神不定	1	2
上网让我忘掉了生活和学习中的烦恼	1	2
因为上网学习成绩变得越来越差	1	2
经常因为上网与父母发生争吵	1	2
因为上网而与现实中的朋友疏远	1	2
因为上网睡眠休息时间大幅度减少	1	2
离家出走与网友见面	1	2
长时间呆在网吧不回家	1	2
改变了自己在现实生活中的交友方式	1	2
结识了一些给自己带来麻烦的网友	1	2
遭到网友性骚扰	1	2
遭到网友恐吓或欺骗	1	2
经常因为上网导致缺钱花	1	2
全神贯注于网络活动，下线后仍想着网上的事情	1	2

	有	没有
需要花越来越多的时间在网上才能获得满足	1	2
多次尝试减少上网时间,但总是失败	1	2
减少或停止使用网络时,会觉得沮丧和烦燥不安	1	2
花在网上的时间总比预期的要长	1	2
上网影响了我与家人和朋友的关系	1	2
向家人和朋友说谎,隐瞒自己对网络的着迷程度	1	2
家人或朋友抱怨自己上网时间太长	1	2
回家后想做的第一件事就是上网	1	2
因上网导致学习成绩或效率下降,仍经常上网	1	2

问卷填答完毕,请你检查一遍有无漏答。再次感谢你的支持!

后　记

本书是国家社会科学基金项目“网络社会行为及其管理”的研究成果，研究工作同时得到了兰州大学985工程项目“网络社会学：网络时代社会学的重建”资助。

项目研究工作得到了多方支持。台湾南华大学教授、社会科学院院长兼社会学研究所所长翟本瑞博士不仅一直对研究工作给予大力支持，而且为课题组提供了大量研究成果与研究资料。陈文江教授对调查问卷设计提出了有价值的建议，并且仔细审阅了调查问卷初稿，提出了中肯的修改意见。我的研究生韩瑞霞、任娟娟、陈南、孙秀丽、沈冯娟、段兴利、钱钢强、孙乃龙等参与了实地问卷调查、访谈和调查问卷的整理与录入工作，并且翻译整理了二十余万字的英文文献资料。沈冯娟、任娟娟、孙秀丽参与了调查数据的统计工作。同时，问卷调查和访谈工作，先后得到了张嵎教授、徐吉良先生、李一博士、徐刚先生、董晓华女士、吴妤博士、胡尚哲博士、董寿文先生等的支持和帮助。祝宝琴女士、秦福根先生、师迎祥编审、李彦副教授、连珩教授、张白萌女士、冯霞博士、王仕丁先生等一直关心课题的进展状况，并对研究工作给予了诸多帮助。人民出版社陈寒节先生为本书的出版，付出了大量的劳动。在书稿即将付梓之际，我对所有这些关心、支持和帮助，表示衷心的感谢。

谨将本书献给我的父亲和母亲。

黄少华

2006年10月12日